不正会計リスクにどう立ち向かうか！

内部統制の視点と実務対応

公認会計士・公認不正検査士
宇澤亜弓 著

清文社

はじめに

　不正会計にいかに立ち向かうか。

　近年，オリンパス事件，東芝事件のような社会の耳目を集めた経営者による不正会計事件のほか，従業員による不正会計事案も含め，年々，不正会計の件数が増加傾向にある。このような状況の中で市場関係者が，公正な証券市場の確立に向けて様々な取り組みを行っているが，必ずしも十分に効果が出ているとはいえない。

　筆者は，公認会計士として監査法人で法定監査や株式公開支援業務において内部統制の構築等の仕事に携わった。また，その後，警視庁での犯罪捜査や証券取引等監視委員会事務局での犯則調査を行った後，現在は，上場企業等の第三者委員会等の委員として不正調査に携わる機会を得ている。このような経験を踏まえて思うことは，上場企業においてさえも内部統制の理解が十分ではないということ，そして，不正対応においては，「人の意識」の在り方が極めて重要であるということである。

　本書における問題意識は，①有効な内部統制を整備できるか否かは，内部統制が，「経営のための仕組み」であること，特に，企業価値の向上に不可欠な仕組みであることの理解が必要であること，②内部統制が不正の予防・早期発見に資するためには，「不正リスクの適切な認識」が前提となること，③有効な内部統制を整備・運用し得るかは，組織の役職員のすべての者に「コンプライアンス意識」が醸成されているかどうかであること，また，④組織のすべての役職員に「コンプライアンス意識」が醸成し得るかどうかは，「経営者の姿勢（Tone at the top）」が重要であるということ，そして，⑤上場企業における不正会計問題を1件でも少なくするためには，上場企業の証券市場における責務を理解した上場企業の役職員としての「コンプライアンス意識」及び「職業的懐疑心」が不可欠であるということである。

　ゆえに，本書の目的は，「内部統制に魂を込める」ことにある。

不正会計への対応，すなわち，不正会計の予防・早期発見の基本は，内部統制の整備・運用にある。内部統制の整備・運用を適切に行うということは，当たり前と言えば，当たり前のことである。しかしながら，不正が起きた企業は，この当たり前のことが出来ていなかったのである。そして，不正が発覚した時に，そのことに気付くことになる。

　本書では，上記の問題意識を前提として，まずは不正会計を知ることからはじめたい。不正会計は，多くの場合，あまり罪の意識なく行われてしまうが，不正会計が発覚した後には，その事の重大さに気付くことになる。不正会計は，多くの意味でその弊害が大きい。特に，不正の実行に関わった者には，その人の人生を変えてしまうほどの影響がある。不正を行ったことは悪いことであることに間違いはないが，しかし，自らの行為の意味を知らないがゆえに，不正会計の実行を罪の意識なく行った結果，後戻りできなくなる人たちを責めるだけでは何も良くはならない。また，不正会計は，不正実行者だけの問題ではない。その周りの人たちの問題でもある。不正実行者が不正を行い得る「機会」を作ったのは，その周りの人たちなのである。罪を憎んで人を憎まずである。憎むべきは不正会計であり，そのためには，不正会計とは何かを知ることが大事となる。

　そして，そもそも内部統制とは何か，また，不正会計の予防・早期発見に資する内部統制とは何かについて考え，さらに，内部統制を有効に整備・運用するための環境に重要な影響を与えるガバナンスの在り方について考える。

　また，不正の予防・早期発見は，仕組みを作ることも必要であるが，それだけでは十分ではない。仕組みを活かせるかどうかは，それを運用する「人」次第である。特に，不正の予防・早期発見が可能となるか否かは，企業のすべての役職員の意識次第である。したがって，不正の予防・早期発見のために必要な意識の在り方として，①上場企業の役職員としてのコンプライアンス意識，②上場企業の役職員としての職業的懐疑心についても考える。

　我が国経済の健全な発展に資する公正な証券市場の確立のためには，市場関係者の不断の努力が必要である。しかしながら，公正な証券市場の確立を阻害する不正会計の予防・早期発見に関しては，他の誰でもない上場企業のすべての役職

員一人ひとりの絶え間ない真摯な取組みに依拠せざるを負えないのが現実である。

　本書が，不正会計の「解体新書」として，多くの方の知識・知恵の素となり，実務における気付きのきっかけになることを切に願うばかりである。そして，本書が，さらに，上場企業の役職員の方々の「意識」に一石を投じるものとなり，我々一人ひとりの「行動」が変わり，その結果として，公正な証券市場の確立の一助となり，世の中が，少しでもより良くなるのであれば，それは望外の喜びである。

　最後になるが，本書の出版の機会を頂き，本当に多忙の中，多くお世話になった株式会社清文社の中塚一樹氏には心より感謝を申し上げたい。また，本書は，不正対応に取り組む多くの方々に多大な示唆をいただき書き上げることができたものである。すべての方のお名前をあげて御礼を申し上げることはできないが，本書に皆様への感謝の気持ちを込めていることをここに記したい。

平成30年2月

　　　　　　　　　　　　　　　公認会計士宇澤事務所代表
　　　　　　　　　　　　　　　公認会計士・公認不正検査士　**宇澤　亜弓**

目次

はじめに

序　不正会計への対応の理解のために
―不正会計への対応は、企業価値の向上に資する経営の実現にある。

 1　本書の全体像　　3
 2　なぜ不正会計はなくならないのか　　5
 3　本書の問題意識　　8

第一部　不正会計を理解する
―不正対応は，まず，不正会計とは何かを知ることから始まる。

1　不正会計の現状を理解する ……………………………………………… 21
 1　不適切な会計処理の開示状況　　21
 2　課徴金事案の勧告状況　　24
 3　犯則事件の告発状況　　26
2　不正会計とは何かを理解する ……………………………………………… 29
 1　不正　　29
 2　会計　　34
 3　不正会計　　41
 4　不正会計の主体　　47

5　個人的不正・組織的不正　　49
　　6　不正会計の手口　　52
3　**不正会計への対応を理解する** ·· 60
　　1　証券市場における上場企業の役割　　60
　　2　不正会計の弊害と予防・早期発見の必要性　　67
　　3　不正会計の予防・発見　　74
　　4　不正のトライアングル　　78
　　5　動機・プレッシャーの発生可能性の低減　　85
　　6　正当化の発生可能性の低減　　89
　　7　機会の発生可能性の低減　　93

第二部　今，求められるもの
―不正対応を行うのは「人」であり，その「人」に求められる意識の在り方が，コンプライアンス意識と職業的懐疑である。

1　**上場企業の役職員としてのコンプライアンス意識** ································ 101
　　1　コンプライアンスとは何か　　101
　　2　上場企業の役職員としてのコンプライアンス意識とは何か　　108
　　3　コンプライアンス意識の醸成のために　　115
2　**上場企業の役職員としての職業的懐疑心** ·· 124
　　1　職業的懐疑心とは　　124
　　2　職業的懐疑心を理解する　　126
　　3　職業的懐疑心の醸成　　138

第三部　経営者不正に立ち向かう

——経営者不正への究極の対応は，我々の経営者不正に立ち向かう覚悟である。

1 経営者不正とは何か ………………………………………………………… 151
 1　経営者不正　151
 2　経営者不正の動機・プレッシャー　153
 3　経営者不正の正当化　158
 4　経営者不正の機会　161
 5　経営者不正のメカニズム　164

2 ガバナンスを考える ………………………………………………………… 175
 1　企業とは何か　175
 2　ガバナンスとは何か　185
 3　ガバナンス（狭義）の在り方　192
 4　ガバナンスの性質　207
 5　ガバナンスは経営者不正に対応し得るのか　210

3 経営者不正の予防 …………………………………………………………… 213
 1　経営者不正の機会としてのガバナンスの機能不全　213
 2　経営者不正の予防のために　214
 3　経営者不正の抑止力としての早期発見　227

4 経営者不正の早期発見 ……………………………………………………… 229
 1　経営者不正の早期発見とガバナンス　229
 2　調査体制の整備・運用　234

5 経営者による不正会計事例 ………………………………………………… 237
 1　シニアコミュニケーション事案　237
 2　東芝事案　243

6 経営者不正にいかに立ち向かうか ……………………………………… 256
   1 経営者不正への対応の困難性　256
   2 経営者不正に立ち向かう覚悟　258
   3 経営者不正への対応　260

第四部　従業員不正に立ち向かう
―真に有効な従業員不正への対応は，内部統制に魂を込めることである。

1 従業員不正とは何か ……………………………………………………… 263
   1 従業員不正　263
   2 従業員不正の動機・プレッシャー　266
   3 従業員不正の正当化　271
   4 従業員不正の機会　273
   5 従業員不正の兆候　276
2 内部統制を考える ………………………………………………………… 279
   1 内部統制の意義　279
   2 内部統制の性質　281
   3 内部統制の定義　289
   4 内部統制の目的　290
   5 内部統制の基本的要素と原則　294
   6 ３つのディフェンスラインモデル　305
   7 内部統制の限界　309
   8 内部統制の制度化の功罪　312
   9 内部統制に対する誤解　316
3 従業員不正の予防 ………………………………………………………… 321
   1 不正会計の予防に資する内部統制の整備・運用　321
   2 リスク対応　326

3　リスクに対応した内部統制の整備　　331
　　　4　規程等の整備　　334
　　　5　業務プロセスと不正会計の予防に資する内部統制　　341
　　　6　人事ローテーション制度の構築　　351
　　　7　内部通報制度の整備　　357
　　　8　不正会計の予防に資する内部統制の運用　　357
4　従業員不正の早期発見 …………………………………………… 361
　　　1　不正会計の端緒　　361
　　　2　不正会計の早期発見に資する内部統制の整備・運用　　367
　　　3　発見的統制手続の整備　　372
　　　4　予算制度の整備・運用　　375
　　　5　財務数値を利用した不正会計の発見のための内部統制の整備・運用　　377
　　　6　内部監査の整備・運用　　387
　　　7　内部通報制度の整備・運用　　392
　　　8　不正会計の早期発見のための事実解明　　397
5　従業員による不正会計事例 ……………………………………… 404
　　　1　クラボウ事案　　404
　　　2　東亜道路工業事案　　410
6　従業員不正にいかに立ち向かうか ……………………………… 415
　　　1　従業員不正の弊害　　415
　　　2　従業員不正への対応とガバナンス　　416
　　　3　何を考えるべきか　　417

第五部　子会社不正に立ち向かう

―子会社をブラックボックス化しないこと，それが子会社不正への対応の肝となる。

1　子会社不正とは何か ……………………………………………………… 423
　　1　子会社不正　423
　　2　子会社における不正会計の現状　423
　　3　子会社不正における不正のトライアングル　424
　　4　子会社のブラックボックス化　426
　　5　子会社不正への対応の必要性　433
2　子会社不正の予防 ………………………………………………………… 435
　　1　親会社のガバナンスの観点から　435
　　2　親会社の内部統制の観点から　437
　　3　子会社の内部統制の観点から　439
3　子会社不正の早期発見 …………………………………………………… 440
　　1　職業的懐疑心の保持・発揮　440
　　2　子会社不正の早期発見――ガバナンスの観点から　441
　　3　子会社不正の早期発見――内部統制の観点から　442
4　子会社における不正会計事例 …………………………………………… 445
　　1　沖電気事案　445
　　2　ニチリン事案　450
5　子会社不正にいかに立ち向かうか ……………………………………… 456
　　1　子会社不正の機会としてのブラックボックス化　456
　　2　経営問題としての子会社不正対応　456
　　3　何を考えるべきか　458

（注）本書の内容は平成30年2月1日現在の法令等によっています。

序
不正会計への対応の理解のために

不正会計への対応は，
企業価値の向上に資する
経営の実現にある。

1 本書の全体像

　以下，本書の全体像を**図表1**に示す。

　本書のテーマは，不正会計の予防及び早期発見としての不正対応であるが，主なキーワードは，「職業的懐疑心」「コンプライアンス意識」「内部統制」「ガバナンス」である。

　不正会計の予防・早期発見は，企業の様々な利害関係者との利害を調整しつつ，企業の持続的成長を図り，企業価値の向上に資する経営を行うための「経営の統治機構としてのガバナンス」及び「経営のための仕組みである内部統制」が有効に機能することにより可能となる。そして，ガバナンス及び内部統制が有効に機能するためには，ガバナンスを担う人々の，そして，内部統制を担う人々のコンプライアンス意識及び職業的懐疑心が不可欠となる。

　この点，本書の内容は，基本的な考え方の説明が中心となる。もちろん，個別具体的な状況に関して，不正会計の対応に係る問題点・解決策等の提示は可能であるが，それはあくまでも特定の企業における，特定の企業風土の中での個別具体的な事象に関してのテクニックの一つに過ぎない。企業活動は，各社各様であり，また，様々な人が関りを持つ中で，不正会計対応は，その現場に応じた取り組みが求められる。すなわち，その現場に応じた創意工夫，試行錯誤の中で最適解としての不正会計対応が求められるのである。テクニックはあくまでも道具にしか過ぎない。道具をいかに使うか。それは，不正会計対応に係る基本的な考え方としての原則（プリンシプル）に基づくものとなる。

　したがって，本書は，企業で働く様々な人にとって，それぞれの立場での取組みについて考えるためのきっかけとなる不正会計への対応に係る原則を提示する。

図表1 本書の全体像

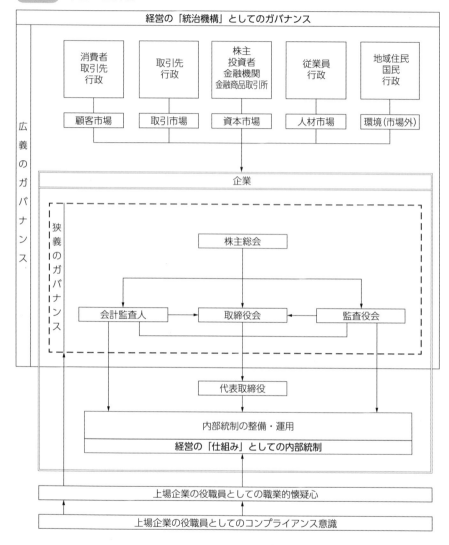

2 なぜ不正会計はなくならないのか

　不正会計，すなわち，粉飾の歴史は古い。

　戦前には，当時の一大疑獄事件といわれた日糖事件（明治41年）が起き，戦後においては，昭和23年に証券取引法が制定された後，昭和25年には上場企業の財務諸表に係る公認会計士による監査証明制度が導入されたが，昭和30年代に，山陽特殊製鋼事件（昭和39年）等の大型粉飾事件が相次ぎ発覚した。このような大型粉飾事件が多発したことを受け，当時の大蔵省は粉飾事件に係る告発方針を従来の消極的な対応から積極的な対応へと変化させ（昭和40年），また，財務諸表監査の実効性の強化を図るため，公認会計士法が改正（昭和41年）され，監査法人の制度化等の対応がなされた。さらに，商法監査特例法による会計監査人監査の制度化（昭和49年）が行われ，粉飾事件への制度的な対応が図られた。

　しかしながら，その後も粉飾事件は後を絶たず，事件が発覚する都度，商法や証券取引法等の法令や監査基準，取引所規則等の改正がなされ，再発防止のための制度的対応がなされるものの，平成17年にはカネボウ事件が，そして，平成18年にはライブドア事件等の粉飾事件が相次いで発覚した。

　このため平成18年には，金融商品取引法において，内部統制報告制度（いわゆる「J-SOX」）が導入され，また，会社法においては，株式会社の機関設計に係る様々な議論・検討がなされるとともに，業務の適正を確保するための制度（いわゆる「内部統制システム」）が規定されることとなった。

　にもかかわらず，である。その後も会計監査人である公認会計士が逮捕・起訴され有罪となったプロデュース事件（平成21年）や，上場直後に，売上高のほとんどが架空売上であった粉飾決算が発覚し，取引所による上場審査，主幹事証券会社による引受審査，及び，公認会計士による財務諸表監査の在り方に問題を提起したエフオーアイ事件（平成22年）等の悪質な粉飾事件が相次いで発覚した。さらに，平成24年には，オリンパス事件が発覚し，日本を代表する上場企業においても，長期間にわたり粉飾決算が行われていたことに日本の市場関係者は強い衝撃を受けた。

このため，これらを契機に，平成25年3月に「監査における不正リスク対応基準」が設定され，また，コーポレート・ガバナンス（以下，「ガバナンス」という。）に係る議論が活発となり，金融庁と日本証券取引所が中心となり，平成27年6月に，コーポレートガバナンス・コード（以下，「ガバナンス・コード」という）が制定されるに至った。

　ところが，である。今度は，平成27年に東芝事件が発覚したのである。東芝は，言わずもがな日本を代表する企業であり，当時，先進的なガバナンス体制を採用していると世間的にはポジティブな評価を受けていた会社である。そのような会社においてさえも，粉飾決算が行われていたことに関して，日本の市場関係者は，オリンパス事件以上に強い衝撃を受けざるを得なかった。

　このように，不正会計の歴史は古く，不正会計の発覚の都度，市場関係者が様々な対応を行ってきた。しかし，それでもなお，未だに不正会計が相次いでいるという現状を考えると，不正会計の予防・早期発見は，今まさに我々が立ち向かうべき課題であるといえよう。

　では，なぜ，不正会計はなくならないのであろうか。

　不正会計がなくならない原因には様々なことが考えられるであろうが，突き詰めて考えれば，不正会計が「人」の行為であるからに他ならない。

　不正のトライアングルの考え方によれば，不正は「動機・プレッシャー」「機会」「正当化」の3つの不正リスク要因が揃うことにより生じる。このうち，「動機」に関しては，いつ，誰に，どのような動機が生じるかは，誰にも分からない。まさに，「神のみぞ知る」である。ゆえに，不正会計が起こり得るリスクは，将来において，すべての企業に等しく，常に存在する。そして，不正会計は，ある時に，その動機が誰かに生じ，ガバナンスの機能不全・内部統制の機能不全による不正の機会を得て，自らの不正の実行を正当化することにより行われる。ゆえに，不正会計はなくならないのである。

　しかし，不正会計がなくならないからといって，何も対応をしなければ，企業は無法地帯と化すだけであり，結果，不正会計は増えるだけとなる。不正会計のリスクが常にあるからこそ，我々は，継続的に，真剣にこのリスクに立ち向かわ

なければならないのである。しかしながら，このような不正会計が起こり得るリスクを真に認識している企業は，そして，企業の役員及び従業員はどの程度いるのであろうか。

多くの企業の役職員は，不正リスクにほぼ無関心である。「我が社においては過去に不正が生じたことは無いので，将来も不正は生じない」「我が社の社員は良い人ばかりなので不正は生じない」「自分の周りでは，職場では不正は無縁である」と。ここまであからさまではないとしても，不正の起こり得る可能性について，それほど不安を感じてはいないのではないだろうか。

しかし，本当に不正リスクは多くの人にとって無関係なものなのであろうか。百歩譲って，仮に，過去及び現在は不正がなかったとしても，将来においても不正は絶対に起きないといえるだろうか。この世の中，「絶対」と言えることはあまり多くは無い。敢えて言うのであれば，将来において不正が起きる可能性が「絶対にない」ということだけは，絶対に言えないのである。なぜなら，いつ，誰に，どのような不正の動機が生じるかは誰にもわからないからである。

結局のところ，このような不正に対する無関心を「機会」として，不正会計が行われてしまうのである。ゆえに，不正会計の予防・早期発見のためには，不正に対する意識の在り方を変える必要がある。また，不正会計の起こり得る原因が，結局は「人」である限り，不正会計の予防・早期発見のためには，「仕組み」としてのガバナンスや内部統制に直接・間接に関わりを持ち，仕組みの整備・運用を行う「人」の意識の在り方が極めて重要となる。すなわち，①上場企業における役職員のコンプライアンス意識，及び②上場企業の役職員の職業的懐疑心である。真に，実効性のある不正会計の予防・早期発見を実現するため，今，我々に求められていることは，上場企業の役職員としてのコンプライアンス意識の醸成であり，また，上場企業の役職員としての職業的懐疑心の醸成なのである。

3 本書の問題意識

　本書の目的は，不正会計への対応，すなわち，不正会計の予防・早期発見のためには，今，我々は何をすべきなのか，また，我々は何を求められているのかを明らかにすることにある。

　そのために，本書では，まず，不正会計への対応を理解する前提として，以下の問題意識を提示する。これらの問題意識を念頭に置きつつ本書を読み進めて頂きたい。

（1）不正対応の理解の重要性——不正対応は経営課題である

　近年，オリンパス事件，東芝事件等の不正会計事件が相次いだことにより，以前にも増して，上場企業に対して，不正の予防・早期発見への取り組みが求められている。しかしながら，この流れの中で，不正対応とは何か特別な対応を求められているとの誤解があるような気がしてならない。

　結論からいえば，不正対応は，経営をしっかりすることで自ずと不正対応になるのである。例えば，従業員が架空売上を計上したとする。その結果，架空の売掛金が計上され，回収されないまま長期滞留債権となる。経営的にいえば，売上は代金を回収してこそ売上である。したがって，長期間滞留している売掛金は経営上の問題であることから，滞留の原因として，納品した製品等に問題があるのか，得意先の財政状態に問題があるのか，または，それ以外の業務上・業務外の何らかの問題があるのかについて把握し，対応しなければならない。そして，問題への対応の過程で，それでも合理的な解決が図れない場合には，不正の疑義が生じ，当該疑義への対応の結果，架空売上であることが発覚する。このように，経営上の問題に対して適切な対応を行った結果，不正は発覚する。ゆえに，不正対応は経営課題なのである。

　「経営」とは，辞書的には，「事業目的を達成するために，継続的・計画的に意思決定を行って実行に移し，事業を管理・遂行すること」[1]，「諸種の技術，技能を活用しながら目的を達成しようとする組織的努力を合理的，効率的に遂行する

ための考え方，手法，技法の体系と実施。経営するという行為概念」[2]等と定義され，その他にも様々な定義が考えられるが，本質的には，事業目的，目的達成，組織，継続的，計画的，意思決定，実行，合理的，効率的，管理，遂行等がキーワードとなりそうである。

　本書では，企業経営を前提として，経営とは，「事業目的の有効かつ効率的な達成に資する事業の管理及び組織的遂行のための考え方・手法・技法の体系と実施」としたい。より端的にいえば，経営とは，企業の持続的成長を可能とし，かつ，中長期的な企業価値の向上に資する事業の組織的運営方法及びその遂行であると考える。そして，この経営としての「事業の組織的運営方法」が，内部統制の整備であり，その「遂行」が内部統制の運用となる。すなわち，内部統制とは，「経営のための仕組み」なのである。

　また，内部統制の目的は，①業務の有効性及び効率性，②財務報告の信頼性，③事業活動に関わる法令等の遵守，及び④資産の保全の達成である。不正の存在は，このような内部統制の目的の達成を阻害するものであり，ゆえに，内部統制は不正対応を内包するものとなる。したがって，「経営のための仕組み」である内部統制は，不正の予防・早期発見としての不正対応を含むものであり，この意味においても，不正対応は経営課題なのである。

（2）内部統制の意義――現場の重要性

　企業は，社会に対する商品や製品等の財貨やサービスとしての役務の提供を事業として行う。この事業は，企業理念[3]に基づく社会を幸せにする価値の提供であり，企業の「夢」の実現である。企業が社会の公器といわれる所以である。そして，事業を営む企業活動の実態は，営業・購買・製造・経理・研究開発等の様々な仕事が行われる場としての「現場」における企業の役職員による「人の行為」に他ならない。ゆえに，企業の夢は，企業活動のすべての過程における「現

1　松村明監修，小学館大辞泉編集部編『大辞泉第二版上巻』（平成24年11月）1102頁。
2　金森久雄・荒憲治郎・森口親司編『有斐閣経済辞典第5版』（有斐閣，平成25年12月）291頁。
3　本書では「企業理念」は「経営理念」と同義として用いる。

場」での企業のすべての役職員の仕事の結果により実現することとなる。

　そして，企業活動の実態が，企業の役職員たる「人の行為」であるところ，企業の役職員が，各々好き勝手に仕事をしていたのでは，事業を有効かつ効率的に行えない。また，企業が提供する財貨又は役務については，それが社会に受け入れられるためには，一定の品質を確保しなければならないが，各々好き勝手に仕事をしていたのでは，品質の確保もままならない。よって，企業が提供する財貨又は役務について一定の品質を確保し，さらには，より良いものを提供するための，そして，事業を有効かつ効率的に遂行するための仕組みが必要となる。この仕組みが，役職員の業務の遂行に係る行為規範としての内部統制となる。ゆえに，内部統制は，現場で夢を叶えるための仕組みとしての意義を有することとなる。

　しかしながら，一方で，先に触れたオリンパス事件，東芝事件等の不正会計事件以外にも，近年，企業における不正問題として，三井住友建設・旭化成建材による杭工事施工におけるデータ不正問題（平成27年），東洋ゴムの建築用免震積層ゴムの構造方法等に係る性能評価基準の不適合問題（平成27年），三菱自動車の燃費試験データ等の不正問題（平成27年）等の様々な企業不祥事が起きているが[4]，これらの不正の態様等は事案毎に異なるものの，共通するのは「不正は現場で起きている」ということである。

　「現場」は，企業理念に基づく企業の「夢」，企業理念を共有する企業の役職員の「夢」を実現する場であるとともに，不正リスクを含む様々な「リスク」が存在する場でもある[5]。現場は，夢とリスクが共存する場なのである。そして，内部統制は，夢の実現とリスクをコントロールするための仕組みでもある。

　なお，企業不祥事等が発覚した際に，内部統制の問題に焦点があてられ，不正対応のための仕組みが求められることがあるが，内部統制は，そもそも，「経営のための仕組み」である。この点，先に述べたが，経営を行うということは，事

---

[4] これらの事案の詳細については，八田進二編著『開示不正－その実態と防止策－』（平成29年6月，白桃書房）を参照されたい。
[5] 遠藤功『現場論』（東洋経済新報社，平成26年11月）63頁。

業を有効かつ効率的に遂行するとともに，不正の予防・早期発見をも意味するのであり，ゆえに，単に不正対応だけのための仕組みとしての内部統制は本質的には存在しないのである。この視点が欠如し，単に不正対応のためだけの「仕組み」としての内部統制を構築した場合，現場に過度の負担をかけることになる。なぜなら，その仕組みは，事業の有効性・効率性に資するものではないという意味において，単なる形式的な手続にしか過ぎないからである。実質的な意味を有さない手続は，形骸化する運命にある。そして，形骸化した内部統制は，不正実行の機会となる。ゆえに，単に不正対応目的だけの内部統制を形式的に構築しただけでは，問題は何ら解決されないのである。

大事なことは，①現場において夢を実現するための仕組みが内部統制であるということ，そして，②現場には夢とリスクが共存するがゆえに，事業の有効かつ効率的な遂行と不正の予防・早期発見は表裏一体であることを，企業のすべての役職員において理解することである。この理解が，企業の役職員のコンプライアンス意識及び職業的懐疑心を醸成することとなる。

結局のところ，不正会計の予防・早期発見は，事業を有効かつ効率的に遂行するための仕組みとしての内部統制を整備し，これを企業の役職員が，それぞれのコンプライアンス意識に基づき規程等に準拠して業務を行い，また，業務における問題点・改善点をそれぞれの職業的懐疑心を保持・発揮して把握・対応することで可能となる。内部統制に魂を込めるのは，現場である。そして，経営者は，内部統制が有効に機能する環境作りをすることで内部統制に魂を込め，ガバナンスは，経営者がその環境作りを適切に行っているかを監督することにより内部統制に魂を込めるのである。

いうまでもなく，企業経営において重要なのは「現場」である[6]。企業が，企業価値の向上に資する経営を行えるか否かは，現場における人たる役職員の仕事の如何に尽きる。そして，不正対応も現場次第なのである。

（3）リスク認識の重要性──適切なリスクの把握が不正対応の肝

内部統制は，経営のための仕組みであり，また，現場で夢を叶えるための仕組

みでもある。

　当然のことながら経営にはリスクがつきものである。リスクとは，組織目標の達成を阻害する事象が発生する可能性であり，事業の有効性・効率性に係るリスクとしての事業リスクと，不正の予防・早期発見に係る不正リスクとに区分し得る。リスクとは不確実性であり，また，ある事象の発生する「可能性」であるがゆえに，リスクの軽減は図れるもののゼロにすることはできない。また，想定していた事象だけではなく，想定外の事象の発生もあり得る。ゆえに，経営においては，リスクに対して適切な対応を図るという意味でのリスクのコントロールが求められ，そのための仕組みが内部統制となる。

　内部統制がリスクをコントロールするための仕組み，すなわち，リスクに対して適切な対応が可能となる仕組みとして機能し得るためには，内部統制の整備に当たって，当該企業の事業活動における事業リスク及び不正リスクの適切な把握が，その前提となる。事業リスクの適切な把握は，事業を知ることで可能となる。そして，事業を知るためには，現場を知らなければならない。ゆえに，現場を知らずして，事業リスクの適切な把握はできないのである。また，不正リスクの適切な把握は，不正を知ることで可能となる。不正を知るためには，過去の不正の事例等から知識としての不正を学ばなければならない。ゆえに，不正に関する学び無くして，不正リスクの把握はできないのである。

　不正会計の実行の「機会」となる内部統制の機能不全は，多くの場合，リスク

6　遠藤功氏はその著書『現場論』（東洋経済新報社，平成26年11月）において現場の重要性を説く。「現場」とは，「「これまで」と「これから」の間の「いま・ここ」」であり（38頁），現場の意義として，①価値創造主体，②業務遂行主体及び③人材育成主体の3つを挙げる。①価値創造主体としての現場は，顧客に対して価値を創造する場としての現場である（48頁）。そして，価値の創造とは，「夢を形にする」（49頁）ことである。なお，価値の創造に関しては，「戦略策定」と「戦略実行」があり，戦略の実行による価値の創造主体が現場であるとする（48頁）。そして，価値創造主体である現場に内包されている組織能力が「現場力」であり（69頁），現場力は，①保つ能力，②よりよくする能力，③新しいものを生み出す能力による「重層構造」からなるとする（89頁）。本書におけるコンプライアンス意識とは，①保つ能力に資するものであり，また，自律的な内部統制とは，②よりよくする能力，及び③新しいものを生み出す能力に資するものとなる。「保つ能力」とは「標準」（規程及びマニュアル等）に基づき，「確実に業務を遂行する能力」（91頁）であり，「よりよくする能力」とは，「日々「改善」するということである。この改善能力こそ，現場力という組織能力の中核にほかならない」（97頁）。

の把握の失敗に起因する。事業リスク・不正リスクが適切に把握されていない場合には，仮に形として内部統制が整備・運用されていたとしても，それは形式的なものに過ぎず，本来の内部統制が有すべき機能の発揮は期待できない。また，形式的な内部統制は，内部統制の形骸化の原因となり，不正会計実行の「機会」と化す。

ゆえに，経営のための仕組みとして，現場で夢を叶えるための仕組みとして，夢の実現とリスクをコントロールするための仕組みとしての内部統制を構築するためには，企業における事業リスク及び不正リスクを適切に把握することが肝となる。

（4）人の重要性——不正対応は人なり

ガバナンス及び内部統制は，企業の持続的成長及び中長期的な企業価値の向上を図り，事業を進めていくために必要な仕組みであるが，実際に，ガバナンス及び内部統制を構築・運用するのは，企業の役職員たる「人」である。したがって，ガバナンスの実効性が確保されるか否かは，ガバナンスに関わる株主，取締役，監査役，会計監査人等の「人」次第であり，また，内部統制が有効に機能するか否かは，内部統制に関わる企業のすべての役職員である「人」次第となる。よって，企業経営において，企業の役職員たる「人」が極めて重要となるのは当然であり，ゆえに，「事業は人なり」[7]なのである。

では，ガバナンスの実効性を確保し，内部統制の有効性を確保し得る「人」とはどのような人なのか。結論をいえば，それは，コンプライアンス意識を有し，また，職業的懐疑心を保持・発揮し得る人となる。この点については，不正対応

---

[7] 松下幸之助氏曰く「事業は人を中心として発展していくものである。だから，その成否は適切な人を得るかどうかにかかっている。たとえ，どんなに完備した組織をつくっても，またどんなに最新鋭の設備を導入しても，それらを生かす人を得なければ成果はあがらない。企業が社会に貢献しつつ，発展していけるかどうかは，一にかかって人にある」（PHPビジネスレビュー松下幸之助研究特別版『松下幸之助 事業は人なり』（PHP総合研究所，平成22年7月）4頁）。また，冨山和彦氏も「「経営とはとにかく人である。人の動きがすべてである。」（冨山和彦『会社は頭から腐る』（ダイヤモンド社，平成19年7月）29頁）と述べる。

においても同様である。

　コンプライアンス意識の詳細については，第二部「1」　上場企業の役職員としてのコンプライアンス意識」において述べるが，コンプライアンスとは，単に法律等の遵守という形式的な枠組みを超え，企業及びその組織体を構成する役職員に対し，企業の利害関係者の存在を意識した行為規準の遵守を求めるものである。すなわち，法令や基準，社内規程等の遵守はもとより，これらに規定されていない判断を求められた場合に，社会が企業に対する期待を理解し，社会規範等の明文化されていない規準を意識し，状況に応じて，企業の利害関係者との適切な利害調整が可能となる自律的な行為を成し得る意識の在り方が，コンプライアンス意識となる。ゆえに，単に法令等に違反しなければ良いとの理解は，真のコンプライアンス意識とはいえないのである。

　また，職業的懐疑心とは，その詳細については，第二部「2」　上場企業の役職員としての職業的懐疑心」において述べるが，「企業価値の向上に資する企業活動を行うために，現状を批判的に評価し，企業活動に係る改善事項及び不正の存在の可能性を示す状態に常に注意する姿勢」である。ガバナンスの実効性を確保し，内部統制の実効性を確保するための人の意識としての職業的懐疑心は，特にガバナンス及び内部統制の運用面において求められる人の意識の在り方となる。

（5）企業理念・企業風土の重要性——不正対応の原点

　企業は，社会に対して財貨又は役務の提供を行うことにより利益を獲得し，企業価値の向上を図る。そして，企業が社会的存在として企業活動を行い得るためには，企業の提供する財貨又は役務が社会に受け入れられるものであることが前提となる。

　また，企業活動の過程における人・物・金等の経営資源の費消に際しても，その方法等に関して，社会に受け入れられるものであることが企業活動の前提となる。例えば，経営資源である「人」たる従業員の労働環境が，労働基準法等の法規を無視したいわゆるブラック企業と呼ばれるような劣悪な環境であれば，退職者が相次ぎ，採用も困難になる。また，経営資源である「物」たる企業活動に必

要な原材料等の仕入先である取引先との取引条件等が，いわゆる下請法等の法規を無視していれば，取引先との取引も困難になる。さらに，経営資源である「金」たる資金の調達に際し，株主や投資家，金融機関等に対して，企業の実態等について適切な開示をしなければ，株主・投資家・金融機関等からの信用を失い，資金調達も困難になる。また，生産活動等の過程において社会環境に有害な副産物を排出していた場合には，企業活動を否定され，ひいては企業の存在自体も否定されることになる。

　このように，企業は，社会的存在であるがゆえに，「社会」という枠組みの中でしかその存在が成立しない。言い換えれば，企業は，「社会」を意識せずに企業活動を行うことは許されないのである。ゆえに，企業は，社会に対して何をどのように提供するのかを考え，また，企業活動において，社会とどのように関わるかを考え，常に社会を意識して企業活動を行うことになる。そして，その「考え」としての企業の行動原理，すなわち，企業の基本的な思想や考え方としての「企業理念」が必要となる。この企業理念が社会に受け入れられなければ，企業の提供する財貨又は役務も，そして，企業活動自体も社会に受け入れられないのである。

　先に，経営とは，「事業目的の有効かつ効率的な達成に資する事業の管理及び組織的遂行のための考え方・手法・技法の体系と実施」と定義したが，一方で，この「社会」を意識した企業活動の観点から「経営」を定義するならば，経営とは，「企業理念に基づき，従業員，取引先，株主，地域社会等の様々な企業の利害関係者であるステークホルダーとの相反する利害関係を調整しつつ，社会全体の利益の向上に資する事業を行うこと」とも定義し得るであろう。この定義は，経営とは，企業理念を前提として，実効性のあるガバナンスのもと，内部統制を有効に機能させ，企業の利害関係者との利害の適切な調整による社会全体の価値としての幸福を増加させることが究極の目的となるのである。

　また，「経営とは，他人を通して事をなす」[8]である。経営者は，経営のための仕組みである内部統制を有効に機能させ，現場において企業理念に基づく企業活動を実現しなければならない。そのために，企業理念に基づく企業風土を醸成

し，役職員のコンプライアンス意識を醸成するための経営者の姿勢を示す必要がある。そのような経営者を選べるか否かは極めて重要な課題であり，ガバナンスの重要性がそこにある。

そして，不正対応は，企業理念に基づく企業風土の醸成，及び経営者をはじめとする企業のすべての役職員一人ひとりのコンプライアンス意識の醸成を前提に，不正を許さない企業風土が醸成されることにより可能となる。すなわち，社会に受け入れられる企業理念に基づく企業風土の醸成が不正対応の第一歩となるのである。

(6) より良い世界を作るために

世の中には，様々な仕事があり，また，様々な職業がある。芸術，芸能，スポーツ等の一芸に秀でる能力を生かし活躍をする人もいれば，医師や弁護士，公認会計士のように資格に基づく仕事や，官公庁で仕事する公務員もいる。そして，企業における研究開発・技術・製造・営業・経理等の様々な職種で仕事をする人もいる。

そして，働く人々にも様々な人がいる。それぞれの価値観に基づき，それぞれの生活において仕事に重点を置く人もいれば，家族や趣味とのバランスを考える人もいる。人が働くことの意味は，人それぞれである。しかしながら，共通することは，仕事をすることにより，その対価としての給料や報酬を受け取ることである。対価を受け取ることができるのは，その仕事に価値があるからであり，その仕事が世の中に受け入れられるからである。ゆえに，どのような仕事であれ「世のため人のため」であり，また，職業に貴賎はなくすべて等しく価値があるのである[9]。

企業で働く人々の仕事も同じである。企業の役職員のそれぞれの「現場」にお

---

8 伊丹敬之氏は，「つまり，企業の活動の実際は，すべて現場の人々が行ってくれている。経営者からすれば，自分自身ではないという意味で，「他人」である。その人々は，人間として，頭があり，心があり，感情がある。その人たちを動かしてこそ，経営はできる。」と説明する（伊丹敬之『よき経営者の姿』（日本経済出版社，平成19年1月）55頁）。

けるそれぞれの仕事の結果が社会に提供され、世のため人のためとなり、そして、企業の健全な発展が可能となる。企業の健全な発展は、我が国経済の健全な発展に、そして、世界経済の健全な発展に資するものとなり、その結果、世界の平和に貢献するのである[10]。また、企業とはそのような存在でなければ、持続的成長は図れない。

そして、不正対応は、我々一人ひとりが日々、より良い仕事をすることで、いかに社会に対し価値を提供し、人類の幸せに貢献するかという問題意識に基づき派生的に生じるものである。企業理念に基づく事業の価値を考え、事業をいかに有効かつ効率的に行うかを真剣に考えた先に、不正対応の視点がある。

企業における不正対応は、ガバナンスの実効性の確保と内部統制の有効性の確保にあるが、それは企業の持続的成長及び中長期的な企業価値の向上に資するガバナンスの在り方、内部統制の在り方と表裏一体となる。そして、ガバナンス及び内部統制の在り方を考えるということは、企業のすべての役職員の「仕事」の在り方を考えることでもある。

---

9 もちろん、犯罪的行為を職業的に行い、利得を得ている者も存在するが、これらはあくまでも反社会的な行為であり、利得を得ているからといって世の中に受け入れられているものとは考えない。いつかは捕まるはずである。悪は廃れるのである。
10 「アメリカの安定だけではなく世界の平和が、アメリカが自由企業体制を機能させうるか否かにかかっている。このたびの大戦(第二次世界大戦)のあとの平和は、かつての戦後のように、理念と体制が国境を越えてどれだけ等質となるかではなく、米ソという異質の体制をもつ二つの大国がどれだけ共存の意思と能力をもつかにかかっている。この先例のない難問は、二つの大国それぞれが自らの体制を安定させ繁栄させて初めて可能となる。われわれはすでに、ソ連が共存の道を歩むにはその一国社会主義が安定し繁栄しなければならないことを認識させられている。失敗するならば、孤立主義、世界革命、侵略の道をとることになる。なぜならそのときソ連は、共産党独裁に反するものはすべて自国の安全に対する攻撃とみなすであろうからである。同じようにわれわれは、アメリカが共存の道をとるにはアメリカの一国資本主義が安定し繁栄しなければならないことを認識する必要がある。したがって、アメリカが自らの経済とその一体性の基盤、および世界への範として自由企業体制を機能させることは、世界平和に対する最大の貢献となる。」(上田惇生訳・P.F.ドラッカー著『ドラッカー名著集11 企業とは何か』(ダイヤモンド社、平成20年3月) 2頁-3頁)。時代も変わり、ドラッカーが述べた世界の状況は大きく変貌している。しかしながら、その本質、すなわち、経済の安定の重要性は変わらない。それは、現代の日本においても同じである。我が国経済の発展のためには、我が国企業の健全な発展が不可欠である。そして、それが世界平和への貢献となるのである。

第一部

不正会計を理解する

不正対応は，まず，不正会計とは何かを
知ることから始まる。

不正会計への対応の第一歩は，不正会計とは何かを知ることである。
　第一部では，不正の会計の現状について説明した後，会計とは何か，不正会計とは何かについて考え，そして，不正会計への対応の概要について説明する。不正会計への深度ある対応を行うためには，何よりも不正会計を知ることが不可欠であり，さらに，我が国経済の発展に不可欠な社会的インフラとしての証券市場を利用する当事者としての上場企業の責務，及び，上場企業の役職員の責務の理解が必要となる。

1 不正会計の現状を理解する

> 今，不正会計の現状はどのようになっているのか。近年における①不適切な会計処理に関する開示状況，②課徴金事案の勧告状況，③犯則事件の告発状況は，以下のとおりである。

1 不適切な会計処理の開示状況

(1) 開示の状況

平成20年以降の上場企業における不適切な会計処理に関する開示の状況は，**図表2**のとおりである[1]。平成20年は25社であったが，その後，概ね増加傾向にあり，平成28年は過去最多の57社となった。不適切な会計処理の開示には，①不正

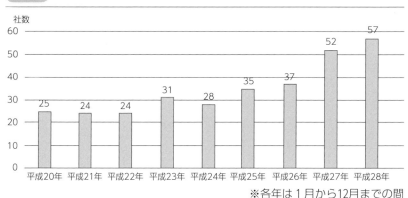

図表2　不適切な会計処理の開示状況

※各年は1月から12月までの間

（故意）による財務諸表等の虚偽表示と②誤謬（過失）による財務諸表の虚偽表示が含まれている。

（2）増加原因について

近年の不適切な会計処理の増加の原因としては、様々な要因が考えられるが、ここでは、その主な要因として①不正会計に対する社会的な問題意識の高まり、②公認会計士等による会計監査の厳格化、③内部統制の形骸化を挙げたい。

ア　不正会計に対する社会的な問題意識の高まり

不正会計に対する社会的な問題意識は、近年において特に高まってきたと感じられる。かつては、不正会計に対する問題意識はそれほど高いものではなかった。「粉飾の何が悪い」という感覚である。

しかしながら、カネボウ事件、ライブドア事件、オリンパス事件、そして、東芝事件等の大型の粉飾事件が相次ぎ、不正会計が社会問題化し、その都度、会社法（旧商法）、金融商品取引法（旧証券取引法）等の法制度の改正等による対応や、上場企業を管理する金融商品取引所（以下、「取引所」という。）の上場規則等の改正、証券市場に係る市場行政を担う当局（金融庁、証券取引等監視委員会等）による告発等の事件化がなされ、市場関係者による再発防止のための積極的な取り組みがなされてきた。この結果、「粉飾は悪い」という世間の認識が広まり、徐々に社会の不正会計に対する問題意識が高まってきたと考えられる。

このような背景のもと、特に証券市場における市場規律の強化の観点から、取引所の対応に変化がある。例えば、以前は、従業員による不正会計が行われたとしても、社内における懲戒処分等が行われるだけで、特に取引所の上場規則に基づく適時開示は行われないことが多かった。しかしながら、不正会計は内部統制の機能不全がその原因であり、内部統制の機能不全は、企業内容等に係る重要な

11　「2016年全上場企業「不適切な会計・経理の開示企業」調査」（株式会社東京商工リサーチ、平成29年3月15日）（http://www.tsr-net.co.jp/news/analysis/20170315_01.html）

事実である。ゆえに，近年においては，企業において従業員による不正会計が発覚した場合，企業内容等に係る重要な事実の発生との認識に基づき，取引所から当該事実に係る開示が求められることとなり，結果，不適切な会計処理に係る開示が増加したものと考えられる。

　この意味において，実は，不適切な会計処理の件数自体は，過去からそれほど増加していない可能性も考えられるところではある。不正会計に対する社会の問題意識の高まり，及び，証券市場の規律強化の一環として取引所の対応が変わったことにより，「開示件数」が増えただけであるとの見方である。この場合，過去においては，開示されていない潜在的な「不適切な会計処理」が多くあったものと思料される。

イ　公認会計士等による会計監査の厳格化

　オリンパス事件等の発覚を受け，平成25年3月に「監査における不正リスク対応基準（以下，「不正リスク対応基準」という。）」（企業会計審議会）が設定され，会計監査を行う公認会計士又は監査法人（以下，「公認会計士等」という。）に対して職業的懐疑心の保持・発揮が「強く」求められることとなった[12]。

　不正リスク対応基準設定以前においては，例えば，従業員による架空売上の計上や原価の資産への付替えによる利益の水増し等の不正会計が発覚した場合，監査上は，当該事実に直接的に関係する会計処理への対応を行うだけであった。しかし，不正リスク対応基準の設定を受け，公認会計士等による会計監査が「厳格化」されたことにより[13]，類似の不正の有無等の把握のため，企業は，第三者委員会等の調査機関の設置を会計監査人から求められることとなり，結果，不正の発覚に関する適時開示が行われるようになった。このことも不適切な会計処理の「開示」が増えた原因の一つであると考えられる。

12　公認会計士等の職業的懐疑心の保持・発揮は，不正リスク対応基準の設定により初めて求められたものではない。財務諸表監査制度が設けられた昭和23年から監査を行う公認会計士に求められていたものである。この点については，拙著『財務諸表監査における不正対応』（清文社，平成25年11月，60頁－69頁）を参照されたい。

ウ 内部統制の形骸化

　詳しくは，第四部2「8　内部統制の制度化の功罪」において述べるが，金商法の改正により平成20年4月1日開始事業年度より内部統制報告制度，いわゆるJ-SOXが導入された。これにより内部統制の整備・運用が法律により「制度化」されたという一面を有することとなった。

　この内部統制の「制度化」の功罪はあるところ，その「罪」としては，「内部統制は制度対応すれば良い」という誤った内部統制に対する認識が強まった点にある。このため，内部統制への対応が単なる制度対応と化し，内部統制の本来の意義が見失われることにより，内部統制の形骸化をもたらす一因となった。内部統制の形骸化は，不正の機会となる。ゆえに，この内部統制の形骸化も不適切な会計処理の増加の原因の一つであると考えられる。

2 課徴金事案の勧告状況

(1) 勧告の状況

　平成17年4月以降[14]，証券取引等監視委員会が，上場企業の有価証券報告書等において重要な事項につき虚偽の記載があったとして課徴金勧告を行った件数は，**図表3**のとおりである（年度は4月から3月までの集計となっている）。毎年度，概ね10件前後の課徴金勧告がなされている。

13　不正リスク対応基準によって「監査の厳格化」がされたという理解は，筆者としては違和感があるところである。不正リスク対応基準自体は，監査人による会計監査に係る各種の基準等の不正対応関連の集約であって，基本的には従来と異なるところはない。ゆえに，不正リスク対応基準の設定により監査が厳格化するものではない。しかしながら，現実的には，不正リスク対応基準の設定により，監査の現場においては，その実務に変化がみられることから，ここでは「監査の厳格化」と表現した。

14　平成16年証券取引法の改正により発行開示書類である有価証券届出書の虚偽記載に係る課徴金制度が導入され，翌年の平成17年証券取引法の改正により継続開示書類である有価証券報告書の虚偽記載に係る課徴金制度が導入された。

図表3 課徴金勧告件数

年度	平成17年度	平成18年度	平成19年度	平成20年度	平成21年度	平成22年度
件数	0	3	8	11	8	14

年度	平成23年度	平成24年度	平成25年度	平成26年度	平成27年度	平成28年度
件数	7	9	9	8	6	4

（2）勧告事案の概要

　証券取引等監視委員会が，平成28年度に課徴金勧告を行った事案の概要は，図表4のとおりである[15]。

15　証券取引等監視委員会の公表資料より。

図表4　課徴金勧告事案の概要（平成28年度）

勧告日 会社名	事案の概要
H28.4.15 エナリス	エナリスは、第三者への太陽光発電施設等の販売を装うなどして、売上を過大に計上するなどした。これにより、平成25年12月期の連結当期純損益が実際は104百万円の利益であったところを422百万円の利益とするなどの有価証券報告書の虚偽記載を行った。
H28.7.22 MAGねっとホールディングス	MAGねっとホールディングスは、当社の社長の親族等が経営するグループ企業に対する短期貸付金及び未収利息について、当該企業グループの財政状態の悪化を把握していたにもかかわらず、貸倒引当金の計上や未収利息の損失処理等を適切に行わなかったほか、当該短期貸付金等を当社の関連当事者に譲渡したことに伴う譲渡代金債権についても、当該関連当事者の財政状態の悪化を把握していたにもかかわらず、貸倒引当金の計上を適正に行わなかった。これにより、平成26年12月期の第3四半期末の連結純資産額が1,500百万円であるところを2,568百万円とするなどの四半期報告書の虚偽記載を行った。
H28.9.30 メディビックグループ	メディビックグループは、当社の連結子会社と他社の間で開発権の譲渡契約が成立したように装い、また、販売代金の回収が困難となった商品売買取引について代金が回収できたように装うことによって売り上げを過大に計上するなどした。これにより、平成28年12月期の第1四半期末の連結純資産が▲118百万円であるところを68百万円とするなどの有価証券報告書等の虚偽記載を行った。
H28.10.28 モジュレ	モジュレは、当社が公表した平成27年3月期の業績予想を達成するため、サーバー等の販売について循環取引などを行うことによって架空売上を計上した。これにより、平成27年3月期の当期純損益が28百万円であるところ103百万円とするなどの有価証券報告書等の虚偽記載を行った。

3　犯則事件の告発状況

（1）告発の状況

　平成4年の証券取引等監視委員会の発足以降、証券取引等監視委員会が検察庁に対して告発した有価証券報告書等の開示書類に係る虚偽記載事件（犯則事件）の件数は、図表5のとおりである。告発事件は、重要かつ悪質な虚偽記載事件に

関して行われるものであり，年度によっては告発がない場合もある。

図表5 告発件数

年度 ※1	平成21 年度以 前	平成22 年度	平成23 年度	平成24 年度	平成25 年度	平成26 年度	平成27 年度	平成28 年度
件数	30	2	4	0	0	2	3	0

※1：年度は，4月から3月までの集計となっている。

（2）告発事件の概要

証券取引等監視委員会が，平成27年度に告発を行った事件の概要は，**図表6**のとおりである[16]。

---

16 証券取引等監視委員会の公表資料より。

1 不正会計の現状を理解する

図表6　告発事件の概要（平成27年度）

告発日 会社名	事案の概要
H27.7.3 石山 Gateway Holdings	石山 Gateway Holdings は，平成26年6月期の連結税金等調整前当期純損失が3億4,956万円であったところ，架空売上の計上等により，連結税金等調整前当期純利益4,163万円とするなどの有価証券報告書の虚偽記載を行った。
H27.10.23 オリンパス	オリンパスは，平成22年3月期の連結純資産額が1,713億7,100万円であったところ，架空ののれん代を計上するなどの方法により，連結純資産額を2,168億9,100万円とするなどの有価証券報告書の虚偽記載を行った。 　なお，オリンパス事件に関しては，平成24年3月に告発を行っているが，本件告発は，平成24年3月告発の共犯者についての告発である。
H28.3.28 グローバルアジアホールディングス	グローバルアジアホールディングスは，平成26年3月期の連結純資産が5,782万円であったところ，営業保証金等合計4億4,500万円の架空資産を計上する方法により，連結純資産を5億216万円とするなどの有価証券報告書の虚偽記載を行った。

2 不正会計とは何かを理解する

> ここでは、そもそも不正会計とは何であるかについて理解する。不正会計とは、他の不正と同様に「人の行為」の結果である。不正会計が「人の行為」の結果であることの理解が、①内部統制の重要性及び②企業の役職員のコンプライアンス意識の重要性を真に理解するための前提となる。

1 不正

(1) 不正とは

不正の定義には、「不正とは、不当又は違法な利益を得るために、経営者、取締役等、監査役等、従業員又は第三者による他者を欺く意図的な行為をいう」[17]や、「不正とは、他人を欺くために仕組まれた作為または不作為であって、被害者への損失および／または不正実行犯たる加害者への利得をもたらす行為である」[18] 等がある。他にも様々な定義はあるが、「不正」を構成する共通の要素は、①動機、②欺罔行為、③人の行為となる。

---

17 監査基準委員会報告書（序）「監査基準委員会報告書の体系及び用語」（日本公認会計士協会監査基準委員会、平成27年5月29日最終改正）・「付録2：用語集」No.204（監基報240第10項）
18 八田進二・神林比洋雄・橋本尚監訳、日本内部統制研究学会・不正リスク研究会訳『決定版 COSO不正リスク管理ガイド』（日本公認会計士協会出版局、平成29年10月）1頁。

ア　動機

　不正が行われる場合，必ず動機が存在する。動機は，不正実行者自身の利益を得るためであったり，第三者の利益を得るためであったりする。利益は，金銭的な利益を得るためや金銭的な損失を回避するための他，非金銭的な利益の獲得又は損失の回避も含まれる。例えば，ある従業員に個人的な売上予算に係る過度な予算達成のプレッシャーがある中，予算達成が困難な場合に，このプレッシャーを不当に回避するために，架空売上の計上を行う場合である。また，経営者が不正を行う場合の動機の一つである自己の地位保全は，報酬目的が従たる動機となり，社会的地位や社内的地位の確保，名誉欲等が主たる動機である場合には，非金銭的な利益の一例となる。

イ　欺罔行為

　欺罔行為とは，他人を欺き，騙す行為である。欺罔行為には，作為，不作為がある。

　他人を欺くことにより，自己又は第三者が，不当又は違法に利得を得ることが不正である。ゆえに，他人が欺かれることが，不正が実行される「機会」となる。逆に言えば，他人が欺かれることがなければ，不正は起こり得ない。

　極端な例で言えば，宝飾品を扱う会社で，宝飾品の実地棚卸を行う手続が無かった場合，ある従業員が宝飾品を盗み出していたとしても，実地棚卸の手続に係る規定がなく，実地棚卸が行われることが無ければ，帳簿上の在庫のみが管理上の在庫となり，従業員による盗難に誰も気が付かないことになる。この場合，実地棚卸の手続が無いという仕組み（内部統制）の不備により，その他の役職員が管理上の在庫を信じていた（騙されていた）ことを「機会」として不正（宝飾品の窃盗）が行われてしまうのである。他方，実地棚卸の手続等が整備され，適切に運用されていれば，このような不正は行われない可能性が高くなる。

ウ　人の行為

　不正は，不作為を含む人の行為の結果である。人の行為であるがゆえに「動機」が必ず存在する。また，人が他者を欺くことにより不正が行われる。ゆえに，不正対応を考える場合，不正が人の行為であることの理解が重要となる。

(2) 不正の区分

　本書では，「不正」を①財務情報の虚偽表示，②非財務情報の虚偽表示，③資産の不正流用及び④違法行為等に区分する[19]。

　なお，「財務情報の虚偽表示」は「違法行為等」でもあり，また，「資産の不正流用」が「財務情報の虚偽表示」の原因となる場合もある。このように，不正は，必ずしも明確に区分されるものではなく，ある不正行為を評価する場合，複数の不正区分が重なり合うことがある。

ア　財務情報の虚偽表示

　財務情報の虚偽表示とは，不正実行者が，財務情報の利用者を欺く目的で行う財務情報の意図的な虚偽表示である。財務情報の利用者には，外部報告の対象となる外部の株主，投資家，その他利害関係者と，内部報告の対象となる経営者，管理者等がある。本書のテーマである不正会計は，この財務情報の虚偽表示となる。

　財務情報は，企業活動の結果を会計数値に置き換えたものであり，外部報告目的及び内部報告目的の財務情報は，いずれもその基礎数値を同じにする。ゆえに，内部報告目的の財務情報の虚偽表示は，結果として外部報告目的の財務情報の虚偽表示ともなる。

　また，その逆もあり得る。例えば，経営者による不正会計の場合，その目的

---

[19] 八田進二・神林比洋雄・橋本尚監訳，日本内部統制研究学会・不正リスク研究会訳『決定版 COSO 不正リスク管理ガイド』（日本公認会計士協会出版局，平成29年10月）5頁。

は，主に外部報告目的の財務情報の虚偽表示となるが，真実の財務情報を公にしないため，内部報告目的の財務情報も虚偽表示となる。この結果，経営者自らの経営判断の基礎となる経営管理資料等における財務情報が，経営の実態を反映したものとはならず，また，組織内の利害関係者である取締役，社外取締役，監査役及び管理者等の判断をも誤らせる原因ともなる。

イ　非財務情報の虚偽表示

　非財務情報の虚偽表示とは，不正実行者が，非財務情報の利用者を欺く目的で行う非財務情報の意図的な虚偽表示である。財務情報が，企業活動の結果を会計数値で表した情報であるところ，非財務情報は，企業活動の結果を会計数値以外で表した情報である。会計数値以外の情報には，数量や指標等の各種データ等の数値で表される数値的情報と，数値以外の言語等で表される非数値的情報とがある。また，非財務情報の利用者には，外部報告の対象となる消費者，取引先，行政等の企業の利害関係者と，内部報告の対象となる経営者，管理者等がある。先に触れた三井住友建設・旭化成建材による杭工事施工におけるデータ不正問題（平成27年），東洋ゴムの建築用免震積層ゴムの構造方法等に係る性能評価基準の不適合問題（平成27年），三菱自動車の燃費試験データ等の不正問題（平成27年）等は，非財務情報の虚偽表示としての不正事案となる。

　企業活動においては，様々な利害関係者が存在し，また，企業活動が社会に与える影響が広範に及ぶ可能性がある。そして，多くの場合，企業と企業の利害関係者との関係は，一般的に企業の立場が強い。ゆえに，弱者保護の観点から企業活動に対する規制として，消費者保護，労働者保護，環境保護等の保護法益を目的とした様々な法令等が制定されており，企業は，法令等を遵守して企業活動を行うことが求められる。仮に，企業が，法令等に違反して企業活動を行った場合には，行政処分や罰則等が科せられるとともに，社会からの批判を受けることとなり，悪質な法令等違反となる場合には，企業としての存続を否定されるリスクが生じることとなる。このため，企業は，企業活動の過程において法令等違反がある場合に，行政等から企業活動に係る非財務情報の報告を求められた際に，事

実と異なる虚偽の報告を行う動機が生じ，非財務情報の虚偽表示が行われることとなる。

また，消費者や取引先との関係では，食品関係の偽装表示（産地，原材料，期限表示等）や，商品や製品に係る偽装表示（性能，品質，素材，期限表示等）が，非財務情報の虚偽表示となる。

さらに，内部においては，例えば，経営者等から製品・商品等に関して，一定の水準，性能，品質等の達成に係るプレッシャーを受け，これを不当に回避するために従業員が業務の実態につき，経営者等に対し虚偽の報告を行うことが，非財務情報の虚偽表示となる。

企業活動の実態につき虚偽の報告を行うという意味では，財務情報の虚偽表示と非財務情報の虚偽表示は，表裏一体の関係にある。本書のテーマは財務情報の虚偽表示としての不正会計であるが，不正会計の予防・早期発見は，ガバナンスの実効性及び内部統制の有効性の確保であるところ，非財務情報の虚偽表示の予防・早期発見も同様となる。

ウ　資産の不正流用

資産の不正流用とは，企業の役職員が，企業の資産を私的な目的のために不正に流用することである。不正な流用とは，窃盗，横領及び不正使用をいう。

資産の不正流用が行われた際，資産の不正流用を隠蔽するための仮装行為が行われ，結果，企業の財務諸表が適正に表示されない場合には，財務情報の虚偽表示の原因ともなる。役職員による不正のうち最も多いのがこの資産の不正流用である。

過去の事例としては，ローソンの子会社であるローソンエンターメディア取締役による会社資金不正流用事件[20]（平成22年）や大王製紙会長による会社資金不正流用事件（平成23年）[21]等があるが，その他にも数多くの事例がある。

エ　違法行為等

違法行為等とは，法令等の違反行為及び汚職をいう。

企業は，企業活動の過程において，消費者保護，労働者保護，環境保護等に係る様々な法令等の遵守が求められ，これらの法令等に違反する行為が不正となる。

　また，汚職とは，役職員が自己又は第三者の利益を得るために行う職務上の義務に反した行為であり，企業活動としての取引において，自らの立場を利用して行われる。汚職には，利益相反取引，贈収賄，違法な謝礼，利益供与の強要があるが，特に，我が国企業においては，従業員による不正なキックバックが多く起こり得る不正となる。

2　会計

　本書は，財務情報の虚偽表示としての不正会計を主たるテーマとする。ここでは，不正会計を理解する前提として，まず「会計」とは何かを理解したい。

(1) 会計とは

　会計の定義は様々であるが，本書では，企業会計を前提として，会計とは「企業活動における会計事実の認識・測定・表示に係る一連のプロセスである」とする。また，財務諸表は，「企業が自己の経済活動の帰結である会計情報を，当該企業を取り巻く利害関係者（株主，債権者，課税当局，従業員など）に伝達する報告書」[22] であるところ，この「会計情報」とは，「経済活動という実像を貨幣額などにより計数的に描写した写像」[23] となる。

　したがって，会計は，経済活動の帰結である企業活動の実態としての「実像」

---

[20]　ローソンの子会社であるローソンエンターメディア（以下，「LEM」という。）の取締役2名が，平成20年頃からLEMの取引先であるプレジール社に対し，LEMの資金を不正に流出させ，約150億円の損害を発生させた。
[21]　大王製紙の創業家会長が，平成22年頃からマカオ等でのカジノの賭け金に費消するため，大王製紙の子会社の資金を不正に流用し，その流用額は約165億円であった。
[22]　安藤英義他編集代表『会計学大辞典 第五版』（中央経済社，平成19年5月）539頁。
[23]　安藤英義他編集代表『会計学大辞典 第五版』（中央経済社，平成19年5月）539頁。

を対象として,「会計事実」に焦点に合わせ,会計情報としての「写像」に変換する機能を有するものとなる。そして,実像の写像への変換は,経営のための仕組みである内部統制にその機能が組み込まれ,内部統制の整備・運用を通じて行われることとなる。

(2) 会計事実の認識・測定・表示

　会計事実とは,会計の対象となる「事実」,すなわち,企業活動の過程における会計上の資産・負債・資本・収益・費用として認識すべき事実となる。

　この会計事実の認識に関して簡単に述べれば,資産とは,「過去の取引又は事象の結果として,財務諸表を報告する主体が支配している経済的資源」[24] であり,負債とは,「過去の取引又は事象の結果として,報告主体の資産やサービス等の経済的資源を放棄したり引渡したりする義務」[25] であり,資本とは,「資産と負債との差額」[26] であり,収益とは,「純利益を増加させる項目であり,原則として資産の増加や負債の減少を伴って生じるもの」[27] であり,費用とは,「純利益を減少させる項目であり,原則として資産の減少や負債の増加を伴って生じるもの」[28] と定義される。これらの定義は学術的にはさらに詳細な説明が必要となるが,それは本書の目的ではない。

　ここで重要なことは,これら資産・負債・資本・収益・費用は,いずれも企業活動の結果として生じるものであるということである。すなわち,会計の対象となる「事実」とは,企業活動の過程における資産・負債・資本・収益・費用の認識に係る事実であり,また,企業活動の実態は,企業の役職員の行為であることから,会計事実とは,企業の役職員の行為及びその行為の結果として認識すべき

24　企業会計基準第5号「貸借対照表の純資産の部の表示に関する会計基準」(企業会計基準委員会,平成25年9月最終改正) 第19項
25　企業会計基準第5号「貸借対照表の純資産の部の表示に関する会計基準」(企業会計基準委員会,平成25年9月最終改正) 第19項
26　企業会計基準第5号「貸借対照表の純資産の部の表示に関する会計基準」(企業会計基準委員会,平成25年9月最終改正) 第21項
27　桜井久勝『財務会計講義第18版』(中央経済社,平成29年3月) 72頁。
28　桜井久勝『財務会計講義第18版』(中央経済社,平成29年3月) 72頁。

事実となる。

　例えば，企業が製品の製造のために使用する原材料等を購入する場合には，購買担当者が仕入先に対して発注を行い，仕入先から原材料を受け入れ，検収担当者が検収を行うことにより，原材料の購買となる。この場合，購買担当者が仕入先に発注を行った行為をもって会計事実とはならず，実際に原材料が仕入先から工場等に搬入され，工場等において検収担当者が検収を行い，発注した原材料を実際に受け入れたことを確認したことをもって会計事実となる。すなわち，原材料を仕入れたという「事実」が会計の対象となるべき事実としての会計事実となる。そして，この時点で，原材料を「資産」として計上し，仕入先に対する仕入代金の支払債務である買掛金を「負債」として計上する。この「原材料の仕入」という会計事実を，適時かつ正確に認識し，会計処理を行うことで，企業の実態が適正な会計情報に置き換わることになる。もし，原材料を仕入れていたにもかかわらず，原材料の仕入れが認識されていなかったら，又は，もし，原材料の仕入れは認識したにもかかわらず，仕入の数量や単価を誤って認識していたのであれば，いずれの場合も企業の実態が適正な会計情報に置き換わらない。

　また，売上取引の場合でも同じである。売上取引においては，営業担当者が得意先と商談を行い，商談が成立した後，得意先から注文書等に基づく注文を受け，得意先との合意に基づく製品の製造，又は商品の仕入を行い，得意先の指定する場所に向けて出荷し，得意先の検収を受け，得意先において当該取引に係る債務を認識し，決済条件に基づく支払いを受けることとなる。この場合，営業担当者が注文を受けた時点では，収益は認識されない。収益は，取引の性質に応じて定められた実現主義の要件を満たす収益認識基準に基づき認識される。例えば，出荷基準であれば製品等の出荷時に，検収基準であれば得意先が製品等の検収を行った時点で収益が認識されることとなる。したがって，売上取引に関しては，売上計上をすべき事実（出荷，検収等）の認識が，売上計上に係る会計事実の認識となる。

　そして，会計処理の対象となるべき会計事実を認識した後，当該事実について貨幣価値をもって測定し，当該会計事実に係る会計処理により，会計事実を勘定

科目と金額で表示することとなる。

(3) 会計の機能と内部統制

ア　会計の機能

　企業会計の目的は，企業活動の実態を財務諸表等により企業の利害関係者に伝えることである。そして，伝える手段としての財務諸表等は，企業活動の実態としての「実像」を会計数値により表現した「写像」であるところ，会計は，「実像」を「写像」に置き換える機能，すなわち，企業活動の実態を会計情報に置き換える機能を有する。そして，この会計の機能は，内部統制の整備・運用により実現されるものとなる。

　この会計の機能と内部統制の関係をその性質によって区分した場合，①企業活動の実態を会計情報に置き換える機能と，②ある一時点における企業の実態を公正価値に置き換える機能がある。

イ　企業活動の実態を「会計情報」に置き換える機能と内部統制

　企業活動の実態は，企業の役職員の行為である。ゆえに，企業活動の実態を会計情報に置き換える機能を有する会計は，企業の役職員の行為を対象として，会計事実を認識し，貨幣価値による測定・表示をもって会計情報に置き換えるものとなる。そして，この会計事実を認識し，会計情報に置き換える仕組みが内部統制となる。

　内部統制の詳細については後で述べるが，内部統制は，経営のための仕組みとして，事業が有効かつ効率的に行われるための仕組みとなり，その仕組みにおいて，会計事実を適切に把握し会計情報に置き換えるための機能（仕組み）が組み込まれることとなる。

　会計において重要なことは，絶え間なく行われる企業の役職員の行為に係る「事実」のうち，会計事実として認識すべき「事実」を適切に把握することである。会計事実の認識は，収益・費用・資産・負債・資本の認識である。したがっ

て，会計事実の適切な把握が行えないことは，適切な会計処理が行えないことを意味し，結果，財務諸表が企業の実態を適正に表さないこととなる。故意・過失を問わず不正会計の大きな原因は，会計事実の不適切な認識にある。

　例えば，収益に関しては，企業が提供する財貨又は役務の性質を踏まえ，会計上，売上として認識すべき要件を満たす会計事実は何かを慎重に検討した上で判断する必要がある。仮にある企業の収益活動に係る利益の認識に関して「出荷」時点において，実現主義の要件，すなわち，①財貨の移転の完了又は役務の提供及び②対価の受取りが認められるのであれば，収益認識基準として「出荷基準」が採用され，また，得意先による「検収」時点において，実現主義の要件を満たす場合には「検収基準」が採用されることとなる。そして，出荷基準であれば「出荷」という事実が，検収基準であれば得意先による「検収」という事実が認識すべき会計事実となる。その上で，収益認識に係る会計事実を適切に把握するためには，売上取引に係る業務プロセス，すなわち，受注から代金回収までの①受注，②出荷，③検収，④請求，⑤債権管理，⑥回収等の一連の売上取引の業務の流れに係る内部統制が適切に整備・運用されていなければならない。例えば，「受注」に係る内部統制が適切に整備・運用されておらず，得意先からの注文書の入手がされなくとも，それ以降の業務が行われることが実務における運用となっていた場合を考える。この場合には，注文書が無いことから，誤った商品や製品等の出荷がなされ，誤配送等の対応に係る経営資源の浪費や得意先からの信用を失う等の事業の有効性・効率性の達成を阻害する要因となり，又は，営業担当者による商品や製品等の横領や，架空売上等の不正の原因ともなる。

　したがって，会計事実の適切な認識のためには，単に，会計事実の特定に係る内部統制のみならず，会計事実に関連する一連の業務プロセス全体について，企業活動の実態に基づく適切な内部統制の整備・運用が必要であり，これにより，売上計上に係る会計事実の適時かつ適切な認識が可能となるのである。

　この企業活動の実態を会計情報に置き換える機能に係る内部統制の機能不全を機会として行われる不正会計の典型が，架空売上の計上や実際原価の資産への付替えによる利益の水増し等となる。

ウ 企業の実態を「公正価値」に置き換える機能と内部統制

　会計機能に資する内部統制の一つに，企業の実態を公正価値としての会計情報に置き換える機能を有する内部統制がある。資産等に係る時価評価会計（有価証券等），引当金会計（債権に係る貸倒引当金や工事損失等に係る工事損失等引当金等）及び減損会計等である。ある一定時点（期末，四半期末等）における企業の資産及び負債について，企業の実態としての公正価値に置き換えるものである。資産等の評価は，ある一定時点における資産等の価値の変化を会計事実として認識し，会計情報に反映させるために行われる。このため，期末等のある一定時点における，企業の資産・負債を公正価値としての会計情報に置き換える「仕組み」としての内部統制が必要となる。

　この企業の実態を公正価値に置き換える機能に係る内部統制の機能不全を機会として行われる不正会計の典型が，貸倒引当金等の計上の回避，減損会計等の回避等となる。

（4）事実の主観面と客観面

　以上のとおり，会計においては，会計事実となる「事実」をいかに見極めるかが重要となる。会計処理に係る判断のすべての原点は「事実」である。「事実」が何か。その「事実」の経済的実質に基づき，どのような会計処理をすべきかの判断がなされることになる。

　しかしながら，会計事実は，多分に主観的な評価を伴う。なぜなら，企業活動の一部を会計事実として「認識」するという行為自体がそもそも主観的な行為となるからである。ただし，主観のみに依拠するだけでは，会計処理にばらつきがでてしまう。ゆえに，会計事実としての「事実」の認識に当たっては，財務会計の概念的枠組み（資産とは何か，負債とは何か，資本とは何か，収益とは何か，費用とは何か）を前提に，一般に公正妥当と認められる企業会計の基準に準拠し判断することとなる。そして，この判断を可能とするための「事実の整備」が必要となる。

事実の整備とは，企業活動としての取引（事実）の経済的実質を判断するための根拠となる各種の証憑書類を整備することである。例えば，売上取引に関しては，受注から債権回収に至る売上取引に係る一連の業務プロセスにおいて，契約書，注文書，出荷指図書，納品書（控え），検収書等の事実の整備を行うことにより，当該事実に基づき，売上取引に係る取引の目的，取引の経済的効果，取引に係る経済的・法的リスク等の判断を行い，当該取引に係る会計事実を認識し，会計処理を行うこととなる。

　なお，売上取引に係る業務プロセスにおいては，その会計処理の前提として，売上取引の経済的実質に基づき適切な収益認識基準の採用が求められる。出荷基準，設置完了基準，検収基準等である。売上取引の実態，及び，契約書をはじめとする様々な証憑書類に基づき，その経済的実質を判断し，実現主義に基づく適切な収益認識基準の採用が，会計事実の認識の基礎となる。

　このように，企業の経済活動に係る事実を「会計事実」として認識する行為自体が，本質的に主観的な行為であることから，会計事実を可能な限り客観的事実として認識するために，主観的な差異が生じない程度に様々な証憑書類等に基づき根拠付けていくのである。そして，当該事実の「意味」としての経済的実質に関して，様々な証憑書類等を根拠として合理的に判断し，会計事実として認識することとなる。

　なお，先に述べたとおり，会計は，ある一定時点における企業の実態を公正価値としての会計情報に置き換える機能も有する。資産等に係る時価評価会計（有価証券等），引当金会計（債権に係る貸倒引当金や工事損失等に係る工事損失等引当金等）及び減損会計等である。これらに関しては，一般的には，得意先の財政状態に基づく回収可能性や減損会計等に係る現在価値に関して，「事実」ではなく，「見積り」であると解される。ゆえに，主観的な評価であり，恣意性が入りやすいと。確かに，見積もりは主観的な評価であるものの，しかしながら，その主観的な評価に係る判断の前提は，やはり「事実」となる。例えば，売掛債権に係る貸倒引当金の判断に際しては，得意先の財政状態，それに基づく回収可能性，さらには，その回収可能性に係る合理的な説明及びその根拠等の「事実」が

前提となる。したがって、貸倒引当金の計上という会計処理の前提として、当該判断に資する事実の整備が必要となるのである。

　以上のとおり、会計事実の認識に関しては、事実の整備が重要となるが、不正会計が行われる場合には、「事実」としての証憑書類等の偽造・変造や隠蔽等が行われる。このため、会計事実の認識に係る「事実」としての証憑書類等の偽造等が行われた場合には、不正会計の予防は不可能であるとの見方もある。

　しかしながら、適切な事実の整備は、偽造等による証憑書類等を「異質」な存在とする。適切に整備された事実としての本来の証憑書類等と偽造等がされた証憑書類等には、必ず差異が生じる。ただし、その差異は、軽微であり、一見して判別がつくものではないかもしれない。しかしながら、その差異は、職業的懐疑心を有する役職員において、違和感を生むものとなる。ゆえに、その異質性が、不正の兆候となり、その結果、偽造された証憑書類等が不正会計の発見の端緒となるのである。この意味においても、適切な事実の整備が必要となる。

3 不正会計

　ここでは、「会計」の理解を前提に、「不正会計」とは何かについて考えたい。

(1) 不正会計とは

ア　広義概念としての不正会計

　不正会計とは、「貸借対照表、損益計算書及びキャッシュ・フロー計算書等の財務諸表における真実とは異なる虚偽の表示」、すなわち、「財務諸表の虚偽表示」である[29]。

　財務諸表の虚偽表示は、故意・過失の有無に基づき、①不正による虚偽表示と②誤謬による虚偽表示に区分し得る。①不正による虚偽表示は、企業の役職員の

29　拙著『財務諸表監査における不正対応』（清文社、平成25年11月）169頁。

「故意」による意図した虚偽表示であり，②誤謬による虚偽表示は，企業の役職員の「過失」による意図せざる虚偽表示である。いずれも財務諸表が企業の実態を適切に表していないという意味において財務諸表の虚偽表示となる。

この不正及び誤謬による財務諸表の虚偽表示を意味する用語としての「不正会計」が広義の不正会計となる。広義の「不正会計」に類似の用語として，粉飾，粉飾決算，粉飾経理，虚偽記載，不正経理処理，利益操作，不適切な会計処理，不適正な会計処理，会計不正等の様々な用語が使われるが，いずれも「財務諸表の虚偽表示」であるという意味においては同義である。

イ　狭義概念としての不正会計

本書では，不正会計のうち，不正による財務諸表の虚偽表示を狭義の「不正会計」と考え，不正対応の観点から，狭義の「不正会計」への対応をテーマとする。ただし，不正会計の予防・早期発見への取り組みは，ガバナンスの実効性の確保，及び内部統制の有効性の確保にある。この意味においては，誤謬による財務諸表の虚偽表示の予防・早期発見も同様である。

（2）不正会計と会計事実

財務諸表は，企業活動の実態としての企業の損益状況及び財政状態等を適正に表示することで，「企業が自己の経済活動の帰結である会計情報を，当該企業を取り巻く利害関係者（株主，債権者，課税当局，従業員など）に伝達する報告書」としての役割を果たすものとなる。一方，不正会計は，財務諸表の虚偽表示であり，財務諸表が企業活動の実態を適正に表示しない。ゆえに，不正会計の本質的な問題は，「財務諸表の表示」と「企業活動の実態」の乖離にある。

そして，財務諸表は，企業活動の実態を会計数値に置き換える機能を有する「会計」を手段として作成されるが，「会計」においては，会計の対象となる事実としての「会計事実」の適切な把握が最も重要となる。会計事実を適切に把握しなかった場合，又は，できなかった場合には，財務諸表は企業活動の実態を適正に反映しないものとなり，財務諸表の表示と企業活動の実態に乖離が生じること

となる。

　不正会計は，この乖離を意図的に利用して行われる不正である。その方法には，①会計事実に基づかない会計処理を行う方法と，②会計事実とは異なる会計処理を行う方法がある。ただし，いずれの方法であっても，実態と異なる会計事実を偽作することにより会計処理が行われることには同じである。ゆえに，不正会計であるか否かの見極めは，会計事実とされる事実の実態が何であるかを見極めることである。当該事実の実態に基づき，当該事実に係る会計処理の是非を判断することとなる。

ア　会計事実に基づかない会計処理

　会計事実に基づかない会計処理は，企業活動の実態がないにもかかわらず，あたかも実態があったかのように装った会計事実に基づく会計処理である。

　例えば，売上取引の事実がないにもかかわらず，あたかも売上取引が行われたかのように伝票処理だけで売上を計上する「売上の架空計上」や，収益の計上基準として検収基準等を採用している場合に，未だ検収という事実がないにもかかわらず，あたかも検収が行われたかのような外観を作出して売上を計上する「売上の前倒し計上」等が会計事実に基づかない会計処理となる。

　この場合，会計処理の前提となる会計事実が存在するかのように装うため，通常の業務に係る証憑書類等の偽造等が行われる。

イ　会計事実とは異なる会計処理

　会計事実とは異なる会計処理は，企業活動の実態はあるが，この実態とは異なる外観を作出し，会計事実とは異なる会計処理を行う方法である。

　この典型例が，資金循環取引を手口とする架空売上の計上である。架空売上を計上した場合，同時に架空の売掛金が計上される。架空の売掛金は，架空であるがゆえに，そのまま放置していたのでは当然に回収されることはない。売掛金が回収されずに長期に滞留した場合，売掛金の回収に係る対応を求められ，その過程で架空売上であることが発覚するか，または，当該売掛金に係る貸倒引当金の

計上を求められることになり，粉飾をしたにもかかわらず，損失の計上をしなければならなくなる。

　したがって，不正会計の実行者である経営者又は従業員は，不正会計の発覚を避けるため，この架空の売掛金の回収を偽装することを考える。架空の売掛金の回収偽装の方法としては，回収偽装に係る原資として自己資金を用いる場合がある。具体的には，会社の資金を何らかの名目で支出し，当該資金を原資として，会社の銀行預金口座等に振込み，「入金」という事実を作出するのである。そして，事実は，単に会社の自己資金を回収しただけなのであるが，この「入金」という事実を用いて，売掛金が回収されたと説明することにより，あたかも売掛金が回収されたかのような事実を装い，この事実に基づき売掛金の回収に係る会計処理を行うのである。これにより，架空の売掛金が帳簿上から消え，架空売上の計上が発覚する可能性を低くすることが可能となるのである。

　このように，会計事実となるべき「事実」は，単なる自己資金の回収取引であるにもかかわらず，これを売掛金の回収取引として，事実とは異なる会計処理を行うことにより不正会計が実行されることとなる。

(3) 不正会計と選択可能な会計処理と会計上の見積り

ア　不正会計と選択可能な会計処理

　ある会計事実について，複数の選択可能な会計処理が認められる場合がある。有価証券や棚卸資産等の資産に係る評価方法等である。これらの資産の受払いという事実に係る評価方法に関しては，例えば，棚卸資産に関しては，先入先出法，総平均法，移動平均法や個別法等がある。これらの評価方法に関しては，継続して採用することを前提に企業の判断に委ねられている。

　しかしながら，それは棚卸資産という抽象的な資産について複数の評価方法が存在するだけのことであり，実際の評価方法の採用に当たっては，本来は，企業活動の実態を踏まえて判断すべきものとなる。企業の実態を適切に会計数値に置き換えるという意味においては，好き勝手にどのような評価方法を選択してもい

いわけではない。

　例えば，仕入値によって売価が変わるような商品であれば，個別法が適切な評価方法となり，少品種大量生産による製品の製造のための原材料であれば，原材料の使用に係る実態を踏まえ，移動平均法や総平均法が適切な評価方法となる。

　したがって，突き詰めて考えれば，本来的には，特定の会計事実に対して採られるべき会計処理は一つとなる。選択可能な複数の会計処理が認められる場合があったとしても，それは会計処理が複数存在することを意味するだけであって，同一の会計「事実」に対して，異なる会計処理が認められるという意味ではない。ゆえに，実際の評価方法の採用に当たっては，なぜ，その評価方法を選択したかの合理的な説明ができなければならないのである[30]。

　この点，不正会計との関係で考えた場合，財務諸表は，記録と慣習と判断の総合的所産であるといわれるように[31]，経営者に一定の裁量の余地はあり，一般的に，実態に則した評価方法が採用されていなかった場合であっても，直ちに故意・過失を問わず不正会計であるとの評価は困難であると考える。

　しかしながら，例えば，利益の捻出等を目的として，従来採用していた評価方法を実態に則さない評価方法に変更した場合には，不正会計と評価し得る場合が考えられる。この場合，不正会計と評価し得るかどうかは，実態との乖離の程度に依らざるを得ない。ただし，不正の動機を有し，実態と異なる外観を作出し，この偽作された外観に基づき不適切な評価方法が採用された場合には，不正会計と評価し得るものと考える。不正会計が人の行為である所以でもある。

30　国際財務報告基準（IFRS）における原則主義と同様の発想である。我が国の会計基準は準則主義といわれるが，事実に基づく判断が求められるという意味においては，我が国会計基準も原則主義と根本は同じ発想であると考える。

31　監査基準（企業会計審議会，昭和25年7月制定，昭和31年12月改定）の序文において，「今日の企業の財務諸表は，単に取引の帳簿記録を基礎とするばかりでなく，実務上，慣習として発達した会計手続を選択適用し，経営者の個人的判断に基づいて，これを作成するものであって，いわば記録と慣習と判断の綜合的表現にほかならない。財務諸表が単なる事実の客観的表示でなく，むしろ多分に主観的判断と慣習的方法の所産であることは，近代企業会計の著しい特徴である」とする。

イ 不正会計と会計上の見積り

　会計処理に当たっては，会計上の見積りを要する場合がある。すでに述べたとおり，この見積りは，経営者の主観のみに基づく「事実」と離れた見積りではなく，様々な入手可能な事実を前提にした合理的な判断としての見積りとなる。当然のことながら，見積りである限りにおいては，結果として誤差が生じる可能性はある。しかし，誤差が生じることが問題なのではなく，当該見積りに係る判断を合理的な前提事実に基づいて判断したのかどうか，当該見積りに係る判断が恣意的であったか否かが問題となる。

　例えば，工事損失引当金の計上に関しては，期末時点での総工事原価が売上高を大幅に上回ることが確実と思料される「事実」があった場合には，当該工事契約に係る損失について，工事損失引当金として計上しなければならない。しかしながら，当該事実を認識したにもかかわらず，工事損失引当を計上しないのは，財務諸表が企業活動の実態を適正に反映しておらず，不正会計となる。ゆえに，不正会計か否かの見極めとなるのは，総工事原価が売上高を大幅に上回ることが確実と思料される「事実」の有無及びその「認識」の有無となる。

　すなわち，会計事実の認識の対象となる「事実」とは，「財貨を引き渡した」等の直接的な事実のほか，工事損失引当金を計上しなければならないことを示唆する「原材料の高騰」等による総工事原価の大幅な増加見込や，貸倒引当金の計上の必要性を示唆する「得意先の財政状態等の悪化」等という間接的な事実を含む。そして，不正会計であるか否かの見極めは，当該会計処理の前提となる直接的な事実及び間接的な事実としての会計事実の実態に帰結する。会計処理の前提となる会計事実がないにもかかわらず，あるいは会計事実とは異なる会計処理を行うことが不正会計であり，この会計処理の前提となった会計事実の実態が何であるかがすべての基本となる。

　この場合，「大幅」とは何か，「確実」とはどの程度なのかという抽象的な問題に係る指摘がされることがあるが，それはあくまでも当該会社の実態に基づき総合的に勘案すべき判断である。このような曖昧さをもって不正会計に係る課徴金

処分,犯則事件化の曖昧さを指摘する場合もあるが,いずれも重要な虚偽記載に係る処分であり,軽微な曖昧さに係る誤差は,そもそもこれらの処分の対象となり得ない。重要な虚偽記載となり得る見積り誤りがあった場合には,当該見積りに係る前提となる事実の認識に過失があれば,それは内部統制等の問題となり,行政処分としての課徴金勧告の対象となる可能性が生じる。これに対して,当該事実を故意に認識しない,あるいは,認識したとしても故意に虚偽の記載を行った場合には,刑事事件としての告発事件となる可能性が生じることとなる。

(4) 人の行為の結果としての不正会計

不正会計は,財務諸表の虚偽表示であり,狭義の不正会計は,企業の役職員の故意に基づく不正である。ゆえに,不正会計は,人の行為の結果なのである。

会計は,企業の実態を会計情報に置き換える機能を有しており,その仕組みとしての内部統制が整備・運用されることにより,適正な開示が可能となる。しかしながら,不正会計は,不正の実行者たる企業の役職員が,内部統制の機能不全を機会として,また,内部統制の機能を無効化して,会計事実に基づかない会計処理や会計事実と異なる会計処理を行い,または,行わせることによって実行される。不正会計は人の行為の結果であることの理解が,不正会計への対応において極めて重要となる。

4 不正会計の主体

不正会計を行う主体によって,不正会計は,①経営者による不正会計(経営者不正)と②従業員による不正会計(従業員不正)とに区分される。

また,行為主体による区分ではないが,子会社において不正会計が行われた場合には,③子会社による不正会計(子会社不正)として区分される。

(1) 経営者による不正会計

経営者不正とは,経営者が主体となり行う不正をいう。同様に経営者による不

正会計とは，経営者が主体となって行う不正会計である。

経営者が「主体」となるとは，経営者の不正の動機に基づき不正が行われることを意味する。したがって，不正実行者が従業員の場合であっても，当該不正の実行が，経営者の指示に基づき，従業員が経営者の手足となって，また，経営者の「道具」として行われた場合には，経営者不正となる。

なお，「経営者」という言葉は多義的であるが，本書では，代表権を有する取締役，特に代表取締役社長を意味する。ただし，代表権を有しない取締役に関しても本来であれば経営陣と呼ばれる者であり，一定の権限も有することから，不正の性質によっては，代表権を有しない取締役による不正行為であっても経営者不正というべきものもあれば，次に説明する「従業員不正」というべきものもある。この点，不正の実態に即して評価すべきものとなるが，本書では，以下，特段の記載がない限り，経営者不正とは，代表取締役社長による不正と定義する。

経営者不正の詳細については，第三部「1 経営者不正とは何か」において説明する。

（2）従業員による不正会計

従業員不正とは，従業員が主体となり行う不正であり，従業員の個人的な不正の動機に基づいて行われた不正をいう。同様に従業員による不正会計とは，従業員が主体となって行う不正会計であり，従業員の不正の動機に基づき不正会計が行われることを意味する。

従業員不正の詳細については，第四部「1 従業員不正とは何か」において説明する。

（3）子会社による不正会計

子会社不正とは，子会社において行われた不正をいう。ゆえに，子会社不正による不正会計は，子会社において行われた不正会計を意味する。

子会社不正の主体は，子会社の経営者及び従業員のいずれか，又は，その両者となる。ただし，親会社の経営者又は従業員の不正の動機に基づき，親会社の経

営者又は従業員の指示により，子会社の経営者又は従業員が不正を行った場合には，親会社の経営者不正又は従業員不正と考える。

子会社不正の詳細については，第五部「1 子会社不正とは何か」において説明する。

5 個人的不正・組織的不正

不正会計は，不正会計が個人的に行われたのか，組織的に行われたのかによって，①個人的不正による不正会計と②組織的不正による不正会計とに区分される。

(1) 個人的不正による不正会計

個人的不正による不正会計とは，個人の不正の動機に基づき，単独で行われた不正会計である。

ア 個人的不正としての経営者による不正会計

個人的不正としての経営者による不正会計は，基本的には，①経営者個人の不正の動機に基づき行われた，②財務諸表全体の虚偽表示を意図した不正会計である。

なお，経営者による不正会計の場合，実際に不正な会計処理を行うためには，経営者個人だけでは実行が困難であることから，経営者が従業員に不正の指示を行い，当該指示に基づき従業員が不正会計を実行することがある。この場合，個人的不正なのか，組織的不正なのかの評価が難しい場合がある。この点については，次の「(2) 組織的不正による不正会計」において述べる。

イ 個人的不正としての従業員による不正会計

個人的不正としての従業員による不正会計は，基本的には，①従業員個人の不正の動機に基づき行われた，②財務諸表全体の虚偽表示を意図しない不正会計である。

個人的不正による不正会計の特徴の一つは，「結果としての不正会計」であるということにある。すなわち，不正実行者である従業員は，財務諸表全体の虚偽表示を意図して不正行為を行ったものではなく，不正行為の結果として財務諸表の虚偽表示となるということである。

　例えば，従業員が，個人的な予算達成に係る過度なプレッシャーを回避するために架空売上を計上した場合，その動機は，自らが担当する業務に係る会計情報に関して，事実と異なる取引等を仮装し，実態と異なる会計情報を作出することにより，経営者や上司を欺き，個人的な予算達成に係る過度なプレッシャーを不当に回避しようとするものであり，財務諸表全体の虚偽表示を意図して行ったものではない。しかしながら，架空売上は，売上取引の実態がないにもかかわらず，売上を計上することであるから，財務諸表の虚偽表示となることに間違いはない。ゆえに，「結果としての不正会計」となるのである。

　なお，従業員による不正会計は，多くの場合，従業員の担当業務の範囲内で行われることから，従業員による不正行為の結果が，財務諸表全体に重要な影響を与えることは比較的少ない。しかし，企業の経営成績及び財政状態等によっては，従業員による不正行為の結果が財務諸表全体に重要な影響を与える場合もあり得る。この場合には，投資家等の外部の財務諸表の利用者の判断を誤らせるとともに，課徴金等の行政処分が行われる場合も考えられ，たとえ「結果としての不正会計」であったとしても，企業に大きな影響を与える可能性がある。ゆえに，従業員による不正会計の予防においては，「結果としての不正会計」の弊害等の理解も含めた企業の役職員のコンプライアンス意識の醸成が重要となる。

（2）組織的不正による不正会計

　組織的不正による不正会計とは，企業において組織的に行われた不正会計である。

　組織的不正による不正会計を考える場合に難しいのが，不正会計がどのように行われた場合に「組織的不正」であると評価するのかという点である。

　組織的不正による不正会計は，その主体は，経営者となる。経営者による不正

会計の場合，不正な会計処理の実行に際し，経営者だけでは実行が困難であることから，経営者がその他の役職員に不正の指示を行い，この指示に基づきその他の役職員が不正会計を実行する。この場合，この不正会計が，経営者個人により行われた不正会計なのか，それとも，組織的に行われた不正会計なのかの評価が難しい場合がある。

　評価が容易な例としては，経営者が，不正な会計処理に係る具体的な方法等の指示を行い，当該指示に基づき経営者の側近，右腕となるごく少数の役職員の関与のみで実行された不正会計であれば，個人的不正としての経営者による不正会計であると評価できるものとなる。不正な会計処理の実行に関わった者は，単に，経営者の「道具」として不正行為を行ったと評価し得るからである。

　また，不正会計の関与者が，経営者，役員，管理職及びその他の従業員等であり，経営者が不正な会計処理に係る包括的な指示のみを役職員に対して行い，この指示に基づき，営業部門，製造部門，購買部門等の複数の部署の担当者が不正な会計処理に係る具体的な方法等を考案する等の関与をしていた場合には，組織的不正としての不正会計であると評価できるものとなる。さらに，経営者以外の役職員が，経営者の不正会計に係る具体的な方法の指示があった場合であっても，経営者の明示又は黙示の不正会計に係る意向を「忖度」して自律的にさらにその他の不正行為を行った場合には，組織的不正と評価し得るものとなる。

　しかしながら，不正会計の実行に係る手口等は様々であり，不正会計が，個人的不正によるものか，組織的不正によるものかについては，必ずしも一義的に区分し得る状況ばかりではない。したがって，個人的不正による不正会計であるのか，又は，組織的不正による不正会計であるのかの判断は，経営者による不正会計の指示の内容（包括的か，具体的か），不正会計の関与者（組織の一部の者に限られるのか，組織の広範にわたるのか），不正会計の手口，不正会計の規模（金額，不正会計のための取引の頻度）等の不正会計の実態を踏まえて個別具体的に判断せざるを得ない。

　なお，ここでは，組織的不正による不正会計は，経営者が主体となるとした。しかしながら，経営者が主体とならずとも，従業員が主体となる組織的不正とし

2 不正会計とは何かを理解する

ての不正会計となる場合も考えられる。例えば，支店や営業所等において，売上の前倒し計上や，原価の付替え等に関して，その方法等を共有し，それぞれの支店・営業所等で不正会計が常態化していたような場合には，支店・営業所等の組織内で行われたという意味で，従業員が主体となる組織的不正による不正会計と評価し得るとも考えられる。ただし，この場合であっても企業全体としての組織的不正ではないことから，あくまでも個人的不正として位置付けることとなる。ゆえに，ここでは，組織的不正による不正会計の主体は，経営者が主体になると考える。

この組織的不正による不正会計であるか否かは，上場企業において不正会計が行われた場合の取引所おける上場企業に対する処分決定に係る判断の重要な要素であり，不正会計を行った上場企業においてはその影響が大きい。

6　不正会計の手口

不正会計の手口とは，不正会計をどのように行うかという不正会計の方法を意味する。不正会計の手口は，不正会計の実行者が不正会計を行う「場」としての会社の業種・業態・内部統制の状況等により異なる。ゆえに，不正会計の手口は様々であり，また，様々な手口が考えられる。

不正会計の手口は，その態様に着目した場合，①取引態様による不正会計の手口と②行為態様による不正会計の手口に区分できる。

（1）取引態様による不正会計の手口

不正会計は，財務諸表の虚偽表示であり，財務諸表に表示される勘定科目及び金額の虚偽表示となる。したがって，取引態様による不正会計の手口として，不正会計の手口を財務諸表に表示される勘定科目に係る取引の態様に基づいて区分することができる。

具体的には，①売上高の過大計上，②売上原価・販管費等の過少計上，③連結はずし，④資本の過大計上（架空増資等）等である[32]（**図表7**参照）。

図表7 取引形態による不正会計の手口例

売上高の過大計上	売上の前倒し計上
	売上の水増し計上
	工事進行基準の不適切な適用
	売上の架空計上（伝票のみ）
	売上の架空計上（仮装取引を伴うもの——資金循環取引）
	売上の架空計上（仮装取引を伴うもの——資金循環取引以外）
	特別利益の架空計上・過大計上
売上原価・販管費等の過少計上	実原価の資産への付替え
	架空原価の資産への付替え
	原価及び費用の未計上・過少計上
	評価損の不計上・過少計上
	引当金・減価償却費の不計上・過少計上
	減損損失の不計上・過少計上
	特別損失の不計上・過少計上
連結はずし	連結の範囲
	子会社売却
	損失飛ばし
資本の過大計上	架空増資（見せ金）
	架空増資（現物出資）

　なお，これらはあくまでも取引態様による不正会計の手口の一例に過ぎない。不正会計が行われる「場」としての企業の状況に応じて，その他，様々な手口が行われる可能性がある。

32　取引態様による不正会計の手口の詳細については，拙著『不正会計　早期発見の視点と実務対応』（清文社，平成24年9月）（166頁－336頁）を参照されたい。

2 不正会計とは何かを理解する

(2) 行為態様による不正会計の手口

　行為態様による不正会計の手口とは，不正会計の実行行為の態様に基づく区分である。

　不正会計の実行は，事実と異なる会計事実を偽作するための仮装行為として行われる。仮装行為とは，不正会計の実行に係る行為の総称であり，会計事実に基づかない会計処理及び会計事実とは異なる会計処理を行うための行為をいい，不正行為実行者の動機に基づき，実態とは異なる会計事実を偽作するために，あたかも会計事実があるかのように装うために行われる行為である。仮装行為には，不作為による場合も含む。

　仮装行為には，①会計事実の基礎となる証憑書類の改竄・偽造，②会計事実の基礎となる取引の偽作（仮装取引——資金取引を利用した仮装取引，資金取引以外の取引を利用した仮装取引），③第三者等との共謀・通謀，④隠蔽行為等であり，不正会計の実行行為として，会計事実に基づかない会計処理及び会計事実とは異なる会計処理を行うための仮装行為という意味に加えて，当該不正会計の発覚を避けるための隠蔽行為をも含むものとなる。

　なお，実際に不正会計が行われる場合には，複数の仮装行為の組み合わせで行われることが多い。

ア　証憑書類の改竄・偽造

　不正会計は，事実とは異なる会計事実の偽作である。ゆえに，事実と異なる会計事実があたかも真実であるかのように装う必要があり，このために用いられる手口が，証憑書類の改竄・偽造である。ここで，改竄とは「文書などの字句を直すこと。特に，悪用するために，勝手に直すこと」[33]であり，偽造とは「にせものをつくること」[34]である。

---

[33]　松村明監修，小学館大辞泉編集部編『大辞泉第二版上巻』（小学館，平成24年11月）616頁。
[34]　松村明監修，小学館大辞泉編集部編『大辞泉第二版上巻』（小学館，平成24年11月）882頁。

会計事実の認識という行為は，主観的性格を有しており，会計事実の認識に際しては，様々な証憑書類等に基づき，当該会計事実の認識に係る客観性を高める必要がある。証憑書類の改竄・偽造は，会計事実の認識に係るこのような性質を利用して，事実とは異なる会計事実を偽作するために用いられる。例えば，「(仮装取引を伴わない) 架空売上の計上」や「売上原価の資産への付替えによる利益の水増し」は，証憑書類の改竄・偽造のみで行われる手口であるが，その他の不正会計の手口においても，証憑書類の改竄・偽造が行われることがある。

　また，改竄・偽造される証憑書類は様々であり，取引の存在を仮装するための注文書，検収書，または銀行預金口座の通帳[35]等の証憑書類の改竄・偽造や，通関手続に係る公的な書面の改竄・偽造が行われる場合もある。また，過去の事例においては，顧客から出荷の依頼を受けたという電子メールを偽造（電子メールのログの調査により偽造であることが判明）[36]した例もある。

　また，資産等に係る時価会計（有価証券等），引当金会計（債権に係る貸倒引当金や工事損失等に係る工事損失等引当金等）及び減損会計等の見積もりの判断の前提となる事実に係る証憑書類の改竄・偽造が行われる場合もある。

イ　資金取引を利用した仮装取引

　仮装取引とは，会計処理の対象となる会計事実がないにもかかわらず，当該会計事実があるかのように装うための「取引」をいう。仮装取引には，①資金取引を利用した仮装取引と，②資金取引以外の取引を利用した仮装取引がある。ここでは，①資金取引を利用した仮装取引について説明する。

　資金取引とは，資金の入金という「事実」，又は，資金の出金という「事実」を作ることのみを目的とした現預金の入出金取引である。そして，資金の入金又

---

[35]　銀行預金口座の通帳の改竄・偽造は，正確にいえば，銀行預金口座の通帳の「写し」の改竄・偽造であることが多い。通帳自体の改竄・偽造は，普通の企業の役職員においては難易度が高い。ゆえに，不正会計の事実解明においては，通帳の現物確認が重要となる。
[36]　株式会社テリロジー「リスク管理委員会調査報告書」（株式会社テリロジーリスク管理委員会，平成28年2月29日）1頁。

は出金という「事実」を用いて，事実とは異なる会計事実の作出に利用するのである。

　資金取引を利用した仮装取引による典型的な不正会計の手口が，資金循環取引[37]である。資金循環取引は，特に，架空売上の計上に係る架空売掛金の回収を偽装するための手段として用いられる。

　架空売上を計上した場合，併せて架空の売掛金が計上される。架空売掛金は，架空の売掛金であるがゆえに，そのまま放置していたのでは当然に回収されない。不正実行者（経営者又は従業員）からすると，売掛金が回収されず滞留売掛金となると，上司や経理部門，会計監査人等から当該売掛金の回収状況等について確認を受けることとなり，架空売上の発覚の端緒となる危険性がある。また，売掛金が長期に滞留すると，当該売掛金に係る貸倒引当金の計上が必要となり，粉飾をしたにもかかわらず，結局，粉飾により計上された利益（売上の粗利相当分）よりも多額の損失（売掛金に係る貸倒引当金繰入額）を計上しなければならなくなる。ゆえに，不正実行者においては，このような状況を回避するため，架空売掛金の回収を図る必要が生じることとなり，架空売掛金の回収を偽装するための手段として資金取引が利用される。

　具体的には，不正実行者は，原材料の仕入名目や外注加工費名目，商品の仕入名目，ソフトウェアの購入名目，資金の貸付名目等により自社の資金を不正に社外に流出させ（自社資金の簿外化），この資金を用いて会社の銀行預金口座に送金し，銀行預金口座における「資金の入金」という事実を作る。そして，この事実をもって，（架空）売掛金の回収を装うのである。この際，証憑書類の改竄・偽造を行うことにより，当該資金取引の実態は，現預金の単なる入出金取引であるにもかかわらず，あたかも仕入取引（自社資金の簿外化）や売掛金の回収取引（架空売掛金の回収偽装）等であるかのように装うのである。

　このように資金取引を利用して架空売掛金が回収されたかのように装うことに

---

[37] 資金循環取引の詳細については，拙著『不正会計　早期発見の視点と実務対応』（清文社，平成24年9月）（207頁－225頁）を参照されたい。

よって，不正会計の発覚を回避し，また，架空売掛金に係る貸倒引当金の計上（費用の発生）を回避することができることとなる[38]。資金循環取引は，架空売上の計上に係る架空売掛金の回収を装うために用いられる他，回収が困難となった実取引に基づく売掛金や貸付金に係る貸倒引当金の計上の回避を目的として，当該債権の回収を装うために用いられる不正会計の手口ともなる。

なお，仮装取引の原資に関しては，自社資金の簿外化による資金以外に，経営者の自己資金を利用する場合[39]や，支払手形を担保にした金融機関からの簿外での借入金等の簿外債務により調達した資金がある。

ウ 資金取引以外の取引を利用した仮装取引

資金取引が，資金の入金及び出金の単なる資金の移動だけの取引であるところ，資金取引以外の取引による仮装取引は，実際の「物」の移動を伴う仮装取引である。

資金取引以外の取引は，売上取引，仕入取引及びその他の取引の名目で行われ，実際に「物」の動きを伴い，また，当該取引に係る債権債務の決済も行われる。しかしながら，当該取引の目的は，売上取引等を仮装することを目的として行われる取引であり，「物」及び資金の動きを伴うが，取引の相手先において実質的な資金負担がない点において本来の取引としての経済的実質が認められず，不正会計の手口となる。

具体的には，①将来の一定時点に買い戻す約束の上で行われる買戻し条件付きの取引[40]や，②売上の相手先に対して売買代金の支払原資を交付し，当該原資を

38　なお，仮装取引に係る原資を作るため，原材料の仕入名目や外注加工費名目，商品の仕入名目等により自社の資金を社外に流出させる際に，原材料や商品，ソフトウェア，貸付金等の資産の計上を行うことから，新たな架空資産の計上が行われることになる。このため，架空資産としての架空売掛金のオフバランス化ができたものの，新たな架空資産が貸借対照表に計上されることとなり，不正会計の発覚の端緒がなくなるわけではない。ゆえに，不正会計が行われた場合には，その発覚の端緒は必ずある。完全犯罪としての不正会計はないのである。しかし，不正会計の実行者の心境としては，新たな不正会計発覚の証跡を作ることになろうとも，とりあえず目先の対応に追われ，不正会計の隠蔽を図るためのさらなる不正行為を行うのである。
39　第三部[5]「1 シニアコミュニケーション事案」参照。

用いて売掛金の回収が行われる取引，③得意先に対して売上取引を行うと同時に当該得意先から商品や物品等の仕入取引を行う等である。

なお，③の場合は，いわゆるバーター取引に類似するが，相手先から仕入れた商品等の実質的な価値が売上げた商品等の価値よりも著しく低く，当該仕入取引に係る代金の支払が，売上の相手先における仕入代金の支払原資（売掛金の回収原資）となり，売上の相手先において実質的な資金負担がない点で，仮装取引となる。また，過去には，商品の入荷があったように見せかけるために仕入先から機器を借り受け，さらに，架空売上を計上する際には，当該機器を仕入先に返却することで出荷があったように見せかけていた事例[41]等がある。

エ　共謀・通謀

共謀とは「二人以上の者が合意して悪事などをたくらむこと」[42]であり，通謀とは「相手方とあらかじめ示し合わせて事をたくらむこと」[43]である。共謀・通謀の相手方は，社内の役職員や取引先等の外部の第三者[44]の場合がある。

不正会計が行われる場合，不正実行者が単独で不正を実行する場合もあるが，経営者不正の場合には，経営者自身のみで不正の実行が困難であることから，役職員との間で共謀・通謀が行われる。また，従業員による不正会計の場合であっても，特定の支店や営業所において支店長・営業所長の指示に基づき不正会計が行われる場合には，当該支店・営業所内の従業員の間で共謀・通謀が行われる。

オ　隠蔽行為

隠蔽とは「人の所在，事の真相などを故意に覆い隠すこと」[45]である。

40　第四部[5]「1　クラボウ事案」参照。
41　株式会社テリロジー「リスク管理委員会調査報告書」（株式会社テリロジーリスク管理委員会，平成28年2月29日）1頁。
42　松村明監修，小学館大辞泉編集部編『大辞泉第二版上巻』（小学館，平成24年11月）955頁。
43　松村明監修，小学館大辞泉編集部編『大辞泉第二版下巻』（小学館，平成24年11月）2307頁。
44　過去には，富士バイオメディックス事件（平成23年5月告発事件）やオリンパス事件（平成24年3月告発事件）のように，外部のコンサルタント等の協力者を得て行われた不正会計事件がある。

不正会計の実行行為としての隠蔽行為は，不正会計の発覚を避けるため，故意に事実を覆い隠す行為である。不正会計の証拠や端緒となり得る情報・状況・事実等の隠蔽であり，例えば，証憑書類の破棄や電子メールデータの削除等である。また，証憑書類の改竄・偽造や架空売上の発覚を避けるために架空売掛金を回収するための仮装取引も，事実と異なる会計事実の偽作のための手口であるとともに，隠蔽行為ともなる。

　また，会計は，会計事実を前提に会計処理が行われるが，ある会計事実が発生した場合において，当該会計事実の存在が財務諸表に与える影響が大きい場合に，当該会計事実の存在を隠蔽する場合もある。この際，不作為による隠蔽行為が行われる。

　なお，不正調査の観点からは，隠蔽行為が行われた事実が，当該不正行為に係る故意の立証に資するものとなり，隠蔽行為に加え，証憑書類の改竄・偽造や仮装取引等が多く行われる不正会計は，証拠の宝庫ともいえる不正となる。

45　松村明監修，小学館大辞泉編集部編『大辞泉第二版上巻』(小学館，平成24年11月) 293頁。

3 不正会計への対応を理解する

　不正会計は，財務諸表の虚偽表示であり，財務諸表の利用者の判断を誤らせる不正である。特に，上場企業における不正会計は，公正な証券市場を支える二本柱である「公正な取引」及び「適正な開示」のうち，「適正な開示」の実現を阻害する行為であり，資本主義の根幹を腐らす悪質な行為となる。この不正会計に関する理解が，不正会計への対応を深度あるものとする。

1 証券市場における上場企業の役割

　不正会計への対応を理解するに当たり，上場企業を前提として，まず，証券市場における上場企業の役割について考えたい。

(1) 証券市場とは

ア　証券市場の意義

　証券市場は，株式会社が発行する株式や社債等の有価証券が売買される場であり，有価証券の発行が行われる発行市場と，有価証券の流通が行われる流通市場に区分される。また，証券市場は，その取り扱われる有価証券の種類によって，株式市場と公社債市場に区分される[46]。

　証券市場の最大の機能は，リスク・マネーの適切な配分にある。リスク・マ

ネーの適切な配分とは，端的にいえば，証券市場が資金を必要とする「事業者」と，資金を有する「投資者」との接点となる「場」となり，資金が適切に配分されることを意味する。証券市場でのリスク・マネーの配分基準は，流通市場で形成される「価格」となる。価格形成の場である流通市場は，取引所をはじめ様々な形態の流通市場が存在するが，どのような形態であれ，有価証券の売買に係る流動性を確保し，効率的な価格形成に資するものでなければならない[47]。

したがって，証券市場は，企業が，その発行する株式等の有価証券を証券市場に上場させることにより，証券市場を通じて資金を保有する投資者から資金調達を行う場であり，ゆえに，日本の証券市場は，我が国の企業が，資金を保有する世界中の投資者から，企業の持続的成長と中長期的な企業価値の向上に資する事業を行うために必要な資金を調達する場となる。また，上場企業の健全な発展は，企業の利害関係者である従業員，取引先，株主等の健全な発展に資するものであり，結果，我が国経済の健全な発展に資するものとなる。

このように証券市場は，我が国経済の健全な発展に不可欠な社会的インフラであり，証券市場としての機能の健全な発揮が期待されるものとなる。

イ　公正な証券市場の確立の必要性

では，我が国経済の健全な発展に資する証券市場とはどのような市場なのであろうか。結論を述べれば，それは，公正な証券市場であるということである。

公正な証券市場とは，証券市場におけるリスク・マネーの適切な配分基準としての「価格」が公正であることを意味する。そして，「価格」が公正であるということは，価格の「形成過程」が公正であることを意味する。

価格の形成過程について，株式市場における投資判断の形成過程に基づき考える。投資者は，企業の開示する情報に基づき，企業内容等の実態に関する判断を行う。企業の開示情報には，金商法や会社法に基づく有価証券届出書や有価証

46　金森久雄・荒憲治郎・森口親司編『有斐閣経済辞典第5版』（有斐閣，平成25年12月）610頁参照。
47　金森久雄・荒憲治郎・森口親司編『有斐閣経済辞典第5版』（有斐閣，平成25年12月）610頁参照。

報告書，及び四半期報告書等の法定の開示書類の他，取引所の規則に基づく決算短信等の適時開示情報，さらには，企業独自のIR情報等がある。

　投資者は，これらの開示情報に基づき，企業の実態，企業の価値等に関する判断を行う。他方，市場で形成されている企業の価値，すなわち，株価を参考にして，現時点での当該企業の株価が安いのか高いのかを判断し，買うのか買わないのか，売るのか売らないのかの投資判断を行うことになる。したがって，投資者が自己責任の原則に基づき投資判断を行い得るためには，投資者が参考とする開示情報が適時に開示され，かつ，その内容が適正であることが必要となる。ゆえに，「適正な開示」は，投資における自己責任の原則の大前提となるものであり，投資者の投資判断が公正に行われるための大前提となるものである。

　また，投資者が投資判断に際して参考とする「株価」も公正な株価でなければならない。証券市場で形成されている株価は，ある投資者による売り注文と，ある投資者による買い注文が合い，取引が成立することにより株価が形成される。そして，公正な株価とは，相場操縦的な相場の変動を目的とした取引によって成立した偽りの株価や，インサイダー情報に基づいた取引によって成立した不正な株価等の不公正な取引により成立した株価ではなく，「公正な取引」により成立した株価，すなわち，それぞれの投資者の自己責任に基づく投資判断により行われた取引によって成立した株価でなければならないのである。

　なお，株価が「公正」であるとは，公正な取引に基づき形成された株価であることを意味し，決して，株価が企業価値の実態を適正にあらわしているという意味ではない。様々な思惑を有する投資者が，自己責任において，適正な開示及び公正な取引により形成された株価に基づく投資判断により行われた結果としての「株価」が公正な株価となる。

　ゆえに，公正な価格形成とは，投資者の投資判断の形成過程が公正であること，すなわち，投資者の投資判断が，「適正な開示」と「公正な取引」に基づき行われることを意味するものであり，我が国経済の発展に資する社会的インフラとしての証券市場とは，「適正な開示」と「公正な取引」が担保されている公正な証券市場となる。

ウ　証券市場の国際間競争

　当然のことながら，証券市場は，我が国だけに存在するものではない。代表的な証券市場（証券取引所）としては，ニューヨーク証券取引所（米国），トロント証券取引所（カナダ），ロンドン証券取引所（英国），フランクフルト証券取引所（ドイツ），ユーロネクスト（フランス，オランダ，ベルギー，ポルトガル），香港証券取引所（中国），上海証券取引所（中国），シンガポール証券取引所（シンガポール）等がある。

　これら各国の証券市場は，世界中の投資者の資金の自国の証券市場への投資を促すための努力，取り組みを行っている。そして，何よりも力を入れているのは，自国の証券市場が公正な証券市場であることへの取り組みである。自国の証券市場が不公正な証券市場であることの烙印を押されたのであれば，投資者からの投資は期待できないのは当然のことである。ゆえに，各国の市場関係者が，自国の証券市場が公正な証券市場となるための市場規律の強化に取り組んでいる。

エ　国民経済の発展と世界経済

　各国の視点に基づき自国の証券市場の在り方を考えれば，自国の企業の健全な発展の源泉となる資金をいかに自国の証券市場に呼び込めるかが，各国経済の健全な発展の鍵となる。そして，証券市場の活発化が自国の経済発展への影響が大きいことから，他国の証券市場を意識しての競争となる。そこには勝者があり，敗者がある世界としての競争である。ゆえに，各国の証券市場が熾烈な競争を行っている。

　しかしながら，その視点をさらに広げて考えてみれば，各国の証券市場が切磋琢磨を行い，それぞれの証券市場が公正な証券市場となり，かつ，魅力のある証券市場となれば，それ自体，各国経済の健全な発展に資するものとなる。また，そのことは，投資者にとっては選択の幅が広がるという意味で，リスク分散にもつながる。結果，世界各国の証券市場が公正な証券市場を確立することで，各国経済の健全な発展に寄与し，また，世界経済全体の安定にも資することとなる。

3　不正会計への対応を理解する

ゆえに，我が国経済の健全な発展に資する証券市場の確立への取り組みは，世界経済全体の安定，すなわち，世界平和の実現に寄与するものとなる。

（2）証券市場の利用者としての上場企業

次にミクロの視点，すなわち，上場企業の視点から証券市場との関わりについて考える。

ア　証券市場の当事者としての上場企業

企業が，証券市場を利用することの利点の一つは，多様な資金調達が可能となることにある。証券市場において自社の株式や社債を発行・流通させることにより，金融機関等からの資金調達のみばかりでなく，証券市場を通じた資金調達が可能となる。

また，その他の利点としては，上場企業となるためには，主幹事証券会社による引受審査，取引所による上場審査，公認会計士等による会計監査を経ることから，一定の社会的信用が得られ，取引や人材の採用において有利となるという付随的な利点もあるであろう。さらには，経営者の考えとして，上場を目的とすることで，企業の管理体制の整備・強化をしたいという思いを持つかもしれない。

一方，企業は上場企業となることにより，証券市場における当事者となる。証券市場は，我が国経済において重要な社会的インフラであり，公正な証券市場であることが求められるが，公正な証券市場の確立は，上場企業，会計監査人，取引所，及び行政等の様々な市場関係者の継続的な取り組み，努力によって可能となる。ゆえに，上場企業は，公正な証券市場の担い手としての責務を有することになる。特に上場企業は，証券市場における商品たる「株式」を発行する会社であり，多くの市場関係者の中でも，当事者中の当事者となる。

株式を証券市場における「商品」であると位置付けた場合，商品たる株式の価値は，まさに上場企業の実態そのものである。株式会社たる上場企業の発行する株式は，法律上は，「細分化された均等な割合の単位の形をとる株式会社の社員たる地位」であり，その株式の実体は，「会社に対する多様な権利を有する法律

上の地位（株主権）」[48]であるとされる。しかしながら，法的な権利義務はさておき，株式の経済的な実体は，上場企業自体である。

　すなわち，株式の価値としての上場企業の実態は，有価証券報告書等の法定の開示書類や取引所規則に基づく適時開示，または，企業の独自の判断で行われるIR等により，株主をはじめとする投資者に対して開示され，投資者は，自らの投資判断にこれらの開示情報を利用する。しかしながら，上場企業により開示される内容が，企業内容等の実態を適正に反映していなければ，当該開示情報の利用者は，適切な判断が行えず，証券市場における公正な価格形成の実現が阻害されることとなる。

　また，企業内容等の実態に係る判断は，開示情報の利用者の主観的判断にならざるを得ず，その判断の結果は自己責任となる。しかしながら，開示された情報の内容が事実と異なる場合には，判断の前提となる情報が誤っているのであって，これを自己責任であるとするのは無理がある。この無理が通るのであれば，証券市場が成り立たなくなってしまう。

　そして，企業内容等の実態を適切に反映していない開示の典型例が，不正会計である。実態は赤字であるにもかかわらず，業績が好調のように見せかけるため，黒字に粉飾をする。実態は債務超過であるにもかかわらず，あたかも債務超過ではないように粉飾する。これでは，開示情報の利用者が，上場企業の実態を把握しようにも無理である。証券市場における「商品」に不正会計という「瑕疵」があるのであるから。ゆえに，適正な開示は，証券市場における「商品」たる株式の実態としての企業内容の適正な開示を求めるものであり，それは上場会社が自ら行うべきものとなる。そして，それは，実効性あるガバナンスの確保，有効な内部統制の構築により可能となる。

ウ　上場企業と公正な証券市場の確立

　すでに述べたとおり，公正な証券市場は，適正な開示と公正な取引により実現

---

[48] 法令用語研究会『有斐閣法律用語辞典〔第3版〕』（有斐閣，平成18年3月）162頁。

し得るものである。そして，適正な開示の実現を担うのは，開示を行う上場企業自身である。その上場企業が，不正会計等の証券市場の公正性の実現を阻害する行為を，たとえ1社であれ行うことで，国内外の投資者から，これが我が国証券市場の氷山の一角とみなされ，我が国証券市場全体の公正性に疑義を持たれ，信頼性を失墜させることになりかねない。

　例えば，オリンパスや東芝のような日本を代表する企業において不正会計が行われていたということは，国内外の投資家に日本の証券市場の公正性に疑いを持たれ，資金が海外の証券市場に流れてしまう一つの大きな原因となる。オリンパス事件・東芝事件の悪質性はまさにこの点にある。日本を代表する企業が不正会計を，しかも，経営者の関与により行っていたのである。我が国証券市場においては最悪の事態である。また，不正会計を行った企業が，海外投資家の投資対象となっていない比較的ドメスティックな企業であったとしても，年間に40社も50社も不適切な会計処理を行っている証券市場の公正性を誰が信じるであろうか。極論ではあるが，現在の上場企業数は約3,600社であるが，このペースで行けば，100年も経たないうちに日本の証券市場の全上場企業が不正会計を行うことになる。

　上場企業は，市場関係者の当事者中の当事者として，公正な証券市場を確立するための責務を負っている。そして，上場企業の企業活動は，当該企業の役職員の行為そのものである。ゆえに，上場企業のすべての役職員一人ひとりが，日本の証券市場の公正性を確保するための責務を負っているのである。

　不正会計への対応においては，上場企業のすべての役職員にこの自覚が求められる。上場企業のすべての役職員一人ひとりがこの自覚に基づき，日々仕事としての業務を行うことが，企業の持続的成長を可能とし中長期的な企業価値の向上に資するとともに，我が国経済の健全な発展に寄与し，さらには，世界経済の健全な発展，世界平和の実現に寄与するものとなる。一人ひとりの影響力は小さくとも，世界はみんなでできているのである。

2 不正会計の弊害と予防・早期発見の必要性

　上場企業は，市場関係者として公正な証券市場の確立に寄与すべき責務を有する。そして，公正な証券市場の確立は，適正な開示と公正な取引の実現によるものであるところ，適正な開示を行う主体が上場企業自身となる。

　適正な開示の実現を阻害する不正会計は，①資本主義の根幹を腐らす悪質な行為であり，②企業の利害関係者の判断を歪める行為であり，また，③経営者の経営判断を歪める行為でもある。不正会計の弊害は大きく，百害あって一利なしである。

　なお，不正会計の予防・早期発見のため「だけ」のガバナンス・内部統制というものはない。ガバナンスの意義・内部統制の意義に基づき，企業価値の向上に資するガバナンス・内部統制を考えた場合，不正会計の予防・早期発見に係る機能は，ガバナンス・内部統制に本質的に内包されるものとなる。不正会計の予防・早期発見は，あくまでも企業価値の向上に資する経営において，自ずと対応すべき経営課題となる。

（1）不正会計の弊害と予防の必要性

ア　公正な証券市場の確立のため

　証券市場は，資本主義経済のもと，我が国経済の健全な発展に不可欠な社会的インフラであり，その社会的インフラとしての機能を発揮するためには，公正な証券市場であることが求められる。公正な証券市場とは，価格の形成過程の公正性が確保された証券市場である。そして，価格の形成過程の公正性は，証券市場における「適正な開示」と「公正な取引」が担保されることにより実現し得るものとなる。証券市場は，公正であるがゆえにその信用が確保され，我が国経済の健全な発展に資する社会的インフラとなり得るのである。

　しかしながら，上場企業が，不正会計を行った場合には，不正会計を行った企業の信用が損なわれるばかりでなく，証券市場全体の信用が毀損することにな

3 不正会計への対応を理解する

る。ゆえに，不正会計は，「適正な開示」の実現を阻害し，公正な証券市場の確立を阻害する悪質な行為であり，資本主義の根幹を腐らす悪質な行為となる[49]。

ゆえに，証券市場の信用性は，すべての上場企業が等しく担っているのであり，我が国経済の健全な発展に資する公正な証券市場の確立のためには，まずもって，すべての上場企業における不正会計の予防が必要となる。

イ　国民のため

我が国においては，人口構成の変化に伴う高齢化社会の中で，年金制度の綻びが露見してきている。このような状況の中で，政府は，将来の年金支給額の低下が避けられないことから，国民が老後の資金を少しでも確保できるように投信や株式等を通じた個人の資産形成を促してきた。少額投資非課税制度（NISA）や確定拠出年金の整備等である。

また，現在，上場企業の株主に占める機関投資家，特に年金基金の所有割合が増加している。年金基金における原資は，国民の資金である。したがって，投資対象である企業が不正会計等により株価を下げ，又は，上場廃止，倒産ということにでもなれば，それは年金基金の損失となり，ひいては国民の損失ともなる。

さらに，特定の上場企業1社が不正会計を行ったとしても，それが日本の証券市場の公正性に対する疑義を呈されることになれば，日本の証券市場全体の株価が下がることになりかねず，国民の資産価値の低下にもつながる。

そして，企業自身においても，企業年金制度における主な運用資産は，株式である。不正会計の弊害を被るのもまた企業の役職員自身なのである。

以上の観点からも，すべての上場企業における不正会計の予防が必要となる。

---

[49]　「そもそも日本は，ルールがあまりに未整備である。典型的なのが，有価証券報告書等の虚偽記載に関してだ。なぜ，これほど罰則が軽いのか。資本配分の規律を委ねた市場のルールを破るということは，会社の投資家に迷惑をかけた，個人の財産権を侵害したというレベルではなく，国家・社会に対する犯罪に近い行為である。通貨偽造や列車転覆のような，国の基盤となるインフラへの信用，社会信用を毀損する行為と同等の視点を持つべきである。」（冨山和彦『会社は頭から腐る』（ダイヤモンド社，平成19年7月）153頁）

ウ 企業の利害関係者のため

　企業の利害関係者には，株主等の投資者や債権者としての金融機関，仕入取引や販売取引に係る取引先，企業で働く従業員，企業が活動を行う拠点の地域住民等の多くの利害関係者が存在する。これら企業の利害関係者は，それぞれの立場で，様々な判断の参考情報として，企業が作成する財務諸表を利用する。株主等の投資者であれば投資判断の参考として，金融機関であれば融資判断の参考として，取引先であれば取引の可否等を含めた取引条件等の判断の参考として財務諸表を利用する。

　しかしながら，不正会計が行われた場合には，利害関係者が判断の参考とする財務諸表が企業の実態を適切にあらわしておらず，利害関係者が不測の損害を被る可能性がある。さらには，上場企業が不正会計を行った場合，上場廃止のリスクが生じるとともに，最悪の場合，事業の継続さえも困難な状況に陥ることがある。このような状況においては，株主，金融機関，取引先，そして，従業員等の企業の利害関係者が不測の損害を被ることになる。特に当該上場企業の従業員への影響は大きく，従業員の家族も含めた多くの人の人生を大きく変えてしまうことにもなりかねない。

　したがって，企業の利害関係者に不測の損害を与えないためにも，すべての上場企業における不正会計の予防が必要となる。

エ　適切な経営判断のため

　財務諸表の利用者という意味では，経営者もまた同じである。経営者は，様々な情報に基づき経営判断を行うが，財務諸表や各事業部門等の管理指標としての会計情報は特に重要な経営判断の根拠となる。不正会計は，この会計情報を歪めることにより経営者の経営判断を誤らせることになる。この点，経営者による不正会計であれ，従業員による不正会計であれ，その弊害は同じである。

　経営者不正の観点でいえば，ある事業の業績が低迷していたとする。この業績の低迷の原因が，自社の商品の魅力（機能・価格等）が乏しいためなのか，それ

とも，経済環境等の企業を取り巻く経営環境の変化を受け，当該事業の属する商品市場自体の成長性がなくなったのか等の様々な原因が考えられる。そして，この原因を考える機会の端緒となるのが，当該事業に関する予算と実績との対比や，実績の推移分析等の会計情報である。予実差異分析は，差異の原因を分析することにより，経営課題を把握し，解決のための対応を行うための端緒となるものである。しかしながら，不正会計により会計情報を歪め，あたかも業績が好調であるかのようにみせかけることにより，経営課題の把握のための端緒を得る機会が失われてしまうのである。その結果，当該事業に係る改善や事業の継続・撤退等の重要な経営判断が遅れ，本来撤退すべき事業に貴重な経営資源を費消し続け，他社との比較において競争力を失う原因ともなる[50]。

このように不正会計により経営判断が歪められた結果，企業価値の向上とは真逆のベクトルに企業が邁進することになり，結果，株主，債権者及び従業員等の利害にも影響することになる。

なお，経営者不正の場合，経営者自身が経営判断の基礎となる会計情報を歪めていることから，経営者の判断自体を歪めるものではないとも考えられるが，一方で経営者は自らの手による不正会計を基本的には隠蔽するため，社内・社外を問わず，開示される会計情報は歪められた会計情報となる。そして，これを基礎とした経営判断を行わざるを得ず，結果，歪めた経営判断を行わざるを得ない状況に自ら追いやるのである。まさに，自分で自分の首を締めるような所業である。

また，従業員不正の観点でいえば，従業員が自らの業績に係る経営者等による過度なプレッシャーを不当に回避するため等により不正会計を行った結果，経営者が，この従業員の担当する業務や，この従業員の属する事業に係る経営課題を把握するための端緒を得る機会を失うこととなる。

---

50 東芝事件（平成27年）がまさにこの例であろう。東芝は，不正会計により不採算事業の延命を図った結果，事件発覚後，ようやく不採算事業への対応が行われたが，時すでに遅しであった。また，不正会計事件による業績の悪化に係る対応として，業績の良い子会社等の売却により利益を計上せざるを得ない状況に追い込まれた。

ゆえに，企業価値の向上に資する適切な経営判断を行い得るためにも，すべての上場企業における不正会計の予防が必要となる。

（2）不正会計の早期発見の必要性

以上のとおり，不正会計の弊害は多く，その予防が必要となる。しかしながら，不正会計の「完全」な予防は，現実的には困難である。ゆえに，不正会計の早期発見が必要となる。

ア　不正会計による被害を最低限に止めるために

不正会計の予防は，基本的には，経営者不正に対しては，ガバナンスの実効性を確保することにより，また，従業員不正に対しては，内部統制を有効に機能させることにより可能となる。しかしながら，ガバナンス及び内部統制は，その整備・運用を「人」が行うものであり，本質的に固有の限界を有することになる。なぜなら，世の中には完璧な「人」はおらず，ゆえに，ガバナンス及び内部統制の完璧な整備・運用もあり得ないからである。ただし，不正会計の予防が無意味という意味ではない。ある時点においてガバナンスや内部統制に関わりを持つ人々が，それぞれの問題意識に基づき，それぞれの経験・知識に基づいて適切な仕事をすることで，一定水準の不正会計の予防は可能となる。

しかしながら，不正は「人」の動機に基づき行われる。いつ，誰に，どのような不正の動機が生じるかは，神のみぞ知るである。そして，誰かに不正の動機が生じ，不正を実行せざるを得ない状況に追いやられることにより，人は不正の機会を探し，または作り出すのである。

どのように完璧なガバナンスや内部統制を構築したつもりになったとしても，必ずそこには「穴」がある。不正会計の予防に資するガバナンス及び内部統制の本質は，この「穴」をいかに小さくするかにある。大きな穴があれば，不正会計は，やり放題である。しかし，この穴を小さくすることにより，不正は，やり難くなる。

実際，過去の不正会計事案等おいては，ガバナンスの機能不全，内部統制の整

備の失敗，内部統制の運用の失敗としての大穴がぽっかりと空いていて，それが不正会計実行の機会となっている。大穴があれば必ず不正会計が行われるわけではないが，不正会計が行われた会社においては，必ず大穴があるのである。ガバナンス及び内部統制の有効性が人に依拠せざるを得ないという固有の性質に基づく限界に起因して開いていた大穴である。人の問題意識・注意力の欠如，業務及び不正に関する知識・経験等の不足等に基づく，人の不完全さゆえに開いた大穴である。

ゆえに，不正会計の予防には限界があるとの認識を前提に，不正会計の早期発見の必要性が生じるのである。不正会計の弊害についてはすでに述べたとおりである。ゆえに，不正会計の予防が必要なのである。しかしながら，それでも不正会計は起こるのであって，不正会計の弊害による被害を最小限度に止めるためには，不正会計の早期発見が必要となる。

不正の芽は小さいうちに摘み取らなければならない。

イ 自浄能力の発揮としての早期発見の必要性

上場企業は，証券市場における適正な開示の実現を確保する責務を有することから，不正会計の予防に資する体制の構築・運用が求められる。また，不正会計は，適切な経営判断等を歪める原因ともなることから，企業価値の向上の観点からもその予防が求められるところである。しかし，不正会計の完全な予防は不可能である。ゆえに，不正会計の早期発見への対応が求められることとなる。

そして，不正会計の早期発見に資する体制の構築・運用は，企業の自浄能力の源泉ともなる。公正な証券市場の確立を阻害し，企業の利害関係者の判断を歪め，企業価値の毀損を招く原因となる不正会計が，万が一にでも自社で起きた場合に，それを早期に発見し是正することにより，不正会計による被害を最小限度に抑えるための実効性ある体制を整えることは，企業の自浄能力を示すものとなる。ゆえに，不幸にも不正会計が行われてしまった場合であっても，これを早期に発見することで，市場関係者等に対して，企業の自浄能力を示すことが可能となる。

逆に，組織ぐるみで不正会計の隠蔽を図るような場合は論外としても，例えば，従業員による不正会計が長期にわたり発見できず，被害が多額に及んだ状態で，不正が外部からの圧力等により発覚した場合には，企業の自浄能力に疑義を持たれることとなる。特に，不正会計が発覚した場合，証券市場を管理する証券取引所等への対応においては，自浄能力が欠如した上場企業は，極めて厳しい状況におかれることとなる。

　ゆえに，すべての上場企業においては，不正会計はすべての企業において起こり得るとの認識のもと，実効性のある不正会計の早期発見のための体制を構築し，運用することが求められることとなる。

ウ　不正の抑止力としての早期発見の必要性

　不正会計の早期発見への取り組みは，不正会計の抑止力となり，不正会計の予防に資するものともなる。

　例えば，従業員による不正会計を想定した場合，その不正の機会は，内部統制の機能不全に起因する。世の中，完全な内部統制はあり得ない。ゆえに，内部統制の「穴」，すなわち，内部統制の整備の失敗や運用の失敗は必ず存在する。平時においては特に問題にならなかったとしても，ある人に，不正の動機が生じた際に，この内部統制の穴を見つけ出し，または，作り出すことによって，不正が実行されることとなる。この内部統制の穴を完全に無くすことは不可能ではあるが，一方で，企業がその自浄能力としての不正会計の早期発見に資する仕組みを構築・運用していた場合には，不正を行おうとする人においては，不正の実行を躊躇する可能性が考えられる。「もしかしたら，バレてしまうかもしれない」「すぐに見つかってしまうかもしれない」等が不正の実行に際しての心理的抵抗となり，不正の実行を思い止まらせるのである。

　もちろん，そのような場合でもあっても，不正を行う者は不正を行う。「やる人は，やる」のである。しかしながら，一人でも不正を行う者を少なくするためには，不正を思い止まらせる環境作りの一つとして，不正会計の早期発見の取り組みが有用となる。

3　不正会計への対応を理解する

3 不正会計の予防・発見

(1) 不正会計の予防とは

　不正会計の予防とは，不正会計の発生を未然に防止することである。では，不正会計の発生を未然に防止するためには何をすべきなのであろうか。不正の予防を考えるに当たっては，まずは，予防の対象となる不正会計とは何かを知り，不正会計が行われるメカニズムを知る必要がある。

　経営者による不正会計の場合，その詳細については「第三部　経営者不正に立ち向かう」において述べるが，経営者不正は，ガバナンスの機能不全及び内部統制の無効化を機会として行われる。そして，ガバナンスの機能不全及び内部統制の無効化の背景には，経営者の権威主義的な権力の行使がある。したがって，経営者不正の予防は，そのような経営者の権威主義を背景とした権力の行使を行わせないことにある。ゆえに，究極的な経営者不正の予防は，権威主義的傾向のある者を経営者に選任しないこととなる。そのためには，経営者の選任・解職の実質的な権限に関して実効性のあるガバナンスが不可欠となる。

　しかしながら，たとえある時点で資質・能力共に問題がないと思われた者であったとしても，不正の動機は，いつ，誰に，どのような動機が生じるかはわからない。ゆえに，不幸にも経営者に不正の動機が生じた場合に，それでも不正の指示には従わないという企業風土の醸成が求められることとなる。また，万が一の場合に備えた実効性のある内部通報制度の構築等も不正の予防に資するものとなる。いずれにしても，このような企業風土の醸成，内部通報制度の構築は，ガバナンスの観点から取り組むべき課題となる。

　また，従業員による不正会計の場合，その詳細については「第四部　従業員不正に立ち向かう」において述べるが，従業員不正は，内部統制の機能不全，すなわち，内部統制の整備の失敗及び運用の失敗を機会として行われる。

　不正会計は，企業活動の実態とは異なる会計情報が作出されることにより行われる。内部統制は，企業活動の実態を会計情報に置き換えるための仕組みでもあ

る。ゆえに，不正会計の予防は，企業活動としての企業の役職員の業務の結果が適切に会計情報に置き換えられる仕組みとしての内部統制を整備し，役職員が内部統制を遵守し，業務を行うことにより実現するものである。

　しかしながら，内部統制の整備は「人」が行うものである。このため，内部統制の整備に係る「人」の問題意識・知識・経験の欠如により，事業における不正リスク等が適切に把握し得なかったり，また，不正リスクを適切に把握したとしても，当該リスクに係る内部統制を適切に整備し得なかったりすることもある。ゆえに，不正の予防に資する内部統制の整備のためには，企業の役職員の職業的懐疑心が重要となる。この職業的懐疑心については，第二部「2　上場企業の役職員としての職業的懐疑心」において詳細を述べる。

　また，内部統制の運用も「人」が行うものである。不注意や問題意識の欠如により内部統制に準拠せずに業務が行われてしまう場合もあり得る。ゆえに，内部統制が不正会計の予防に資するように運用されるためには，企業の役職員のコンプライアンス意識，及び企業の役職員の職業的懐疑心の醸成が不可欠となる。この役職員のコンプライアンス意識については，第二部「1　上場企業の役職員としてのコンプライアンス意識」において詳細を述べる。

(2) 不正会計の発見とは

　不正会計の発見は，①不正会計の端緒を把握し（端緒の把握），②把握した端緒に基づき事実関係を明らかにする（事実解明）という2つのプロセスからなる[51]。

　不正会計の発見は，端緒の把握無しでは行い得ないが，端緒を把握したとしても適切な事実解明を行わなければ，うやむやに終わるだけであって，不正会計の発見に至らない。したがって，不正会計の発見は，①端緒の把握と②事実解明のいずれもが適切に行われることが必要となる。

51　拙著『不正会計 早期発見の視点と実務対応』（清文社，平成24年9月）62頁－65頁参照。

3　不正会計への対応を理解する

ア　端緒の把握

　不正会計の端緒とは、「不正会計の兆候」を示す情報・状況・事実等をいい、不正会計の兆候とは「不正会計の存在の可能性」を意味する。したがって、不正会計の端緒とは、「不正会計の存在の可能性を示す情報・状況・事実等」となる。
　不正会計の端緒は様々である。不正会計は証拠の宝庫であり、不正会計が行われた場合には、その実行行為としての証憑書類の改竄・偽造や、共謀・通謀等による虚偽の業務報告等がなされる。これらの改竄・偽造された証憑書類や虚偽の業務報告等は、企業活動の実態と異なる会計事実を偽作するために行われるものであり、まさに不正会計の実行行為に関わるものとなる。この結果、改竄・偽造された証憑書類等と企業活動の実態には乖離が生じており、この乖離の存在が不正会計の可能性を示すものとなる。ゆえに、改竄・偽造された証憑書類等は、不正会計の端緒となり得るものとなり、企業の役職員においては、不正会計が行われた場合には、日々の業務において不正会計の端緒に接することになる。
　また、取引先からの問い合わせや内部通報により提供された情報、証券取引等監視委員会による検査・調査、税務署等による調査も不正会計の端緒となる。さらには、不正会計が行われた財務諸表は、まさに不正会計の存在の可能性を示す情報であり、不正会計発見の端緒となり得るものである[52]。
　しかし、不正会計の端緒は、誰が見ても不正会計の存在の可能性を認識し得るような客観的な存在としての端緒ではない。もちろん、内部通報により提供された不正に関する情報等のように、当該端緒情報に接した際に、その時点で不正の存在の可能性を強く示すものもあるが、日々の業務において接する証憑書類等の端緒は、必ずしもこのような性格を有するものばかりではない。例えば、改竄・偽造された証憑書類は、不正の実行行為に関するものであるものの、それ自体が不正会計の端緒であることが一見してわかるようなものではない。なぜなら、証

---

[52] 財務諸表を利用した不正会計の兆候の把握については、拙著『不正会計　早期発見の視点と実務対応』（清文社、平成24年9月）を参照されたい。

憑書類の改竄・偽造は，不正会計を隠蔽するための仮装行為としての意味も有するからである。すなわち，改竄・偽造された証憑書類は，不正会計の存在の可能性を示すものではあるが，一方で，当該証憑書類に係る取引があたかも真実の取引であるかのように装うために改竄・偽造されたものでもあり，当該証憑書類に接した人のすべてが，不正の端緒として認識し得るものではない。

したがって，不正会計の端緒は，ある情報・状況・事実等に接した「人」が，当該情報・状況・事実等に対して違和感を覚えることにより，不正会計の端緒の把握となる。「何かおかしい」「何か変だ」「なんでだろう」「どうしてだろう」という違和感である。この違和感をきっかけに，そこからさらに事実を掘り下げ，端緒と企業活動の実態との乖離が明らかにされ，不正会計が発覚することにより，この発覚のきっかけとなった情報・状況・事実等が不正会計の端緒となるのである。ゆえに，不正会計の端緒とは，客観的な存在として不正会計の端緒が存在するのではなく，当該端緒情報に接した「人」が違和感を覚えることにより端緒となり得るものであって，極めて主観的な存在となる。

なお，この「違和感」が，企業の役職員が保持すべき職業的懐疑心の発露となる。職業的懐疑心の詳細については，第二部「[2] 上場企業の役職員としての職業的懐疑心」において述べる。

イ　事実解明

不正会計の発見のためには，把握した端緒に基づき，適切な事実解明を行うことが重要である。端緒を把握したとしても適切な事実解明が行われなければ，不正会計の発見には至らない。

事実解明とは，把握した端緒に基づき，違和感の源泉となる原因を特定し，事実を明らかにすることである。端緒と企業活動の実態との乖離の解明である[53]。

なお，端緒は，その把握した時点では，あくまでも不正会計の存在の「可能

53　事実解明の詳細については，拙著『不正会計　早期発見の視点と実務対応』（清文社，平成24年9月）（73頁－84頁）を参照されたい。

性」でしかない。ゆえに，適切な事実解明を行った結果，不正会計が存在しないことが確認される場合もある。実際，事実解明を行った結果，不正会計が存在しないことが確認される場合の方が多い。しかしながら，不正会計が存在しなかったこと自体は問題ではない。適切な事実解明を行い，結果，問題がなければそれで良いのである。時には，問題がなかったことを理由に，事実解明を行うこと自体を問題として批判される場合があるが，これは批判する方が問題なのである。

　そして，最も問題なのは，端緒を把握したにもかかわらず適切な事実解明を行わないことである。調査・捜査の世界では，「調査は千三つ」といわれる。千の端緒を内偵調査して，三つが実際に事件であるというのである。適切な事実解明は，不正会計の早期発見に不可欠である。端緒を把握した場合には，批判を恐れず，違和感の源泉となる事実を明らかにし，不正会計の有無を適切に見極めることが何よりも重要となる。

4　不正のトライアングル

　不正会計の起こるメカニズムとしての不正トライアングルの考え方は，不正会計への対応を考える上で有用である。特に，不正が人の「行為」であり，いつ，誰に，どのような不正の動機が生じるかがわからないことから，すべての企業において，不正が起こり得るリスクが常に存在することの理解は重要である。

(1) 不正のトライアングル

　不正のトライアングルは，米国の犯罪学者であるクレッシー（Donald R. Cressey, 1919-1987）の研究成果に基づく，人が不正行為を行う原因についての仮説である。

　不正のトライアングルの考え方によれば，不正行為は，人に，①動機・プレッシャー，②機会，③正当化という3つの不正リスク要因のすべてが揃ったときに行われる[54]。

　不正リスク要因のうち，「動機・プレッシャー」とは，不正行為を実行するこ

とを欲する主観的事情をいい,「機会」とは,不正行為の実行を可能ないし容易にする客観的環境をいい,「正当化」とは,不正行為の実行を積極的に是認しようとする主観的事情をいう[55]。

ア　動機・プレッシャー

　動機・プレッシャーは,不正行為の実行を欲する主観的事情であり,不正行為の主体たる人の心の中に生じる不正リスク要因である。動機・プレッシャーは,ある人が解決・回避しなければならないと考える問題に直面することにより生じる。

　例えば,従業員による会社の資金の横領という不正の場合を考えてみる。この不正に至る経緯が,当該従業員が個人的な事情により多額の借金を抱え,借金の返済という金銭的な問題に直面したところ,当該従業員においては給料以外の収入を得る術もなく,また,金融機関や親戚,知人等からの新たな借入れも難しく,現実的にその返済が困難な状況であった場合に,会社の資金の横領という不正の手段を用いても解決しなければならないと考える問題,すなわち,「多額の借金の返済」が不正を行うことの動機となる。

　また,従業員が,架空売上の計上を行う不正会計の場合で考えてみる。当該従業員が,自らの売上予算の達成が困難な状況であったところ,上司から予算達成に係る過度なプレッシャーを受けていたとする。通常の業務での努力だけでは達成不可能な要求としての過度なプレッシャーである。そして,予算達成に向けて,人格を攻撃され,罵倒され,罵られ,その上,売上予算を達成できなければ,さらに過度なプレッシャーを受けることが容易に想定できた場合に,架空売上という不正の手段を用いても回避しなければならないと考える問題,すなわわ

54　八田進二監修,株式会社ディー・クエスト・一般社団法人日本公認不正検査士協会編『【事例でみる】企業不正の理論と対応』(同文舘,平成23年10月)7頁－18頁。
55　八田進二監修,株式会社ディー・クエスト・一般社団法人日本公認不正検査士協会編『【事例でみる】企業不正の理論と対応』(同文舘,平成23年10月)11頁－12頁。なお,「動機」に関しては,本書では「動機・プレッシャー」とする。

ち,「予算の達成に係る過度なプレッシャー」が不正を行うことのプレッシャーとなる。

　さらには,経営者が,業績の悪化という問題に直面した場合において,経営者としての地位を保全するためには,当期の業績の黒字化が必要であるが,営業上の努力や資産の売却等のどのような経営上の施策を取ったとしても,黒字化が困難な状況にあったことから,架空売上の計上や原価の資産への付替えによる利益の水増し等の不正会計により当期の業績を黒字化したとする。この場合,経営者が不正会計という不正の手段を用いても解決しなければならないと考える問題,すなわち,「当期の業績の黒字化」,そして,「自己の地位保全」が不正会計を行うことの動機となる。

　このように,動機・プレッシャーは,ある人が解決・回避しなければならないと考える問題に直面することにより,不正の主体たる人の心の中に生じるものとなる。

　なお,経営者による不正会計の動機・プレッシャーについては,第三部[1]「[2] 経営者不正の動機・プレッシャー」において,従業員による不正会計の動機・プレッシャーについては,第四部[1]「[2] 従業員不正の動機・プレッシャー」においてその詳細を述べる。

イ　正当化

　正当化は,不正実行者が,不正行為を行うことを積極的に是認するための主観的事情である。ある人に不正の「動機」が生じ,不正の実行が可能である「機会」を認識した際に,自分は不正を行っても「仕方がない」理由があると考えることである。基本的には,不正を行うことの「言い訳」[56]に過ぎない。

---

56 「わたしたちは思いつく限りの言い訳を総動員して,自分がルールを破っているという事実から距離を置くのが,とんでもなくうまい。とくに自分の行動が,だれかに直接被害をおよぼす行動から何歩か離れているときがそうだ」(ダン・アリエリー著,櫻井祐子訳『嘘とごまかしの行動経済学』(早川書房,平成24年12月)208頁)。不正会計の実行者と不正会計の被害者が直接的な関係を有しないがゆえに,不正会計の場合,実行者においてその正当化が容易となる。

なお，経営者による不正会計の正当化については，第三部[1]「[3] 経営者不正の正当化」において，従業員による不正会計の正当化については，第四部[1]「[3] 従業員不正の正当化」においてその詳細を述べる。

ウ　機会

機会は，不正行為の実行を可能ないし容易にする客観的環境である。ある人に不正の動機が生じた際に，実際に不正行為が行い得るか否かは，機会が存在するか否かによる。

経営者による不正会計の典型的な機会は，ガバナンスの機能不全及び経営者による内部統制の無効化であり，従業員による不正会計の機会は，内部統制の整備の失敗又は内部統制の運用の失敗による内部統制の機能不全である。

なお，経営者による不正会計の機会については，第三部[1]「[4] 経営者不正の機会」において，従業員による不正会計の機会については，第四部[1]「[4] 従業員不正の機会」においてその詳細を述べる。

（2）不正のトライアングルに基づく不正の性質

ア　将来において不正のリスクは必ず存在する

不正は，動機・プレッシャー，機会及び正当化の3つの不正リスク要因が揃ったときに行われる。特に動機に関しては，将来において，いつ，誰に，どのような不正の動機が生じるかは，本人も含めて誰にも分からない。まさに，神のみぞ知るである。将来において自分がどのような環境に身を置き，どのような思考・行動をするかは，決して誰にもわからない。10年前に，今の自分を想像できたであろうか。10年後の自分はどうなっているか，わかるであろうか。

人は，時の経過とともに，精神的・肉体的変化の連続として内面的な変化を伴い年齢を重ねていく。内面的変化は，また，外的環境の変化，すなわち，人が生きていく生活環境における変化としての家庭・職場の変化，そして，家庭や職場に影響を与える様々な直接的・間接的な事象の変化の影響を受ける。人は，日々

刻々と変わりゆく環境の中で、自分自身も気が付かない自身の変化が生じているのである。

これらの変化は、時の経過とともに少しずつ変わりゆく変化や、ある日突然生じる変化もある。そして、このような環境の変化の中で、ある日、解決困難な問題に直面する可能性があるのである。その可能性はすべての人に等しくある。ゆえに、将来において、不正の動機・プレッシャーが自らに生じるかどうかは誰にもわからず、ましてや自分以外の誰かに不正の動機・プレッシャーが生じることも、また、生じないことも誰にもわからないのである。

ゆえに、人の集まりであるすべての組織においては、不正リスクは必ず存在する。「我が社では過去に役職員による不正は生じたことはないから、将来においても不正は生じない」という認識は、誤った認識である。世の中に「絶対」と言えるようなことはあまり多くないが、「我が社では不正は絶対に生じない」ということは絶対に言えないのである。不正の動機・プレッシャーが将来において誰かに絶対生じるということも言えないし、また、絶対に生じないということも言えない。ただ、将来において不正の動機・プレッシャーが生じる「可能性」が、誰にでもあるということだけは絶対に言えるのである。リスクとは不確実性である。

したがって、実効性のある不正会計の予防・早期発見への取り組みは、「不正は起こり得る」という認識が前提となる。不正への無関心は、この対極にあるものであり、不正への関心無くして、実効性のあるガバナンス、実効性のある内部統制の実現は成し得ない。

イ　正当化と性弱説

不正は、人に不正の動機が生じ、その不正の実行を自ら正当化することにより、実行に至る。正当化は、自分は不正を行っても「仕方がない理由がある」と考えることであり、基本的には、不正を行うことの「言い訳」にしか過ぎない。

ゆえに、不正対応の前提として、不正の実行者となり得る「人」については、性悪説でもなく性善説でもない「性弱説」に立って考えるべきとなる。性弱説と

は、人が不正に手を染めるのは、人の心がそもそも弱いからであるとする考え方である[57]。

　人の心は弱い。自らが解決困難な問題に直面した時や、本当の窮地に追いやられた時に、正しいことを貫き通すことができる人はどの程度いるであろうか。自らが過ちを犯した時に、自らの過ちを素直に、正直に認められる人はどの程度いるであろうか。もちろん、強い心を持つ人もいる。また、心が弱くとも、最後には正しいことを貫き通せる人もいる。しかし、そこに至るまでの間には、心の中に様々な葛藤が生じていたはずである。

　自分は不正など絶対にしないと言い切れる人はどの程度いるであろうか。もし、いるとするならば、その人は、本当の窮地に追いやられたことがない人かもしれない。繰り返しになるが、筆者自身も含めて、人の心は弱いものである。折れやすく、脆いものである。人はみな、特に、企業における不正の当事者たる役職員は、不正がいけないこと、してはいけないことであることは、十分に理解している。頭では分かっているのである。しかし、それでも、現実に、解決困難な問題に直面し、自らが窮地に追いやられた時に、心が折れるのである。ゆえに、

---

[57] 「おそらく、性善説も性悪説も、ともにその本質は正しいのである。そして、二つの説は必ずしも矛盾しないように思える。つまり、多くの人間が、善の兆しをもっているが、しかし、放っておけば自分の欲望に負けてしまうことも十分ある。そのため、ついつい緩む危険ももっている。つまり、弱いのである。もちろん、強い人もいないではない。しかし、どこかに弱さをもった上で、しかしよいことをしたいと思ってはいる。それが多くの人の姿ではないか。したがって、「人は性善なれども弱し。」なのである（伊丹敬之『経営の力学』（東洋経済新報社、平成20年11月）、25頁）。また、「ほとんどの人間は土壇場では、各人自身の動機づけの構造と性格に正直にしか行動できないという現実であった。そこに善も悪もなく、言い換えればインセンティブと性格の奴隷となる「弱さ」にこそ人間性の本質のひとつがある。性悪説でもなく、性善説でもない、「性弱説」に立って人間を見つめたときにはじめて多くの現象が理解可能となってくる。（中略）自分たちが長年勤めた職場や、自分と仕事仲間の家族の生活を守るというよき目的のために、有価証券虚偽記載という犯罪行為に手を染めてまで、会社の延命を図ろうとする。気がよくて情にもろい性格の人、気が弱くて目の前でトラブルが起きるのに耐えられない人、こういうよき隣人、よき日本人は、今日の出血を避けるべく問題を先送りする。善悪一如となっている人間性と人間社会の現実にこそ、経営が大きな過ちを犯す、あるいは組織がとんでもない腐敗を起こす根源がある。自分自身も含めてさまざまな弱さ、情けなさを抱えている。それを理解し、どう対処すれば「弱さ」を克服して、組織の腐敗を防げるのか、さらには弱さを強さに転化して、企業体として「強い」集団となし得るのかに経営の本質的な課題があるのだ。」（冨山和彦『会社は頭から腐る』（ダイヤモンド社、平成19年7月）、5頁－6頁）

3　不正会計への対応を理解する

自らを正当化することによって，心のバランスを維持し，不正の実行に至るのである。もちろん，窮地や解決困難な問題との認識は，主観的かつ相対的なものである。他の人からすると大した問題ではないこともあり得る。しかし，人は追い込まれた時に，視野は狭くなり，世界は小さくなる。そして，世界のすべてが困った問題で埋め尽くされるのである。そのような状況で，一人問題を抱え込んだ時，人は何ができるであろうか。傍からみて，それが大した問題ではなかった時ほど，周りが何かできなかったのだろうか。

ウ　機会の存在

また，不正が行われた場合，当然のことながら，被害者が存在する。ゆえに，不正の実行者は加害者であり悪者である。しかしながら，心の弱さゆえに，不正を実行した者もまた不幸である。どのような凶悪な犯罪であっても，ある意味，生まれ持った資質や育った環境，その他の様々な要因が複雑に絡み合って，不正に至る。もちろん，不正を行ったことは，許されるものではなく，また，被害者を軽視するつもりもない。

しかし，どのような犯罪であっても，程度の差こそあれ，その実行者もまた不幸なのである。特に，企業の役職員による不正はその傾向が強い。なぜなら，不正が実行し得た時には，必ず，ガバナンス又は内部統制の機能不全としての「機会」が存在していたからである。そして，その機会は，本来であれば，正しくガバナンス又は内部統制等が整備・運用されていたのであれば，存在しなかったものである。不正を行った役職員は，それまで長年，真面目に一生懸命勤めていたにも関わらず，不正を理由として懲戒解雇となり，退職金も手に入らない。もちろん，不正を行ってしまったのだから，それは仕方のないことではある。しかし，本来機能すべきガバナンス又は内部統制がなぜ機能しなかったのか。そこが悔やまれて仕方がない。

不正の機会は，当たり前のことが，当たり前のこととしてできていないがゆえに，不正の実行を可能ならしめる機会となる。過去の不正会計事案においても，経営者による不正会計であれば，不正実行者である経営者以外の取締役（含む社

外取締役），監査役及び会計監査人が，当たり前のことを当たり前にしていなかったがゆえにガバナンスの機能不全をもたらし，これが経営者不正の機会となる。また，従業員による不正会計であれば，内部統制の機能不全が従業員不正の機会となるが，本来の内部統制としてあるべき当たり前のことが当たり前にされていなかったがゆえに内部統制の機能不全をもたらすのである。

ゆえに，不正会計を含めた不正対応においては，その「機会」を少しでも減らすことが極めて重要となる。そして，それは，当たり前のことを当たり前にするということに尽きるのである[58]。その結果，不正に手を染めてしまう不幸な人を一人でも少なくするのである。孔叢子の刑論にある「罪を憎んで人を憎まず」である。罪を憎み，罪の再発を防ぐためにも，不正対応は，すべての企業において真剣に取り組むべき課題なのである。明日は我が身，他人事ではない。

5 動機・プレッシャーの発生可能性の低減

不正は，①動機・プレッシャー，②機会及び③正当化の3つの不正リスク要因が揃うことにより不正が生じる。したがって，不正会計の予防においては，この不正リスク要因の発生する可能性を低減させることが重要となる。

この点，まず，動機・プレッシャーの発生可能性の低減について考える。

(1) 動機・プレッシャーの低減

不正の動機・プレッシャーは，人の心に生じるものである。ゆえに，外部からの働きかけにより，経営者・従業員が不正の動機を持たないようにすること，不

---

[58] 当たり前のことを当たり前にするというのは，当然のことながら不正対応だけの話ではない。「「業務遂行主体」である現場にとって基盤となるのは，いうまでもなく確実に業務を遂行する能力である。「価値創造」のために決められた仕事を決められたように確実に遂行する。それができなければ現場の本分を果すことなどできない。（中略）現場を取り巻く環境が時々刻々と変化する中で，決められた業務を確実に遂行し，決められた価値を安定的に生み出すのが「保つ」能力である。決められたことを決められたように行う，当たり前のことを当たり前に行うという「凡事徹底」は，現場にとって基本中の基本だ。（中略）しかし，「保つ」ことは口でいうほど簡単なことではない。」（遠藤功『現場論』東洋経済新報社，平成26年11月）91頁）。

正の動機が経営者・従業員の心に生じないようにすることは，現実的には困難な課題となる。

ア　経営者不正の場合

　経営者による不正会計の場合の動機・プレッシャーについては，第三部[1]「[2]経営者不正の動機・プレッシャー」において詳しく述べるが，基本的には，特定の財務諸表利用者の判断を誤らせることを意図するものとなる。

　この動機・プレッシャーについて，仮に，動機・プレッシャーを持ちにくい／持ちやすいという違いが人によってあるとするならば，そして，この違いを経営者としての「資質」という言葉で表現できるのであれば，究極の不正会計の予防は，経営者をいかに選ぶかという点に尽きる。しかしながら，経営者の選任時において，経営者としての資質・能力を熟慮し，慎重に選んだとしても，その後，経営者に不正の動機・プレッシャーが生じる可能性は，当然にある。いつ，誰に，どのような不正の動機が生じるかはわからないからである。

　ゆえに，経営者における不正の動機・プレッシャーの発生可能性の低減策としては，経営者として誰を選ぶのかというガバナンス機能の実効性確保に尽きると言わざるを得ないが，しかしながら，それでも経営者の選任後，経営者に不正の動機が生じる可能性は十分にあることから，経営者不正に対しては，経営者に不正の動機・プレッシャーが生じる可能性があることを前提に，不正が行われた場合に早期発見を可能とするガバナンス機能の実効性の確保が次善の策となる。いずれにしても経営者不正の予防は，ガバナンス機能の発揮に依らざるを得ない。

　なお，一部の企業関係者においては，ガバナンスは不正対応に資するものではないとの声もある。しかしながら，それはガバナンスを担う者としての責任放棄でしかない。詳細は，第三部「[2]　ガバナンスを考える」において述べるが，ガバナンスを担う取締役，社外取締役，監査役，社外監査役等の役割は，攻めのガバナンスだけではなく，不正の予防・早期発見に資する守りのガバナンスも当然に守備範囲なのである。また，守りのガバナンスの観点において重要となるガバナンスを担う者のコンプライアンス意識及び職業的懐疑心は，攻めのガバナンス

の観点からも不可欠となる資質である。ガバナンスは不正対応に資するものではないとの見解は，自らが取締役・監査役等を務める会社で，万が一にでも経営者不正が起きた時のための事前の言い訳に過ぎないと考えざるを得ない。

イ 従業員不正の場合

従業員による不正会計の場合の動機・プレッシャーについては，第四部 1 「2 従業員不正の動機・プレッシャー」において詳しく述べるが，基本的には，経営者からの過度なプレッシャーの回避，又は，自らの横領等の不正行為の隠蔽のためである。

従業員の心に不正の動機・プレッシャーが生じないようにすることは，経営者不正と同様に現実的には困難である。しかしながら，従業員による不正会計の動機・プレッシャーの主なものは，経営者等からの売上・利益等に係る予算達成等のプレッシャーの回避であり，しかも「過度なプレッシャー」であることから，経営者の場合と比べ，従業員による不正会計の動機・プレッシャーの低減の可能性はある。すなわち，過度なプレッシャーを止めれば良いのである。

一般論として，人はプレッシャーが全く無い状態で，自らの限界を超えることは相当程度困難である。一定のプレッシャーを受けることにより，ノルマ達成のための工夫もするし，知恵も出る。ゆえに，一定のプレッシャーの必要性は肯定できる。問題となるのは，「過度なプレッシャー」である。では，なぜ過度なプレッシャーとなったのか，また，そもそも過度なプレッシャーと通常のプレッシャーとの違いは何であろうか。

例えば，予算達成のプレッシャーの場合で考える。予算制度においては，年度の目標としての予算の達成に向けて，予算の達成のプレッシャーの中，企業の役職員が創意工夫，試行錯誤を重ね日々努力することが求められる。しかし，その結果は，予算の達成・未達を問わず，事実として受け入れ，この事実に基づき，何が良かったのか，何が悪かったのか，原因は何か，改善すべきことは何かを考えることで次につなげるのである。ゆえに，予算制度の第一義的な目的は，経営のPDCAサイクルの運用による経営課題の把握にある。合理的な根拠に基づき

設定された予算と実績の対比により、予実差異の把握・原因分析を通じて、企業活動において現在生じている問題、及びその問題の背景に存在する経営課題を把握することにより、今後の企業活動に係る経営戦略の見直し、業務改善等につなげることにある。しかしながら、予算制度において、予算達成それ自体が目的化し、予算で設定された金額が達成必至の金額的目標となることにより、予算制度の趣旨が変わってしまう。企業風土としての予算達成至上主義の醸成である。

予算制度の趣旨が変わる大きな原因の一つは、経営者が予算制度の意義を理解していないことにある。特に、上場後間もない会社においては、予算制度は、主幹事証券会社による引受審査や取引所の上場審査において「予算統制」の状況が審査対象となることから取り入れているだけの会社も見受けられ、このような会社の経営者においては、本来の予算制度の趣旨を理解しているとは言い難く、過去の不正会計事案においてもそのような傾向が見受けられる。

このような予算制度の趣旨を理解していない経営者のもとでは、予算は単なる年度の目標数値へと変容する。予算の設定は、単に前年度の実績に一定の割合を水増ししたものとなり、月次での予実差異の把握はするが、深度ある予実差異分析は行われない。そもそも、予算が合理的な分析に基づき設定されたものではないことから、予実差異に係る深度ある分析が行えないのである。その結果、本来は、予実差異分析を通じて把握すべき経営環境の変化を認識し得ず、また、そのような意識もなく、ただ漫然と設定した予算の達成という目的に対して、ただひたすらに猪突猛進していくのみとなる。

このため、予算達成を求められる現場においては、ただ、予算達成のプレッシャーをかけられるだけとなる。本来は、経済環境、市場環境及びその他の経営環境の変化等による経営課題への対応により解決すべき問題があるにもかかわらず、従業員は、従業員の努力だけでは現実的には達成できない目標に向かって邁進せざるを得なくなる。しかし、無理なものは無理なのである。本来であれば、経営者レベルの判断で解決しなければならない問題を、従業員レベルの問題にすり替え、同時に、実現不可能な予算達成を現場に押し付けるという状況が、予算達成のプレッシャーを「過度なプレッシャー」に変えるのである。そして、「過

度なプレッシャー」を受ける従業員が，このプレッシャーを回避するため不正会計に手を染めるのである。

　このような状況を生み出すのは，他ならぬ経営者である。経営者が，経営者としての資質と能力を有していないがために，経営管理の手法である予算制度の意義を理解せず，その結果，経営管理の基本的な考え方が組織に浸透せず，予算が単なる達成必至の金額的目標に成り下がるのである。

　しかし，そのような経営者に対して，過度なプレッシャーを止めるべきだと言っても，のれんに腕押し，糠に釘である。「ノルマがなければ従業員は仕事をしない」などの見当違いの抗弁がある程度である。その意味では，経営者不正の場合と同様に，従業員不正が起きる真因は経営者にあり，従業員不正の予防の根本的な対応策は，誰を経営者に選ぶか，すなわち，ガバナンスの問題となる。

(2) 動機・プレッシャーの低減の限界

　不正予防の観点から「動機・プレッシャー」を考えた場合，人の心の中に，不正の動機・プレッシャーが生じることをいかに防ぐかということになる。しかし，現実問題として，これは極めて困難なことであると言わざるを得ない。なぜなら，不正の動機・プレッシャーは，不正実行者の心の中という内面で生じる感情であるがゆえに，外からの働きかけでこの感情の発生を防ぐことは，相当程度に難しいと考えなければならないからである。

　このため，不正予防の観点からは，「動機・プレッシャー」への取組みと併せて，「正当化」及び「機会」の発生可能性を低減させることが重要となる。

6　正当化の発生可能性の低減

(1) 正当化の低減

　正当化とは，不正実行者が不正行為を行うことを自らが積極的に是認するための主観的事情であり，ある人が不正の動機を有し，不正の実行が可能である機会

を認識した際に、自分は不正を行っても「仕方がない」理由があると考えることである。すなわち、不正を行うことの「言い訳」である。

正当化も動機・プレッシャーと同様に不正実行者の主観的事情であり、人の心の中の問題である。ゆえに、人の心の中に生じる正当化を予防することは動機と同様に難しい問題である。しかしながら、動機が、ある人の外的環境の変化等により心の中に自然発生的に生じるものであるところ、正当化は、この動機に基づいて不正を行うことを自らに納得させるための言い訳である。したがって、基本的には、不正を行うことは悪いことであるとの認識がある。悪いことはしてはいけないと分かっているが、それでも自分は不正を行っても仕方ないのだと自らを納得させるための「屁理屈」が正当化である。ゆえに、この「悪いことはしてはいけない」という意識を強化させることが、正当化の発生可能性を低減させるための予防策となる[59]。

経営者による不正会計の正当化については、第三部①「3 経営者不正の正当化」において詳しく述べるが、いずれも、不正行為の実行に当たっての経営者自身の心の弱さに基づく言い訳である。また、従業員による不正会計の正当化につ

---

[59]「社会の犯罪を減らす方法は、と尋ねると、警官を増員配備して、違反者に厳罰を科せばいいと、たいていの人が答える。企業のCEOに、社内の窃盗や不正、経費の水増し請求、怠業(従業員が、自分には何の具体的なメリットもないのに、雇用主に損害を与えるような行為をすること)といった問題への対策を尋ねると、監視強化と容赦ない厳罰という答えが返って来ることが多い。(中略)当然だが、こうした解決策のどれ一つとして、効果があるという証拠はほとんどあがっていない。(中略)これらすべてをどう考えたらいいだろう?第一に、不正の動機となるのは、主に個人のつじつま合わせ係数であって、SMORC(注:Simple Model of Rational Crime.シンプルな合理的犯罪モデル)ではないことを認めるべきだ。犯罪を減らすには、人が自分の行動を正当化する、その方法を変えなくてはいけないことをつじつま合わせ係数は教えてくれる。利己的な欲求を正当化する能力が高まると、つじつま合わせ係数も大きくなり、その結果、不品行や不正行為をしても違和感を覚えにくくなる。また逆も言える。自分の行動を正当化する能力が低くなれば、つじつま合わせ係数は小さくなり、不品行やごまかしに違和感をもちやすくなる。この観点から、世のなかの望ましくない行動−銀行の不正な慣行から、株式オプションのバックデート操作やローンの踏み倒し、税金のごまかしまで−について考えると、正直さと不正直さが、合理的な計算では割り切れないものだということがわかる。もちろん、だからこそ不正が起きるしくみは非常に理解にしくく、不正を阻止するのは至難のわざだと言える。だがそれだけに、正直さと不正直さの複雑な関係を解明することは、実に刺激的な冒険だとも言えるのだ。」(ダン・アリエリー著、櫻井祐子訳『嘘とごまかしの行動経済学』(早川書房、平成24年12月) 65頁−66頁)。つまり、正当化の発生可能性を低減させるとは、アリエリーのいうところの「つじつま合わせ係数」をいかに小さくするか、すなわち、「悪いことはしてはいけない」という意識の強化であると考える。

いては，第四部[1]「[3] 従業員不正の正当化」において詳細に述べるが，基本的には，経営者と同様に，不正行為の実行に当たっての従業員自身の心の弱さに基づく言い訳である。

　正当化は，動機と同様に人の心の中に生じるものであり，その発生可能性の低減は相当程度に困難であるが，正当化は，動機とは異なり，発生可能性を低減し得る可能性を有する。すなわち，「悪いことはしてはいけない」という意識を強化させることが，正当化の発生可能性の低減に資するものとなる。つまり，思い止まらせるのである。

　この意識の強化は，コンプライアンス意識の醸成でもある。特に，上場企業の役職員は，公正な証券市場の確立に寄与する責務を負う者である。すなわち，上場企業のすべての役職員は，自らの業務に関して，業務を適正に行い，その結果を適正に会計情報に置き換えることで適正な開示を実現し，公正な証券市場の確立に寄与するのであり，すべての役職員がこの責務を負う者となる。上場企業の役職員としてのコンプライアンス意識は，この上場企業の役職員としての責務の理解に基づき醸成されなければならない。

　また，この上場企業の役職員としてのコンプライアンス意識は，不正を許さない企業風土において醸成されるものであり，ゆえに，この不正を許さない企業風土の醸成もその前提として不可欠となる[60]。さらに，不正を許さない企業風土を醸成するために欠かすことができないことは，不正が発覚した場合の処分の問題である。社内で不正が発覚した場合，この不正実行者は，上司・部下・同僚である／であった者であるかも知れない。不正を行う者は必ずしも人間性に問題があるわけではなく，心の弱さから不正の動機に基づき，正当化を行い，不正の実行をやむを得ないと考え，不正を行うに至るのである。人柄を知っていれば，なお

60　「より一般的には，わたしたちが自分の行動（ごまかしを含む）の許容範囲をきめるうえで，他人の存在がとても重要だということを，これらの結果は示している。わたしたちは自分と同じ社会集団のだれかが，許容範囲を逸脱した行動をとるのを見ると，それに合わせて自分の道徳的指針を微調整し，彼らの行動を規範としてとり入れるのだろう。その内集団のだれかが，権威のある人物－親や上司，教師，その他尊敬する人－であれば，引きずられる可能性はさらに高くなる。」（ダン・アリエリー著，櫻井祐子訳『嘘とごまかしの行動経済学』（早川書房，平成24年12月）232頁）

さら温情的な処分（処分さえもしない）かも知れない。しかし，不正を許さない企業風土を醸成するためには，不正を行った者に対して適切な処分を行わなければならない。そうでなければ，社内に不正を行ったとしてもあの程度の処分で済むのだという認識が広がることとなる[61]。これは不正を許さない企業風土の醸成とは逆のベクトルに働く力である。不正を許さない企業風土の醸成には，「不正に対する不寛容さ」が求められる。

なお，企業の役職員のコンプライアンス意識の醸成，及び不正を許さない企業風土の醸成に当たっては，経営者の姿勢が極めて重要となる。ゆえに，この点においても経営者に誰を選ぶか，経営者がどのような経営を行っているかについての監視・監督に係るガバナンスの役割が重要となる。

（2）正当化の低減の限界

不正予防の観点から「正当化」を考えた場合，人の心の中において，不正の実行に係る正当化をいかに防ぐかということになる。そして，動機・プレッシャーの場合と同様，現実問題として，これは困難なことであると言わざるを得ないが，正当化に対する抑止力としてのコンプライアンス意識の醸成が，不正会計の予防に一定の効果があると考える。しかし，やはり，一定の効果に止まざるを得ない。

ゆえに，さらに「機会」の発生可能性を低減させることが重要となる。

---

[61]「不正が社会的感染をとおして人から人へと伝わるという考えは，不正を減らすにはいまとは違う手法が必要だということを示唆している。わたしたちはささいな違反行為を，文字どおりささいで無害なものと考えがちだ。しかし微罪は，それ自体はとるに足りなくても，一人の個人や大勢の人，また集団のなかに積み重なるうちに，もっと大きな不正をしても大丈夫だというシグナルを発するようになる。この観点から言うと，個々の逸脱行為がおよぼす影響が，一つの不正行為という枠を超え得ることを認識する必要がある。不正は人を介して伝わるため，ゆっくりと気づかれずに社会を侵食していく。「ウイルス」が人から人へと変異しながら感染するうちに，倫理性の低い新たな行動規範が生まれる。このプロセスは目立たず緩慢だが，最終的に破滅的な結果を招くことがある。これが，どんなにささいなものであれ，ごまかしがもたらす真のコストなのだ。だからこそ，ほんの小さなものも含め，あらゆる違反行為を減らすとりくみを，ますます気を引き締めて行わなくてはならない。」（ダン・アリエリー著，櫻井祐子訳『嘘とごまかしの行動経済学』（早川書房，平成24年12月）240頁）

7 機会の発生可能性の低減

(1) 機会の低減

　機会とは、不正行為の実行を可能ないし容易にする客観的環境である。

　ある人が不正の動機を有し、不正の実行を正当化した際に、実際に不正を行えるかどうか、実際に不正を行うかどうかは、不正の実行の場となる機会が存在するか否かに依拠する。不正の機会が無ければ、不正の実行はない。

ア　経営者不正の場合

　経営者による不正会計の機会については、第三部① 「4　経営者不正の機会」において詳しく述べるが、基本的には、ガバナンスの機能不全及び経営者による内部統制の無効化である。

　ゆえに、経営者による不正会計の機会の発生可能性を低減させるためには、実効性のあるガバナンスの構築が重要となる。すなわち、ガバナンスの役割を担う取締役、社外取締役、監査役、社外監査役及び会計監査人等に、それぞれに求められる資質・能力を有した者が適切に選任され、また、これらの者が求められる役割を適切に果たし、ガバナンスの実効性を発揮することにより、経営者不正の機会の発生可能性の低減が可能となる。

　また、経営者による不正会計の機会には、経営者による内部統制の無効化がある。経営者による不正会計は、経営者だけではできない。経営者の指示を受け、不正の実行行為を行う役職員の存在が不可欠である。そして、経営者が内部統制を無効化することにより、指示を受けた役職員の不正行為の実行が可能となる。

　この点、本来であれば、企業の役職員のコンプライアンス意識に基づき、不正の指示を拒むことを期待すべきであるが、現実的には、やはりそれは難しいと考えるべきであろう。企業の役職員が経営者の不正の指示に基づき不正を実行するその背景には、権威主義的な企業風土の醸成があり、そのような状況において、経営者の不正の指示を拒むことは難しい。ゆえに、最後の砦としてガバナンスの

実効性に期待するしかない。もちろん，ガバナンスの実効性は，ガバナンスの役割を担う者の資質・能力に影響を受ける。権威主義的な企業風土を醸成する経営者がガバナンスの役割を担う者の候補となる者を選び，選任されるような状況においては，ガバナンスの実効性もまた期待し得ない。しかしながら，それでもやはりガバナンスを担う株式会社の機関を構成する取締役，監査役等として選任された者の責任は重いのである。従業員が経営者の不正の指示を拒めないのは現実であったとしても，ガバナンスを担う者には理想を求めなければならない。

　なお，不正を実行した場合，その後，不正の発覚を避けるためには，本来は，当該不正に関する情報を極力少人数で共有することが，情報の漏れを防ぎ，不正の発覚の可能性を低くすることができる。しかし，経営者不正の場合は，実行者としての役職員が不可欠であり，結果，情報の拡散の可能性が生じることとなる。ゆえに，万が一にでも経営者による不正会計が行われた場合には，当該情報を把握した者が，ガバナンスを担う適切な者に通報し得る有効な内部通報制度の整備・運用をすることにより，経営者不正の早期発見に資するとともに，併せて，経営者に対する抑止力となり，結果，経営者不正の予防に資することを期待し得るものとなる。経営者不正に関与した役職員に対しては，不正の指示は拒めなくとも，通報する勇気を一縷の望みとして期待するのである。

　もちろん，不正を行う経営者は，有効な内部通報制度の整備・運用を避けるであろう。ゆえに，ガバナンスにおいて，当該制度の整備・運用を推し進める必要が生じるのである。この意味においてもガバナンスの実効性の確保が不可欠となる。

イ　従業員不正の場合

　従業員による不正会計の機会については，第四部**1**「**4**　従業員不正の機会」において詳しく述べるが，基本的には，内部統制の機能不全としての内部統制の整備・運用の失敗である。ゆえに，従業員による不正会計の機会の発生可能性を低減させる方策は，有効な内部統制の整備・運用に尽きる。

　内部統制は，企業活動の実態を会計情報に置き換える仕組みとしての機能を有するところ，従業員による不正会計は，不正会計の動機を有する従業員が，証憑

書類の改竄・偽造等の手段を用いて，意図的に内部統制に準拠せずに，実態とは異なる虚偽の会計情報を偽作する行為となる。したがって，不正会計の予防は，企業活動の実態を適切に会計情報に置き換える仕組みとして内部統制を整備し，さらに内部統制の運用に関して，現場管理者，管理部門及び内部監査部門がその運用状況につき監視・監督することにより一定の効果が得られることとなる。

　なお，内部統制の適切な整備・運用による不正会計の予防に関しては，例えば，証憑書類の改竄・偽造等の仮装行為を伴う不正に対しては，仮装行為により内部統制が無効化されることから，どのような内部統制を整備したとしても効果はないとの指摘がある。確かに，仮装行為の目的が，事実とは異なる会計事実の偽作にあり，あたかも実態としての取引であるかのように装うための行為であることから，仮装行為が行われることにより内部統制が無効化されるような気にはなる。しかしながら，実際には，仮装行為自体が内部統制の機能不全を機会として行われる行為であって，突き詰めれば，やはり，不正会計の予防は，有効な内部統制の整備・運用に尽きるのである。

　例えば，工事原価の付替えを例に考えてみたい（実際の事例を参考に作成した架空の事例である）。

　事業として工事業務を行っている会社において，日々の工事原価の発生を工事案件別の工事日報で管理しており，工事日報に記載された作業時間や外注業者の利用状況に基づき，労務費・経費等の原価の計上がなされていた。

　不正実行者である工事管理担当者は，当該工事日報に虚偽の作業時間等を記載することにより，特定の工事場所の工事原価の発生を過少に計上し，別の工事場所の原価への付替えを行っていた。

　当該会社においては，経営管理上，工事損益管理を厳しく行っており，工事管理担当者においては，赤字工事に関する経営陣からのプレッシャーを強く受けており，また，当該工事管理担当者は，赤字工事となった場合には，赤字工事になった原因や今後の対策等について，膨大な書類作成が必要であ

> り，通常業務以外の業務負担がかかることに関しても精神的な負担として感じていた。
> 　また，当該会社においては，本来は工事日報を日々作成しなければならなかったところ，これを月次でまとめて作成することが実務上許容されており，また，工事日報に記載する外注業者の利用に関しては，当該利用に係る証憑書類の添付が求められていなかった。このため，当該工事管理担当者は，特定の工事案件に係る原価の発生状況をみながら，赤字工事になりそうな時は，当該月次に係る日々の工事日報に，事実と異なる内容を記載し，これにより特定の工事案件が赤字工事になることを回避していた。
> 　なお，工事原価の付替え先として，未だ工事作業が開始されていない工事案件を利用した結果，工事進行基準の適用により，未だ工事作業が開始されていないにもかかわらず，当該工事に係る売上が計上されることとなり，併せて売上の前倒し計上がされることとなった。

　この事例で用いられている仮装行為は，工事日報の改竄である。工事日報は，本来は，工事管理担当者が日々作成すべきものであったが，当該会社においては，①工事日報が日々作成されていなくても管理上何の問題がなかった（内部統制の運用上の失敗），②日々の工事日報の内容の根拠となる外部による証憑書類の添付が求められていなかった（内部統制の整備の失敗）こと等から，工事管理担当者が工事日報を月次でまとめてバックデートで作成することが可能となっていた。つまり，当該会社においては，工事管理担当者が，月末を過ぎた翌月上旬に，前月の工事原価の発生状況を踏まえて，バックデートで内容虚偽の工事日報の作成を可能ならしめる不正の実行の「機会」としての内部統制の整備・運用の失敗があったのである。すなわち，本来であれば，工事管理担当者が工事日報を日々作成し，これを工事管理担当者の上司である工事管理責任者が適切に管理していれば，月次での工事の原価の発生状況をみながらの工事原価の付替えという行為は行えなかったのである。
　また，本事例においては，事業の有効性・効率性の観点からも問題があった。

工事管理は，本来であれば，工事現場において何か問題が生じたのであれば，すぐに対応策を講じる必要がある。ゆえに，日々，工事現場の状況を確認する必要があるにもかかわらず，これを行う視点が欠けていたのである。このため，工事日報が日々作成されていなかったとしても特に問題とされず，事業としての工事管理の在り方にも問題があったのである。

　いや，むしろ，逆であろう。事業の有効性・効率性の観点からの視点が欠けていたからこそ，不正会計の機会となる内部統制の整備・運用の失敗が生じたのである。不正会計の予防・早期発見のためだけの内部統制などというものはない。特に，会計情報は現場の写像である。適切な会計情報への置き換え無くして現場の実態の適切な把握は行えない。会計情報は経営管理において極めて重要な経営者の判断の基礎となる情報である。この意識の欠如が，内部統制の機能不全の原因となる。

　このように，不正の実行行為としての仮装行為（工事日報の改竄）が内部統制を無効化するとしても，そもそも，仮装行為の実行を可能とする内部統制の整備・運用の失敗があったのである。ゆえに，内部統制の目的である①事業の有効性・効率性，②財務報告の信頼性，③法令等の遵守及び④資産の保全の達成に資する内部統制を整備・運用していたのであれば，事例の不正を可能とした工事日報の改竄は行い得なかったのである。したがって，不正会計の機会の発生可能性を低減させるためには，有効な内部統制の整備・運用に尽きるのである。

　なお，内部統制の整備・運用は，経営者の姿勢の影響を強く受ける。その意味においては，ガバナンスの在り方が重要となる。経営者の姿勢，不正を許さない企業風土の醸成，そして，役職員のコンプライアンス意識の醸成は，ガバナンスの課題でもある。

（2）機会の低減の限界

　以上のとおり，経営者による不正会計の機会の発生可能性の低減には，実効性のあるガバナンスの確保が肝となる。しかしながら，ガバナンスを担う者の選任に係る実質的権限が経営者にあり，この経営者自身が経営者としての資質・能力

を有していない場合には，実効性のあるガバナンスの構築が期待できないし，また，経営者不正の発生の可能性が高くなる。

では，そのような状況において，我々は，どうすべきなのか。

結論を述べれば，最後は，我々一人ひとりの「経営者不正に立ち向かう覚悟」[62] しかない。特に，上場企業の役職員はすべて，上場企業の役職員として公正な証券市場の確立を担う責務を有する。ガバナンスの機能不全により，万が一にでも経営者による不正会計が行われようとしていることを知った場合，又は，行われたことを知った場合，我々は何をすべきなのか，我々は何ができるのか。本書を通じて考えて頂きたいことの一つがこの点にある。証券市場の公正性を確保する最後の砦は，実は我々一人ひとりの覚悟なのである。

また，従業員による不正会計の機会の発生可能性の低減のためには，有効な内部統制の整備・運用が不可欠となる。しかしながら，内部統制の整備・運用が「人」によるものである限り，その良し悪しは「人次第」となる。したがって，内部統制に関わる人，すなわち，企業の役職員すべての人のコンプライアンス意識[63] と職業的懐疑心[64] が重要となる。

しかしながら，完全なガバナンスも内部統制も世の中にはあり得ない。また，不正を「やる人はやる」のである。ゆえに不正の早期発見への対応もまた求められることとなる。

---

62 詳細については，第三部 [6]「3 経営者不正に立ち向かう覚悟」を参照されたい。
63 詳細については第二部「[1] 上場企業の役職員としてのコンプライアンス意識」を参照されたい。
64 詳細については第二部「[2] 上場企業の役職員としての職業的懐疑心」を参照されたい。

第二部

今，求められるもの

不正対応を行うのは「人」であり，
その「人」に求められる意識の在り方が，
コンプライアンス意識と職業的懐疑である。

ガバナンス及び内部統制は，本来的には，企業の持続的成長を可能とし，中長期的な企業価値の向上を実現するための仕組みであり，単に不正の予防・早期発見のためだけにある仕組みではない。ガバナンス及び内部統制は，事業の有効性・効率性を図り，かつ，不正対応に資する仕組みなのである。
　そして，ガバナンス及び内部統制が実効性を有するものとなるか否かは，ガバナンス及び内部統制に関わるすべての企業の役職員たる「人」次第となる。
　不正会計は，人の行為の結果である。ガバナンス及び内部統制が，不正の予防・早期発見に資するための仕組みとして，「人」たる不正会計の実行者の動機・プレッシャー，機会及び正当化が発生する可能性を最小化するための仕組みとして機能するためには，組織のすべての「人」の意識の在り方が重要となる。不正会計への対応は，単に不正会計の実行者のみの問題として矮小化すべきものではない。すべての役職員が問題意識を持って継続的に取り組むべきものである。ゆえに，不正会計への対応は，すべての役職員にとって他人事ではなく，今後，不正会計が行われてしまう企業を１社でも少なくするためには，上場企業における「人」たるすべての役職員の意識の変革が求められる。
　この意識の変革の核となるのが，①上場企業の役職員としてのコンプライアンス意識であり，また，②上場企業の役職員の職業的懐疑心なのである。これらは，上場企業と役職員との関係を単なる委任契約又は雇用契約としての関係性だけでとらえるのではなく，上場企業の役職員としての「責務」に基づく意識の在り方である。ゆえに，その考え方を実務に定着させるにはハードルが高いかもしれない。しかしながら，理想を語らずして現実の向上はあり得ない。我々が不正会計に「立ち向かう」ために，乗り越えなければならないハードルであると考える。
　第二部における問題意識の根本は，「結局は人」ということである。言わずもがなであるが，企業はそれ自体が行動するのではない。企業に属している役職員の行動が企業の行動となる。人が変わらなければ企業は変わらない。「結局は人」ということは，「人の意識」の在り方が重要であるということであり，良い人であれば不正はしない，悪い人が不正をするという意味ではない。世の中それほど単純ではない。人は誰しも弱いものである。昨日までは不正をすることなど思いもよらなかった人が，明日には不正を行う人になる可能性は十分にある。
　明日は我が身。不正対応は決して他人事ではない。

1 上場企業の役職員としてのコンプライアンス意識

　上場企業の役職員は，単に，自らが属する会社との間における委任契約又は雇用契約に基づく権利と義務を有するだけの者ではない。上場企業の役職員は，証券市場を利用する上場企業の役職員であり，まさに証券市場における当事者としての市場関係者であり，公正な証券市場の確立という「責務」を有する者となる。また，コンプラアインスとは，単に法令の遵守だけを意味するものではなく，経営のための仕組みであり，事業の有効性・効率性を確保するための仕組みでもある内部統制の遵守をも求めるものである。そして，内部統制は，企業の利害関係者の利害を調整しつつ事業としての業務活動を統制する仕組みである。ゆえに，社会の公器として，企業価値の向上に資する企業活動を行うためにも，企業の役職員のコンプライアンス意識の醸成は不可欠となる。

　不正対応の実効性を真に確保するためには，上場企業の役職員は，今，上場企業の役職員としての責務の自覚に基づいたコンプライアンス意識を有することが求められている。すべての上場企業のすべての役職員が，この意識を持たない限り，不正会計は今後も減ることはない。

1 コンプライアンスとは何か

(1) コンプライアンスの意義

コンプライアンスが問題となる場面は，不正が生じた場合が多い。

企業が何か不祥事を起こした場合，コンプライアンス体制が問題視され，再発

防止策としてコンプライアンス体制の強化等が掲げられることからも，コンプライアンスとは不正対応のための手段であるとの認識が根強いと思われる。確かに，コンプライアンスは，「要求や命令への服従」「法令遵守。特に，企業がルールに従って公正・公平に業務を遂行すること。」[65]と定義されることもあり，法令違反，すなわち，不正をしないことの意味を有することは否定しない。

しかしながら，ここで強調すべき点は，コンプライアンスは，単に不正対応のためだけのものではないということである。コンプライアンスとは，企業が社会の公器として存在するために，また，事業活動を通じて，企業理念に基づく価値を社会に対して提供するために，そして，企業の利害関係者の利害を調整しつつ，企業の持続的成長を図り，中長期的な企業価値の向上を可能とするための前提となるものである。そして，不正の予防・早期発見としての不正対応は，その結果として可能となるものであり，このコンプライアンスの真の理解無くして，企業価値の向上及び不正の予防・早期発見はあり得ない。

したがって，本書では，コンプライアンスとは，単に法令の遵守という形式的な枠組みを超えた「企業の役職員の行為規準の遵守」としての「法令等の遵守」であると考える。

（2）遵守すべき対象

コンプライアンスにおいて遵守すべき対象となる法令等とは，①法令，②基準等，③社内規程及びマニュアル（以下，「規程等」という。），④企業理念，⑤社会規範等である。

ア　法令

法令は，①国会が制定する法律，②国の行政機関が制定する命令，③地方公共団体の制定する条例や規則等である。また，企業が活動を行う海外各国の法令も含まれる。

65　松村明監修，小学館大辞泉編集部編『大辞泉第二版上巻』（平成24年11月）1392頁。

法令は，企業の利害関係者との利害調整において，最低限遵守すべきものとなる。法令が制定された目的ともなる保護法益は，法令という強制力をもって保護しようする企業の利害関係者の利益である。この利益を損なう企業活動は，企業の持続的成長の阻害要因となり，また，企業価値の向上の阻害要因ともなる。そして，法令違反は，社会的存在としての企業の存在意義を否定するものとなる。
　ゆえに，法令は，企業が最低限遵守しなければならない対象であり，コンプライアンスを「法令の遵守」と解することは，コンプライアンスの最狭義の定義となる。

イ　基準等

　基準等は，法令ではないが，企業が活動を行うに当たって，実質的な強制力を有するものとなる。例えば，上場企業であれば，取引所の制定する上場規則や，一般に公正妥当と認められる企業会計の基準，ガバナンス・コードもその類となる。企業が基準等を遵守しない場合には，法令と同様に企業の存在自体が社会的に否定される可能性があり，ゆえに，企業においては，遵守すべき対象となる。

ウ　規程等

　規程等は，企業の定款，社内規程及びマニュアル等の企業が規定する社内のルールである。経営のための仕組みである内部統制は，規程等として文書化されることにより，企業の役職員の行為規準となる。
　内部統制は，企業が社会に提供する財貨又は役務に係る一定の品質を確保するための，また，企業活動としての役職員の業務の有効性・効率性を確保するための，そして，不正の予防のための企業の役職員の行為規準であり，規程等の遵守は内部統制の遵守であることから，規程等の遵守はこれら内部統制の目的の達成を意味するものとなる。
　また，企業は，企業の利害関係者の利害を調整しつつ，企業価値の向上を図るために事業を行う。そして，そのための仕組みが内部統制である。ゆえに，その意味において，規程等は，企業の利害関係者との利害を調整するための，事業活

1　上場企業の役職員としてのコンプライアンス意識

動を通じて社会に価値を提供するための、そして、企業の持続的成長を図り、中長期的な企業価値の向上を可能とするための企業の役職員の行為規準であり、コンプライアンスは、そのような規程等の遵守を求めるものともなる[66]。ゆえに、コンプライアンスは単に不正対応のためだけのものではないのである。

エ　企業理念

　企業理念（経営理念）とは、「企業が経営活動を展開する際に指針となる基本的考え方・哲学・信念、あるいは目標とする理想を、一般的に経営理念という。その内容は社是・社訓の形で成文化されており、具体的には、経営者の経営方針や基本方針についての意思決定過程に反映される。」[67] や、「企業の存在理由や企業がよって立つ価値観を示しそれに基づく「行動指針」を示したもの。経営理念を示すことで、会社の目標が明確になり、働く目的が共有されるといった効果が期待できる」[68] 等を意味するものである。

　本書では、「企業理念」は、「経営理念」と同義の用語として、企業理念も同じく、企業の存在意義・価値観等を示した企業活動の指針となる基本的考え方であるとする。

　企業活動の実態は、企業活動としての業務を遂行する企業の役職員の行為であり、ゆえに、その行為は、企業理念に基づくものでなければならない。企業の役職員は、法令、基準等及び規程等を遵守して、企業活動としての業務を行うが、これら法令等に業務遂行に係る判断の根拠を求められない場合もあり得る。

　法令等に業務遂行の判断の根拠となる規定がなく、当該行為を「行うこと」が、必ずしも法令等に違反するものでない場合であっても、企業理念に照らして

66　組織能力としての「現場力」のうち「保つ能力」とは内部統制の遵守を意味する。そして、「「保つ能力」は現場力の基盤となる能力だ。この能力が劣化すれば、現場が生み出すアウトプットの品質や生産性は著しく低下し、競争力の低下、業績の悪化を招く。さらには、深刻な品質問題や大事故、不祥事などにつながり、会社を存亡の危機に陥れることもある。「保つ能力」は企業の根幹であり、これなくして企業は存続できない。」遠藤功『現場論』（東洋経済新報社、平成26年11月）95頁－96頁）。
67　吉田和夫・大橋昭一監修『最新基本経営学用語辞典改定版』（平成27年3月、同文館出版）73頁。
68　武藤泰明編『経営用語辞典』（日本経済新聞社、平成18年11月）79頁。

判断した場合には，当該行為を「行うべきではない」場合もあり得る。また，逆に，当該行為を「行わない」ことが，必ずしも法令等に違反するものではない場合であっても，当該行為を「行う」ことが企業理念に基づく行為となる場合もある。すなわち，法令や規程等を超えて，「正しいのか，正しくないのか」の価値判断が求められた際の役職員の判断基準が，企業理念となる。

ゆえに，企業理念は，企業の役職員の行為に係る価値判断規準であり，法令，基準等及び規程等に必ずしも抵触する場合ではなくても，企業理念に照らし問題が生じる場面においては，企業の役職員は，企業理念に基づき行動することが求められることとなる。また，そのためには，企業の役職員が企業理念を理解し，共有する必要がある。ただし，企業理念がこのような遵守すべき対象であることは，企業理念自体が社会において受容可能なものであることがその前提となる。

オ　社会規範等

社会規範とは，「社会や集団のなかで，ある事項に関して成員たちに期待されている意見，態度，行動の型のこと。その社会に広がる価値体系が成員に内在化されたもので，成員の遵守行為によって顕在化する。広義の社会規範のなかには慣習，伝統，流行，モーレス[69]，法などが含まれるが，それぞれはその存続を保障し，正当性を根拠づける性質の違いによって区別される。正当性の保障が単に人々によって繰返し行われ，また昔から行われてきたということ，あるいは行為そのものの「新しさ」にのみあるようなものと，法のように外的強制を伴うものとがある。いずれにしろ社会規範は，これより逸脱した言動を示す成員に対しては，勧告，罰などを用いて従わせるように圧力を加えるもの」[70]である。

69　モーレスとは「集団生活における態度や行動を規制する集団の準拠枠。ウィリアム・G. サムナーが，フォークウェイズと並んで設定した概念。モーレスはそれよりも重大で，しかも無意識的ではあるが，公共の福祉といった観点から整序された行動様式で，集団の正式な強制力のもとになる。フォークウェイズが社会生活において生活経験の営みから形成される行動様式であるとすれば，モーレスはそこに「正しい」「有害だ」などの判断を含む行動基準である。」（LOGOVISTA「ブリタニカ国際大百科事典2017小項目版」）。
70　LOGOVISTA「ブリタニカ国際大百科事典2017小項目版」。

企業は，社会的存在であり，社会においてその存在が許容される限り存続が可能となる。逆にいえば，社会においてその存在を否定されたならば，その存続が不可能となる。社会においては，社会の構成員たる社会的存在としての人，及び企業が最低限守るべきものとしての法律等の法令が規定される。しかしながら，法令はあくまでも最低限遵守すべきものであって，法令さえ守れば，後は何をしても良い訳ではない。社会的存在として，社会の構成員として，社会規範を逸脱した行為は，社会において許容されず，結果として社会的存在としての存続を否定されることとなる。

　ゆえに，社会的規範もまた企業の役職員の行為に係る価値判断規準となり，コンプライアンスの対象として企業の役職員が遵守すべきものとなる。

(3) コンプラアインスの性質

ア　守りのコンプライアンスと攻めのコンプライアンス

　以上のとおり，コンプライアンスとは，単に法令の遵守という形式的な枠組みを超え，企業及びその組織体を構成する役職員の行為規準として，また，企業の利害関係者を意識した行為規範の遵守としての「法令等の遵守」を意味するものとなる。

　企業が法令及び基準等を遵守することは，企業が社会的存在として社会に存続し得るための前提でもある。そして，規程等は，経営のための仕組みとしての内部統制を文書化したものであり，事業の有効かつ効率的な遂行，及び事業の有効かつ効率的な遂行を阻害する不正の予防・早期発見に資する経営の実現を目的とする。ゆえに，企業の役職員が規程等を遵守して業務を行うことは，企業の利害関係者の利害を調整しつつ，企業の持続的成長を図り，中長期的な企業価値の向上に資するものとなる。また，企業理念が，企業として存在する意義を示した価値観であるところ，企業の役職員が，社会的存在としての企業を構成する一員として，また，規程等に規定されていない不測の事態に対して適切に対応するためには，企業理念の遵守が求められることとなる。さらに，企業は社会的存在であ

るがゆえに，社会規範等に逸脱した行為は，その存続が社会的に否定されるものとなる。

　ゆえに，企業の役職員に求められる法令等の遵守としてのコンプライアンスとは，単に法律違反をしてはならないという意味だけのものではなく，特に，規程等の遵守は，企業の持続的成長及び中長期的な企業価値の向上を図るためのものとなる。法令及び基準等の遵守がいわば「守りのコンプライアンス」であるならば，規程等の遵守は，「守りのコンプライアンス」に加え，「攻めのコンプライアンス」を意味するものとなる。このように，コンプライアンスは，ガバナンスと同様に，「攻めのコンプライアンス」と「守りのコンプライアンス」という二面性を有するものとなる。

　なお，規程等の遵守に係る「攻めのコンプライアンス」の理解は，内部統制の意義の理解が求められる。内部統制の意義の詳細については，第四部「**2**　内部統制を考える」以降において述べるが，内部統制が，経営のための仕組みであり，その目的は事業の有効かつ効率的な遂行等にあることから，規程等の遵守は，企業価値の向上に資するという性質を有することとなる。

イ　他律と自律

　法令及び基準等に違反した場合，当該違反行為に対して行政等からペナルティが課される可能性があるという意味では，法令及び基準等は，他律的なものとなる。一方，規程等及び企業理念に違反した場合には，法令及び基準等の違反等を除き，必ずしも他者からのペナルティを課せられるものではない。その意味では自律的なものとなる。

　コンプライアンスの中心となるのは，この自律的な規程等及び企業理念である。企業が，社会的存在として，企業理念に基づく「夢」の実現に資する企業活動を行うために，企業に属する役職員が業務を遂行するための行為規準の遵守を求めるのがコンプライアンスの本質的な意義である。法令や基準等の遵守は，企業が存続するための必要条件に過ぎず，企業価値の独自性を示すためには，経営のノウハウである内部統制を自律的に遵守することが求められるのであり，企業

価値の源泉は内部統制にあると言っても過言ではない。ゆえに，内部統制が有効に機能するか否かは，自律的なものとしてのコンプライアンスの意義の理解を前提とした，内部統制の運用主体たる企業の役職員のコンプライアンス意識次第となる。

なお，企業自体においては，自律的な規程等も，企業の役職員においては，強制されるものとの理解に基づけば，他律的なものとなる。しかしながら，企業の役職員における規定等の他律化は，内部統制の形骸化を意味し，本来の内部統制の意義が失われることとなる。内部統制は，企業活動において最低限「守るべき基準」ではなく，役職員の行為に係る自らの「行為基準」であり，企業の役職員においては，自律的に関わるべき対象である。ゆえに，この企業の役職員における規程等の他律化を回避するためには，企業の役職員において内部統制の意義を理解し，また，内部統制を所与の前提とするのではなく，常に見直しの対象とする意識付けが必要となる。

2 上場企業の役職員としてのコンプライアンス意識とは何か

今，上場企業の役職員に求められるコンプライアンス意識とは，上場企業の役職員としての責務，すなわち，公正な証券市場の確立に寄与すべき責務の自覚に基づいた，上場企業の役職員としての職業倫理に支えられたコンプライアンス意識となる。

（1）コンプライアンス意識に係る問題点

コンプライアンス意識に関しては，上場企業において不正会計等の不祥事が発覚した際に設置された第三者委員会や社内調査委員会等の調査報告書において，必ずと言って良いほど，不正会計が生じた問題点として当該企業の役職員のコンプライアンス意識の欠如が指摘され，再発防止策としてコンプライアンス意識の醸成が提言される。

この提言は，ある意味正しい。企業の役職員のコンプライアンス意識が欠如していたからこそ，内部統制の機能不全が生じ，不正が起きたのである。不正は，不正を行う者において，不正を行うことの動機・プレッシャー，機会及び正当化の不正リスク要因が揃った時に生じる。このうち，機会に関しては，例えば，内部統制の運用の失敗が不正を行うことの「機会」となる。運用の失敗の一因は，当該業務に携わる役職員が，規程等を遵守して業務を行わなかったことにある。規程等に基づき業務を行うことは，本来であれば，当たり前のことである。この当たり前のことが当たり前に行われなかったことが不正の「機会」となる。そして，その原因は，役職員において規程等を遵守するというコンプライアンス意識が欠けていたことに他ならない。

　したがって，第三者委員会等による「コンプライアンス意識の醸成」という再発防止策の提言は，決してお決まりの定型句ではなく，当たり前のことが当たり前にできていなかったことから不正の機会が生じたのであり，ゆえに，不正が起きた場合には，「コンプライアンス意識の欠如」という共通の問題点を有することになる。

　しかしながら，一方で，この提言は表面的な指摘に止まっているともいえる。なぜ，役職員のコンプライアンス意識が欠如していたのか。不正が起きた真因はそこにある。不正の再発防止に資するコンプライアンス意識とは，単に形式的なコンプライアンス意識が求められているわけではない。特に上場企業の役職員に求められるコンプライアンス意識は，上場企業の役職員「としての」コンプライアンス意識である。それは，「上場企業の役職員の職業倫理」に支えられたコンプライアンス意識であり，この理解無くして，不正会計の再発防止に資する，また，不正対応に資する真のコンプライアンス意識は醸成されない。

（2）職業倫理に支えられたコンプライアンス意識

ア　企業不祥事と職業倫理

　企業における取締役等の役員は，企業と委任契約に基づく関係にあり（会社法

330条），善管注意義務・忠実義務を負い（民法644条，会社法355条），対価としての報酬を受け取る。また，従業員は，企業と雇用契約に基づく関係にあり（民法623条），雇用契約に基づく基本的義務として，使用者の指揮命令に従って誠実に労働する義務を負い，その対価としての給料等を受け取る。ゆえに，役員も従業員も企業との間においては，法律上の権利義務の関係を有するのみである。しかしながら，企業は社会的存在であり，社会との関係性を断っての企業の存在はあり得ず，それは企業の構成員たる役職員においても同じこととなる。ゆえに，役職員の行為の在り方は，単に企業との間の法律上の権利義務の関係のみだけで考え得るものではない。

　例えば，企業が，安全性に問題があるものや，法令に違反するもの，又は，欠陥商品等の消費者等の社会の信用を損なうものを社会に対し提供した場合，それは企業不祥事となる。また，企業活動の過程において，いわゆるブラック企業と称されるような労働環境や，下請け企業に対してその立場を利用した一方的な条件での取引や，製造活動において有害物質を排出し環境を汚染する等の社会の信用に反する行為が行われていた場合も，それは企業不祥事となる。そして，それらはすべて企業活動の結果であり，企業の役職員の行為の結果なのである。

　では，なぜ，企業の役職員は，企業の信用を損ね，企業の存続さえも危うくする企業不祥事となる行為を行うのであろうか。本来は，世のため人のための事業としての業務を行うべきなのに，なぜ，本来の業務とは真逆の行為を行うのであろうか。

　現実には，様々理由が考えられるところであるが，すべての企業不祥事に共通するであろう理由として，企業の役職員が，その行為を行う際の判断の拠り所とすべき規準の誤りがある。企業の役職員が，企業不祥事と評価される行為を行う際には，組織の論理，組織の人間関係，企業の利益等の判断規準に基づいて行われたのである。しかも，それは，企業の利害関係者の誰かの利益を一方的に犠牲にする可能性があるにもかかわらずである。そして，そのような行為を行い得たことは，企業の役職員において，職業倫理が欠如していたからに他ならないと考える。

イ　企業の役職員の職業倫理とは

　では，企業の役職員の職業倫理とは，何であろうか。

　倫理とは，「人として守り行うべき道。善悪・正邪の判断において普遍的な規準となるもの。道徳。モラル。」[71] であり，ゆえに，職業倫理とは，当該職業を行う者に求められる判断の「普遍的な規準」となるものである。職業倫理には，公務員の職業倫理や警察官，裁判官，検察官，弁護士，医師，公認会計士等の様々な職業にその職業倫理がある。そして，それぞれの職業の職業倫理は，その職業に対する社会の期待に応えるための，自らの職業に係る本質的な「価値」の実現のための判断規準となる。また，職業倫理に反する判断は，自らの職業の存在意義を否定するものともなる。

　したがって，企業の役職員の職業倫理とは，社会が企業に期待する価値の実現のための判断規準であり，企業の役職員が，職業として仕事をするに当たっての判断の普遍的な規準となる。そして，社会が企業に期待する価値とは，企業が提供する財貨又は役務に係る必要性や有用性等と共に，安心，安全，信用等となる。企業の役職員は，企業活動としての業務を行うに当たり，自らの業務に対する社会の期待の認識を前提とした判断規準としての職業倫理に基づく業務の遂行が求められることとなる。

　職業倫理は，特定の専門性を有する職業のみにあるものではなく，職業として成立する限りにおいて，すべての職業に職業倫理はある。そして，職業倫理とは，言い換えれば，その仕事をすることの「誇り（プライド）」であり，「矜持」であると考える。職業に貴賤はない。仕事として成り立つからには世のため人のためになるのである。仕事の貴賤を決めるのは仕事をする自分の心の中だけである。どのような仕事であっても，誇りを持って仕事をすれば，それは大事な仕事となる。そして，その大事な仕事を，世のため人のためになるようにしようとするその心意気が，その仕事をする人の判断の普遍的な規準となり，それが職業倫

71　松村明監修，小学館大辞泉編集部編『大辞泉第二版下巻』（平成24年11月）3837頁。

理となるのである。

ウ　職業倫理とコンプライアンス意識

　企業の役職員においては，法令，基準等，規程等，企業理念，社会規範等を遵守すべきコンプラアインスが求められる。これらは，企業の役職員が企業活動としての業務を行う際に求められるものであり，企業の役職員の行為規準となるべきものである。

　では，企業の役職員は，なぜ，コンプライアンスを求められるのか。それは，企業が社会的存在として，企業の利害関係者との利害を調整しつつ，社会に対して企業理念に基づく価値の提供を行うとともに，企業の持続的成長を図り，企業価値の向上に資する企業活動を行うためである。企業活動の実態は，企業の役職員の行為である。ゆえに，企業の役職員において，コンプライアンスが求められるのである。

　そして，企業の役職員がこのような法令等に基づき業務を行うためには，役職員の意識の在り方としてのコンプライアンス意識が必要となる。それは，単に決められたことを守れば良いとの考えに基づく，他律的な法令等の遵守ではなく，コンプライアンスの意義を理解し，法令等を自らの行為規準と認識する自律的なコンプライアンス意識である。この自律的なコンプライアンス意識は，自らの職責の自覚に基づくものであり，職業倫理を有することにより可能となる。すなわち，職業倫理は，真のコンプライアンス意識の醸成において不可欠の前提となるのである。

　先に述べたとおり，職業倫理とは，当該職業を行う者に求められる判断の普遍的な規準であり，その職業に対する社会の期待に応えるための，自らの職業に係る本質的な「価値」の実現のための判断規準となる。ここで，判断の普遍的な規準とは，企業の役職員が職業として，日々，様々な業務を行う際の判断に係る最高次の判断規準となることを意味する。企業の役職員は，日々の業務における判断において，自らの業務の結果として社会に提供する価値，及び，その価値に対する社会の期待を意識することにより，法令の遵守はもとより，基準等，規程

等，企業理念及び社会規範を自らの行為の拠り所とすることになる。ゆえに，職業倫理とは，意識の醸成の核となるものであり，企業の役職員が職業倫理を有することにより，自ずとコンプライアンス意識が醸成されることとなる。

　企業の役職員の職業倫理は，企業の役職員の行為に係る「判断」の普遍的な規準であり，コンプライアンスは，企業の役職員の「行為」規準であるところ，コンプライアンス意識とは，職業倫理の発露となる。ゆえに，今，企業の役職員に求められるコンプライアンス意識とは，職業倫理に支えられたコンプライアンス意識なのである。

エ　上場企業の役職員としての職業倫理

　上場企業の役職員としての職業倫理とは，公正な証券市場の確立に寄与すべき責務の自覚に基づく職業倫理である。

　繰り返しになるが，企業の役職員の職業倫理とは，社会が企業に期待する価値の実現のための判断規準であり，企業の役職員が，職業として仕事をするに当たっての判断の普遍的な規準をいう。この意味での企業の役職員の職業倫理とは，企業が社会に提供する価値に係る社会の期待に応えるためのものとなる。

　しかしながら，上場企業においては，社会の期待に応える価値の提供とともに，公正な証券市場の確立に寄与すべき責務を有する。特に，「適正な開示」の実現に関して，企業の有すべき責任は大きい。例えば，財務諸表は，企業の実態を会計情報で表現した報告書であるところ，適正な内容の財務諸表の作成は，その前提となる企業活動，すなわち，企業の役職員の行為が適正であり，その実態が適正に会計情報に置き換えられる必要がある。不正・誤謬を問わず，企業の役職員において不適切な業務が行われた場合には，適正な開示が行えず，公正な証券市場の確立を阻害することになるのである。

　ゆえに，適正な開示は，企業の役職員の業務が適正であることにより担保されるものであり，すべての上場企業のすべての役職員が，上場企業の役職員として，適切な開示を行うことの責務を担っているのである。そして，この責務の自覚，すなわち，上場企業のすべての役職員の一人ひとりが，公正な証券市場の確

立を支えているのだという自覚が求められることとなる。この責務の自覚は，自らの職責の自覚でもあり，ゆえに，上場会社の役職員に求められる職業倫理の一部をなすものとなる。

（3）上場企業の役職員としてのコンプライアンス意識

　以上のとおり，コンプライアンス意識とは，法令，基準等，規程等，企業理念及び社会規範等の遵守に係る意識の在り方である。

　そして，コンプライアンスが，単なる法令の遵守という他律的な意味ではなく，企業が社会の公器として存在するために，また，事業活動を通じて，企業理念に基づく価値を社会に対して提供するために，そして，企業の利害関係者の利害を調整しつつ，企業の持続的成長を図り，中長期的な企業価値の向上を可能とする企業の役職員の行為規準の遵守としての真のコンプライアンスとなるためには，企業の役職員としての職業倫理に支えられたコンプライアンス意識の醸成が必要となる。職業倫理を欠いたコンプライアンス意識は，最後の最後で判断を誤る。ゆえに，職業倫理に支えられたコンプライアンス意識が強く求められるのである。我々は何のために仕事をしているのか，その職業倫理に基づく価値基準が問われるのである。

　さらに，上場企業の役職員においては，企業活動を通じて，社会に価値を提供する仕事を職業として行う者としての職業倫理に加え，上場企業の役職員として公正な証券市場の確立に寄与する者としての責務の自覚に基づく職業倫理に支えられたコンプライアンス意識の醸成が不可欠となる。

　繰り返しになるが，企業は，証券市場を利用する当事者としての市場関係者であり，公正な証券市場の確立に寄与すべき責務を負う。そして，公正な証券市場の要件である「適正な開示」の実現に関しては，上場企業は，まさに開示主体として，適正な財務諸表を作成する義務があり，不正会計を未然に防ぎ，万が一，不正会計が行われた場合には，早期にこれを発見し，迅速に対応しなければならない。そして，このような不正会計への対応は，企業の役職員において，自らの行為の結果が証券市場に与える影響，及び，公正な証券市場の確立に寄与すべき

自らの責務の認識を前提とした，上場企業の役職員としての職業倫理に支えられたコンプライアンス意識の醸成のみにより可能となる。

　特に，従業員による不正会計は，結果としての不正会計であり，自らの不正会計に係る実行行為が証券市場に与える影響にまで考えが及んでいない場合がほとんどである。ゆえに，今，一度，上場企業のすべての役職員一人ひとりが公正な証券市場の確立に寄与すべき責務を有していることを理解し，たった一人の不適切な行為であっても，その結果，我が国証券市場の全体の信用を失う行為であることを強く認識することが求められる。

　今後，不正会計を1件でも少なくするためには，この上場企業の役職員としての職業倫理に支えられたコンプライアンス意識の醸成が何よりも重要となる。

3 コンプライアンス意識の醸成のために

　上場企業の役職員としてのコンプライアンス意識は，自然に醸成されるものではない。すべての役職員の継続的な取り組みにより醸成されるものである。

(1) 教育・研修の重要性──人の意識を育てる

　コンプライアンス意識，及び，コンプライアンス意識を支える職業倫理を醸成するためには，計画的・継続的な実効性のある教育・研修が不可欠となる。

　例えば，公認会計士は，公認会計士協会会則及び倫理規則において，公認会計士としての職業倫理についての定めがある。しかし，公認会計士は，公認会計士試験に合格することによって公認会計士としての職業倫理が身につくのではない。公認会計士試験の合格後，公認会計士としての仕事を通じて経験を積み，また，日本公認会計士協会や所属する法人による教育・研修を受けることにより醸成される。

　そして，それは企業の役職員においても同じである。企業の役職員は，皆，高校・大学・専門学校等を卒業し，新卒で採用された者である。もちろん，中途採用の人もいるであろうが，社会人としてのスタートは基本的には皆同じである。

最初は、社会人としては白紙の状態である。つまり、職業倫理を最初から有しているわけではない。上司、先輩から仕事を教わり、仕事を通じて仕事の意義を考え、また、座学としての教育・研修を受け、社会人として育っていく。ゆえに、その過程において、職業倫理を育むための教育・研修が必要となるのである。

コンプライアンス意識の醸成も同様である。コンプライアンス意識の醸成は、コンプライアンスの意義の理解が前提となるが、社会人になると同時に、自然にその意義の理解が得られるものではない。教育・研修を通じて、コンプライアンスの意義を理解し、コンプラアインス意識が醸成されることとなる。

企業は、一人の人を職業人として育てる責任を好むと好まざるとを問わず有している。それは、当然のことながら企業戦士を育成するという意味ではない。企業が社会的存在として社会に受け入れられ、企業の持続的成長を可能とし、かつ、企業価値の向上に資する企業活動を行うための企業を支える職業人の育成である。「事業は人なり」とは松下幸之助氏の言葉であるが、真理であろう。結局は、それが企業の稼ぐ力となり、また、企業の強みとなる。

そして、その意味における職業人とは、職業倫理に支えられたコンプライアンス意識を有する「人」である。ゆえに、「人」を育てるためには、職業倫理に支えられたコンプライアンス意識の醸成が不可欠であり、そのための教育・研修の役割が極めて重要となる。

(2) 求められる教育・研修の内容

職業倫理に支えられたコンプライアンス意識の醸成のための教育・研修においては、職業倫理の意義、コンプライアンスの意義等を伝え、真のコンプライアンスに係る理解を得ることが求められる。

ア 職業倫理の意義

職業倫理の醸成には、自らの仕事がどのような意義を有するかの理解が大前提となる。そして、それは、企業理念の理解でもある。企業理念の理解は、自らが選んだ仕事の場としての企業が提供する財貨又は役務が、社会に対してどのよう

な価値を提供するのかを理解することであり，また，自らの仕事に対する社会からの期待の理解ともなる。そして，この理解が，法令等を超えた「価値判断の普遍的な規準」，すなわち，職業倫理の醸成の礎となる。

　また，職業倫理の醸成には，自らの仕事が，企業活動として社会との関係性を有していることを常に意識する必要がある。企業がいわゆる「ムラ社会」として閉鎖的な組織体となり，企業の役職員が，「ムラ社会」の論理に支配され，狭窄的な視野しか有しなくなる時に，企業不祥事は起きる。企業の役職員が，「ムラ社会」の論理を価値判断の規準として優先し，企業の利害関係者の優先順を下位とすることで，不祥事が起きるのである。企業が社会的存在である限りにおいては，企業の利害関係者との利害の調整に当たっては，「価値判断の普遍的な規準」としての職業倫理に基づき判断しなければならない。そのためには，企業活動は，様々な企業の利害関係者との関係性なくしてはあり得ないことの理解が不可欠となる。

　さらに，上場企業の役職員においては，上場企業の役職員としての公正な証券市場の確立に寄与すべき責務の理解が，上場企業の役職員に求められる職業倫理の醸成の前提となる。証券市場を利用する上場企業で働くということの意義，公正な証券市場の確立の必要性，不正会計の弊害，そして，上場企業で働くすべての役職員が公正証券市場の確立に寄与すべき責務を負っていることの真の理解が，上場企業の役職員に求められる職業倫理の醸成に不可欠となる。

イ　コンプライアンスの意義

　コンプライアンス意識の醸成のためには，当然のことながら，コンプライアンスの意義に係る真の理解が求められる。

　すでに述べたとおり，コンプライアンスとは，企業が社会の公器として存在するために，また，事業活動を通じて，企業理念に基づく価値を社会に提供するために，そして，企業の利害関係者の利害を調整しつつ，企業の持続的成長及び中長期的な企業価値の向上を可能とするための前提となるものである。

　コンプライアンスの対象となる法令及び基準等の遵守は，企業が，企業として

社会に存在するための大前提となる。法令及び基準等の違反をするような企業は，社会のルールを守れない存在であることに他ならず，社会における存在を否定されるのみである。ゆえに，法令及び基準等の遵守の意義は，社会的存在としての企業としては当然のこととなる。また，この理解は，職業倫理の醸成に不可欠な企業の利害関係者の存在の意識が前提となる。

　その上で，コンプライアンスが，単に法令及び基準等の遵守としての守りのコンプライアンスのみならず，攻めのコンプライアンスでもあることの理解が求められる。すなわち，攻めのコンプライアンスとしての規程等の遵守である。規程等は，経営のための仕組みである内部統制を文書化したものであり，また，内部統制の目的は，事業の有効性・効率性，及び不正の予防・早期発見にある。ゆえに，規程等の遵守は，企業の持続的成長を図り，中長期的な企業価値の向上に資するものとなる。このような内部統制の理解，規程等の理解を前提としたコンプライアンスの意義の理解が，企業の役職員において，真のコンプライアンス意識を醸成するために極めて重要となる。

　なお，内部統制は，企業の役職員においては決して所与の前提ではない。より良い仕事をするために，常に見直しの対象となるべきものでもあり，その見直しをするのは，企業のすべての役職員一人ひとりなのである。企業の役職員が，内部統制を単に遵守するのではなく，内部統制に自律的に関わることにより，内部統制の見直しが行われ，より良い仕事が可能となるのである。ゆえに，規程等は，決して単に押し付けられた杓子定規的な無味乾燥なものではなく，企業価値の向上に資するための自らの業務の遂行に係る行為規準なのである。この理解も攻めのコンプライアンスを理解する上で重要な点となる。

　また，企業理念の共有，及び社会規範に対する意識付けは，企業の役職員の職業倫理の醸成に資するものとなる。我々は何のために仕事をしているのか，社会は我々に何を期待しているのかを考え，理解することは，職業倫理に支えられたコンプライアンス意識の醸成において不可欠となる。

ウ　経営者からのメッセージ

　企業の役職員のコンプライアンス意識を醸成するためには，企業風土が重要となる。

　企業風土は，役職員の背中を押す。企業風土は「企業内で共有されている価値観，共通の考え方，意思決定の仕方，仕事の進め方など，従業員が暗黙的に持っている思考とそれを反映した行動パターンからなる複合的な要素全体のこと。内部の人間が自社の特徴を述べる際，または外部から見たその企業の特徴を表す場合などに端的に語られる。長年の企業活動を通じて形成されていき，内部の人間にはその存在が認識されにくい。」ものである[72]。転職経験のある方であれば，又は同じ会社の中であっても部署を異動した経験がある場合には，組織の雰囲気が全く異なることを感じた経験があるのではないだろうか。

　社会生活を営むに当たり，「悪いことをしてはいけない」というのは，皆，小さい頃から教えられ育ってきているので，当たり前といえば当たり前のことである。しかし，会社という組織に属して，社会とは概念的に隔離された環境において，自らの人生が会社という組織の枠組みの中で位置付けられた時，企業風土に基づく会社の論理が様々な判断を行う際の価値規準となり，「会社のため」という正当化理由を背景に，不正会計を含む不正等の不祥事が生じることとなる。

　このように，企業風土は，役職員の判断に多大な影響を与える。そして，企業風土の醸成は，経営者の影響を強く受けるものとなる。ここに経営者の重要性がある。企業の役職員が，「ムラ社会」の論理ではなく，職業倫理に基づく企業の利害関係者の存在を意識した行動を行い得るためには，企業理念に基づく企業風土，不正を許さない企業風土の醸成が不可欠であり，そのためには，そのような企業風土の醸成に係る経営者の強い意志を，経営者の言葉として企業の役職員に伝えることが必要となる。

72　本書では，企業風土と企業文化は同義であると考える。なお，「企業文化」の定義として武藤泰明編『経営用語辞典』（日本経済出版社，平成18年11月）69頁を参照した。

そして、経営者の姿勢を示すに当たっては、常日頃、様々な場面において行われるが、教育・研修の場において、経営者の言葉で、経営者の姿勢を示すことは、企業風土の醸成に当たっては極めて有効となる。ゆえに、経営者の資質・能力を有している経営者を前提とするならば、経営者が教育・研修の場において、コンプライアンスの意義・重要性について強いメッセージを発することにより、役職員のコンプライアンス意識を醸成するとともに、コンプライアンス意識を醸成する土壌ともいうべき企業風土の醸成に資することとなる。

　なお、この経営者の資質・能力を有している経営者の前提に関しては、誰を経営者に選ぶのかという意味でガバナンスの問題となる。ゆえに、突き詰めて考えれば、役職員のコンプライアンス意識の醸成は、ガバナンスもその役割を担うこととなる。

(3) 求められる教育・研修の方法

　コンプライアンス意識の醸成のためには、教育・研修が極めて重要である。ゆえに、それは単に形式的なものではなく、実質的なものでなければならない。

ア　魂を込めた教育・研修

　コンプライアンス意識の醸成は、人の意識の醸成である。ゆえに、企業の役職員のコンプライアンスを醸成するためには、企業の役職員において、コンプラアインスの意義及びその重要性に係る真の理解を得る必要があり、そのための教育・研修が必要となる。

　この教育・研修を実質的なものとするためには、まず何よりも教育・研修を企画・担当する者において、コンプラアインスの意義・重要性を理解していることが大前提となる。すなわち、教育・研修は、企画・担当する者の「想い」や「志」としてのコンプラアインスの意義・重要性を、企業の役職員に伝え、共有してもらう場となることによって、その実効性が確保し得るのである。

　教育・研修を企画・担当する者の想いが本物であれば、教育・研修の内容を真剣に考えるであろうし、どのような伝え方をすれば良いのかの工夫もする。その

結果，教育・研修に魂が込められ，想いは伝わるのである。不思議なもので自分の気持ちは相手に伝わる。自分が好きと思えば相手も好意を抱くし，自分が嫌いと思えば相手も苦手意識を持つ。感情は，決して言葉で明確に伝えなくとも，表情・態度として表れ，相手に伝わるのである。教育・研修もまた然りである。伝える側の気持ちが，相手にも伝わるのである。ゆえに，コンプライアンス意識の醸成に資する実質的な教育・研修を可能とするためには，伝える側，すなわち，教育・研修を企画する者の想いが重要となる。

そして，突き詰めていえば，実質的な教育・研修を可能とするのは，経営者のコンプライアンスに対する考え方である。すなわち，経営者の「想い」である。企業の役職員のコンプライアンス意識を醸成するためには，経営者の姿勢が重要となる。経営者自らが，コンプライアンスを理解し，コンプライアンスの重要性を認識し，これをすべての役職員に対して伝えなければならない。そのための手段として，教育・研修があるのである。逆にいうと，経営者がコンプライアンスを理解せず，コンプライアンスの重要性を認識していなければ，役職員においてコンプライアンス意識の醸成は不可能である。部下は，経営者の背中を見ているのである[73]。

そして，また，経営者の姿勢を示し，企業の役職員のコンプライアンス意識を醸成し，そのための教育・研修を可能とする経営者に関しては，結局のところ，誰を経営者に選ぶのかという意味でガバナンスの問題となる。ゆえに，突き詰めていけば，企業の役職員のコンプライアンス意識の醸成に資する教育・研修の実施もまた，ガバナンスの役割であるともいえるのである。

イ　繰り返し継続する

コンプライアンス意識を醸成するための教育・研修は，計画的かつ継続的に行われなければならない。新入社員又は中途採用者の入社時に一度行えば済むとい

---

[73] 「経営者の背中を働く人々は見ている。頂点に立つ経営者がじつは非倫理的なことを許す体質をもっていれば，それが組織内部に伝染することは必至である。」（伊丹敬之『よき経営者の姿』（日本経済出版社，平成19年1月）50頁）

うものではない。繰り返し、繰り返し何度も続けなければならない。繰り返し継続して続けることにより、コンプライアンスの「当たり前化」を図るのである。そして、コンプライアンスの当たり前化を図ることで、コンプライアンスを重視する企業風土が醸成される。

　また、意識は、経験と知識により醸成される。新入社員であった者もその後、経験を積み、中堅社員となり、管理職となっていく。新入社員時代には理解できなかったことも、中堅社員になる頃に理解できることもあるし、また、管理職となることで理解できることもある。そして、理解は、知識を得ることですぐに理解する場合もあれば、繰り返しの継続の過程で腹に落ちることもある。経験と知識の相互作用により意識を醸成するのである。

　さらに、企業を取り巻く経営環境も日々刻々と変わりつつある。コンプライアンスは、経営環境の変化により、その内容が変容することもある。ゆえに、そのような状況を踏まえ、その時々に適した教育・研修が行わなければならない。

　なお、コンプライアンス意識は、経営者に求められる重要な資質の一つでもある。ゆえに、将来の経営者の育成に係る後継者計画（サクセッションプラン）と併せて、コンプライアンス意識の醸成のための教育・研修を繰り返し継続して行う必要がある。

ウ　現場の重要性

　コンプライアンス意識の醸成のための教育・研修は、座学が中心となる。職業倫理・企業理念の理解は、知識に基づき得られることが多い。しかしながら、併せて仕事を通じた教育・研修としてのオン・ザ・ジョブ・トレーニング（OJT）も重要となる。現場での活きた教育・研修ほど効果があるものはない。現場での経験を通じた「実感」としてのコンプライアンス意識は、真のコンプライアンス意識の醸成に資するものである。

　例えば、極端な例を持ち出せば、企業不祥事が起きた際に、この不祥事の処理に係る対応を行った担当者は、コンプライアンスの重要性を身に染みて痛感するはずである。もちろん、このような企業不祥事を起こさないためのコンプライア

ンス意識の醸成であるから、このような経験を積めという話ではない。そうではなく、日々の現場で何か問題が生じた際に、この問題を解決する過程の中で、上司・同僚等による教育・研修は、座学では得られない「実感」を伴うものであり、コンプライアンスの醸成においては、極めて有用であるということである。

　なお、当然のことながら、現場におけるOJTを通じて、コンプライアンス意識を醸成するためには、現場における役職員のコンプライアンス意識が醸成されていることが必要とはなる。この意味でも企業風土の在り方が重要となる。

　意識は、現場が育てる。それは、コンプライアンス意識もまた同じである。

2 上場企業の役職員としての職業的懐疑心

> 上場企業の役職員の職業的懐疑心は，上場企業におけるすべての役職員に求められる仕事に取り組むための意識の在り方であり，仕事を有効かつ効率的に行うための，また，不正の予防・早期発見のための意識の在り方である。

1 職業的懐疑心とは

(1) 職業的懐疑心とは何か

　公認会計士等による財務諸表監査の世界においては，平成25年3月に「監査における不正リスク対応基準」（企業会計審議会）が設定された。この不正リスク対応基準においては，公認会計士又は監査法人が上場企業等の財務諸表の監査を行うに際して，監査人としての職業的懐疑心を保持し，発揮しなければならないことが強調された。ここでの職業的懐疑心とは，「誤謬又は不正による虚偽表示の可能性を示す状態に常に注意し，監査証拠を鵜呑みにせず，批判的に評価する姿勢」[74]を意味し，公認会計士が，財務諸表監査の職業的専門家として，財務諸表監査を行う場合に求められる「姿勢」であり，意識の在り方となる。
　この不正リスク対応基準は，オリンパス事件等の相次ぐ不正会計事件等への反

---

[74] 監査基準委員会報告書200「財務諸表監査における総括的な目的」（日本公認会計士協会監査基準委員会，平成27年5月29日最終改正）第12項（11）

省を踏まえ，財務諸表監査をより実効性のあるものとするために，公認会計士が保持・発揮すべき職的懐疑心をあえて強調するために設定されたものである。

　この点，職業的懐疑心が求められるのは，財務諸表監査を行う公認会計士だけの話ではない。医師，裁判官，検察官，弁護士，警察官等の様々な職業に係る職業的懐疑心がある。職業が職業として存在している限り，それぞれの職業に職業的懐疑心が求められるのである。

　したがって，上場企業において仕事をするすべての役職員にもその職業的懐疑心が求められるのである。経営者としての，取締役としての，社外取締役としての，監査役としての，そして，購買担当，営業担当，開発担当，経理担当，内部監査担当等としてのそれぞれの職業的懐疑心がある。

　では，上場企業の役職員に求められる職業的懐疑心とは具体的にはどのようなものなのであろうか。このことを考える前に，まず，事例に基づいて職業的懐疑心とは何かについて考えたい。

(2) 事例で考える職業的懐疑心

　職業的懐疑心とは何かを考えるに当たり，第五部4 「2　ニチリン事案」を参考にしたい。

　ニチリン事案は，大証第二部上場企業であるニチリンの海外子会社が在庫の過大計上による利益の水増しを行ったものである。

　不正が発覚した端緒は，ニチリンの取締役会において，子会社からの月次業績報告に関して，ニチリンの取締役が「売上の増減と利益の増減が連動しない傾向を示していた」ことについて，「何かおかしい」と感じ「違和感」を覚えたことである。ニチリンの取締役会は，この違和感に基づき，経営企画部及び内部監査室に調査を指示し，最終的には，海外子会社の社長による告白により海外子会社における不正会計の発見に至った。

　そして，この「何かおかしい」と感じる感覚，又は，「違和感」を覚える感覚が「懐疑心」である。ゆえに，ニチリン事案は，ニチリンの取締役会において，取締役としての職業的懐疑心が発揮された事例となるが，同様に取締役会に出席

していた監査役が「何かおかしい」と感じても良いし、また、子会社からの月次業績報告は、子会社管理部門である経営企画部においても把握していた情報であることから、経営企画部に属する従業員が「何かおかしい」と感じても良いのである。

このようにある情報等に接した人が、「何かおかしい」と感じることが、職業的懐疑心の保持・発揮であり、これにより不正会計の端緒の把握が可能となるのである。

2 職業的懐疑心を理解する

以下、上場企業の役職員に求められる職業的懐疑心の具体的な内容について考えてみたい。

(1) 職業的懐疑心とは

本書では、上場企業の役職員に求められる職業的懐疑心とは、「企業価値の向上に資する企業活動を行うために、現状を批判的に評価し、企業活動に係る改善事項及び不正の存在の可能性を示す状態に常に注意する姿勢」であると定義する。

ア 職業的懐疑心の意義

世の中において、職業として成立する限りにおいては、どのような仕事にも意義がある。公認会計士であれば、企業が作成する財務諸表に係る監査証明業務を行うことで、公正な証券市場の確立に寄与するものであり、また、医師であれば、病める人の治療はもとより、人びとの健康の維持もしくは増進を図り、人類愛を基にすべての人に奉仕する[75]ことで、人々の幸せの実現に寄与するものとなる。言い換えれば、仕事の意義とは、その仕事に対する社会の期待であるともい

---

75 「医師の職業倫理指針第3版」(日本医師会、平成28年10月)。

える。

　そして，公認会計士や医師，又はその他の職業的専門家に対して，それぞれが社会の期待に応え得る仕事をするために求められるものが，それぞれの職業に係る職業的懐疑心となる。すなわち，職業的懐疑心の意義は，職業人が，職業として社会の期待に応え得る仕事をするためにあるのである。

　企業の役職員においてもそれは同じである。企業は，企業理念に基づく企業活動を行うことにより，社会に対して価値を提供する。企業が提供する価値は，社会において求められ，必要とされるものであり，その意味において，企業は社会的意義を有するものとなる。そうでなければ，社会的存在としての企業はあり得ない。そして，企業の存在が社会的意義を有するということは，企業に対する社会の期待があるということである。企業が提供する商品や製品，サービスに対する安心，安全，信用等である。社会は，企業を信用し，企業に対して，安全な商品や製品，安心なサービスの提供を期待するのである。

　そして，企業活動の実態は，企業の役職員の行為としての「仕事」であるところ，企業の役職員の「仕事」が，企業の社会的意義を現実のものとするのである。ゆえに，社会の企業に対する期待とは，企業の役職員に対する期待であり，その期待に応え得る仕事をする者としての企業の役職員に求められるものが，企業の役職員としての職業的懐疑心となる。

イ　職業的懐疑心の目的

　職業的懐疑心とは，「企業価値の向上に資する企業活動を行うため」に，現状を批判的に評価し，企業活動に係る改善事項及び不正の存在の可能性を示す状態に常に注意する姿勢である。

　ゆえに，職業的懐疑心は，企業の役職員が「企業価値の向上に資する企業活動を行うため」に求められる役職員の意識の在り方となる。

　企業価値の向上は，社会が期待する財貨又は役務の提供により可能となる。企業が，企業活動の過程において企業の利害関係者との利害を調整しつつ，事業を有効かつ効率的に遂行し，社会の期待に応える財貨又は役務を提供することによ

り，企業価値の向上に資するものとなる。そのような事業の遂行を可能とする企業の役職員の意識の在り方が，企業の役職員の職業的懐疑心となる。

ウ 企業活動に係る改善事項及び不正の存在の可能性に注意する姿勢

　職業的懐疑心とは，企業価値の向上に資する企業活動を行うために，現状を批判的に評価し，「企業活動に係る改善事項及び不正の存在の可能性」を示す状態に常に注意する姿勢である。

　「企業価値の向上に資する企業活動」は，企業が，社会の期待に応え得る財貨又は役務の提供を行い，かつ，業務が有効かつ効率的に行われることを意味する。そして，「企業価値の向上に資する企業活動」を行うための経営の仕組みが，内部統制である。内部統制は，企業が提供する財貨又は役務に関して一定の品質を確保するとともに，業務を有効かつ効率的に遂行するための業務に係る役職員の行為規準であり，企業の役職員の日々の業務が，内部統制を遵守して行われることにより，企業価値の向上に資する企業活動が可能となる。

　しかしながら，内部統制は，常に不完全であるという性質を有する。ゆえに，企業においては，常に業務等に係る問題点を潜在的に有している「可能性」がある。それは，内部統制の整備・運用が「人」に依拠せざるを得ないことから生じる内部統制の整備の失敗，運用の失敗という問題点であり，また，内部統制の整備後の経営環境の変化に伴う内部統制と現実との乖離から生じる問題点である。これらの問題点の存在の可能性が，「企業活動に係る改善事項及び不正の存在の可能性」であり，これらの問題点の存在は，業務の有効かつ効率的な遂行を阻害し，「企業価値の向上に資する企業活動」の達成の阻害要因となる。

　ゆえに，企業の役職員は，「企業価値の向上に資する企業活動」を達成するため，日々の業務において潜在的な問題点の有無の把握が求められることとなる。より良い仕事をするために，また，社会に対してより良い財貨又は役務を提供するために，企業活動の過程において，改善が必要となる業務があるのであれば，当該業務を把握し改善を行い，または，不正が行われているのであれば，当該不正を把握し，原因解明を行うことにより，再発防止のための対応を行わなければ

ならない。

　そのために必要な意識の在り方が，企業の役職員の職業的懐疑心となる。職業的懐疑心は，企業の役職員が，日々の業務において，業務改善の必要性及び不正の存在の可能性を把握し，これに対応することにより，業務を有効かつ効率的に行うために必要な意識の在り方となる。

　また，「企業活動に係る改善事項及び不正」は内部統制上の問題に限られない。経営の統治機構であるガバナンスにおいても同様である。「企業価値の向上に資する企業活動」を行うために，「企業活動に係る改善事項及び不正の存在の可能性」の把握に資する職業的懐疑心の保持・発揮が，ガバナンスを担う取締役，社外取締役及び監査役等に求められるのである。ガバナンスの観点での「企業活動に係る改善事項」とは，経営者等の経営陣の見直しや経営戦略の見直し，企業風土の見直し等であり，また，「不正」は経営者不正，従業員不正，子会社不正等となる。ガバナンスを担う役員は，このような「企業活動に係る改善事項及び不正」の存在の可能性を示す兆候に注意し，当該兆候を把握し，改善等を行うために，それぞれの役員としての職業的懐疑心の保持・発揮が求められるのである。

エ　現状を批判的に評価する姿勢

　職業的懐疑心とは，企業価値の向上に資する企業活動を行うために，「現状を批判的に評価」し，企業活動に係る改善事項及び不正の存在の可能性を示す状態に常に注意する姿勢である。

　日常業務を対象として「企業活動に係る改善事項及び不正の存在の可能性を示す状態」を把握するためには，「現状を批判的に評価」する姿勢が必要となる。日々の業務において，些細な出来事として現れる「企業活動に係る改善事項及び不正の存在の可能性を示す状態」の把握は，現状を是としてでは不可能であり，現状を「批判的」に評価することにより可能となる。職業的懐疑心の「懐疑心」たる所以が，この「批判的に評価」する姿勢にある。

　なお，「批判的」というのは，当然のことながら，現状を闇雲に批判すること

ではない。「このやり方は気にいらない」「あいつのやり方は違う」「面白くない」「つまらない」等の批判は、ただのわがままである。そうではなく、日常業務に対して、これで良いのか、もっと改善すべき点はないのか等の前向きな検討としての批判である。すなわち、「企業価値の向上に資する企業活動を行うため」という問題意識に基づく、現状に対する批判的評価である。そして、この問題意識は、突き詰めれば、自らの職業倫理に基づく問題意識となる。なぜならば、企業の役職員において、企業理念に基づく自らの仕事の意義を理解し、自分の仕事の結果として、財貨又は役務の利用者に価値を感じてもらえるか、喜んでもらえるかという職業倫理の発露に基づく問題意識であるからである。したがって、職業倫理の醸成及び企業理念の共有は、企業の役職員の職業的懐疑心の醸成に不可欠となる。

オ　存在の可能性を示す状態に常に注意する姿勢

　職業的懐疑心とは、企業価値の向上に資する企業活動を行うために、現状を批判的に評価し、企業活動に係る改善事項及び不正の存在の「可能性を示す状態に常に注意する姿勢」である。

　「企業活動に係る改善事項及び不正」としての問題点は、事故やトラブルのように明示的に現れるものばかりではなく、日常業務における些細な出来事としてその兆候が現れる場合が多い。このため改善を要する業務の把握は、現状の日常業務を所与の前提とした認識では行い得ない。今、行っている業務に改善を要する問題点があったとしても、今までどおりに、言われたとおりに行うのが当然であると考えて業務に従事するのであれば、些細な出来事に対して、何ら違和感を覚えることはないであろう。それが普通となり、それが当然となるからである。

　ゆえに、改善を要する業務の把握は、当該業務に従事する者が、問題意識として、常日頃から業務をいかに有効に、いかに効率的に行うとするかを考えることにより可能となる。問題意識無くして、改善を要する業務の把握はなし得ないのである。この問題意識を有している者が、日常業務の中で、ふとしたことに違和感を覚え、その違和感の根拠となる原因を解明することにより、業務における問

題点としての改善すべき事項の把握が可能となる。

　また，不正の場合には，不正実行者は，自らの不正行為の発覚を避けるため様々な仮装行為を行うことから，その外観は，あたかも正常な取引・業務であるかのように装われ，「不正の存在を示す状態」として明示的に現れることは少ない。したがって，問題意識を有している者が，日常業務の中で，ふとしたことに違和感を覚え，その違和感の根拠となる原因を解明していく中で，業務における問題点として合理的な原因解明が行えない状況に至り，その時点で，不正の可能性を視野に入れ，さらに原因解明を行うことにより，不正の事実の把握が可能となるのである。「企業活動に係る改善事項及び不正」としての問題点の把握は，この「ふとしたこと」に違和感を覚えることがその端緒となる。ゆえに，職業的懐疑心は，現状に対して，問題意識に基づき「常に注意する姿勢」であり，「違和感」とは，その職業的懐疑心の発露となるのである。

（2）平時における / 有事における職業的懐疑心

ア　平時における / 有事における職業的懐疑心の関係

　上場企業の役職員に求められる職業的懐疑心とは，「企業価値の向上に資する企業活動を行うために，現状を批判的に評価し，企業活動に係る改善事項及び不正の存在の可能性を示す状態に常に注意する姿勢」である。すなわち，上場企業の役職員に求められる職業的懐疑心とは，企業価値の向上に資する企業活動を行うために，①企業活動に係る改善事項（業務改善等）と②不正の端緒を把握するための意識の在り方である。そして，業務改善等の端緒を把握するための職業的懐疑心が「平時における職業的懐疑心」であり，不正の端緒を把握するための職業的懐疑心が「有事における職業的懐疑心」となる。

　平時における / 有事における職業的懐疑心の関係は，図表8のとおりである。

　図表8は，ある人の職業的懐疑心の程度を示した図となる。縦軸が「職業的懐疑心の程度」となる。縦軸が長いほど，職業的懐疑心の程度が高く，縦軸が短いほど，職業的懐疑心の程度が低くなる。職業的懐疑心の程度が高いとは，業務改

図表8 平時における／有事における職業的懐疑心

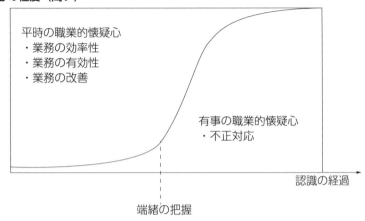

善又は不正の存在の可能性を示す事実が，些細な事実であったとしても，違和感を覚え，当該事実をもって業務改善又は不正の存在の端緒とし得ることを意味する。逆に，職業的懐疑心の程度が低いとは，明らかに業務改善又は不正の存在の可能性を示す事実に接したとしても，何も関心を示さないことを意味する。

その詳細は，後の「③ 職業的懐疑心の醸成」において述べるが，職業的懐疑心を醸成する要素は，問題意識・経験・知識である。職業的懐疑心の程度が高い者は，問題意識が高く，業務・不正に関する経験・知識を豊富に有する者である。逆に職業的懐疑心の程度が低い者は，問題意識が低く，業務・不正に関する経験・知識が乏しい者となる。

また，**図表8**の横軸は「認識の経過」となる。時系列で左から右に時間の経過を示している。ある人が，端緒となる事実等を認識してからの時間の経過であ

る。端緒となる事実の性質によって異なるが，例えば，図表8の横軸の中心よりも左側で，端緒となる事実を把握した場合には，主に，平時における職業的懐疑心の保持・発揮により端緒を把握したことになる。そして，端緒を把握した後の事実解明が行われる過程で，その状況に応じて，有事における職業的懐疑心の保持・発揮の程度が高まることになる。

よって，把握した端緒が，不正の兆候を明らかに示す事実等であれば，当該端緒の把握は，有事における職業的懐疑心の保持・発揮による端緒の把握となり，図表8の中央より右側のような関係となる。

なお，平時における／有事における職業的懐疑心は，それぞれ相反するものではなく，相互補完的な関係となる。

イ　平時における／有事における職業的懐疑心の保持・発揮の例

業務改善及び不正の存在の可能性を把握するための職業的懐疑心としては，まず，平時における職業的懐疑心の保持・発揮により把握した問題点を「業務における何か改善を要すべき事実の兆候を示す端緒」として捉え，問題点の原因となる事実関係を明らかにすることに重点が置かれることになる。そして，業務改善の観点からその原因となる事実関係が明らかにならない場合には，有事における職業的懐疑心の発揮により，不正の可能性を念頭においた事実解明が求められることになる。

例えば，ある日，原材料の実在庫の数量が，管理上の帳簿在庫の数量よりも少ないことに気が付いたとしよう。この「原材料の実在庫の数量が管理上の帳簿在庫の数量よりも少ない」という事実が，業務改善を要する問題点に係る端緒となる。本来，一致すべき二つの情報が不一致であるという事実を何らかの問題点の兆候として感じるのである。すなわち，この事実を，平時における職業的懐疑心の保持・発揮により「業務改善を要する問題点に係る端緒」として把握するのである。

この事実は，①原材料の受け入れ時に適切な管理が行われていなかった，②原材料の在庫の払い出し時に適切な管理が行われていなかった，③製造過程におけ

る何らかの問題で，製造に必要な数量が標準使用量より多くなっていた等の業務上の問題の可能性が考えられることから，これらの問題の可能性を前提に，事実関係を確認することとなる。そして，事実関係を明らかにする中で，いずれかの問題であることが明らかになれば，当該問題の原因となった業務を改善するのである。

しかしながら，平時における職業的懐疑心に基づく視点での事実解明の過程で，事実関係が不明で原因が明らかにならない，又は，証憑書類の改竄・偽造等の不正の可能性を示す事実が把握された場合には，有事における職業的懐疑心の保持・発揮が求められることになる。不正の可能性を前提とした事実確認を行い不正の存在の有無を明らかにするのである。

また，別の例を用いれば，ある得意先に対する売掛金が入金予定日になっても入金されなかった場合を考える。

この場合，経理部門又は営業担当者の上司が職業的懐疑心を保持・発揮することにより，「入金されなかった」という事実を，業務改善を要する問題の可能性を示す端緒として把握することとなる。売掛金が入金予定日になっても回収されないという事実は，当該売掛金が回収不能になる可能性を示す事実であり，売掛金の貸倒れという業務上の問題の可能性を示す事実となる。

したがって，経理部門又は営業担当者の上司は，この問題への対応として，当該得意先の営業担当者に，売掛金の回収がなされなかった事実を伝え，また，売掛金が未入金となった理由の確認，及び売掛金の回収を促すことになる。そして，当該指示に基づき，営業担当者が得意先に確認をした内容として「得意先の事務処理の誤りで，入金は来月になるそうです」などの回答が得られたとする。

実際に翌月に入金となれば，とりあえず当該端緒に係る違和感は解消されたことになる。ただし，もし，前月の未回収であった理由が，得意先の資金繰り等の関係であれば，当該得意先に対する与信の見直し等の対応は必要となる。

しかしながら，翌月になっても入金がされず，再度，経理部門等から当該営業担当者に対して得意先への確認を要請したところ，営業担当者から何やら要領を得ない回答が返ってきたとしよう。この場合において，有事における職業的懐疑

心の保持・発揮が求められることとなる。もしかしたら，営業担当者が架空売上を行っているのではないか，また，営業担当者が売掛金を得意先にて現金で回収し横領したのではないか等の可能性を考えるのである。その上で，原因となる事実関係を明らかにしていくのである。

　もちろん，端緒を把握した時から，有事における職業的懐疑心の発揮を求められる場合もある。例えば，明らかに偽造されたとわかるような証憑書類を見つけたような場合である。本来は得意先が作成すべき注文書が，同一日付で，同一の内容にも関わらず，金額だけが異なる複数の注文書が，注文書ファイルに綴られていたような場合等である。しかも，一部は，得意先の社印が押されていない場合や，または得意先の社印の印影がカラーコピーで複写したようなものになっていた場合には，有事における職業的懐疑心を発揮し，不正を念頭に事実関係を明らかにする必要がある。

(3) 職業的懐疑心の性質

ア　職業的懐疑心の発露としての「違和感」

　職業的懐疑心の保持・発揮とは，日常業務において，企業の役職員が「ふとしたこと」に「何かおかしい」「どうしてだろう」「ん？」との違和感を覚えることにある。この違和感は，日々の業務を何ら問題意識も有さず，現状を是として，批判的に評価もせず，ただ漫然と行っていたのでは，持ち得ない感覚である。ゆえに，「違和感」は職業的懐疑心の発露であり，職業的懐疑心を常に「保持」している者のみが「発揮」し得るものとなる。

イ　中立的な視点であること

　企業の役職員に求められる職業的懐疑心は，その発揮が期待される場面に基づき，①平時における職業的懐疑心，②有事における職業的懐疑心に区分される。
　これらは，それぞれ別のものとして考えるのではなく，職業的懐疑心の保持を求められる者は，常にその両面からの職業的懐疑心を保持し，状況に応じてその

主従，強弱，濃淡を使い分けることになる。そもそも，端緒の把握自体が，その端緒の性質に応じて，平時における職業的懐疑心の発揮により把握されるものもあれば，有事における職業的懐疑心の発揮により把握されるものもある。この意味において，人は，常に平時における／有事における職業的懐疑心のいずれをも含む職業的懐疑心の保持が求められるのである。

　そして，その端緒の性質に応じて，例えば，平時における職業的懐疑心の発揮により端緒を把握したのであれば，業務上の問題点の存在の可能性を前提に事実解明を行い，また，有事における職業的懐疑心の発揮により端緒を把握したのであれば，不正の可能性を前提に事実解明を行うことになる。

　しかしながら，実際に事実解明を行ったところ，当初の前提とは異なる事実の把握がなされることもある。業務上の問題の可能性を前提に事実解明を行ったところ，不正の存在を示す事実等が把握された場合や，不正の可能性を前提に事実解明を行ったところ，不正の存在が明らかにならず，業務上の問題点を示す事実等が把握される場合である。もしくは，何ら問題がない場合もあり得る。このように，自らが把握した問題点の端緒は，実際には，①何の問題もないか，②業務改善の必要がある問題点か，または，③不正としての問題点か，いずれの「可能性」を有するものとしての端緒である。そして，そのいずれかであるかは，端緒に基づき事実関係を明らかにしなければ判明しない。ゆえに，端緒を把握した時点では，いずれの可能性をも視野に入れる必要がある。そして，事実解明の状況に応じて，平時から有事へ，または，有事から平時へとその可能性の認識を変えていくのである。

　したがって，職業的懐疑心は中立的な視点であることが求められる。常に，平時／有事の可能性を視野に入れ，状況に応じて，その主従，濃淡を変えていくのである。端緒を把握した時点から先入観や思い込みで，業務上の問題，あるいは不正であると決めつけて物事を進めてしまうと，事実解明を歪めてしまい真因の把握に至らない原因ともなる。特に，不正の端緒として把握した場合，事実解明の結果，不正の存在が確認できなかった場合に，引っ込みがつかなくなり，不正の可能性に拘り続けてしまう場合がある。不正の端緒は，あくまでも不正の存在

の「可能性」にしか過ぎない。また，事実解明の結果，不正が確認できなければ，それはそれで良いのである。不正が行われていないことが一番であるし，また，不正の存在の可能性を把握した時点で，適切な事実解明を行うことは，不正予防としての不正の抑止力にもなるのである。

ウ　違和感の共有

　職業的懐疑心は個性であり，端緒の把握は極めて主観的な行為となる。

　人によって違和感が異なることは，決して悪いことではない。むしろ，違和感が異なることによって，組織として様々な問題点を網羅的に把握し得る可能性が生じ，組織全体で考えてみれば良いことである。ゆえに，他の人の異なる違和感は，尊重すべきものとなる。

　この点，特に留意すべきことは「違和感の共有」である。自分では何もおかしいと思わないことでも，他の人にはおかしいと感じることがある。この時に思いがちなのは「何を言っているのだろうか，この人は？」ということである。この忙しい時にわけのわからないことを言って時間を無駄にして欲しくないという思いや，的外れなことを言われてたまらない，と思ってしまうのである。しかし，他の人が違和感を覚えるということは，何か理由があって何かおかしいと感じているはずである。まずは，その理由を確認すべきである。そして，その理由を確認して理解できるのであれば，事実解明を行うべきである。これが「違和感の共有」である。この違和感の共有がなければ，自分と異なる違和感を排除してしまい，せっかくの問題点を解消する機会を失いかねない。ゆえに，違和感の共有が重要となる。

エ　想像力としての職業的懐疑心

　職業的懐疑心とは，ある人が認識した情報・状況・事実等に関して，違和感としての関心を持ち，そこから業務上の問題点又は不正の可能性を想定する「想像力」であるともいえる。

　そして，この想像力は，先入観や思い込みによらない中立的な立場を有するこ

とにより，自由な発想が可能となる。ただし，その際には，単なる妄想や空想としての想像ではなく，端緒となる情報・状況・事実等を前提とした地に足のついた想像力であることが必要となる

なお，職業的懐疑心の醸成に資する要素である「経験」・「知識」[76]が想像力の源泉となる。

3 職業的懐疑心の醸成

　上場企業の役職員に求められる職業的懐疑心は，上場企業の役職員としての「人」の意識の在り方である。しかし，それは単なる「心構え」ではなく，「実力」として求められるものである。業務改善の必要性及び不正の存在の可能性を示す端緒を，日常業務の中で，実際に把握するための意識の在り方であり，いわば「考える力」である。

　職業的懐疑心は，①職業倫理に支えられた「問題意識」，②有意な「経験」及び③業務及び不正に関する「知識」の3要素で構成される。ゆえに，この3要素が職業的懐疑心の醸成に不可欠となる。

　なお，職業的懐疑心の在り方は，人によって異なる。ある人が違和感を覚える事実等であっても，別の人は違和感を覚えない場合もある。職業的懐疑心は個性なのである。ゆえに，それぞれの個性として有する職業的懐疑心をいかに高め，人の集まりとしての組織がいかに有効に機能するか，その鍵となるのが，個々の人の職業的懐疑心の醸成となる。

---

76 「ジェームズ・ジョイスは「イマジネーションとは記憶のことだ」と実に簡潔に言い切っています。そしてそのとおりだろうと僕も思います。ジェームズ・ジョイスは実に正しい。イマジネーションというのはまさに，脈絡を欠いた断片的な記憶のコンビネーションのことなのです。あるいは語義的に矛盾した表現に聞こえるかもしれませんが，「有効に組み合わされた脈絡のない記憶」は，それ自体の直感を持ち，予見性を持つようになります。」（村上春樹『職業としての小説家』（スイッチ・パブリッシング，平成27年9月）117頁）

（１）職業倫理に支えられた「問題意識」

ア　職業倫理に支えられた問題意識の必要性

　職業的懐疑心とは，「企業価値の向上に資する企業活動を行うために，現状を批判的に評価し，企業活動に係る改善事項及び不正の存在の可能性を示す状態に常に注意する姿勢」である。

　したがって，職業的懐疑心は，「企業価値の向上に資する企業活動を行う」ための「姿勢」であり，「企業価値の向上に資する企業活動を行う」ことを目的とする意識の在り方である。そして，この目的意識は，企業の役職員における職業倫理に基づく問題意識，すなわち，自らの仕事の意義の理解，及び自らの仕事に対する社会の期待の自覚に基づいた職業倫理に支えられた問題意識となる。企業の役職員が，職業倫理を有することにより，自らの仕事に対する責任を自覚し，問題意識が芽生えるのである。

　職業人は，職業倫理の自覚に基づき，常に自らの仕事に対して問いかけを行う。本当にこれで良いのか，何か他に良い方法はないのか，本当に世の中のためになるか，人に喜んでもらえるか，社会に受け入れられるものになっているか等々。そして，その問いかけ，すなわち，職業倫理の自覚が強ければ強いほど，日常の業務の細部にこだわることになる。神は細部に宿る。想いが細かいところにまで届くのである。

　また，日々の業務は，様々な事実，状況，情報等に接する一瞬の連続としての時間の流れである。問題点の端緒となり得る様々な事実，状況，情報等に接するのは一瞬なのである。その一瞬に，「ささいなこと」として現れる問題点の兆候を，接した端緒から把握し得るか否かは，職業倫理の自覚に基づいた「想い」の強さによるのである。

　ゆえに，職業的懐疑心の醸成は，この職業倫理に支えられた「問題意識」がその前提となる。企業価値の向上に資する企業活動の達成の阻害要因となる①業務改善の必要性の端緒を把握しようとする「問題意識」，及び②不正の兆候を示す

2 上場企業の役職員としての職業的懐疑心

端緒を把握しようとする「問題意識」を有することにより、日々の業務の中で、職業的懐疑心の発露としての「違和感」を覚えることが可能となる。

問題意識は、職業的懐疑心の醸成において不可欠な要素となる。問題意識無くして職業的懐疑心の保持・発揮は期待できない。職業的懐疑心の保持・発揮は、問題意識の発露なのである。

イ 問題意識の発露としての「考える」

問題意識は、また、職業的懐疑心を構成する「経験」不足や「知識」不足を補うものとなる。

問題意識は、これを有することにより「何かおかしい」「これで良いのか」という違和感に基づき端緒を把握した際に、事実はどうなのか、どうすれば良いのかを「考える力」の源泉となる。経験や知識が不足していたとしても、考えることによって、経験や知識を有する人に教えてもらうことも考えるであろう。また、自分で調べたりすることも考えるかもしれない。

いずれにしても、違和感を解消する方法を自ら「考える」ことの背中を押すのが、問題意識となる。

ウ 問題意識の対極としての「無関心」

「愛情の反対は憎しみではなく、無関心である」とは、マザーテレサの言葉とされている。憎しみは相手の存在を認識した上での感情となるが、無関心は相手の存在を認識しないがゆえの感情である。ゆえに、愛情の反対は無関心となる。

自らの仕事に関心がなければ、単に言われたとおりに、目の前の仕事をただ淡々とこなすだけである。そのような状態で職業的懐疑心の保持・発揮は期待できないのは明らかである。ゆえに、仕事に無関心では、日々の仕事をより良く行うことはできない。

特に、不正対応に関しては、この無関心が不正の予防・早期発見の実現を阻害する一番の要因となる。今一度自らに問うて欲しい。自分の職場で不正が起きているかもしれない、将来起きるかも知れないと考える人はどの程度いるであろう

か。不正は，動機・プレッシャー，機会及び正当化が揃った時に起きる。そして，動機・プレッシャーは，いつ・誰に・どのような不正の動機・プレッシャーが生じるか誰にもわからない。ゆえに，不正は，いつ起きるかわからないものであり，いつ起きても不思議ではないのである。将来において不正が絶対に起きないということだけは，絶対にいえないのである。

　自分の職場では，会社では，不正は生じていないし，将来生じることもないと考えるのであれば，それは不正に対する無関心であり，問題意識の欠如である。問題意識無くして，職業的懐疑心の醸成はあり得ない。

(2) 有意な「経験」

ア　経験の必要性

　職業的懐疑心の醸成には，経験が必要である。ある情報・状況・事実等に接した際に，経験が職業的懐疑心の発露としての違和感を覚えるきっかけとなる。例えば，工場で仕事をしている人であれば，以前に製造過程で問題となった出来事と同様な兆候を示している現象を把握した際には，今回も同じような問題があるのではないかと考えるかもしれない。また，過去に従業員の横領事案の社内調査に関わっていた人であれば，同様な兆候を示している事象を把握した際には，不正が行われているのではないかと考えるかもしれない。いずれも過去の経験に基づいた「何かおかしい」と感じる違和感である。

　職業的懐疑心は，個性であり，端緒の把握は，極めて主観的な行為となる。誰が見ても何かの問題点の兆候を示す端緒というものは，決してないとは言わないが，それほど多くはない。多くの端緒となり得る事実等は，他の人には何も感じられないような「ささいなこと」であっても，ある人が違和感を覚え，端緒として把握されるのである。経験の違いが，人それぞれ違和感が異なる理由の一つでもある。ゆえに，それぞれの人の過去の様々な経験が，職業的懐疑心を醸成するための土壌となる。

　現在は，過去の積み重ねであり，今の自分があるのは過去があるからである。

仕事上の経験であれ，私生活での経験であれ，自らが経験したことが職業的懐疑心の醸成に資するものとなる。

イ 有意な経験

人の経験はすべて職業的懐疑心の醸成に資するものとなる。しかし，職業的懐疑心をより高めるのであれば，それは，有意な経験であることが望ましい。

有意な経験とは，意味のある経験，すなわち，何かしらの学びのある経験である。自らの経験を振り返ってみて頂くと理解してもらえるのではないだろうか。新入社員となり，その後，中堅社員，管理職へと変わっていく中で，その時々の上司，同僚等に仕事を通じて様々なことを教わりながら育ってきたはずである。その育つための養分ともいえるのが，有意な経験である。

有意な経験の積み重ねが，職業的懐疑心の醸成に，より資するものとなる。

（3）業務及び不正に関する「知識」

ア 知識の必要性

職業的懐疑心の醸成には知識が必要である。日常業務の中で，業務における問題の可能性，又は不正の可能性を認識するためには，「業務の知識」及び「不正の知識」が必要となる。

例えば，新入社員が，工場見学に行き，工場での製造業務の流れを見たとしても，初めての経験に驚きを感じることはあっても，製造業務の流れに対して，違和感を覚えることはまずないであろう。逆に，工場の製造業務に詳しい人であれば，通常とは異なる業務の流れがあれば，そこに違和感を覚えることになる。

また，不正の知識が乏しい人は，どのような場合に不正が行われ，また，どのように不正が行われるかがわからないことから，不正の端緒に接したとしても何の違和感も覚えないかもしれない。

このように，知識は，職業的懐疑心の保持・発揮に係る源泉の一つである。ゆえに，職業的懐疑心の醸成には知識が必要となる。

イ　業務の知識

　業務の知識は，多くの場合，業務の経験により得られる。しかし，それだけではなく，自らが積極的に学習することにより得られる業務の知識もある。世界は広い。自分の知らないことの方が圧倒的に多い。ゆえに，仕事を通じて得られる知識に加え，学習による業務の知識の習得もまた重要となる。

ウ　不正の知識

　不正の知識は，業務の知識とは異なり，経験により知識が得られる機会は多くはない。もちろん，内部監査部門等の経験が豊富な場合には，他の部門の人と比べると経験により知識を得る機会が無いことはない。しかし，不正は，常に同じ手口で起こるものではなく，取引態様として同じ手口であったとしても，実際に不正行為が行われる場としての企業の実態に応じた行為態様としての手口は様々となる。ゆえに，不正の知識は，学習により自ら積極的に学ぶのが王道となる。

　不正の知識を得るためには，他の企業において不祥事等が発覚した場合に設置される第三者委員会等の調査報告書や，証券取引等監視委員会が毎年公表する課徴金事例集（開示検査事例集），不正に関する出版物，新聞・雑誌等の記事等が参考となる。また，公認不正検査士（CFE）等の不正関連の民間資格の取得やセミナー等を利用することにより不正に関する知識が得られる。不正に関連する資格として，一般社団法人日本公認不正検査士協会（ACFE JAPAN）による認定資格である「公認不正検査士（CFE：Certified Fraud Examiner）」は，不正を体系的に学ぶための資格として有用である。

　また，このような不正を知る努力をし得るということは，職業的懐疑心の源泉である「問題意識」の発露であるとも言える。

（4）職業的懐疑心の発露の阻害要因

　職業的懐疑心の発露を妨げる要因がある。いずれも自らが感じた違和感を抑え込んでしまう内心の問題である。

ア　思い込み・先入観

　思い込み・先入観は，何らかの事実等に接した際に，違和感を覚えたとしても，その事実関係を明らかにすることなく，「きっとこうなんだろうな」「多分そうに違いない」等の理由により，自らを納得させ，違和感を解消させてしまうことである。思い込み・先入観は，「忙しいから」「面倒だから」「手間だから」「周りを巻き込むと大変だから」等の思いから，自らの違和感に対して，根拠なく納得するための正当化理由ともいえる。ある意味，人の心の弱さから生じる阻害要因であるともいえる。

　しかしながら，端緒となる事実等に接し違和感を覚えたのであるならば，このような理由のみをもって問題無しとする判断は誤っており，問題意識が欠如していると言わざるを得ない。しかも，実際に問題が存在しており，その後，その問題が発覚した場合には，「おかしいとは思ったのですが，多分大丈夫だと思ってそのままにしました。」「きっと，こうなんだろうなと思ったので，特にそれ以上のことはしませんでした」等の言い訳をするしかない。また，問題の兆候に気付いていた者としての責任問題にもなりかねない。ただし，「全く気が付きませんでした」との説明も，状況によっては責任問題になる説明ではある。

　このような思い込み・先入観は，後々さらに面倒な事態を招く可能性がある。問題の芽は，小さいうちに摘み取るのが最善の策である。せっかく自らが違和感を覚えた事実等については，最低限の事実確認はすべきである。

イ　ま，いいか

　「ま，いいか」も良くある阻害要因である。「ま，いいか」の場合は，問題点等の端緒を把握した際に，「ま，いいか」と思い，自ら感じた違和感を放置することである。思い込み・先入観と異なるのは，何かおかしいと感じつつも，特に違和感に納得する理由もなく，その違和感を放置してしまうことに問題がある。

　「ま，いいか」も思い込み・先入観と同様に，忙しい時や，面倒に思った時に，端緒に係る事実確認を行わないための自らの正当化理由となる。これも心の

弱さから生じる思いである。ゆえに「ま，いいか」も，その思いが心の中に生じてしまうのは仕方のないことだとしても，「ま，いいか」と思った時ほど何かあると思い，大きな問題ではないことの心証が得られる程度の事実確認をすべきである。実際，「ま，いいか」と思った時ほど，後で何か問題になった経験をしたことはないだろうか。

「ま，いいか」と思い，端緒を放置していた後に，この端緒に係る問題が発覚した際には，「まさか」という思いに変わるのである。そして，あの時に分かっていたのにとの後悔に変わるのである。人生には三つの坂がある。人生の「上り坂」「下り坂」，そして，「まさか」である。「まさか」はある時にはあるのである。ゆえに，「まさか」の事態を招かないためにも，「ま，いいか」と思った時ほど，「いや，良くない」と考え，適切な対応を取るべきである。

「ま，いいか」は心のアラームでもある。

ウ　後出しじゃんけん理論

企業不祥事等が発覚し，第三者委員会等の調査により事実関係が明らかにされ，関係者の責任に言及する場合がある。この際，不正の端緒を把握したにもかかわらず，それを放置したとの指摘に対して，それは「後出しじゃんけん」であり，不当な指摘ではないかとの見解がある。関係者の責任への言及は，不正の全容がわかった上でのものであり，当時の関係者においては，不正の全容がわからず，適切な対応を取ることができなかったのであるから，それは「後出しじゃんけん」的な指摘であるということである。

しかし，今，考えたいのは，職業的懐疑心の保持・発揮であり，あくまでも問題点に係る端緒を把握した際の意識の在り方を問うている。ある人が，端緒となり得るある情報・状況・事実等に接した際に，違和感を覚えるかどうか，違和感を覚えたのであれば，最低限の事実確認をするかどうかである。端緒として把握した際には，それは，未だ企業活動に係る改善事項及び不正の「存在の可能性」を認識しただけである。その時点で全容を把握することを求めるものではなく，「可能性」の認識を求めているのである。そして，「可能性」の認識であるがゆえ

に，事実確認が必要となるのである。

　もし，全容がわかってからではないと対応（事実確認）ができないとするならば，それは，不正の予防・早期発見の可能性の否定に他ならない。問題の兆候は，必ずあらわれる。分かり易さの程度の違いはあるが，必ず，関連する事実等にあらわれるのである。

　第三者委員会等の調査の結果，指摘を受けるにはそれなりの理由がある。明らかに異常を示している状態を放置していたり，「思い込み」や「ま，いいか」との思いで納得・放置していたりするのである。そのような状況を是とすることは，職業的懐疑心の発露の妨げにしかならないものであり，百害あって一利なしである。ゆえに，後出しじゃんけん理論は，違和感を覚えたにもかかわらず，それを放置したことに関して何ら正当化し得るものではない。

（5）職業的懐疑心の組織的な醸成——研修の必要性

　職業的懐疑心は，職業人としての人の意識の在り方である。ゆえに，職業的懐疑心の醸成は，人次第という性質を有することは否定できない。しかしながら，人は生まれながらにして職業人である訳ではない。企業の役職員を前提とすれば，人は，学校を卒業し，企業に就職することで，職業人としての第一歩を踏み出す。そして，仕事を通じて様々な経験を経る中で，徐々に職業人としての職業的懐疑心を醸成することとなる。企業の成長の源泉は「人」である。職業的懐疑心が，「企業価値の向上に資する企業活動を行うため」に求められる人の意識の在り方である限り，人材育成の観点からも職業的懐疑心の醸成は不可欠となる。

　職業的懐疑心を構成する要素のうち，特に重要な「職業倫理に支えられた問題意識」は，職業倫理の重要性の理解や企業理念の共有から醸成される。この点，第二部 1 「3 コンプライアンス意識の醸成のために」において述べたとおり，職業倫理は，教育・研修を通じて醸成することは可能である。人の意識を育てるのである。ゆえに，同様に職業的懐疑心も教育・研修を通じて育むことは可能である。また，経験は，OJTを中心とした教育・研修が重要となるが，特に教育する立場にある上司等が問題意識を有して教育することにより効果が得られる。

そして，知識については，座学による教育・研修が中心となるが，知識の習得が，問題意識を醸成し，また，経験を有意なものとする。
　職業的懐疑心を構成する3要素は，相互補完的な関係にある。問題意識の醸成が経験を有意なものとし，知識の習得に努力する。また，経験の積み重ねが，問題意識の醸成に資するものとなり，経験を通じた知識の習得に資するものとなる。そして，知識の習得もまた問題意識を醸成し，経験を有意なものとするのである。

第三部

経営者不正に立ち向かう

経営者不正への究極の対応は,
我々の経営者不正に立ち向かう覚悟である。

第三部では，経営者不正への対応を考える。

　経営者不正の予防・早期発見は，究極的には経営者の資質の問題であり，誰を経営者にするのかという点に行きつく。しかしながら，一方で，現実問題として，不幸にして，経営者として不適切な者が経営者となった場合の対応策も考えなければならない。経営者不正は，経営者による不正という性質から，その対応が極めて難しい問題ではある。しかしながら，難しい問題であることを理由に避けて通ることはできない。

　今，我々に問われているのは，経営者不正に立ち向かう覚悟なのである。

1 経営者不正とは何か

1 経営者不正

(1) 経営者不正とは

経営者不正とは，不正行為の主体が経営者である不正をいう。

経営者不正は，経営者に生じた不正の動機に基づき，不正行為が実行された不正である。ゆえに，実際の不正行為の実行が，経営者以外の役職員により行われたとしても，不正の動機を有する経営者の指示に基づき行われたのであれば，経営者不正となる。

なお，「経営者」という言葉は多義的であるが，本書では，主に代表取締役社長を意味するものとして用いる。また，経営者不正には，財務情報の虚偽表示，非財務情報の虚偽表示，資産の不正流用及び違法行為等があるが，ここでは特に財務情報の虚偽表示，すなわち，不正会計を中心に考える。

(2) 経営者不正の特徴

ア 意図した不正会計

経営者による不正会計の場合，経営者の不正の動機に基づき，財務諸表の特定の利用者の判断を誤らせることを意図し，財務諸表全体の虚偽表示としての不正会計が行われる。

イ　不正会計による影響額

　経営者不正としての不正会計の場合，財務諸表の特定の利用者の判断を誤らせることを意図した財務諸表全体の虚偽表示であることから，不正会計による影響額が多額となる場合が多い。
　また，この場合，損益が赤字であるにも関わらず黒字にする，財政状態が債務超過であるにも関わらず資産超過にする等の財務諸表の利用者の判断に重要な影響を与える虚偽表示となることも多く，質的にも悪質となる。

ウ　課徴金リスク・告発リスク

　上記のとおり，経営者不正の場合，不正会計による影響額が多額となる場合や，質的に悪質な財務諸表の虚偽表示となることから，重要な事項に係る有価証券報告書等の虚偽記載となり，証券取引等監視委員会からの課徴金勧告を受けるリスクや，刑事事件として検察庁に告発されるリスクが生じることとなる。

エ　上場廃止・事業の継続性リスク

　有価証券報告書等の虚偽記載事件・事案としての不正会計は，上場廃止となるリスクを生み出すこととなる。
　また，上場廃止に至ったとしても事業自体が好調であれば，事業の継続は可能となるが，そもそも，不正会計は，事業の悪化を糊塗するために行われることが多く，不正会計を行うことにより不当に企業の延命を図っていただけである。ゆえに，不正会計を行うことにより，真に企業価値の向上に資する根本的な経営改善を先延ばしにしてしまうことから，不正会計が発覚し，事業の実態が明らかになった時には，すでに経営改善を行うには手遅れとなり，事業の継続自体が困難な状況に陥る可能性が生じることとなる。

2 経営者不正の動機・プレッシャー

　以下では，不正のトライアングルに基づき，経営者不正に係る動機・プレッシャー，正当化及び機会について説明する。

　経営者による不正会計の動機・プレッシャーには，①上場目的，②経営責任の回避，③金融機関等からの資金調達目的，④上場廃止の回避，⑤経営者の背任・横領等の不正行為の隠蔽目的等がある。

　いずれの場合であっても経営者が不正会計を行う場合には，財務諸表の特定の利用者の存在を意識して行われる。また，様々な状況におかれた経営者が様々な不正会計の動機・プレッシャーを有する可能性があり，ここで示した動機・プレッシャーはあくまでもその一例となる。

（1）上場目的

　経営者による不正会計の典型的な動機・プレッシャーが上場目的である。

　企業がその発行する株式を取引所に上場するためには，主幹事証券会社による引受審査や取引所による上場審査を受けることとなる。これらの審査においては，審査対象期間における売上高や利益の状況，また，予算統制としての予算制度の精度の確認のために，予算に対する実績の状況等が審査の対象とされる。したがって，経営者は，上場基準を満たす売上高や利益の達成，または，予算通りの実績作りを行うことが，不正会計の動機となり得る。

　なお，動機としての上場目的には，以下に示すいくつかのパターンがあるが，この他にも実態に応じて様々なケースが考えられる。

ア　上場の自己目的化

　企業は，上場により①多様な資金調達方法の利用が可能となり，②上場のための審査や，会計監査人の監査を経ることにより，管理体制が整備・強化され，また，③一定の社会的信用が得られる等のメリットがある。また，経営者の夢として上場を目指すこともあろう。

いずれにしても上場を目指した当初は，上場のメリット等を前提とした経営者の想いがあったはずであるが，上場準備を進めていく中で，上場すること自体が目的化する場合がある。例えば，経営者が，周囲の人たちに上場を目指していることを語るうちに，上場自体が目的となってしまう場合等である。その結果，上場するためには手段を選ばずとなり，不正会計を行ってでも上場しなければならないとの思いに変わってしまうのである。

また，上場準備を進めている状況で，実態としての業績が悪い場合には，経営者において，「上場すれば，業績が伸びる／回復する」という思いが強く芽生えてくることがある。「上場すれば，上場企業としての信用が得られるので売上が増えるはずである。だから何としても，今，上場しなければならない。」「今，業績が悪いが，来期以降の売上は増えるはずである。しかし，競合他社との関係を考えれば，上場するタイミングは今しかない。」，等の思いである。この結果，上場自体が自己目的化し，不正会計の動機が生じることとなる。

イ　キャピタルゲイン目的

上場前の企業の経営者が，創業者等であり大株主である場合には，上場日に，経営者の保有する株式を売り出すことにより，経営者が多額の株式の売却益（以下，「キャピタル・ゲイン」という。）を得ることがある。この多額のキャピタル・ゲインを得ることが，経営者の上場目的となった場合，経営者に不正会計の動機が生じる場合がある。

なお，経営者が多額のキャピタル・ゲインを得ること自体は何の問題もない。問題となるのは，不正会計を手段として上場することにより，キャピタル・ゲインを不正に得ることにある。

ウ　上場プレッシャーの回避

上場前の企業では，ベンチャーキャピタル等の投資者から多額の資金調達を行っている場合がある。この場合，経営者は，資金を早期に回収したい株主としての投資者から，早期に上場することを求められ，上場のプレッシャーがかけら

れることになる。この際，経営者において，上場プレッシャーを不当に回避するための不正会計の動機が生じる場合がある。

（2）経営責任の回避

経営責任の回避は，自己の地位保全，すなわち，経営者としての地位の保全を図るためのものである。

経営責任の回避は，例えば，経営者が以下のような状況にある場合にその動機・プレッシャーが生じる可能性がある。

① 大株主または親会社等からの業績等のプレッシャーが強い場合には，損益計算書の赤字を黒字に変える，または債務超過を回避する等の不正会計が行われる場合がある。

② 大株主等からの業績等のプレッシャーが特にない場合であっても，経営者自身が経営責任を問われる可能性をプレッシャーに感じ，不正会計を行う場合がある。

③ 社内の派閥闘争がある場合，対立派閥から経営責任を問われる可能性を回避するために不正会計を行う場合がある。

（3）金融機関等からの資金調達目的

金融機関等からの資金調達目的で不正会計が行われる場合がある。

企業の業績や財政状態が悪化すると，金融機関等からの資金調達が困難となることから，不正会計を行うことにより，損益計算書の赤字を黒字に変え，又は債務超過を回避し，金融機関等からの資金調達を可能としようとする場合がある。

また，企業が，金融機関等からの資金を調達した際に，財務制限条項として「経常利益が2期連続で赤字にならないこと」「純資産が前期比70％を下回らないこと」等の企業の業績又は財政状態に関して契約に基づく基準条件が付される場合がある。財務制限条項に抵触した場合，債務者たる企業は資金調達に係る期限の利益を喪失することとなり，金融機関等は，企業に対して即時に資金の返済を求めることが可能となる。ゆえに，このような財務制限条項の抵触を回避する

1 経営者不正とは何か

ために，損益計算書の赤字を黒字に変える，又は赤字額を小さくする等の不正会計が行われることとなる。

　なお，金融機関等からの資金調達目的は，実質的には，「倒産の回避」ともいえる不正会計の動機であり，経営者の「会社のため」「従業員のため」「取引先のため」という正当化理由により強化される動機である。

（4）上場廃止の回避

　経営者においては，企業の業績又は財政状態の実態が上場廃止基準に抵触する場合，上場廃止を回避するための不正会計の動機が生じる場合がある。

　例えば，東京証券取引所の場合，上場廃止基準として，市場第一部及び市場第二部においては，2期連続の債務超過が，マザーズ市場においては，2期連続の債務超過，又は売上高1億円未満（経常利益が黒字の場合を除く）が，東京証券取引所の有価証券上場規程において規定されている。

　このため不正会計により架空売上の計上等を行い，上場廃止基準の抵触を回避しようとする動機が生じることとなる。

（5）不正行為の隠蔽目的

　経営者が背任・横領等の不正行為を行った場合，これを隠蔽するために不正会計を行う場合がある。

　例えば，多額の資金を不正に流用した場合に，当該資金の支出の名目を，資金の貸し付けとしての「貸付金」や，ソフトウェアの購入として「ソフトウェア」等として架空資産を計上することにより，貸借対照表の虚偽表示としての不正会計が行われることとなる。ただし，この場合であっても，多額の資金流用に係る会計処理を適切に行った場合には，損益計算書にも影響がある可能性があることから，併せて損益計算書の虚偽表示としての不正会計となる可能性がある。

　また，資金の不正流用を損益計算書項目，例えば，「支払手数料」等の名目で支出していた場合には，仮に不正な会計処理の修正後の損益額が変わらなくとも，勘定科目について重要な虚偽表示を行っていることから，不正会計となる。

(6) その他

 以上の経営者による不正会計の動機・プレッシャー以外にも，経営者の置かれた状況によっては，様々な不正会計の動機・プレッシャーがあり得る。不正会計の動機・プレッシャーは，いつ，誰に，どのような動機・プレッシャーが生じるかはわからない。例えば，偽計・風説の流布的な株価の変動を意図した不正会計の動機もあり得よう。

 なお，経営者による不正会計の動機・プレッシャーに基づく不正会計の目的は，財務諸表の特定の利用者の判断を誤らせるためのものとなる。例えば，上場目的であれば，主幹事証券会社の引受審査の担当者や取引所の上場審査の担当者の判断を誤らせるためであり，また，金融機関等からの資金調達目的であれば，金融機関等の融資担当者の判断を誤らせるためである。

(7) 企業パターンと経営者不正の動機

 経営者による不正会計の動機には，以下の企業の属性に基づく傾向がある。

ア　オーナー企業

 オーナー企業とは，創業者が大株主であり，かつ，代表取締役社長でもある企業と定義する。オーナー企業のうち，社歴が比較的浅い新興企業はここでは別とする。

 オーナー企業の経営者による不正会計の動機としては，「金融機関等からの資金調達目的」「上場廃止の回避」「不正行為の隠蔽目的」が多い。特に，オーナー企業であるがゆえに「不正行為の隠蔽目的」による不正会計の可能性には十分に注意する必要がある。

イ　非オーナー企業

 非オーナー企業とは，経営者が，いわゆるサラリーマン社長の企業である。非オーナー企業の特徴は，所属している組織への従属性が高いことである。

非オーナー企業の経営者による不正会計の動機としては,「経営責任の回避」「金融機関等からの資金調達目的」「上場廃止の回避」が多い。

なお,非オーナー企業の経営者による不正会計の動機・プレッシャーは,私利私欲によるものではなく「会社のため」「従業員のため」「取引先のため」であるとされるが,結局のところ,自己の地位保全であり保身に過ぎない。

ウ 新興企業

新興企業は,上場間もない企業である。新興企業もオーナー企業と同様に,創業者等の大株主が代表取締役社長である場合が多いが,ここではオーナー企業とは別に考える。

新興企業の経営者による不正会計の動機としては,やはり「上場目的」が最も多くなる。特に,新興企業の経営者は「事業家」としての傾向が強く,本来の意味での「経営者」に求められるガバナンスの視点が欠けている場合があり,また,本人にその自覚がないことも多い。ゆえに,その意味でも,上場前後を問わず,不正会計が行われるリスクは相対的に高くなる。

3 経営者不正の正当化

経営者による不正会計の正当化には,主に,①会社を守るため(会社のため,従業員のため,取引先のため),②そんなに悪いことではない,③一時的なものである等がある。正当化は必ずしも一つの正当化だけではなく,いくつもの正当化を重ねて,自らが不正を行うことの言い訳をする。

(1) 会社を守るため

不正会計を行うのは会社を守るため。経営者による不正会計が行われる場合,「会社の存続のため」「従業員を守るため」「取引先を守るため」等の正当化が行われる。不正会計をしなければ会社がダメになる。資金繰りが行き詰まり会社が倒産する。従業員,取引先等に迷惑をかけることになる。ゆえに,不正会計はい

けないことではあるが，会社のため，会社を守るためと自らに言い聞かせるのである。しかし，不正会計という麻薬は一時的には楽になるかもしれないが，不正会計という不正な方法で実態を糊塗することにより，根本的な改善策を施す機会は失われ，企業の実態はさらに悪くなるだけである。

また，不正会計は必ず発覚する。従業員による内部告発や取引先からの問い合わせ，証券取引等監視委員会の調査・検査，そして，資金繰りに行き詰まった結果の企業の破綻等により発覚する。ゆえに，不正会計の行き着く先は，ある日，突然に迎えることになる不正会計の発覚，企業の破綻であり，そして，その日を突然迎えなければならないのは，経営者が守ろうとしていた従業員や取引先等に他ならない。何の準備も無くその日を迎えざるを得ない従業員や取引先は，不測の損害を被るだけとなる。

したがって，不正会計で会社を，従業員を，取引先等を守れるわけではない。本来であれば，経営者は，企業の実態を適時かつ適正に開示し，企業の利害関係者に判断を委ねるしかない。そして，それが企業の業績の悪化等に伴う被害を最小限度に止められる唯一の方法なのである。もしかしたら，不正実行の当の本人である経営者自身は，本当に従業員や取引先のためと考えていたのかも知れないが[77]，それは決して正しい考えではない。

なお，不正会計を行った経営者は，もともと不正を行う資質を有していたわけ

---

[77] アリエリーは，「利他的なごまかし－協働の潜在的代償」として，「職場環境は社会的に複雑で，そこにはいろいろな力がはたらいている。こうした力のなかには，集団的プロセスでの協働をごまかしの温床に変えてしまうものがあるのかもしれない。つまり自分がごまかしをすれば，自分が好きで大切に思っている人の利益になることを知って，ごまかしの度合いを高めるかもしれないということだ。(中略) この衝動の根底にあるのが，社会科学で「社会的効用」と呼ばれるものだ。これはわたしたちのもっている，不合理だが，実に人間的で，すばらしく共感的な一面を表すのに使われる用語だ。こういう面があるからこそ，わたしたちは思いやりをもち，できる限り－たとえ自分に犠牲を払ってでも－他人を助けようとする。もちろん，自己利益のために行動したいという動機は，だれでも多少はもっているが，それだけでなく，周りの人，とくに自分にとって大切な人の利益になるような方法で行動したいという欲求もある。(中略) この他人を思いやる傾向が，自分の反倫理的な行動が他人の利益になるような状況で，不正直を促すのかもしれない。このような観点から，他人がからむときのごまかしを，利他的なものと見なすことができる。ロビン・フッドのように，周囲の人たちの幸福を思いやる善良な人間だからこそ，ごまかしをするのだ。」(ダン・アリエリー著，櫻井祐子訳『嘘とごまかしの行動経済学』(早川書房，平成24年12月) 248頁－250頁)

ではなく,また,常習的な犯罪者でもない。普通の人間が,会社の経営状況が極めて悪化し,経営者自身が考え得る対応策が尽きた時に,最後,実態を明らかにするか,不正会計を行うかの究極の選択を迫られた挙句の判断として不正会計を行うことの選択をしてしまったのである。人間の心は思うよりも弱いものである。平時においては,あり得ない話であっても,いざという局面においては,悪魔の囁きに心を動かされてしまう。

ゆえに,正当化は,経営者の心の弱さに基づく自己保身に過ぎない。経営者は,企業経営に関して結果責任を負うべき者である。結果責任を負うことの覚悟がない者は,経営者になるべきではない。正当化は,その覚悟がない経営者が,自らの経営責任を問われることを回避するための,すなわち,自己保身のために不正会計を行うための言い訳なのである。人は本当に追い込まれた時に,心の弱さが露呈する。そして,心の弱さに打ち勝ち,本来為すべきことができるのは,覚悟のある者だけである。覚悟無き心は弱く,不正会計の正当化を生じさせる温床となる。

(2) 一時的なものであるため

経営者が不正会計を行う際の正当化として「今期だけ」「来期は業績が回復するので問題はない」等の「一時的なものである」がある。すなわち,不正会計を行うのは,今期だけの一時的なものであり,来期以降は,業績が回復するので不正会計でごまかした分はそれで帳消しになるので問題はないとの思いである。

しかし,仮に,来期業績が回復するとしても,今期において不正会計を行って良い理由にはならない。ましてや,「一時的なもの」と考えて行う不正会計の主たる手口である売上の前倒し計上は,翌期の売上を先食いする手口であり,翌期はマイナスからのスタートとなる。結局,翌期においても売上が伸びず,業績が悪くなり,同様に売上の前倒し計上を行うこととなる。そして,徐々にその不正の額が多額となり,最後は取り返しのつかない状況となる。そもそも,何の根拠もない来期は良くなるという楽観的な見通しは,得てしてはずれるものである。

「一時的なもの」との正当化は,その他の正当化理由同様,自らが行う不正会

計を矮小化することにより，罪の意識を軽減することに役立つのである。

（3）そんなに悪いことではない

また，不正会計は「そんなに悪いことではない」と考える正当化もある。

不正会計は，人の物を盗むわけでもなく，人を傷つけるわけでもない。数字を少し良くするだけで，誰かに迷惑をかける話ではない。だから，不正会計を行うのは，そんなに悪いことではないとの考えである。もちろん，「不正会計は悪いことではある」という認識は当然にある。しかし，それほど悪いことではないと考えるのである。

実際，我が国の世間一般においては，そんなに古くはない過去においては，粉飾は悪いことであると思う人はそれほど多くはなく，粉飾に対する問題意識が低かった。「不正会計は悪である」という意識が特に強まったのはここ数年のことであろう。しかし，不正会計はそんなに悪いことではないと思う人がいなくなったわけではない。特に，経営者と呼ばれる人たちの中には，現在でも不正会計に対する心のハードルが低い人は，相当程度いるのではないかと感じる。昨今の不正会計事案を見てもわかるであろうが，社歴の長い一流と呼ばれる会社であってもそうであるし，また，これから証券市場に上場しようとする会社においてもそうである。

4 経営者不正の機会

経営者による不正会計の機会となるのは，①ガバナンスの機能不全，及び②内部統制の無効化である。

なお，内部統制の無効化（management override of controls）は，経営者が内部統制を無視することによるものであるが，多くの場合，経営者不正は，経営者自身により不正行為が実行されるのではなく，経営者の指示に基づいた企業の役職員が内部統制を無効化することにより，不正会計に係る不正行為が実行されることになる。この企業の役職員による不正行為の実行を可能ならしめる背景的事

情の存在が，内部統制の無効化を可能とする。

（1）ガバナンスの機能不全

　ガバナンスの機能不全は，経営者に対する実効性のある監視・監督が行われないことであり，ゆえに，経営者不正の機会となる。ガバナンスの機能不全の詳細については，第三部③「①　経営者不正の機会としてのガバナンスの機能不全」を参照されたい。

（2）内部統制の無効化

　経営者による不正会計は，経営者に生じた不正会計の動機に基づき実行される。不正の実行は，経営者自身により行われる場合もあり得るが，多くの場合，経営者の指示を受けた企業の役職員が不正行為を実行する。不正の実行には，仮装行為に係る証憑書類等の改竄・偽造や，仮装取引等に係る資金の入出金，不正会計に係る会計処理等の手続きを伴うため，経営者だけで行うことは困難であるためである。ゆえに，経営者による不正会計の実行は，経営者の指示に基づいた企業の役職員が内部統制を無効化し，不正行為を実行することとなるが，この役職員による不正行為の実行を可能とする背景的事情の存在が，内部統制の無効化を可能とする。

　なお，内部統制の無効化は，内部統制の固有の性質に起因する内部統制の限界であるが，内部統制の無効化を可能とする背景的事情の存在は，ガバナンスの機能不全に起因するものとなる。

ア　内部統制の無効化の背景的事情

　内部統制の無効化を可能とする背景的事情として企業風土がある。

　経営者不正の特徴の一つとして，経営者の不正の指示，又は，経営者の意向を忖度し，不正を実行する企業の役職員の存在がある。そして，企業の役職員において，経営者の不正の指示に基づき，不正の実行を可能とする原因として，「不正を許す企業風土」「過度な上位下達」「ノーと言えない企業風土」等の企業風土

の醸成が考えられる。これらの企業風土の醸成に関しては，次の「5　経営者不正のメカニズム」において詳細を述べる。

　また，同時に，企業の役職員のコンプライアンス意識の欠如も背景的事情の一つとなる。そして，企業の役職員のコンプライアンス意識の欠如をもたらした原因もまた，企業風土にあり，突き詰めて考えれば，いずれも経営者の姿勢の問題となる。

　経営者不正の直接的な機会は，内部統制の無効化である。しかしながら，内部統制の無効化は，不正を許す企業風土，役職員のコンプライアンス意識の欠如，問題ある経営者の姿勢等の背景的事情の存在により可能となる。そして，これら背景的事情の存在は，ガバナンスの機能不全に起因する。

　なお，これら背景的事情の存在は，経営者不正の兆候ともなる。

イ　不適切な収益認識基準

　経営者による不正会計の機会となる内部統制の無効化に関して，特に留意すべき点がある。不適切な収益認識基準の採用である。過去の不正会計事案において，不適切な収益認識基準の採用が，経営者による不正会計の機会となった事案が多い。

　収益計上に係る会計基準は，企業活動の実態に則して適切な基準を採用すべきである。しかし，この収益認識について不適切な会計処理基準，すなわち，企業活動の実態に則さない収益認識基準を採用することが，内部統制を無効化し，不正会計の機会となる。不適切な収益認識基準の採用は，会計処理と実態が整合しないことから，本来は，統制を効かすべきところに統制が効かなくなる。

　例えば，ある企業の提供する製品が，得意先の検収を必要とする性質のものであり，ゆえに，得意先による検収がない限り得意先からの代金の支払いがない場合，実現主義に基づけば，①財貨の移転の完了又は役務の提供，かつ，②現金等価物等の対価の受取がその要件となることから，採用すべき会計処理基準は，検収基準となる。しかし，このような実態であるにもかかわらず，当該企業の収益認識基準として「出荷基準」を採用した場合には，出荷という事実が会計処理の

対象となる会計実務の認識に係る重要な業務となる。そして，内部統制上，「出荷」に係る統制業務に重点が置かれることとなる。当該企業の売上取引の性質に基づいた場合，業務上も会計上も，本来は得意先の「検収」が重要であるにもかかわらず，である。

このように，不適切な収益認識基準の採用は，内部統制の整備・運用の実質的な無効化をもたらす。内部統制は，有効に整備・運用されている外観を呈することとなるが，当該内部統制の運用自体に意味がなく，実質的な無効化となる。

なお，収益認識基準等の採用に関しては，経営者の判断が強く影響する場合がある。その場合には，経営者の判断が妥当であるか否かの評価は，ガバナンスの守備範囲となり，ガバナンスの問題となる。もちろん，そもそも，会計監査人が適切な判断を行えていないところに大きな問題はある。

5 経営者不正のメカニズム

以上，経営者による不正会計の動機（プレッシャー）・機会・正当化について概観した。ここでは，経営者による不正会計が起きるメカニズムを考える[78]。

(1) 経営者不正に係る不正のトライアングル

ア 不正のトライアングルの重層的構造

経営者による不正会計は，経営者において，不正会計の実行に係る不正のトライアングルが成立した時に行われるが，不正会計の実行は，経営者自身だけでは成し得ない。仮装行為及び当該仮装行為に係る不正な会計処理等の不正行為を実際に行う役職員の存在が不可欠となる。そして，当該役職員においても，経営者の指示に基づく不正行為の実行に係る不正のトライアングルが成立する。いわ

---

[78] 経営者不正のメカニズムに関しては，一般社団法人日本公認不正検査士協会（ACFE JAPAN）の山本真智子氏から犯罪学的視点に基づき多くの示唆を頂いた。

図表9 経営者不正のメカニズム

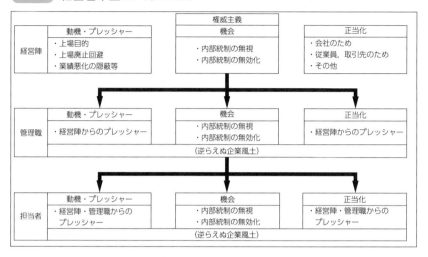

ば，不正のトライアングルの重層的構造が経営者不正のメカニズムとなる。これが，**図表9**「経営者不正のメカニズム」[79] である。

経営者不正の場合，経営者の不正の指示を受けた管理職は，経営者の不正の指示が「動機・プレッシャー」となり，また，「正当化」となる。そして，管理職は，内部統制を無視・無効化することを「機会」として，不正の指示を担当者に行う。そして，担当者においては，管理職と同様に，管理職の不正の指示が，「動機・プレッシャー」及び「正当化」となり，また，担当者においては，管理職の不正の指示が同時に不正の承諾となり，これによる内部統制の無視・無効化を「機会」として不正の実行が可能となる。

すなわち，経営者不正の場合においては，経営者，管理職及び担当者のそれぞれにおいて不正のトライアングルが成立し，この不正のトライアングルの重層的構造が経営者不正のメカニズムとなる。そして，この背景的事情として，逆らえ

---

79 当該図表は，デルタエッジコンサルタント株式会社作成の資料（ブログ「東芝の不適切会計－不正のトライアングルと改善の方向性」（平成27年7月29日））（http://deltaedge.co.jp/risk-management/）を参考として筆者が作成したものである。

ぬ企業風土，すなわち，権威主義的企業風土の醸成がある。

イ　権威主義的企業風土

　不正のトライアングルの重層的構造を可能とするのが，企業風土としての権威主義的企業風土である。

　経営者による不正会計は，経営者の不正の指示に基づき，仮装行為等の不正行為を実行する役職員の存在により可能となる。では，なぜ，彼・彼女らは，経営者の不正の指示に基づき不正行為を行うのか。それは，その企業に，逆らえぬ企業風土，すなわち，権威主義的企業風土が醸成されているためである。

　企業風土は，企業毎に醸成される企業文化であり，本来的には，企業の持続的成長を図り，企業価値の向上に資するものとして，企業理念に基づく企業活動遂行の源泉となるべきものである。しかしながら，権威主義的企業風土は，本来の企業風土とは異なり，企業の持続的成長・企業価値の向上に資するものとはならない。不正会計に限らず，権威主義的企業風土は，企業不祥事としての経営者不正が行われる場合には，不正の動機を有した経営者の不正の指示に基づく役職員の不正行為の実行を可能とする背景的事情となる。また，不正ばかりではなく，事業の観点からも必ずしも正しいとは言えない経営判断を許容する土壌となり，例えば，事業の選択と集中を阻害する要因ともなる。

　要するに，権威主義的企業風土は，企業の持続的成長・企業価値の向上の観点とは異なる，経営者の個人的な利益等のための経営者の判断に基づく指示の実行を可能とする企業風土となる[80]。

　権威主義的企業風土は，権威主義的な経営者により醸成される企業風土である。ゆえに，この権威主義的企業風土が醸成される原因としては，①権威主義的な経営者の存在，及び②服従する役職員の存在がある。

---

[80] 「権威主義の最大の問題は，最終的にそれが非論理的な行動や，リスクの高い行動を無理強いすることである。身内の論理と社会の論理が食い違うとき，身内の病んだ論理を教条とすることを要求する。そして，個人の良心の発揮を妨げる機能を果たす。」（岡本浩一『権威主義の正体』（PHP新書，平成17年1月）4頁）

（2）権威主義的な経営者の存在

ア　経営者の権限の正当性根拠

　経営者は，企業の持続的成長を図り，企業価値の向上に資するための経営を行う者として選任された者であり，経営の最終的な責任を負う者として，従業員等に対する指示・命令を行う権限を有する経営の最高責任者である。

　しかしながら，広範な企業活動のすべてにおいて，経営者が個別具体的に指示・命令を行うことは現実的には不可能であり，ゆえに，経営者は，経営のための仕組みとしての内部統制を整備し，役職員に内部統制の遵守を求め，内部統制に基づき事業活動が行われることとなる。

　この意味において，内部統制が，従業員等が遵守すべきものとしての正当性を有するのは，それが企業の持続的成長・企業価値の向上に資する経営のための仕組みであるからである。ゆえに，内部統制の整備・運用時に想定されていない例外的な事項に関しては，企業の持続的成長・企業価値の向上に資するものである限り，経営者の個別具体的な判断に基づく指示はその正当性を有することになるが，これに反する経営者の指示は，正当性を有しないものであり，企業の役職員が遵守すべきものとはならない。そして，その最たるものが，経営者による不正の指示となる。

イ　権威主義的な経営者とは

　権威主義的な経営者とは，本来の権威に基づかない権威，すなわち，正当性を有しない権威に基づく指示を可能とする者である。

　ここで，権威とは「①他の者を服従させる威力。②ある分野において優れたものとして信頼されていること。その分野で，知識や技術が抜きんでて優れていると一般に認められていること。また，その人。オーソリティー。」[81] であり，「特

81　松村明監修，小学館大辞泉編集部編『大辞泉第二版上巻』（平成24年11月）1152頁。

定の分野で技能や知識の格段にすぐれた人が自然に発する光のこと」[82]である。

一方，権威主義とは「本来的な権威がない人が，権威あるふりをして無理に光を発しようとしたり，自分自身に権威がない人が，権威者の威を借りて光ではなく圧迫感を発しようとするときに発生する」[83]ものである。したがって，「権威主義」は「権威」とは全く異なるものであり，権威主義は，否定すべき「悪」となる。なぜならば，権威主義は，「権威がなかったり，権威の正当な範囲を超えて，相手に服従を強いる」[84]ものであるからである。

ウ 権威主義的な経営者による権威主義的企業風土の醸成

権威主義的な経営者は，権威主義的パーソナリティを有する者が経営者となることであらわれる。権威主義的パーソナリティとは，「人間が個人的自我の独立性を捨てて，自分には欠けている権力を獲得しようとして自分の外側にあるものと自分自身を融合させようとする傾向に基づくものであり，権威をたたえそれに服従しようとすると同時に，自らが権威であろうとし他の者を服従させたいと願う基本的特徴」[85]である。

このような権威主義的パーソナリティを有する者が経営者となることが，権威主義的企業風土醸成の萌芽となる。権威主義的な経営者は，経営者として有する本来の権限の正当な範囲を超えて，企業の役職員に対して自らの指示への服従を求め，徐々に企業を変容させていく。権威主義の暴走の始まりである。そして，この暴走がさらに企業を変容させ，権威主義的な企業風土を醸成する。

（3）服従する役職員の存在

次に，権威主義的企業風土が醸成される原因としての「服従する役職員の存在」について考えたい。人はなぜ服従するのか，その理由を考える。

---

82 岡本浩一『権威主義の正体』（PHP新書，平成17年1月）3頁。
83 岡本浩一『権威主義の正体』（PHP新書，平成17年1月）4頁。
84 岡本浩一『権威主義の正体』（PHP新書，平成17年1月）18頁。
85 岡本浩一『権威主義の正体』（PHP新書，平成17年1月）18頁。

ア　服従

　服従とは,「権威のある人物から命令や要請を受けたときに,それが自分の意思に反したものであっても,それに従った行動を行うこと」[86]である。また,「服従は,強制力や義務感のもとで不本意に起こる同調的行動であり,不本意であるがゆえに,強制力や義務感がなくなると起こらなくなる」[87]ものである。

　服従に関しては,ミルグラムの服従実験がある。ミルグラムは,被験者に対して,ある研究であると虚偽の説明をした上で,人に対して電気ショックを与えるという役割を与え,最終的には,死に至らしめる可能性のある強い電気ショックを送るように指示をした。これに対して,指示を受けた被験者は,自らの行為が人を死に至らしめる可能性があることを認識し,葛藤を抱え,時には実験の拒否を行う者もいたが,最終的には,重要な研究である等の説明・説得により,被験者全員が強い電気ショックを与えたという実験である。ミルグラムは,この実験により,どんな人でも権威のもとに置かれると,残酷で非人間的な命令に対しても容易に服従することを示しながら,その原因として,日常生活では,責任感のある自律的な人々でも,権威というヒエラルキー構造の中に埋め込まれることによって,個人が自分自身を他者の要求を遂行する代理人とみなす代理状態に移行し,これにより,個人は他者に責任転嫁を行い,自分の行動に責任を感じなくなるとの結論を得た[88]。

　このことは,経営者が権威主義的である場合,その他の役職員においては,経営者の指示が不正の指示であったとしても,経営の最高責任者である経営者の指示であり,また,他の報復的な対応の可能性に基づく強制力や義務感のもとで,不正行為の責任を経営者に転嫁し,自らを代理状態へと移行することにより,役職員が服従する傾向を有することを示唆するものとなる。

86　山岸敏男編『社会心理学キーワード』(有斐閣,平成13年1月)20頁。
87　岡本浩一『権威主義の正体』(PHP新書,平成17年1月)89頁。
88　山岸敏男編『社会心理学キーワード』(有斐閣,平成13年1月)20頁－21頁。

イ　同調

　同調は，「集団には，それに所属する成員を一致へと向かわせようとする斉一性への圧力が存在する。この社会的圧力のために，個人の意見や行動が，ある特定の意見や行動に収斂するように変化すること」[89] である。

　同調に関しては，アッシュの同調実験がある。アッシュは，お互いに未知の8人の学生をコの字型に着席させ，図表10のような2枚のカードを示し，左のカードの線分（標準刺激）と同じ長さの線分を右のカードの3つの線分（比較刺激）の中から選ばせた。被験者は，実験者の左手の人から時計回りに順番に口頭で回答していったが，実は，本当の被験者は7番目に回答を要求される人のみで，他の7人の被験者は，どのように回答するかをあらかじめ実験者と打ち合わせておいたサクラであった。実験の結果，この7人が左の図の線分と異なる長さを全員一致で誤った回答をするという集団圧力を試行した場合，多数者の判断に同調した誤答が32%に達した。この実験では，全被験者50人中，多数者に影響されずに正答を行った被験者が13人いたが，同調を示した被験者は3分の1にも達していたことから，個人差という要因が同調行動に大きくかかわっていることがわかったが，一方で，全員一致で誤答をするかどうかが同調行動を規定する重要な要因であることを示すものであった[90]。

　なお，同調が，個人差という要因に影響を受けるものであるところ，服従は，「強制力や義務感のもとで不本意に起こる同調的行動」[91] であることから，強制力や義務感が付加された際には，同調行動が強化されると考えられる。

　このことは，経営者が権威主義的である場合には，服従が同調を強化すること[92]，また，同調が権威主義的な企業風土を醸成し，さらに服従を強化することを示唆するものとなる。

89　山岸敏男編『社会心理学キーワード』（有斐閣，平成13年1月）34頁。
90　山岸敏男編『社会心理学キーワード』（有斐閣，平成13年1月）34頁‐35頁。
91　岡本浩一『権威主義の正体』（PHP新書，平成17年1月）89頁。

図表10 線分実験の標準刺激(左)と比較刺激(右)

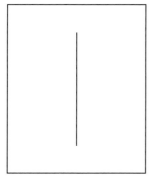
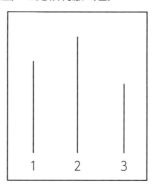

(出典:山岸敏男編『社会心理学キーワード』(有斐閣,平成13年1月)35頁)

ウ 同一視

　同一視は,「当該行動の前提となる価値判断などが,内面化された状態である。同一視が起こっていると,強制や義務感のない状態でも当該行動が起こる。」「同一視が起こると,強制や義務感,規範がない状態でも当該行動が起こることとなり,当該行動をやめさせるには,説得が必要になる。」[93]ものである。

　同一視に関しては,社会心理学者であるフィリップ・ジンバルドの監獄事件がある。ジンバルドの監獄実験は,被験者となる学生を一同に集めて説明を行い,看守役,囚人役をランダムに決め,大学の地下に造られた模擬監獄にて行われた。その結果,看守役の被験者は,行動傾向や価値観が急速に優越的で残忍なも

---

[92]「カネボウ粉飾事件の真因は,伝統的な日本企業が典型的な「ムラの空気」に流されて「攻めのガバナンス」が機能せず,巨額の赤字を垂れ流している繊維部門からの撤退の先送りを続けたという不作為の暴徒にある。そして,最後には,「会社の破綻を避けるために決算を何とかしろ」というトップの号令の下,「粉飾決算も止むなし」という同調圧力が現場を支配した。「攻め」の不作為が「守り」に過大な負担をかけ,結局,いずれも「ムラの空気」の支配によって機能不全に落ちっている。そう,「攻めのガバナンス」と「守りのガバナンス」は表裏一体の関係にあるのだ。」(冨山和彦・澤陽男『決定版これがガバナンス経営だ!ストーリーで学ぶ企業統治のリアル』(東洋経済新報社,平成27年12月)54頁)
[93] 岡本浩一『権威主義の正体』(PHP新書,平成17年1月)89頁。

のとなり，囚人役の被験者に対して，言語的な侮辱を与えてはならない，食事を賞罰に用いてはならないなどの決まりが決められ申し渡されていたが，どちらもかなりの頻度で破られた。実験者の目の行き届かぬところでは，身体的な「懲罰」さえ与えた事例が確認されている。また，囚人役の被験者には自尊心の急速な低下が見られ，実験二日目には，10人のうち5人が抑鬱，号泣，怒り，不安などの病的徴候を示したため，その5人の「釈放」が余儀なくされた。看守役，囚人役どちらの被験者も役割の影響があまりに大きいので人格的な変容を懸念して，当初2週間の予定であった実験は6日目で中止せざるを得なくなった[94]。この実験は，囚人役に囚人らしく振る舞うことも，看守役に看守らしく振る舞うことも求めていなかったにもかかわらず，それぞれの役割に付随する行動が内面化したものであり，同一視を示したものであった[95]。

　このことは，服従，同調は，強制や義務感に基づき現れるものであるが，同一視は，権威主義的な経営者のもと，権威主義的企業風土が醸成される中で，権威主義的な経営者の価値判断が，役職員に内面化することにより生じることを示唆するものとなる。企業の役職員が，権威主義的な経営者の判断を「忖度する」というのは，同一視の状態にあり，経営者不正の予防の観点からは，最悪の状態であるといえる。

（4）権威主義的企業風土の特徴

　権威主義的企業風土の特徴として，以下の性質があげられる。

ア　経営者の姿勢

　権威主義的企業風土は，権威主義的な経営者により醸成される。権威主義的な経営者が，経営者として委任された企業価値の向上に資する経営を行うための本来の権限の正当な範囲を超えて，企業の役職員に対して自らの指示への服従を求

94　岡本浩一『権威主義の正体』（PHP新書，平成17年1月）83頁－84頁。
95　岡本浩一『権威主義の正体』（PHP新書，平成17年1月）89頁。

める行動を繰り返すことにより，経営者不正の機会に係る背景的事情となる企業風土，すなわち，「逆らえぬ企業風土」「過度な上位下達を許容する企業風土」「ノーと言えない企業風土」「不正を許す企業風土」「不正に寛容な企業風土」等としての権威主義的な企業風土が醸成されることとなる。

イ　企業の持続的成長・企業価値の向上の阻害要因

権威主義的企業風土が醸成された場合，権威主義的な経営者による指示には，不正の指示以外にも，重要な経営判断に関して，企業の持続的成長及び企業価値の向上に資さない経営者の個人的な感情や判断に基づく恣意な指示等の本来の経営のためではない指示も含まれる可能性があることから，企業の持続的成長・企業価値の向上の阻害要因となる。例えば，派閥争いや人間関係の好き嫌いによる事業の撤退や存続に係る経営判断や，重要な人事に係る経営判断等である。

ウ　個人の良心発揮の阻害要因

権威主義は，強制や義務感に基づき，正当性を有していない経営者の指示に対しても，企業の役職員に服従を求めるものとなる。ゆえに，権威主義は，コンプライアンスとは対極にあるものであり，役職員の良心の発揮を阻害し，役職員のコンプライアンス意識の醸成を阻害する要因となる。

さらに，企業の役職員が葛藤を抱えながらも，強制や義務感に基づき権威主義的な経営者の不正の指示に従う状況であればまだしも，同一視状態に至った場合には，そこには葛藤は無く，権威主義的な経営者の指示が無くとも権威主義的な経営者の価値判断を忖度することとなる。この結果，不正行為等が組織的に拡大する危険性を有する状況に至る。東芝事件において，従業員が工事損失引当金の計上を，経営者の判断を忖度して回避したことはまさにその例であるといえる。

エ　内部統制の無視・無効化

権威主義的な経営者が，経営者として有する本来の権限の正当な範囲を超えて，企業の役職員に対して自らの指示への服従を求めることにより，権威主義的

な企業風土が醸成される。この結果，コンプライアンスが無意味化し，経営者不正の実行の機会となる内部統制の無視・無効化がもたらされることとなる。

（5）権威主義的企業風土を醸成させないためには

　権威主義的企業風土を醸成させないためには，ガバナンスの役割が極めて重要となる。

　権威主義的企業風土は，権威主義的な経営者が醸成する。ゆえに，権威主義的企業風土を醸成させないためには，何よりもまず権威主義的パーソナリティを有する者を経営者にしないことである。この意味においては，将来の経営者の育成に係る後継者計画（サクセッションプラン）に関わるガバナンスの役割を担う者の責任は重大である。また，仮に経営者としての選任後に，経営者に権威主義的な兆候を把握した場合には，やはりガバナンスにおいてその対応が求められる。

　経営者以外の役職員，特に，従業員においては，権威主義的な経営者に対して，それを是正する術は少ない。したがって，経営の統治機構としてのガバナンスの役割が極めて重要であり，ガバナンスを担う取締役，社外取締役，監査役等の者が，それぞれの職業的懐疑心を発揮し，権威主義的な経営者の兆候を把握し，これを是正していく他はない。そして，権威主義的な経営者の姿勢に変化を求められない場合には，代表取締役の解職等の方策を講じなければならない。

2 ガバナンスを考える

> ここでは，経営者不正の予防・早期発見を考える前提として，ガバナンスについて考えたい。実効性のあるガバナンスは，経営のための仕組みである内部統制を有効に機能させ，企業の持続的成長・企業価値の向上に資するとともに，経営者不正の予防・早期発見に資するものとなる。

1 企業とは何か

ガバナンスを考えるに当たっては，そもそも，その前提となる企業とは何かについて考えてみたい。

(1) 社会の公器としての企業

「企業とは何か」を考えるに当たり，少し長くなるが，松下幸之助氏の言葉を借りたい[96]。

> まず基本として考えなくてはならないのは，企業は社会の公器であるということです。つまり個人のものではない，社会のものだと思うのです。企業には大小さまざまあり，そこにはいわゆる個人企業もあれば，多くの株主の出資からなる株式会社もあります。そういった企業をかたちの上，あるいは法律の上からみれば，これは個人のものであるとか，株主のものであるとかいえましょう。しかし，かたちの上，法律の上ではそうであっても，本質的

---

96 松下幸之助『企業の社会的責任とは何か？』(PHP研究所，平成17年5月) 11頁-15頁。

には企業は特定の個人や株主だけのものではない，その人たちをも含めた社会全体のものだと思います。

　というのは，いかなる企業であっても，その仕事を社会が必要とするからなりたっているわけです。企業が，その時どきの社会の必要を満たすとともに，将来を考え，文化の進歩を促進するものを開発，供給していく，いいかえれば，その活動が人びとの役に立ち，それが社会生活を維持し潤いを持たせ，文化を発展させるものであって，はじめて企業は存続できるのです。こういう仕事をしたと，いくら自分だけで考えても，それが現在もまた将来においても，人びとの求めるものでなく，社会がなんら必要としていないものであれば，これは決して企業としてなりたたないと思います。今日存在する企業のすべては，そうした社会なり人びとの求めから生まれてきたものだと思いますし，また世の進歩とともに，これまであった仕事が不要になったり，次つぎと新たな事業が生まれてきたりもするでしょう。

　ですから，個人企業でも株式会社でも，一面自分の意志で始めた自分のものであるという見方もできますが，より高い見地に立って考えれば，社会生活を維持し，文化を向上させるために存在している，いわゆる社会の公器だということになります。

　また，このようなことも考えられます。大小にかかわらず，企業がその活動をしていくためには，土地とか資金とかいろいろな物資を使わなくてはなりません。そして，そういう土地や資金や物資は，これは一応企業の資産というか財産ということになります。しかしこれもよく考えてみれば，たしかにかたちの上では企業のものであっても，本来は，それは社会のものだといえるのではないでしょうか。本来は社会のものであるけれども，ただ，それをよりよく活用し，社会全体を好ましい姿で維持していくために，制度の上で企業のものとしている，いわば企業に預けているのだと考えられます。

　さらに，"事業は人なり"といいますが，企業活動の根幹となる人間というものは，これはいうまでもなく，天下の人，社会の人材なのです。

そうしてみますと，人，金，土地，物，つまり企業の活動に必要なもろもろの要素はこれすべて本来，天下のもの，公のものであるということになります。したがって，そういう社会のものを社会から預かって仕事をしている企業自体，やはりこれは社会のもの，公器であると考えなくてはならないと思います。

　そのように，企業が社会の公器であるとすれば，企業はその活動から何らかのプラスを生みだして，社会の向上，共同生活の発展に貢献しなくてはならないと思います。天下の人，天下の金，天下の土地，天下の物資を使って仕事をしている公器としての企業が，その活動からなんらのプラスも生み出さず，なんら社会に寄与，貢献しないとすれば，これは許されないことだといわなくてはなりません。

　そういう責任を企業が負っているのであり，それが企業の社会的責任だと思います。つまり，社会の公器である企業が，その活動を通じていろいろなかたちで社会に貢献し，共同生活を向上させていくところに企業の社会的責任というものがあると思うのです。

　この文章は，昭和49年9月に書かれたものである。この文章を一読されてどう思われたであろうか。松下幸之助氏は，「企業は社会の公器である」と述べており，それは多くの共感を得るところではないであろうか。

　先の松下幸之助氏の文章の前半では，企業の「活動が人びとの役に立ち，それが社会生活を維持し潤いを持たせ，文化を発展させるものであって，はじめて企業は存続できるのです」と述べている。これは，企業理念，経営理念の重要性を説くものであり，また，実際の企業活動において求められる思想であり，すなわち，企業活動の実態である企業の役職員において体現すべき思想であろう。

　また，後半では，「人，金，土地，物，つまり企業の活動に必要なもろもろの要素はこれすべて本来，天下のもの，公のものであるということになります。したがって，そういう社会のものを社会から預かって仕事をしている企業自体，やはりこれは社会のもの，公器であると考えなくてはならないと思います。」と述

べている。この考えは、企業の持続的成長のためには、企業の利害関係者の存在を意識することが不可欠であると強調するガバナンス・コードと同じ思想であると考える。

　すなわち、松下幸之助氏の想いも、ガバナンス・コードの想いも、いずれも、企業が社会の公器として、企業理念に基づき、社会が必要とする、社会が求める、社会に受け入れられる事業、つまり、社会的受容可能性を有する事業を行う存在であり、また、事業に必要な経営資源につき、資本市場における資金の提供者である株主・投資者・金融機関等や、労働市場における従業員、そして、取引市場における原材料等の仕入やその他事業活動に必要な資源の提供を受ける取引先と、さらには、企業活動により直接的・間接的に影響を受ける地域社会等の様々な企業の利害関係者との関係性を有しながら企業活動を行う存在であることを改めて強調するものであると考える。

　また、松下幸之助氏の言葉だけではなく、同様に、近江商人の心得である「売り手良し」「買い手良し」「世間良し」の三つの「良し」（三方よし）も企業の在り方を考える上で、重要な示唆が得られるものである。売り手と買い手がともに満足し、また社会貢献もできるのがよい商売であるということ。売り手の都合だけで商いをするのではなく、買い手が心の底から満足し、さらに商いを通じて地域社会の発展や福利の増進に貢献することが、商売においては大事なのである。そのような商売を行う企業が、社会の公器となり得るのである。

　このように、商売の在り方、企業の在り方は、今も昔もその本質は変わっていない。もちろん、時代が変わり、社会のニーズは変容し、また、技術の進歩により、表面的な経営の仕方、技術、テクニックは様変わりをしている。しかし、その表層の変化に惑わされ、その本質を見失った時に、企業は衰退をはじめるのである。なぜなら、その本質とは、企業が「社会の公器」である所以であるからである。

　今、改めて、ガバナンス・コードがその本質の重要性を問うのは、バブルの時代を経て、多くの企業が失いかけていたからに他ならない。今一度、先人の想いに耳を傾け、商売の在り方、企業の在り方の本質について立ち返る必要がある。

（2）企業理念の重要性

ア　事業の社会的受容可能性の前提としての企業理念

　企業が事業を行うためには，企業の行う事業が社会に求められ，また，必要とされていること，すなわち，事業が社会的受容可能性を有していることが前提となる。また，企業は，事業としての企業活動を通じて，社会に対して価値としての財貨又は役務を提供するが，この財貨又は役務が社会的受容可能性を有するためには，企業活動のプロセス自体も社会的受容可能性を有する必要がある。

　そして，企業活動の原点は，企業理念である[97]。正しい企業理念無くして，正しい経営はあり得ない。正しい企業理念とは，社会的受容可能性を有する企業理念である。ゆえに，企業の事業が社会的受容可能性を有することの正当性の根拠が，正しい企業理念となるのである。

イ　役職員の行動規範としての企業理念

　企業理念は，企業の役職員の行動規範となる[98]。

　人の価値観は様々であり，価値観に優劣はない。しかしながら，企業において，多様な価値観を認めつつ，企業の役職員の行為の結果としての企業活動を「正しく」行うためには，企業の役職員が属する組織体としての価値観を定めなければならない。そして，その組織としての価値観が，企業理念となる。

97　松下幸之助氏曰く「私は六十年にわたって事業経営にたずさわってきた。そして，その体験を通じて感じるのは経営理念というものの大切さである。いいかえれば"この会社は何のために存在しているのか。この経営をどういう目的で，またどのようなやり方で行っていくのか"という点について，しっかりとした基本的な考え方を持つということである。事業経営においては，たとえば技術力も大事，販売力も大事，資金力も大事，また人も大事といったように大切なものは個々にはいろいろあるが，一番根本になるのは正しい経営理念である。それが根底にあってこそ，人も技術も資金もはじめて真にいかされてくるし，また一面それらはそうした正しい経営理念のあるところから生まれてきやすいともいえる。だから経営の健全な発展を生むためには，まずこの経営理念を持つということから始めなくてはならない」（松下幸之助『実践経営哲学』（PHP研究所，昭和53年6月）7頁―8頁）。

2 ガバナンスを考える

(3) 企業価値とは何か

次に,「企業価値」を考えることで,企業とは何かを考えたい。

ア　企業価値

企業価値とは何か。企業価値については,様々な解釈がある。一般的に,企業価値とは,経済価値・株主価値として株式時価総額や,企業が将来的に生み出すキャッシュ・フローの割引現在価値（DCF）等に焦点を当て,中長期的に資本コストを上回る利益を生む企業が価値創造企業として評価されるが,一方,企業が生み出す価値をもっと広く捉え,株主,顧客,従業員,取引先,社会コミュニティ等の利害関係者の価値の総和とする見方もある[99]。本書では,企業価値とは,株主,顧客,従業員,取引先,社会コミュニティ等の利害関係者の価値の総和と考える立場をとる。

イ　企業価値の向上

企業価値を「企業の利害関係者の価値の総和」と考えた場合,企業価値の向上とは,社会に対して提供する財貨又は役務の有用性を高め,企業活動を効率的に遂行し,「利益」をより多く獲得するとともに,従業員等に対しては労働環境を改善するとともに,雇用に係る賃金・給料を高め,取引業者に対しては,取引に

---

[98]「組織の人々が経営理念を必要とする理由は,少なくとも三つあげられる。第一は,組織で働く人々が理念的なインセンティブを欲するからである。人はパンのみにて生くるにあらず,である。正しいと思える理念をもって人々が働くとき,人々のモチベーションは一段と高まる。第二に,理念は人々が行動をとり,判断するときの指針を与える。つまり判断基準としての理念を人々は欲するのである。第三に,理念はコミュニケーションのベースを提供する。同じ理念を共有している人たちの間でコミュニケーションが起きるので,伝えられるメッセージのもつ意味が正確に伝わるのである。こうして,経営理念はモチベーションのベース,判断のベース,コミュニケーションのベースを提供するのである。だからこそ,そうした経営理念を経営者と働く人々が共有していれば,経営者の望む方向にいちいち細かな指示を出さなくても働く人々が動いていくことになりやすい。それゆえに,「他人を通して事をなす」ために経営理念は非常に大切なのである。」(伊丹敬之『よき経営者の姿』(日本経済出版社,平成19年1月) 61頁)
[99]「持続的成長への競争力とインセンティブ～企業と投資家の望ましい関係構築」プロジェクト(伊藤レポート)最終報告書(平成26年8月)18頁。

おいて適正な利益をもたらし，資金提供者に対しては配当・利息等の価値を高め，その他企業活動の過程における企業の利害関係者の価値の総和を高めることを意味する。

　しかし，企業の利害関係者の利害は必ずしも一致しない。ゆえに，企業の利害関係者の利害を調整しつつ，「経営」を行うことが求められる。理想は，企業活動において，企業の利害関係者のそれぞれに適正な価値をもたらし，さらには，それぞれの価値を高めることであろう。ただし，現実的には極めて難しい経営課題となる。ゆえに，この難しい経営課題に係る経営判断を適切に行い得る経営者が求められるのである。また，難しいがゆえに，経営者の経営判断等を監視・監督する経営の統治機構としての実効性あるガバナンスが求められることとなる。

　また，不正対応の観点で考えた場合，企業活動による価値の増加を企業価値の積極的向上とするならば，不正による価値の毀損を回避することは企業価値の消極的向上となる。これらを併せて広義の企業価値の向上となる。このため，企業価値の向上に資する「経営」を行うためには，事業による価値の増加と併せて，不正等による価値の毀損の予防・早期発見のための不正対応が不可欠となる。

（4）企業とは

　ここでは，企業を直接の対象として，企業とは何かを考えてみたい。

　「企業」の定義には，経済学，法学，経営学等の異なる観点からの様々な定義があり得るが，ここでは，営利目的の私企業としての株式会社を前提として，企業とは「営利を目的として継続的に生産・販売・サービスなどの経済活動を営む組織体」[100]であるとする。

　この定義に基づき，①営利目的，②継続性，③経済活動及び④組織体の観点から企業の本質を考えてみたい。

100　松村明監修，小学館大辞泉編集部編『大辞泉第二版下巻』（平成24年11月）861頁。

ア　営利目的

　営利とは「財産上・金銭上の利益を得る目的をもって事を行うこと」[101]である。企業は，人・物・金等の経営資源を利用して企業活動を行う組織体であり，企業が継続的に事業を営むためには，「利益」を計上することが不可欠である。

　この利益の計上は，その前提として，企業が事業として社会に提供する財貨又は役務が，社会において求められるものでなければならない。その意味で，企業が提供する財貨又は役務は，社会に受け入れられる可能性を有するもの，すなわち，「社会的受容可能性」があることが前提となるのである。

　その上で，企業が提供する財貨又は役務に対して，社会がどの程度の対価を支払ってでも欲しいかによって，企業が得る利益が変わることとなる。例えば，多くの人が求めるものであれば，価格を低くすることにより，より多くの人に受け入れら，企業が得る利益は大きくなる。また，求める人は少ないが，それ自体に高い価値を認めている人がいる場合には，価格を高くすることによって利益を得ることができる。高い価値には，希少性やブランド力，有用性等の様々な要因が考えられる。また，利益は，社会から受け取る対価から企業活動に費やした経営資源に対して支払った対価を控除したものである。ゆえに，企業活動を有効かつ効率的に行うことにより，得られる利益を増やすこととなる。

　なお，多くの利益が得られるということは，企業活動を継続するための前提であるとともに，得られた利益を企画・開発・改善等に投資することで，より社会の求める財貨又は役務の提供を可能とし，また，企業の利害関係者に対する価値の提供を可能とする。ゆえに，より多くの利益を得ることが企業の目的となる。しかしながら，より多くの利益を得ることを目的としたとしても，得られる利益は，適正な利益でなければならない。過度な利益は，企業が社会に提供する財貨又は役務の価値よりも多額の対価を受け取っている状態であり，一時的な状態ではまだしも，継続し得るものではない。なぜなら，過度な利益を得ている状態

---

[101] 松村明監修，小学館大辞泉編集部編『大辞泉第二版下巻』（平成24年11月）384頁。

が，継続的に続くならば，社会の満足度は低下するとともに，また，競合他社が当該事業に参入する契機ともなり得る。

ゆえに，企業は，「営利目的」で経済活動を行う組織体であるが，前提として，①企業の事業が社会的受容可能性を有すること，そして，②利益の源泉は，企業の提供する財貨又は役務の価値にあるが，一方で，企業活動を有効かつ効率的に行うことも利益の源泉であること，③利益は，適正な水準であることが求められることとなる。

イ 経済活動

企業の経済活動は，企業活動のための資金を調達し，企業活動のための拠点を設け，企業活動のために人を雇い，企業活動のために材料等を取引先から仕入れ，企業活動として財貨又は役務を社会に提供するものである。このような経済活動は，資本市場，労働市場，取引市場，そして，市場外の地域社会との関わりの中で行われる。

これらの関わりは一方的な関わりであってはならない。資金の提供者に企業の実態を偽り，資金を提供させる，従業員を劣悪な条件・環境で雇う，立場を利用して取引先に不当な条件で取引をさせる，コストがかかるので環境対策をせず，その被害を地域社会に押し付ける等の一方的な関わりは，継続的な企業活動を困難とし，最悪の場合には，企業の存在自体を否定されることにもなりかねない。

ゆえに，企業は，資本市場における資金の提供者である株主・投資者・金融機関等と，労働市場における従業員と，取引市場における原材料等の仕入やその他企業活動に必要な資源の提供を受ける取引先と，そして，企業活動により直接的・間接的に影響を受ける地域社会等の様々な企業の利害関係者との利害を調整しつつ経済活動としての企業活動を行う存在となる。

ウ 組織体

企業は，企業それ自体が意思を持ち，行動する存在ではない。組織の構成員たる役職員の行為が，企業活動となる。ゆえに，企業活動の実態は，企業の役職員

の行為となる。そして，企業は，人の集まりとしての組織体であることから，各人がそれぞれの判断に基づき，企業活動としての行為を行うことは，非効率又は合目的でない行為が行われる可能性があることから，組織体の構成員の行為規準が必要となる。この行為規準が内部統制である。したがって，企業に限らず，組織体である限りには，組織の構成員の行為規準である内部統制は，必ず必要なものとなる。

　営利目的である企業においては，内部統制は，企業の利害関係者との利害を調整しつつ，適正な利益をより多く得るために，有効かつ効率的に事業活動を行うための仕組みである。すなわち，内部統制とは，経営のための仕組みなのである。そして，経営者が，適切な経営を行っているか否かの監視・監督を行うのが，経営の統治機構としてのガバナンスとなる。内部統制及びガバナンスは，企業が組織体であるがゆえに求められることとなる。

エ　継続性

　企業は，営利を目的として経済活動を行う組織体であり，その意味では，必ずしも継続性は必要ではない。極端な話としては，案件毎，プロジェクト毎の単発的な組織体であっても構わない。しかしながら，事業を行う度に事業の清算をしていたのでは，その都度，事業活動に必要な資金の調達・返済，生産設備の取得・廃棄，従業員の雇用・解雇，取引先との事業毎の契約締結・契約解消等々を繰り返すこととなり，極めて非効率である。ゆえに，効率的な事業活動を行うためには，継続性が必要となる。

　一方，企業は営利目的で事業活動を行うが，得られる利益が適正でなければ事業の継続は困難となる。また，企業が行う経済活動が様々な企業の利害関係者の利益を一方的に損なうものであれば，事業の継続は困難となる。さらに，違法行為等の反社会的行為が行われれば，事業の継続は困難となる。このように，企業の継続性は，一定の条件を満たした上で許容されるものとなる。この一定の条件が，企業が社会に提供する財貨又は役務，及び，企業活動のプロセスに係る社会的受容可能性の確保である。

ゆえに，継続的な事業活動は，社会的受容可能性を有する事業活動を前提とするものとなる。

2 ガバナンスとは何か

以上の企業に関する検討を踏まえ，ガバナンスについて考える。

(1) ガバナンスの必要性

　企業は，社会的価値の増加に貢献する限りにおいて，その存続が可能となる組織体である。社会的価値は，企業が社会に対して提供する財貨又は役務の利用者が享受する価値，及び，それにより企業が得る「利益」だけではなく，企業活動の過程における従業員の雇用や，原材料の仕入等の取引先との取引，株主・投資者・金融機関等からの資金調達取引等において，従業員，取引先及び株主・投資者・金融機関等の企業の利害関係者が得る利益をも含む価値である。ただし，企業の存在意義が，社会的価値の増加への貢献であったとしても，企業の本業たる事業から利益が獲得できなければ，事業の継続自体が困難となり，また，企業の利害関係者の価値への貢献も成し得ない。ゆえに，企業は，まずは事業からより多くの利益を得るための有効かつ効率的な事業活動が求められることとなる。

　このような企業の経営は，株主総会において選任された取締役のうち，取締役会において，経営の最高責任者としての業務執行を委任された経営者（代表取締役社長）が行う。経営者は，企業の利害関係者との利害を調整しつつ，事業を有効かつ効率的に行い，企業の持続的成長を図り，企業価値の向上に資する経営を行うことが期待される者となる。しかしながら，経営者もまた「人」であり，世の中，完璧な人はいない。また，過去を踏まえれば，経営者の経営判断の誤りによる事業の失敗や企業不祥事等が多くみられることからも，すべてを経営者に委ねることは必ずしも適切ではない。特に，積極的意味としての企業価値の向上に資する観点からの経営の可否，及び，企業の利害関係者との利害調整の観点からは問題が多く認められるところである。

したがって，あるべき経営が行われているのかを監視・監督するための仕組みとしての経営の統治機構たるガバナンスが求められることとなる。ガバナンスは，広義には，企業の利害関係者による経営に対する監視・監督であり，狭義には，株式会社法に基づく株式会社の機関による経営に対する監視・監督となる。

（2）広義のガバナンス

ア　広義のガバナンスとは

　ガバナンスを広義にとらえた場合，ガバナンスとは，企業の利害関係者たる顧客，従業員，取引先，株主等，金融機関，行政及び地域社会等が，企業活動を監視・監督する仕組みとなる。

　企業の利害関係者を「市場」の観点から，①顧客に財貨又は役務を提供する「顧客市場」，②原材料の仕入等の経営資源たる物の調達に係る「取引市場」，③銀行や株主から資金を調達する「資本市場」，④人の雇用に係る「人材市場」，⑤「環境」に区分することができる（**図表11**）。

図表11　市場と企業の利害関係者

市場	利害関係者
顧客市場	消費者，取引先，行政
取引市場	（仕入等の）取引先，行政
資本市場	株主，投資者，金融機関，金融商品取引所，行政
人材市場	従業員，行政
環境（市場外）	地域住民，国民，行政

イ　顧客市場とガバナンス

　製品市場においては，企業は，安心，安全を含めた良質の財貨又は役務の提供を行うことにより，企業価値の向上を図る。

　しかしながら，企業が提供する財貨又は役務が悪質な場合や，又は，不当な方

法により提供した場合には，利用者である消費者や取引先等は，不測の損害を被ることとなる。特に，消費者は，情報の非対称性により，企業との関係においては相対的に弱い立場となる。ゆえに，多くの消費者においては，企業に対する信用を前提に取引を行わざるを得ないが，この前提となる信用は，実際には裏切られることがあるのは，過去の数多くの企業不祥事からも明らかである。

したがって，顧客市場における消費者・取引先・行政による企業活動の監視・監督が必要となる。消費者等による監視・監督は，消費者団体や業界団体，行政等により行われ，主に事後的な監視・監督が中心となる。これらによる監視・監督が，広義のガバナンスの一つとなる。

ウ　取引市場とガバナンス

取引市場においては，企業は，企業活動に必要な経営資源たる物（財貨又は役務）を調達する。原材料等の仕入や商品等の仕入，外注業者の利用等である。

多くの場合，企業は仕入先等の取引先との関係において強い立場にあり，取引条件等に関して，企業に過度に有利な取り決めを行う可能性があり得る。このような取り決めは，取引先に係る適正な利益を損なうものとなる。

したがって，取引市場における取引先・行政等による監視・監督が必要となる。取引市場における主たる監視・監督は，公正取引委員会，消費者庁，中小企業庁等の行政によって行われる。

エ　資本市場とガバナンス

資本市場においては，企業は，株主，投資者，金融機関から資金を調達する。この際，資金提供者は，開示資料や企業の説明等に基づき企業の実態等を把握し，資金提供に係る判断を行う。しかしながら，企業がその実態につき，虚偽の開示資料の提出や，虚偽の説明を行った場合には，資金提供者は不測の損害を被ることになる。

したがって，資本市場における株主，投資者，金融機関，金融商品取引所，行政による企業活動の監視・監督が必要となる。

2 ガバナンスを考える

特に，金融機関は，預金者等から調達した資金を適切に運用する責務を担う者として，また，融資先の企業に対して直接的なアクセスが可能であることから，広義のガバナンスを担う者として重要な役割を有することとなる。また，上場企業の管理を行う取引所による監視・監督や，金融庁，証券取引等監視委員会等の行政による監視・監督も資本市場における広義のガバナンスとして重要な役割を担うこととなる。

なお，株主は，株主総会における議決権の行使等により直接的に企業のガバナンスに関与し得るものであり，特に，大株主である機関投資家等は，企業との対話による適切な関わりが求められるところであるが，この株主によるガバナンスは，狭義のガバナンスとして考える。

オ　人材市場とガバナンス

人材市場においては，企業は，従業員を雇用する。「事業は人なり」であり，人は極めて重要な経営資源である。しかしながら，企業においては，いわゆるブラック企業のような劣悪な労働環境の企業もまたある。特に，従業員は，企業との関係において相対的に弱い立場にあることから，従業員及び行政による監視・監督としてのガバナンスが求められることとなる。

人材市場における広義のガバナンスとしては，労働組合等による監視・監督，及び厚生労働省，労働基準監督署等の行政による監視・監督が重要となる。

カ　環境とガバナンス

企業は，地域社会において企業活動を行う。また，企業が提供する財貨又は役務は，世界中の消費者等との関わりを有する。このように，企業が，社会的存在として企業活動を行う限りにおいては，環境との関わりは避けて通れない。大気汚染，環境破壊，健康被害，公害等々，企業と環境に係る問題は様々である。

したがって，地域住民，国民，行政等による企業活動の監視・監督が求められることとなる。このような企業活動の環境への影響を監視・監督するためには，地域住民を始めとする我々国民一人ひとりや，行政による広義のガバナンスが重

要となる。

キ　その他

　企業は社会的存在であり，社会の公器であることから適切な企業活動に係る監視・監督という意味では，マスコミ・ジャーナリストの役割も重要である。

　企業活動の在り方に対する健全な批判的視点は，健全な資本主義の確立に寄与するものである。顧客市場，取引市場，資本市場，人材市場及び環境に係る企業活動に対する監視・監督も含め，マスコミ・ジャーナリストの広義のガバナンスとしての役割は，極めて重要である。実際，経営者による不正会計事件であるオリンパス事件（平成23年）も雑誌「FACTA」の調査報道に端を発して発覚したものである。

　もちろん，企業ゴロのような，企業やその従業員の問題やスキャンダルを口外しないことを条件に，口止め料等の対価を求める行為は論外であり，そのような行為を行う者はマスコミ・ジャーナリストと呼ぶに値しない者ではあるが，そのような極端な例はさておき，マスコミ・ジャーナリストも広義のガバナンスの担い手としての役割の重要性を改めて認識し，さらなる研鑽が求められる。

（3）狭義のガバナンス

ア　狭義のガバナンスとは

　企業活動に対する企業の様々な利害関係者による監視・監督が，広義のガバナンスとなる。しかしながら，企業の利害関係者の多くは，一般的には，企業の情報等へのアクセスが制限されており，ゆえに，より直接的に，かつ，より効果的な企業活動に対する監視・監督としてのガバナンスが必要となる。

　一般的に，ガバナンスは，以下のように定義される。

- 　会社が，株主をはじめ顧客・従業員・地域社会等の立場を踏まえた上で，透明・公正かつ迅速・果断な意思決定を行うための仕組み[102]
- 　企業の不正行為の防止ならびに競争力・収益力の向上という2つの視点を

図表12 広義・狭義のガバナンス

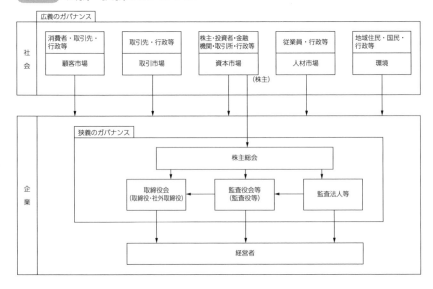

総合的に捉え，長期的な企業価値の増大に向けた企業経営の仕組み[103]

これらの定義における「意思決定を行うための仕組み」「企業経営の仕組み」とは，より具体的に言えば，会社法上の統治機関を意味する。ここでは，狭義のガバナンスとしての株式会社の機関の在り方について考えたい。

なお，広義・狭義のガバナンスの関係は，**図表12**のとおりであり，本書における「ガバナンス」は，特に明記しない限り，この狭義のガバナンスを意味する。

イ　狭義のガバナンスの前提

狭義のガバナンスを考える上での前提として，狭義のガバナンスは，顧客市場，取引市場，資本市場，人材市場及び環境における企業の利害関係者の視点も併せ持つ必要があるということを強調したい。

---

[102]「コーポレートガバナンス・コード～会社の持続的成長と中長期的な企業価値の向上のために～」（株式会社東京証券取引所，平成27年6月1日）。
[103]「我が国におけるコーポレート・ガバナンス制度の在り方について」（日本経済団体連合会，平成18年6月20日）

先に挙げた狭義のガバナンスの定義においても「株主をはじめ顧客・従業員・地域社会等の立場を踏まえた上で」とされているが，企業は，社会的存在として，企業の利害関係者との利害を調整しつつ，社会的受容可能性を有する事業を行うものであり，また，企業価値は，「企業の利害関係者の価値の総和」であることから，企業活動の過程において利害関係者との利害の調整は不可欠となる。この利害関係者との利害調整を行うためには，利害関係者の視点が必要となる。また，企業の利害関係者の利益を一方的に損ねる行為を企業活動の過程において行った場合には，結局のところ，企業価値の毀損の原因ともなり，最悪の場合には，企業の存続さえも危うくなることとなる。

　例えば，顧客市場においては，企業が悪質な財貨又は役務の提供等を行った場合には，顧客等に不測の損害を被らせるとともに，企業においても，消費者等の被害の回復（リコール・補償金等）やその他の損害賠償等の様々な損失が生じ，そして，企業は信用を失うこととなる。

　この信用失墜が，企業における何よりもの損失である。信用を築くのは大変だが，信用を失うのは一瞬である。近年における食品関係の表示偽装やマンションの杭工事施工におけるデータ不正問題等の不正事案を例に考えれば明らかである。信用を回復する道程は，長く険しい。その間の後ろ向きの企業努力を，前向きの企業努力に向けられていれば，本当は，さらなる企業価値の向上を成し得ていたかもしれない。その意味でもその弊害は大きい。ゆえに，企業は，悪質な財貨又は役務の提供により得られた利得よりもはるかに多額の損失を被ることとなり，結果，企業価値は毀損するのである。

　また，取引市場においては，企業が仕入先等の取引業者に対して，その立場を利用して，不当な取引条件等を押し付けた場合には，一時的には企業の利益が増えることになったとしても，その状態が長く続くことはなく，またそのような取引を行っていたことが企業の信用を貶める原因ともなる。

　資本市場においては，企業が不正会計等の企業内容の実態とは異なる虚偽の情報を開示することで，証券市場の信用を失墜させるばかりではなく，虚偽の開示情報の利用者の判断を誤らせ，不測の損害を被らせるとともに，企業自体におい

ても，適切な経営判断を阻害する要因ともなる。

　人材市場においては，劣悪な労働環境は，企業の採用及び業務の遂行に悪影響を与える。「事業は人なり」である。人を採用し，人を育て，人がより良い業務を行うことで，企業が持続的成長を可能とし，企業価値の向上に資する事業活動が可能となる。従業員の犠牲のもと，短期的な利益を得ることは可能かも知れないが，長期的には企業を腐らしていくだけである。

　環境に対しては，製造活動の過程における有害物質の排出等により環境汚染が行われた場合には，地域住民が健康被害等の不測の損害を被ることになるばかりか，企業においては，被害回復のための多額の負担を負うこととなり，また，そもそも，社会的存在としての企業の意義を否定され，事業の継続自体が困難となる可能性も生じる。

　以上のことから，狭義のガバナンスにおいても，企業の利害関係者との利害を調整するための経営の統治機構として，ガバナンスを担う者においては，企業の利害関係者の視点を有することが不可欠となる。

3　ガバナンス（狭義）の在り方

　狭義のガバナンスとしての株式会社の機関の在り方について考える。

　株式会社の機関の在り方を考えるに当たり，必要に応じて，ガバナンス・コードの内容にも触れることとする。ガバナンス・コードは，平成27年6月に，金融庁及び東京証券取引所が中心となって取りまとめた「実効的なコーポレートガバナンスの実現に資する主要な原則を取りまとめたものであり，これらが適切に実践されることは，それぞれの会社において持続的な成長と中長期的な企業価値の向上のための自律的な対応が図られることを通じて，会社，投資家，ひいては経済全体の発展にも寄与することとなるものと考えられる」[104] ものである。

---

104 「コーポレートガバナンス・コード〜会社の持続的成長と中長期的な企業価値の向上のために〜」
　　（株式会社東京証券取引所，平成27年6月1日）

(1) 株式会社の機関

　株式会社は，会社法に規定される組織体である。上場企業を想定した場合，株式会社の機関設計としては，取締役会設置会社であることを前提に，①監査役会設置会社，②指名委員会等設置会社，③監査等委員会設置会社がある。

　ここでは，上場企業において最も多い取締役会設置会社・監査役会設置会社を前提に，以下，ガバナンスを担う機関としての株主総会，取締役会・取締役，社外取締役，監査役会・監査役及び会計監査人の在り方について考える。

(2) 株主総会

ア　機能・役割

　株主総会は，会社の構成員である株主が直接に参加し，決議により会社の基本的意思決定を行うための機関[105]であり，株式会社の最高意思決定機関であるが，取締役会設置会社の場合，その権限は，法定事項及び定款に定める事項についての意思決定に限られ，業務執行は行えない（会社法295条2項）。

　株主総会が決議し得る法定事項は，①会社の基礎に根本的変動を生じる事項（定款変更，合併，会社分割，株式交換・株式移転，事業譲渡，資本金の額の減少等），②機関等（取締役，監査役，会計監査人等）の選任・解任に関する事項，③計算に関する事項（計算書類の承認等），④株主の重要な利益に関する事項（剰余金の処分・損失の処理，第三者に対する特に有利な払込金額による募集株式の発行等），⑤取締役等の専横の危険のある事項（取締役等の報酬等の決定等）である[106]。

---

105 江頭憲治郎『株式会社法第6版』（有斐閣，平成27年4月）305頁。
106 江頭憲治郎『株式会社法第6版』（有斐閣，平成27年4月）314頁－315頁。

イ 在り方

　株主総会は，株式会社の最高意思決定機関であるが，取締役会設置会社の株主総会の決議事項は限定されており，法令に規定する事項又は定款に定めた事項に限り決議することができ（会社法295条2項），法令・定款に定められた事項以外につき株主総会で決議がなされても無効である[107]。すなわち，取締役会設置会社の機関構成は，業務執行を原則として取締役会の決定に委ねる制度となる[108]。
　このため，ガバナンスの観点で考えた場合，株主総会は，特に，「機関等（取締役，監査役，会計監査人等）の選任・解任に関する事項」に関して重要な役割を担うこととなる。
　株主総会は，企業が企業の利害関係者との利害を調整しつつ，企業の持続的成長を可能とし，かつ，企業価値の向上に資する経営を担う経営者及びそのような経営のための統治機構としてのガバナンスの役割を担う取締役，社外取締役，監査役，社外監査役並びに会計監査人を選任する権限を有する。したがって，株主は，株主総会において議案として上程される取締役候補，監査役候補及び会計監査人候補となる者についての賛否に係る議決権の行使に際して，取締役等の候補者の適切性について慎重な判断を行うことによりその権限の実効性を確保することとなる。もちろん，取締役等の候補者は，株主提案により上程することは可能であるが，基本的には，現経営陣の判断により上程される。
　特に，社外取締役，監査役及び会計監査人等の選任は，ガバナンスの実効性を確保するためには，極めて重要な議案となる。例えば，単に社外取締役の頭数を揃えるためだけの候補者なのか，また，現在の会計監査人が経営陣にとって都合の悪い会計監査人や，何か会計上の問題で意見が衝突したことに起因する交代なのかは，慎重に見極める必要がある。会計監査人の交代の場合，通常は任期満了に伴う交代であると説明されることが多い。しかしながら，後任の会計監査人候

---

[107] 江頭憲治郎『株式会社法第6版』（有斐閣，平成27年4月）314頁。
[108] 江頭憲治郎『株式会社法第6版』（有斐閣，平成27年4月）314頁。

補も併せて客観的に評価し，この経営者の説明が納得のいくものであるかどうかを慎重に検討する必要がある。

　また，ガバナンスとしての株主総会の実効性を確保するためには，機関投資家の在り方は重要となる。機関投資家は，持株数が多く株主総会における影響力が強いこと，及び，経営陣へのアクセスが他の個人投資家よりも相対的に容易であり，経営陣の評価も含め，経営情報を多く得る場合があることから，ガバナンスを担う機関としての役割は大きい。この点，平成26年に設定された「「責任ある機関投資家」の諸原則」（日本版スチュワードシップ・コード）に基づいたスチュワードシップ責任を果たすことが求められる。

　なお，スチュワードシップ責任とは「機関投資家が，投資先企業やその事業環境等に関する深い理解に基づく建設的な「目的を持った対話」（エンゲージメント）などを通じて，当該企業の企業価値の向上や持続的成長を促すことにより，「顧客・受益者」（最終受益者を含む。）の中長期的な投資リターンの拡大を図る責任」を意味する[109]。ゆえに，機関投資家は，ガバナンスにおいて重要な役割を担うこととなる。

（3）取締役会・取締役

ア　機能・役割

　取締役会は，株主総会の決議によって選任された取締役（会社法329条1項）全員で構成され，①業務執行の決定，②取締役の職務の執行の監督，③代表取締役の選定及び解職を行う（会社法361条，362条）

　業務執行の決定に関して，取締役会において決定すべきものと法定されている事項は，①重要な財産の処分・譲受け，②多額の借財，③支配人その他の重要な使用人の選任・解任，④支店その他の重要な組織の設置・変更・廃止，⑤社債の

---

[109]「「責任ある機関投資家」の諸原則《日本版スチュワードシップ・コード》」（日本版スチュワードシップ・コードに関する有識者検討会，平成26年2月）

募集に関する重要事項，⑥取締役の職務の執行が法令・定款に適合することを確保するための体制その他会社の業務及び当該会社・子会社から成る企業集団の業務の適正を確保するために必要なものとして法務省令で定める体制の整備，⑦役員等の会社に対する責任の取締役会による免除，⑧その他の重要な業務執行（会社法362条4項），及び，その他会社法上取締役会で決定すべきと定められた事項となる。

これらの事項の決定に関しては，取締役全員の協議により適切な意思決定がなされることが期待されているため，定款の定めによってもその決定権限を代表取締役，常務会等の下部機関に委ねることはできず，取締役会において決定しなければならない[110]。

イ 在り方

企業は，社会が求める財貨又は役務を提供するために，事業を有効かつ効率的に行うことにより，事業から利益を生み出し，併せて，企業活動の過程における企業の様々な利害関係者との利害を調整することが求められる。

ガバナンスを担う取締役会の在り方としてここで強調すべきは，取締役会は，取締役の職務執行の監督機関であり，その究極が，代表取締役の選任・解職であるということである。この取締役会に求められている機能を果たし得るかどうかが，ガバナンスの実効性を確保し得るか否かにかかっているといっても過言ではない。この点につき，すべての取締役はこの自覚が求められることとなる。

以下，取締役会の役割のうち重要な点について，ガバナンス・コードを参考に考える。

ウ 企業の利害関係者との適切な協働

企業は，企業の利害関係者との利害を調整しつつ，企業活動を行うことが求められる。この点，ガバナンス・コードでは，ステークホルダー（企業の利害関係

---

[110] 江頭憲治郎『株式会社法第6版』（有斐閣，平成27年4月）408頁。

者）との適切な協働として，以下のとおり示している。

> **基本原則2【株主以外のステークホルダーとの適切な協働】**
> 　上場会社は，会社の持続的な成長と中長期的な企業価値の創出は，従業員，顧客，取引先，債権者，地域社会をはじめとする様々なステークホルダーによるリソースの提供や貢献の結果であることを十分に認識し，これらのステークホルダーとの適切な協働に努めるべきである。取締役会・経営陣は，これらのステークホルダーの権利・立場や健全な事業活動倫理を尊重する企業文化・風土の醸成に向けてリーダーシップを発揮すべきである。

> **基本原則2（考え方）**
> 　上場会社には，株主以外にも重要なステークホルダーが数多く存在する。これらのステークホルダーには，従業員をはじめとする社内の関係者や，顧客・取引先・債権者等の社外の関係者，更には，地域社会のように会社の存続・活動の基盤をなす主体が含まれる。上場会社は，自らの持続的な成長と中長期的な企業価値の創出を達成するためには，これらのステークホルダーとの適切な協働が不可欠であることを十分に認識すべきである。また，近時のグローバルな社会・環境等に対する関心の高まりを踏まえれば，いわゆるＥＳＧ（環境，社会，統治）問題への積極的・能動的な対応をこれらに含めることも考えられる。
> 　上場会社が，こうした認識を踏まえて適切な対応を行うことは，社会・経済全体に利益を及ぼすとともに，その結果として，会社自身にも更に利益がもたらされる，という好循環の実現に資するものである。

> **原則2―3【社会・環境問題をはじめとするサステナビリティーを巡る課題】**
> 　上場会社は，社会・環境問題をはじめとするサステナビリティー（持続可能性）を巡る課題について，適切な対応を行うべきである。

> 補充原則2―3①
> 　取締役会は，サステナビリティー（持続可能性）を巡る課題への対応は重要なリスク管理の一部であると認識し，的確に対処するとともに，近時，こうした課題に対する要請・関心が大きく高まりつつあることを勘案し，これらの課題に積極的・能動的に取り組むよう検討すべきである。

> 原則4―5【取締役・監査役等の受託責任】
> 　上場会社の取締役・監査役及び経営陣は，それぞれの株主に対する受託者責任を認識し，ステークホルダーとの適切な協働を確保しつつ，会社や株主共同の利益のために行動すべきである。

　ガバナンス・コードにおいては，基本原則2において「上場会社は，会社の持続的な成長と中長期的な企業価値の創出は，従業員，顧客，取引先，債権者，地域社会をはじめとする様々なステークホルダーによるリソースの提供や貢献の結果であることを十分に認識し，これらのステークホルダーとの適切な協働に努めるべきである。」とし，「取締役会・経営陣は，これらのステークホルダーの権利・立場や健全な事業活動倫理を尊重する企業文化・風土の醸成に向けてリーダーシップを発揮すべきである。」とする。

エ　経営理念等

　企業理念（経営理念）は，企業活動に係る社会的受容可能性の正当性を示し得る根拠である。ゆえに，企業理念は，企業の役職員の行動規範となり，役職員のコンプライアンス意識及び職業的懐疑心の醸成に係る源泉となる。ガバナンス・コードにおいては，企業理念の重要性に関して，以下のとおり示している。

> 原則2―1【中長期的な企業価値向上の基礎となる経営理念の作成】
> 　上場会社は，自らが担う社会的責任についての考え方を踏まえ，様々なステークホルダーへの価値創造に配慮した経営を行いつつ中長期的な企業価

値向上を図るべきであり、こうした活動の基礎となる経営理念を策定すべきである。

> **原則 2—2 【会社の行動準則の策定・実践】**
> 　上場会社は、ステークホルダーとの適切な協働やその利益の尊重、健全な事業活動倫理などについて、会社としての価値観を示しその構成員が従うべき行動準則を定め、実践すべきである。取締役会は、行動準則の策定・改定の責務を担い、これが国内外の事業活動の第一線にまで広く浸透し、遵守されるようにすべきである。

> **補充原則 2—2①**
> 　取締役会は、行動準則が広く実践されているか否かについて、適宜または定期的にレビューを行うべきである。その際には、実質的に行動準則の趣旨・精神を尊重する企業文化・風土が存在するか否かに重点を置くべきであり、形式的な遵守確認に終始すべきではない。

　ガバナンス・コードにおいては、原則2—1において、企業の担う社会的責任についての考え方を踏まえ、企業の利害関係者の利害を調整しつつ、中長期的な企業価値の向上に資する企業活動の基礎としての経営理念の策定を求め、かつ、原則2—2において、取締役会の責務として、「会社としての価値観を示しその構成員が従うべき行動準則」の策定・改定、及び、行動準則が「国内外の事業活動の第一線にまで広く浸透し、遵守されるようにすべきである」とする。

　さらに、補充原則2—2①において、取締役会に対して、行動準則が実践されているか否かについてのレビューを求めており、その際には、「実質的に行動準則の趣旨・精神を尊重する企業文化・風土が存在するか否かに重点を置くべきであり、形式的な遵守確認に終始すべきではない。」旨付言する。

　このようにガバナンス・コードにおいては、企業理念の重要性につき説き、しかも、それが、単に形式的なものとしてではなく、企業の役職員において、実質

的な行動規範となるようにすることを取締役会の責務として求めている。

オ　取締役会の責務

　企業は，社会が求める財貨又は役務を提供するための事業を有効かつ効率的に行うことにより，事業から利益を生み出し，併せて，企業活動の過程における企業の様々な利害関係者との利害を調整することが求められる。

　このような企業活動に資する経営が行われているのかを監視・監督するための経営の統治機関が取締役会である。ガバナンス・コードにおいては，取締役会の責務に関して，以下のとおり示している。

> **基本原則4**
> 　上場会社の取締役会は，株主に対する受託者責任・説明責任を踏まえ，会社の持続的成長と中長期的な企業価値の向上を促し，収益力・資本効率等の改善を図るべく，
> 　（1）企業戦略等の大きな方向性を示すこと
> 　（2）経営陣幹部による適切なリスクテイクを支える環境整備を行うこと
> 　（3）独立した客観的な立場から，経営陣（執行役及びいわゆる執行役員を含む）・取締役に対する実効性の高い監督を行うこと
> をはじめとする役割・責務を適切に果たすべきである。
> 　こうした役割・責務は，監査役会設置会社（その役割・責務の一部は監査役及び監査役会が担うこととなる），指名委員会等設置会社，監査等委員会設置会社など，いずれの機関設計を採用する場合にも，等しく適切に果たされるべきである。

> **原則4―1【取締役会の役割・責務（1）】**
> 　取締役会は，会社の目指すところ（経営理念等）を確立し，戦略的な方向付けを行うことを主要な役割・責務の一つと捉え，具体的な経営戦略や経営計画等について建設的な議論を行うべきであり，重要な業務執行の決定を行

う場合には，上記の戦略的な方向付けを踏まえるべきである。

補充原則4−1③

　取締役会は，会社の目指すところ（経営理念等）や具体的な経営戦略を踏まえ，最高経営責任者等の後継者の計画（プランニング）について適切に監督を行うべきである。

原則4−3【取締役会の役割・責務（3）】

　取締役会は，独立した客観的な立場から，経営陣・取締役に対する実効性の高い監督を行うことを主要な役割・責務の一つと捉え，適切に会社の業績等の評価を行い，その評価を経営陣幹部の人事に適切に反映すべきである。

　また，取締役会は，適時かつ正確な情報開示が行われるよう監督を行うとともに，内部統制やリスク管理体制を適切に整備すべきである。（以下，略）

補充原則4−3①

　取締役会は，経営陣幹部の選任や解任について，会社の業績等の評価を踏まえ，公正かつ透明性の高い手続に従い，適切に実行すべきである。

補充原則4−3②

　コンプライアンスや財務報告に係る内部統制や先を見越したリスク管理体制の整備は，適切なリスクテイクの裏付けとなり得るものであるが，取締役会は，これらの体制の適切な構築や，その運用が行われているか否かの監督に重点を置くべきであり，個別の業務執行に係るコンプライアンスの審査に終始すべきではない。

　ガバナンス・コードは，基本原則4において，取締役会に対して，「会社の持続的成長と中長期的な企業価値の向上を促し，収益力・資本効率等の改善を図る」ために，①企業戦略等の大きな方向性を示すこと，②経営陣幹部による適切

なリスクテイクを支える環境整備を行うこと，③独立した客観的な立場から，経営陣（執行役及びいわゆる執行役員を含む）・取締役に対する実効性の高い監督を行うことを求めている。

そして，基本原則4に関して，原則4－1及び補充原則4－1③において，経営理念，経営戦略及び最高経営責任者等の後継者の計画（プランニング）との関係に触れている。

また，原則4－3では，「取締役会の役割・責務（3）」として，「取締役会は，独立した客観的な立場から，経営陣・取締役に対する実効性の高い監督を行うことを主要な役割・責務の一つと捉え，適切に会社の業績等の評価を行い，その評価を経営陣幹部の人事に適切に反映すべきである。また，取締役会は，適時かつ正確な情報開示が行われるよう監督を行うとともに，内部統制やリスク管理体制を適切に整備すべきである。」と定め，また，「経営陣・取締役に対する実効性の高い監督を行うこと」を求めている。

カ　適切な情報開示と透明性の確保

適切な情報開示は，公正な証券市場の確立に不可欠であり，その責務を担う主体は上場企業となる。

ガバナンス・コードでは，情報開示について以下のとおり示している。

基本原則3

　上場会社は，会社の財政状態・経営成績等の財務情報や，経営戦略・経営課題，リスクやガバナンスに係る情報等の非財務情報について，法令に基づく開示を適切に行うとともに，法令に基づく開示以外の情報提供にも主体的に取り組むべきである。

　その際，取締役会は，開示・提供される情報が株主との間で建設的な対話を行う上での基盤となることも踏まえ，そうした情報（とりわけ非財務情報）が，正確で利用者にとって分かりやすく，情報として有用性の高いものとなるようにすべきである。

> **考え方**
>
> 　上場会社には，様々な情報を開示することが求められている。これらの情報が法令に基づき適時適切に開示されることは，投資家保護や資本市場の信頼性確保の観点から不可欠の要請であり，取締役会・監査役会・外部会計監査人は，この点に関し財務情報に係る内部統制体制の適切な整備をはじめとする重要な責務を負っている。(以下略)

　ガバナンス・コードにおいては，基本原則3において，取締役会に対して，「開示・提供される情報が株主との間で建設的な対話を行う上での基盤となることも踏まえ，そうした情報（とりわけ非財務情報）が，正確で利用者にとって分かりやすく，情報として有用性の高いものとなるようにすべきである」ことを求めている。そして，適時適切な情報開示に係る内部統制の適切な整備に関しても取締役会が重要な責務を負っている旨指摘する。

(4) 社外取締役

ア　機能・役割

　社外取締役は，株主総会の決議によって選任された取締役（会社法329条1項）であり，企業との独立性に係る法定の要件（会社法2条15号）のすべてを満たす取締役である。また，上場会社においては，取引所の上場規則により，会社法よりも厳格な要件を求める独立社外取締役を定めている（東京証券取引所，有価証券上場規程436条の2）。

イ　在り方

　社外取締役も取締役会を構成する一員であり，取締役会の機能としての①業務執行の決定，②取締役の職務の執行の監督，③代表取締役の選定及び解職（会社法361条，362条）を担う者となる。特に，社外取締役は，企業及び経営陣とは独立の立場にあることから，より実効性のあるガバナンスの実現に資する者として

期待されるものである。

ガバナンス・コードにおいては、独立社外取締役の役割・責務として、以下のとおり示している。

> 原則4―7【独立社外取締役の役割・責務】
> 　上場会社は、独立社外取締役には、特に以下の役割・責務を果たすことが期待されることに留意しつつ、その有効な活用を図るべきである。
> （ⅰ）経営の方針や経営改善について、自らの知見に基づき、会社の持続的な成長を促し中長期的な企業価値の向上を図る、との観点から助言を行うこと
> （ⅱ）経営陣幹部の選解任その他の取締役会の重要な意思決定を通じ、経営の監督を行うこと
> （ⅲ）会社と経営陣・支配株主等との間の利益相反を監督すること
> （ⅳ）経営陣・支配株主から独立した立場で、少数株主をはじめとするステークホルダーの意見を取締役会に適切に反映させること

（5）監査役・監査役会

ア　機能・役割

　監査役会は、3人以上の監査役により、かつ、過半数は社外監査役で構成される機関である（会社法335条3項）。社外監査役は、社外取締役同様に、企業及び経営陣と独立の関係にある法定の要件を満たす監査役である（会社法2条16号）。

　監査役・監査役会の職務・権限は、取締役の職務執行の監査である（会社法381条）。監査役・監査役会による監査は、業務監査及び会計監査があるが、業務監査は、取締役の業務執行の適法性（法令・定款違反）に係る違法性監査が原則となる。

　なお、監査役会は、株主総会に提出する会計監査人の選任・解任・不再任に関する議案の内容を決定する（会社法344条3項）。

イ 在り方

監査役・監査役会の役割・責務については，ガバナンス・コードにおいて，以下のとおり示されている。

> **原則4―4【監査役及び監査役会の役割・責務】**
> 　監査役及び監査役会は，取締役の職務の執行の監査，外部会計監査人の選解任や監査報酬に係る権限の行使などの役割・責務を果たすに当たって，株主に対する受託者責任を踏まえ，独立した客観的な立場において適切に判断を行うべきである。
> 　また，監査役及び監査役会に期待される重要な役割・責務には，業務監査・会計監査をはじめとするいわば「守りの機能」があるが，こうした機能を含め，その役割・責務を十分に果たすためには，自らの守備範囲を過度に狭く捉えることは適切でなく，能動的・積極的に権限を行使し，取締役会においてあるいは経営陣に対して適切に意見を述べるべきである。

> **補充原則4―4①**
> 　監査役会は，会社法により，その半数以上を社外監査役とすること及び常勤の監査役を置くことの双方が求められていることを踏まえ，その役割・責務を十分に果たすとの観点から，前者に由来する強固な独立性と，後者が保有する高度な情報収集力とを有機的に組み合わせて実効性を高めるべきである。また，監査役または監査役会は，社外取締役が，その独立性に影響を受けることなく情報収集力の強化を図ることができるよう，社外取締役との連携を確保すべきである。

また，会計監査人との関係については，ガバナンス・コードにおいて，以下のとおり示されている。

> 補充原則3—2①
> 監査役会は,少なくとも下記の対応を行うべきである。
> （ⅰ）外部会計監査人候補を適切に選定し,外部会計監査人を適切に評価するための基準の策定
> （ⅱ）外部会計監査人に求められる独立性と専門性を有しているか否かについての確認

> 補充原則3—2②
> 取締役会及び監査役会は,少なくとも下記の対応を行うべきである。
> （ⅰ）高品質な監査を可能とする十分な監査時間の確保
> （ⅱ）外部会計監査人からCEO・CFO等の経営陣幹部へのアクセス（面談等）の確保
> （ⅲ）外部会計監査人と監査役（監査役会への出席を含む），内部監査部門や社外取締役との十分な連携の確保
> （ⅳ）外部会計監査人が不正を発見し適切な対応を求めた場合や,不備・問題点を指摘した場合の会社側の対応体制の確立

（6）会計監査人

ア　機能・役割

　会計監査人は,企業と独立の第三者の立場から,企業の作成する財務諸表の適正性につき監査を行う者である。会計監査人となり得るのは,公認会計士又は監査法人だけである。
　会計監査人の会社法上の位置付けとしては,一般に株式会社の「機関」であるか否かの議論があるが[111],会社法は「株主総会以外の機関の設置」（会社法326

---

111 江頭憲治郎『株式会社法第6版』（有斐閣,平成27年4月）610頁。

条2項）として，「株式会社は，定款の定めによって，取締役会，会計参与，監査役，監査役会，会計監査人，監査等委員会又は指名委員会等を置くことができる。」と規定しており，また，会計監査人の意義を踏まえれば，会計監査人は株式会社の機関であるとするのが相当であると考える。

　ゆえに，会計監査人は，財務諸表監査の職業的専門家として，ガバナンスを担う機関としての機能・役割を有するものとなる。

イ　在り方

　会計監査人の役割・責務については，ガバナンス・コードにおいて，以下のとおり示されている。

> 原則3－2【外部会計監査人】
> 　外部会計監査人及び上場会社は，外部会計監査人が株主・投資家に対して責務を負っていることを認識し，適正な監査の確保に向けて適切な対応を行うべきである。

4　ガバナンスの性質

(1) 経営の統治機構

　企業は社会の公器である。企業活動の結果，企業の提供する財貨又は役務が，世のため人のためとなり，また，企業活動の過程で関わる企業の利害関係者においても価値を生み出す。ゆえに，企業は，社会的価値の増加に資するものであり，また，そうでなければ，その存在が社会から否定されることになる。そして，企業が社会の公器である限り，企業は持続的な成長が求められ，かつ，企業価値の向上が求められる。

　さらに，社会は変化する。社会が事業に対して求める価値は，時代の変遷とともに移り変わる。それは，技術の進歩や社会の価値観の変化等の様々な要因に基

2　ガバナンスを考える

づく変化である。今，社会に受け入れられている事業が，将来においても受け入れられる保証はなく，また，永遠に受け入られる事業もない。ゆえに，社会の変化に事業を対応させていかなければならない。時には，事業の捨象も必要となり，選択と集中が求められることもある。そして，その際の判断の根幹に，企業理念がある。

しかしながら，企業経営において，株主から経営を委託された経営者が必ずしもこのような企業経営を行い得る訳ではない。経営者は，企業における最高経営責任者であり，企業における権力者となる。「権力は腐敗する，絶対的権力は絶対腐敗する」のである。そして，本質的に完璧な「人」はいない。時に間違いもするし，誤りも犯すのである。したがって，企業経営においては，経営者に対する監視・監督が不可欠となる。

この意味において，企業が，社会の公器として，社会の変化に対応しつつ，企業理念に基づく事業価値の実現を目指し，企業の様々な利害関係者との利害を調整し，社会が求める財貨又は役務を提供することにより，事業から利益を生み出し，持続的な成長を図り，企業価値の向上に資する「経営のための統治機構」がガバナンスなのである[112]。

（2）攻めのガバナンス・守りのガバナンス

企業価値の向上とは，社会に対する財貨又は役務の提供による価値の向上だけではない。企業活動の過程で起こり得る不正の予防・早期発見も企業価値の向上に資するものである。不正は，企業価値の毀損となる。ゆえに，不正の予防は，企業価値の毀損を防ぎ，不正の早期発見は，企業価値の毀損を最小限度に止めるものとなる。よって，ガバナンスが企業価値の向上に資する経営の統治機構であ

---

[112]「企業統治論を語るとき，注意しなければならないことがある。それは，別に株主が偉いわけでもなければ，債権者が偉いわけでも，従業員が偉いわけでもない，ということだ。本質は事業にある。あくまでも事業至上主義だ。そもそも事業がGDPをつくり，所得をつくり，雇用を作っている。事業を持続的に発展させるために，さらには事業を通して実現したい社会的価値，すなわち理念や哲学に近づくために，どういう統治機構があるべきか。これがガバナンスの本質であるべきなのだ。」（冨山和彦『会社は頭から腐る』（ダイヤモンド社，平成19年7月）167頁）

るところ，企業価値の向上とは，事業活動による積極的意味としての企業価値の向上と，不正の予防・早期発見による消極的意味としての企業価値の向上のいずれをも含むものとなる。ゆえに，ガバナンスには，「攻めのガバナンス」と「守りのガバナンス」が求められることとなる。

しかしながら，「攻めのガバナンス」と「守りのガバナンス」はあくまでも概念上の区分に過ぎない。現実のガバナンスの対象として，攻めのガバナンスの「対象」と守りのガバナンスの「対象」が明確に区分され存在するわけではない。

例えば，多額の「のれん」が発生する企業買収案件があったとする。取締役会では，当該企業買収の是非について議論をするが，その際に，当該企業の買収が，自社の経営戦略の中でどのような意味を有するのか，買収によるシナジー効果はどの程度期待できるのか等の様々な観点から当該買収が企業価値の向上に資するか否かについての検討が行われる。

また，買収対象会社の超過収益力としての多額の「のれん」に係る検討も求められる。買収対象会社の実質的な価値に対して，買収価額が高過ぎるのか，妥当なのか，高過ぎるのであれば，そもそも買収価額に係る交渉や決定過程はどうなっているのか，買収価額に係る根拠は何かについて検討する必要がある。その検討の過程において，合理的ではない根拠や判断があった場合には，この買収案件の「意味」について健全な疑義を呈さなければならない状況もあり得る。本当に企業価値の向上にする買収案件なのか，第三者の利得を図るための買収案件ではないのか，買収資金がどこかに還流するのではないか等の疑義である。そして，この健全な疑義が，不正の予防・早期発見のための消極的意味としての企業価値の向上に資する観点となる。

このように，企業買収案件という同一の対象に対する異なる視点，すなわち，「攻めのガバナンス」の視点と「守りのガバナンス」の視点を併せ持った検討が求められるのである。そして，この視点がガバナンスに関わる者に求められる職業的懐疑心の保持・発揮であり，「攻めのガバナンス」においては，平時における職業的懐疑心が，「守りのガバナンス」においては，有事における職業的懐疑心の保持・発揮が求められることとなる。

（3）ガバナンスの不完全性

　経営の統治機構であるガバナンスの実体は「人」たる取締役、社外取締役、監査役、社外監査役及び会計監査人等である。世の中に完全な「人」、完璧な「人」はいない。ゆえに、ガバナンスは、本質的に不完全なものとなる。

　したがって、実効性のあるガバナンスとは、この不完全性の認識を前提に、不完全な「人」たる取締役等が、取締役等としての職業倫理に基づき、自らの職責を果すべく、日々、継続して努力を行うことにより成し得るものとなる。そして、この意識の在り方が職業的懐疑心なのである。取締役としての職業的懐疑心、社外取締役としての職業的懐疑心、監査役としての職業的懐疑心を高めることにより、ガバナンスの実効性を高め、確保する努力をし続けなければならないのである。ゆえに、そもそも職業的懐疑心を保持しない者が、取締役等である場合には、ガバナンスは機能不全となる。

　ガバナンスは常に不完全である。ゆえに、社会がガバナンスに期待する役割を理想として、この理想に一歩でも近づくべく、ガバナンスを担う者の真摯な絶え間ない努力によってのみ、企業価値の向上に資する経営が可能となる。

5　ガバナンスは経営者不正に対応し得るのか

　過去、社会の耳目を集める大型の企業不祥事が生じる都度、今後の再発防止のためのガバナンスの強化として、監査役・監査役会の在り方や権限の強化が議論され、また、社外取締役に関しても守りのガバナンスの観点を中心に議論がなされ、法制度や取引所規則の改正が行われている。しかしながら、平成27年6月のガバナンス・コードの設定以降、政財界を中心に、攻めのガバナンスを強調した議論に移行し、ガバナンスは企業不祥事の予防・早期発見とは関係がないとの声も聞こえるようになった[113]。しかし、本当に、不正会計の予防・早期発見に関してガバナンスは関係ないのであろうか。

　過去の経営者による不正会計事件でも明らかなように、経営者不正は、ガバナ

ンスの機能不全を機会として行われる。そして，ガバナンスが機能不全に陥った原因は，ガバナンスを担う者の職業的懐疑心の欠如に他ならない。

　繰り返しになるが，ガバナンスは，企業の持続的成長を可能とし，また，中長期的な企業価値の向上のために求められる経営の統治機構である。その意義は，第一義的には事業の有効かつ効率的な遂行を可能とする経営の在り方を問うものであったとしても，不正が企業価値を毀損させるものであり，企業の持続的成長，企業価値の向上の阻害要因であることには間違いはなく，ゆえに，不正の予防・早期発見は，当然にガバナンスの射程圏内となる。攻めのガバナンスが積極的意味の企業価値の向上であるならば，守りのガバナンスは消極的意味の企業価値の向上であり，いずれもが企業価値の向上に必要なのである。ゆえに，職業的懐疑心の保持・発揮は，ガバナンスにおいて，攻めのガバナンスと守りのガバナンスの観点から求められるものとなる。

　そして，現実的に，ガバナンスを担うのは，概念としての取締役会でもなく監査役会でもない。ガバナンスの機能を担う者としての取締役，監査役等の「人」である。ガバナンスの実効性は，その「人」のそれぞれの職業的懐疑心の保持・発揮により確保される。そして，それは，それぞれの職業倫理に基づく「問題意識」の発露であり，最初から，「ガバナンスは，企業不祥事の予防・早期発見とは関係がない」との認識では，職業的懐疑心の保持・発揮も期待できない。不正

113　例えば，オリックス株式会社シニア・チェアマンの宮内義彦氏は，日経ビジネスオンラインでのインタビューに対して「コーポレートガバナンスを強化すれば，企業不祥事を防げるような言い方をされることがありますが，これはかなり難しく，できないと言ってもいいことです。東芝の不祥事のように，企業のトップが意図的にルールに反することをやり，それを隠した場合には，真相をつかむのはまず無理でしょう。粉飾決算を見抜くことができるとすれば，それは内部告発か，伝票を一枚一枚見ることができる立場にあり，実行力もある監査法人くらいです。社外取締役を置くなどして，コーポレートガバナンスを働かせているかどうかとは，全く別の問題です。そんなにひどい経営者をなぜ選んでしまったのかという論点ならば，ガバナンスも関係してきますけれどね。日本には東証一部だけで1900社を超える上場企業があるのですから，このうち何社かに変な経営者がいたとしてもおかしくはありません。米国だって，かつては，エンロンやワールドコムといった有力企業が会計をめぐる不祥事によって転落していきました。残念ながら，こういうことは時々起こる。東芝の事件を見て，何となく日本の企業全体が危ない局面に置かれているのではないかといった議論は，あたらないと思います。」（日経ビジネスオンライン「ガバナンスと不祥事は関係ない」（平成27年12月17日））。

2　ガバナンスを考える

に対する無関心は，職業的懐疑心の保持・発揮の最大の阻害要因となる。
　ゆえに，不正対応は，ガバナンスが取り組むべき経営課題なのである。不正対応はガバナンスの問題ではないとするのは，ガバナンスの機能を担う取締役等としての職責放棄であり，無責任であると言わざるを得ない。そして，その帰結は，ガバナンスの機能不全をもたらし，経営者不正の温床となるだけである。

3 経営者不正の予防

> ここでは，すでに述べたあるべきガバナンスを前提に，経営者不正の予防について考える。

1 経営者不正の機会としてのガバナンスの機能不全

　後に述べる「⑤　経営者による不正会計事例」のとおり，経営者による不正会計は，ガバナンスの機能不全，すなわち，経営者に対する取締役会や監査役会等の株式会社の機関の監督機能・監査機能が十分に発揮されないことが，不正の機会となる。機関の形骸化，理論と現実の乖離である。

　会社法においては，株主総会で選任された取締役で構成される取締役会において，経営者としての代表取締役が選任され，そして，取締役会は，取締役の職務の執行に関して監督する義務を負い，また，監査役会は，取締役の職務執行を監査する義務を負う。このように，会社法は，ガバナンスの在り方として，取締役会や監査役会等による経営者に対する監督・監査機能を想定する。

　しかしながら，現実には，代表取締役社長が，（前社長らである会長または相談役と相談し）取締役候補を選任し，代表取締役の意向を汲むべき者が（株主総会の決議を経て）取締役となる場合が多く見受けられる。この結果，取締役は，社内の人事の一環としての部長の上の役職としての位置付けに止まることになる。代表取締役社長の部下としての取締役である。また，社外取締役も監査役も同じである。経営陣の知人が候補となり選任され，このように選任された社外取締役，監査役は，本来の会社法上の求める機関としての意識が希薄となる。

　このため，取締役会・監査役会は形骸化し，本質的に，ガバナンスとしての機

能を有するものではなくなってしまうのである。この意味において，我が国企業に設置されている「取締役会」「監査役会」は，会社法上の機関としての「取締役会」「監査役会」と同一の名称を用いているものの，会社法が求めるガバナンス機能を有する機関ではなく，単なる経営組織上の一部署にしか過ぎなくなるのである。そして，取締役・監査役は，単に「取締役」「監査役」と称する管理職となり，内部統制の枠組みの中で，経営者をトップとした指揮命令下にある管理職に過ぎなくなる。実際，執行役員，部長を兼務している取締役は多い。取締役が，執行役員や部長等を兼務しているということは，経営者の指揮命令下にあり，また，人事権を経営者が有しているということである。これでは，取締役会を構成する取締役としての責務，すなわち，業務執行の監督を十分に果たし得ない[114]。

　少なくとも過去に経営者による不正会計が起きた会社はこのような状況に陥っていたのである。ここに法概念としての理論と現実の乖離があり，これが経営者不正の機会となるのである。ガバナンス機能を有していない取締役会・監査役会は，「ガバナンスごっこ」にしか過ぎない。過去の経営者不正事案の真因は，ガバナンスの機能不全ではなく，ガバナンス不在であるといっても過言ではない。

2 経営者不正の予防のために

　経営者不正の予防は，経営者不正のトライアングルを成立させないことにより可能となる。すなわち，経営者の不正の動機（プレッシャー）・機会・正当化の発生可能性を低減させることで，不正の発生を予防するのである。

　経営者不正のトライアングルの発生可能性を低減させるための方策については，第一部「3 不正会計への対応を理解する」で述べたとおりである。ここで

---

[114]「執行兼務の取締役は，会社全体の取締役として，全ステークホルダーの代表として企業価値の向上に取り組むのではなく，もっぱら執行サイドの部門代表として行動せざるをえない圧力が働くのだ。」（冨山和彦・澤陽男『決定版これがガバナンス経営だ！ストーリーで学ぶ企業統治のリアル』（東洋経済新報社，平成27年12月）149頁）

は，特に，経営者不正の「機会」の発生可能性の低減策について考える。

（1）経営者不正の予防と実効性あるガバナンスの確立

　ガバナンスとしての経営者不正の究極的な予防策は，経営者として適切な人を選ぶことに尽きる。しかしながら，現実的には，いかに慎重に経営者を選んだとしても，必ずしも適切な人が選ばれるとは限らない。また，経営者の選任時においては，最も適切だと思われた人であったとしても，その後，どのような不正の動機が経営者に生じるかは，誰にもわからない。したがって，ここでは，経営者を所与の前提として，経営者不正の予防に資する機関設計・機関運用の在り方について考える。

ア　取締役・監査役の職業的懐疑心

　経営者不正の機会となるのは，ガバナンスの機能不全である。ゆえに，不正の機会の発生可能性を低減させるためには，実効性あるガバナンスを確立すれば良い。

　では，実効性のあるガバナンスとは何か。株式会社においては，ガバナンスを担う機関として取締役会及び監査役会がその中心となる。会社法上，取締役会は，取締役の職務執行を監督し，監査役会は，取締役の職務執行について適法性の観点から監査を行う。実効性のあるガバナンスとは，取締役会が，適切に取締役の職務執行を監督し，監査役会が，適切に取締役の職務執行を監査することである。そして，取締役会が取締役で構成される組織体であり，また，監査役会が監査役で構成される組織体であることから，その実態は，取締役・監査役としての「人」となる。すなわち，実効性のあるガバナンスとは，人たる取締役・監査役が適切に職務を遂行することなのである。

　そして，人たる取締役・監査役が，ガバナンスの役割を担う機関の構成員として機能し得るためには，それぞれの職業倫理に基づいた職業的懐疑心の保持・発揮が求められるのである。職業的懐疑心については，第二部「2　上場企業の役職員としての職業的懐疑心」においてすでに述べたとおりである。

3　経営者不正の予防

イ　経営者不正の予防と機関設計

　上場企業の機関設計を考えた場合，現行の会社法上，取締役会設置会社を前提に，①監査役会設置会社，②指名委員会等設置会社及び③監査等委員会設置会社の3つが基本となる。

　経営者不正の予防という観点からは，極論，どの機関設計を採用した場合であっても等価値である。しかしながら，機関設計に差異がないとはいうものの，その前提としては，採用した機関設計が，企業の実態に則した仕組みでなければならない。例えば，監査等委員会設置会社を採用した場合に，会社法上，常勤の監査等委員の設置が義務付けられていないことから，仮に非常勤の監査等委員だけで構成されていたならば，ガバナンスの実効性をいかほどに確保できるか疑義がある。

　重要なことは，いずれを採用する場合でも，それぞれの機関設計の意義を十分に理解し，企業の実態に則した方法を採用し，さらに，創意工夫を施すことによりそれぞれの機関の機能を実質的かつ十分に発揮させることである[115]。また，いずれの機関設計を採用した場合であっても，当該機関を担う者として適切な人選を行う必要がある。社外取締役，監査役及び監査等委員らが現経営陣との関係から，現経営陣に過度に配慮する姿勢を有する者であった場合には，いずれの機関設計を採用したとしても，各機関に期待される機能が発揮されることはない。

　ゆえに，「結局は人」であり，機関設計の趣旨に照らし，企業の実態に則した機関設計を選択し，かつ，それぞれの機関を担う者としての取締役・社外取締役・監査役を適切に選任することが求められるのであり，また，選任された者が，それぞれの職業的懐疑心を保持・発揮することにより，実効性のあるガバナンスが可能となるのである。

115　コーポレートガバナンス・コード「基本原則4」「考え方」参照。

ウ　経営者不正の予防と取締役・社外取締役・取締役会

　過去の経営者による不正会計事案を踏まえると，取締役会の形骸化によるガバナンスの機能不全が経営者不正の「機会」となり，それは，取締役会を構成する取締役の職業的懐疑心の欠如に起因するものとなる。

　取締役は，取締役会の構成員として，企業の持続的成長及び企業価値の積極的・消極的向上の観点から，その他の取締役の職務執行を監督することが取締役の職責となる。この職責の自覚による取締役としての職業倫理に基づく職業的懐疑心の保持・発揮により，実効性のあるガバナンスが確保される。特に，社外取締役は，企業及び経営陣とは独立の立場から第三者的視点に基づいた職務の遂行が求められ，その役割は極めて重要であり，他の執行を担う取締役よりも高次の自己規律に基づいた職業的懐疑心の保持・発揮が求められる。このように，取締役会が，経営者による不正会計の予防に資するガバナンスとして機能するためには，取締役・社外取締役の職業的懐疑心の保持・発揮が不可欠となる。

　しかし，上場企業における取締役であっても，必ずしも会社法が求める取締役としての資質・能力を備えた者ばかりではないのも，また現実である。経営者不正の機会の温床となるガバナンスの不完全性である。したがって，このガバナンスの不完全性，すなわち，人としての不完全性を認識することが，経営者不正の予防への第一歩となる。人は，理想を掲げることにより向上する。ある人が取締役である限りにおいては，真にガバナンスに寄与する取締役とは何かを問題意識として常に考え続け，あるべき「取締役」に一歩でも近づく努力をする「姿勢」が求められるのである。そして，その「姿勢」が職業的懐疑心に他ならない。

　例えば，上場後間もない新興企業を例に考えてみれば良い。新興企業は，特に事業の成長性，将来性の観点から評価される企業である。ゆえに，事業が中心となる。そして，新興企業における取締役は，必ずしもガバナンスの担い手としての取締役に求められる資質・能力を備えた者ばかりではない。逆に多くは，事業の推進力としての役割を担ってきた者である。そのような新興企業において，上場したからといってすぐに本来のガバナンスの担い手としての意識に変わるもの

ではない。上場準備期間中における主幹事証券会社や取引所との審査対応や，上場後の株主との対話等を経て，徐々に意識が醸成されていくのである。このガバナンスの担い手としての意識の醸成は，本人の問題意識がない限り成し得ない。本人の問題意識に基づき，上場企業の取締役としてのあるべき姿に近づく努力が始まるのである。

エ　経営者不正の予防と監査役・社外監査役・監査役会

　監査役も取締役に同様である。過去の経営者による不正会計事案を踏まえると，監査役会の形骸化によるガバナンスの機能不全が経営者不正の「機会」となり，それは，監査役会を構成する監査役の職業的懐疑心の欠如に起因するものとなる。

　監査役は，監査役会の構成員として，取締役の職務執行を監査する機能を有する。監査役による業務監査は，適法性監査がその中心となり，特に違法行為の有無につき監査がなされることとなる。したがって，監査役の職責は，取締役の職務執行に係る違法性の有無を監査することであり，この職責の自覚による監査役としての職業倫理に基づく職業的懐疑心の保持・発揮により，実効性のあるガバナンスが確保されることとなる。

　なお，経営者による不正会計の予防の観点からは，特に会計監査人の選任等が重要となる。会計監査人による財務諸表監査は，本来は経営者が自らの経営責任に対する保証であり，経営者が適切な監査人を選ぶべきである。そして，経営者が選任した会計監査人に対する評価が，また，経営者に対する評価となる。しかしながら，経営者が悪意を持っていた場合には，弊害が大きい。ゆえに，監査役会が評価し意見を述べる制度になっている。この点，監査役としての職責を自覚した対応が求められ，監査品質の高い会計監査を行う会計監査人の選任が何よりも重要となる。万が一にでも監査役が監査報酬を費用と考え，いかにこの費用を削減するか等の思いを持つべきではない。会計監査人の選任は，あくまでも監査品質の観点から検討すべきものとなる。

オ 経営者不正の予防と株主総会・株主

　株主総会は，株式会社の最高意思決定機関である。しかしながら，株主総会における決議事項は限定されており，また，企業経営の実態に係る情報へのアクセスも事実上一定の制約がある。

　このような実態を踏まえた場合，経営者不正の予防の観点から，ガバナンスを担う機関としての関わり方を考えると，究極的には，取締役・社外取締役・監査役・社外監査役・会計監査人として誰を選任するかという点に尽きる。この点については，第三部 2 3 「（2）株主総会」で述べたとおりである。

カ 経営者不正の予防と会計監査人

　会計監査人は，企業が作成する財務諸表の監査を行う職業的専門家である公認会計士又は監査法人である。

　経営者による不正会計は財務諸表監査の限界事例であり，財務諸表監査においてその予防・早期発見は困難であるとの見解もある。しかしながら，そもそも企業とは独立の第三者である会計監査人による監査が求められるのは，財務諸表は企業が作成するものであること，及び，経営者には不正会計の動機が潜在的存在するからであり，また，財務諸表監査は，財務諸表全体の適正性に係る一定の保証であり，財務諸表の利用者の判断に影響を与えない程度に軽微な虚偽記載はさておき，財務諸表に重要な影響を与える虚偽記載については，その原因が誤謬であるか不正であるかを問わず，会計監査人による財務諸表監査においてその発見が求められるものである。特に，経営者による不正会計は，財務諸表の特定の利用者の判断を誤らせることにその動機があり，また，財務諸表に与える影響も大きい。ゆえに，会計監査人による財務諸表監査においては，経営者による不正会計が行われているのであれば，当然にそれを発見すべきものとなる[116]。

---

[116] 会計監査人の在り方については，拙著『財務諸表監査における不正対応』（清文社，平成25年11月）を参照されたい。

この点，経営者による不正会計の予防の観点からは，会計監査人がこのような姿勢，すなわち，財務諸表に重要な影響を与える不正会計が行われていれば，その発見が会計監査人の役割であるとの自覚に基づいた監査の実施が，経営者による不正会計に対する抑止力となる。

(2) 求められる経営者の選任

以上，経営者不正の予防に関して実効性のあるガバナンスとしての各機関の在り方について述べた。しかしながら，経営者不正の究極的な予防策は，経営者として適切な人を選ぶことに尽きる。ガバナンスの究極の目的に同じである。いかに不正予防に資する機関設計を採用し，いかに不正予防に資する運用を行ったとしても，不正を行う経営者は，不正を行う。結局は人次第である。

ア 経営者の重要性

言うまでもなく，企業経営において，誰が組織のトップであるかが，極めて重要となる。特に，経営者不正の予防の観点からは，経営者に不正の動機・プレッシャーが生じた際に，不正行為の実行を正当化することなく，正しい選択を行い得る覚悟を有する経営者であることが求められる。

また，企業風土の醸成は，経営者次第であるところ[117]，経営者不正の実行は，経営者の不正の指示に基づき不正の実行を担う役職員の存在があり，そして，その背景として不正を許す企業風土等の権威主義的企業風土の醸成がある。特に，

---

[117] 筆者の経験でいえば，証券取引等監視委員会において実感した。筆者は，平成16年10月から平成23年2月まで証券取引等監視委員会事務局特別調査課にて犯則調査に従事していたが，平成19年7月に福岡高等検察庁検事長であった佐渡賢一氏が証券取引等監視委員会委員長に就任された（平成28年12月に任期満了となり，現在は長谷川充弘氏が委員長である）。証券取引等監視委員会においては，それ以前は，特別調査課至上主義とも言うべき組織風土が醸成されており，証券市場におけるラストリゾートとしての機能が最優先されていたが，佐渡委員長の就任により，証券取引等監視委員会に与えられた権限を最大限活用した，市場の公正性を確保するための機能が最優先となり，組織風土が大きく変化した。トップが変われば組織が変わるということをまさに実感した経験である。なお，佐渡委員長の「想い」が現場に浸透したのは，佐渡委員長の右腕ともいうべき佐々木清隆氏（現金融庁総括審議官）が特別調査課長，総務課長，事務局長として佐渡委員長を支えられたことが大きい。

企業は人の集まりとしての組織体であり，組織における同調性・従属性・同一視という傾向を有することから，企業風土の醸成に強い影響を与える経営者を誰にするかが重要となる。

イ　経営者の選任

経営者たる代表取締役社長は，株主総会で選任された取締役で構成される取締役会で選任される。ゆえに，まず，①取締役会で，株主総会に上呈する取締役候補として誰を選任するかが判断され，②株主総会では，決議事案として上程された取締役候補を可決するか否かが判断され，その後，③株主総会で承認された取締役の中から取締役会において誰を代表取締役社長として選任するかが判断される。この判断の過程において，ガバナンスを担う機関としての取締役・社外取締役・監査役・株主等が，それぞれの立場から，誰が経営者として適切なのかを真摯に考えなければならない。

また，その前提として，経営者選任プロセスとしての後継者計画（サクセッションプラン）を仕組みとして構築する必要がある。ゆえに，ガバナンスにおいては，適切な後継者計画の立案及びその実施状況の監視・監督もまた重要となる。

ウ　経営者に求められる資質

様々な企業の利害関係者との利害を調整し，企業の持続的成長・企業価値の向上に資する経営を行うための経営者に求められる資質とは何か。この経営者に求められる資質に関しては，経営学等の分野で多くの議論がなされ，また，見解が示されており，様々な観点から経営者に求められる資質を挙げることができよう。しかし，不正対応に限らず，多くの見解に共通して挙げられる資質は，誠実性と倫理的価値観である[118]。それは，また，「志」であるともいえよう[119]。

企業の持続的成長・企業価値の向上は，企業の利害関係者との適切な利害調整が前提となる。利害関係者との利害調整が適切に行われなかった場合には，企業の存続自体が困難な状況に至る可能性が生じることになる。しかしながら，企業

の利害関係者との利害調整は，決して単純なものではなく，様々な利害関係者の思惑と，利害調整により派生する影響等の複雑な関係性の中で，現実的な解を求めざるを得ない。ゆえに，経営者の判断の規準となるべき軸が必要となる。それが，誠実性と倫理的価値観である。この軸がぶれると，適切な利害調整が行えなくなる。

そして，誠実性と倫理的価値観は，何よりも経営者不正の正当化を低減させる内面的な力となり，経営者不正の予防に資するものとなる。また，企業理念を組織に浸透させ，企業風土を醸成させるには経営者の姿勢が重要となる。この経営者の姿勢は，まさに経営者の誠実性と倫理的価値観に基づき示されるものとなる。さらに，内部統制が有効に機能するためには，内部統制環境が重要となるが，この内部統制環境が整えられる要件として経営者の誠実性と倫理的価値観が重要な要素となる[120]。

このような経営者の誠実性と倫理的価値観の表裏となるのが，経営者としての「覚悟」である。経営者は，本来は，結果責任を負うべきものである。業績が悪ければ自らの責任である。天変地異があろうとなかろうと，予測不能なアクシデントがあろうとなかろうと，それはすべて経営者が負うべき責任である。もちろ

---

118 伊丹敬之氏は，その著書『よき経営者の姿』（日本経済出版社，平成19年1月）において，経営者の三つの機能的役割として，①リーダー，②代表者，③設計者を挙げ，この機能的役割を果たすために経営者に必要な条件を挙げる（41頁-54頁）。このうち，②「代表者」の役割には，組織として外部に何らかの働きかけを行う際に先頭に立つ役割（外部へのスポークスマンとしての顔）と，外部からの波に対して組織の内を守る防波堤の役割（外部に対して責任をとる役割）という二つの役割があるとし，代表者の条件として，「結果への責任感」と「社会への倫理観」を挙げる。特に，社会への倫理観については，「企業は社会の中に存在を許されている経済組織である。その存在を許してくれている社会に対して意味のある事業活動をする責任が，企業にはある。その責任を最終的に担保するものは，経営者の代表としての倫理観であろう。」（49頁-50頁）とする。

119 「経営において最終的に最も大事なものは，マネジメントする人の志です。経営の仕事は，社会や他人の人生に大きな影響を与えます。経営の単位が企業であれ，国家であれ，使命のために体を張る覚悟がなければ，引き受けるべきではありません。リーダーとは，そういう存在です。」（冨山和彦『会社は頭から腐る』（ダイヤモンド社，平成19年7月）222頁）

120 「経営者および取締役会は，こうした優先順位が組織全体で理解され，受け入れられるために，法律および規則の遵守だけにとどまらず，正しい行いをすることに対するコミットメントを明確に表明し，強化する」（八田進二・箱田順哉監訳，日本内部統制研究学会・新COSO研究会訳『COSO内部統制の統合的フレームワーク フレームワーク篇』（日本公認会計士協会出版局，平成26年2月））64頁

ん，その対応を踏まえて経営者としての評価がなされるのであろうが，要は，言い訳はできないのが経営者である。経営者は，経営の最高責任者であり，それだけの権限を託されている。結果責任を負うことの覚悟がない者は経営者になるべきではない。もし，その覚悟がなければ，本当の経営などできないであろう。これは何も経営者だけの話ではない。色々な立場があり，色々な権限と責任のある仕事がある。その立場での判断の結果について責任を負えない者は，良い仕事ができるわけはないのである。

そして，この経営者としての覚悟が，経営者において不正の動機・プレッシャーが生じた際に，不正の実行を正当化する心の弱さを支え，事実としての結果を受け入れることができるのである。この意味において，経営者の誠実性と倫理的価値観は，覚悟ある経営者が有する資質となる。

（3）不正を許さない企業風土の醸成

以上のとおり，経営者不正の予防を考えた場合，まずは，経営者としての資質を備えた人をいかに選ぶかということが大事となる。その上で，経営者として選任された人が，選任後，万が一，不正の動機が生じた場合であっても，ガバナンスの実効性を確保することで，経営者不正の予防を図ることが必要となる。そのためには，経営者の選任及び経営者の監視・監督において，ガバナンスを担う者の職業的懐疑心の保持・発揮がその実効性を確保する上で極めて重要となる。

また，企業の役職員の一人ひとりのコンプライアンス意識，特に，上場企業の役職員にあっては，公正な証券市場の確立に寄与すべき責務の理解を前提とした上場企業の役職員としてのコンプライアンス意識の醸成が，経営者不正の予防においても極めて重要となる。企業の役職員のコンプライアンス意識に基づく不正を許さない企業風土の醸成が，皆の意識が，経営者不正に対する抑止力となるのである。しかしながら，企業風土の醸成は，経営者の姿勢，すなわち，経営者の考え方，態度，行動が強く影響する。下はみな経営者の背中を見ているのである。したがって，取締役・監査役は，不正を許さない企業風土が醸成されているか否か，また，その前提としての企業の役職員のコンプライアンス意識が醸成さ

れているか否かに，常に注意を払うべきとなる。特に社外取締役・社外監査役の役割は重要である。どのような企業風土が醸成されているかは，社内にいる役職員には，なかなか意識できない。ゆえに，外部の社外取締役・社外監査役が外からの視点で中を見て，企業風土を肌で感じ，判断をしなければならない。企業風土は，ほんの些細なやり取りにあらわれる。企業風土を象徴的に示す事柄について，社外取締役・社外監査役はそれぞれの職業的懐疑心を十二分に保持・発揮することにより把握し，企業風土の組織に与える影響を考えなければならない。

　権威主義的企業風土，逆らえぬ企業風土は，経営者不正の温床となる。もし，役職員のコンプライアンス意識，不正を許さない企業風土の醸成の阻害要因となるような事柄が，社内において当たり前のように行われているのであれば，その芽を摘み取り，その芽の土壌となる企業の役職員の意識を変える努力をしなければならない。ダメなものはダメなのであり，ダメなものが当たり前のように行われているのであれば，それが不正の温床となる。経営者不正は，経営者だけで実行できるものではない。経営者の指示に基づき不正行為の実行を行う役職員の存在がある。企業の役職員のコンプライアンス意識を醸成し，不正を許さない企業風土を醸成し，万が一にでも，経営者よる不正の指示があった場合には，それに従わない空気を作るのである。そして，指示された役職員だけではどうにもならない時に，次に述べる有効な内部通報制度の構築が経営者不正の予防・早期発見に資することとなる。

（4）有効な内部通報制度の構築

ア　経営者不正の抑止力としての内部通報制度

　有効な内部通報制度の構築は，経営者不正の抑止力となる。

　内部通報制度は，基本的には，不正等の端緒を把握するための「早期発見」の仕組みであり，内部通報制度の詳細については，第四部**4**　**7**　内部通報制度の整備」において述べるが，ここでは，経営者不正の予防の観点から内部通報制度を考える。

経営者不正は，経営者のみで実行し得るものではなく，経営者の不正の指示に基づき不正行為の実行を担う役職員の存在がある。そして，不正の指示を受けた役職員が，周囲に気付かれずに，または，薄々と感づかれながらも不正行為を実行することとなる。すなわち，経営者不正が行われる場合には，経営者以外にも不正の存在を知り得る役職員がいるということである。ゆえに，有効な内部通報制度が整備・運用されている場合には，経営者においては，不正の実行に係る精神的な阻害要因，すなわち，不正の指示を行った場合には，内部通報により自らの不正が発覚する恐れがあるとの思いが，経営者に不正の実行を躊躇させることとなり，有効な内部通報制度の整備・運用が経営者不正に対する抑止力となる。

　なお，内部通報制度は，その不正の存在を知った，または，不正の兆候を把握した役職員に対して，通報窓口への通報を求める制度であり，個々の役職員の職業倫理に支えられたコンプライアンス意識の発露としての内部通報を期待する制度である。ゆえに，内部通報制度が機能する条件として，本来は，企業の役職員のコンプライアンス意識の醸成，及び，不正を許さない企業風土の醸成が不可欠となるが，この条件が満たされていない場合であっても，経営者不正の端緒を把握した一人の者のコンプライアンス意識の発露に期待するものである。

　したがって，経営者不正の予防に資するガバナンスの観点からは，ガバナンスを担う取締役会・監査役会が，自社において内部通報制度が適切に構築されているか否か，また，内部通報制度が機能するための企業の役職員のコンプライアンス意識が醸成されているか否かを，さらには，不正を許さない企業風土が醸成されているか否かを監視・監督することが求められるのである。

　なお，ガバナンス・コードにおいては，内部通報制度について，以下のとおり示している。

> 原則2—5【内部通報】
> 　上場会社は，その従業員等が，不利益を被る危険を懸念することなく，違法または不適切な行為・情報開示に関する情報や真摯な疑念を伝えることができるよう，また，伝えられた情報や疑念が客観的に検証され適切に活用さ

れるよう，内部通報に係る適切な体制整備を行うべきである。取締役会は，こうした体制整備を実現する責務を負うとともに，その運用状況を監督すべきである。

補充原則2—5①
　上場会社は，内部通報に係る体制整備の一環として，経営陣から独立した窓口の設置（例えば，社外取締役と監査役による合議体を窓口とする等）を行うべきである。また，情報提供者の秘匿と不利益取扱の禁止に関する規律を整備すべきである。

イ　心の弱さを補完する内部通報制度

　以上のとおり，有効な内部通報制度の構築は，経営者不正の抑止力となる。ゆえに，経営者が有効な内部通報制度の仕組みを作ることは，経営者自身が不正に手を染めないようにするための環境整備にもなる。
　経営者不正が起こりやすい企業環境と，経営者不正が起こりにくい企業環境の違いは，ガバナンスの状況や企業の規模，組織の在り方等にもよるが，どのような状況にあっても不正のトライアングルである動機（プレッシャー）・機会・正当化が揃った時には，すべての経営者に不正の誘惑が生じる可能性がある。
　もちろん，普段は，自らが不正を働くなどとは露にも思わないであろうし，実際に不正を起こさない経営者の方が圧倒的に多い。しかしながら，不正のトライアングルが揃った場面において，不正という麻薬のような誘惑に打ち勝てる経営者ばかりでないことも，また事実である。過去の経営者不正を行った経営者は，そのほとんどが真面目に事業に取り組んでいた経営者であり，不正など思いもよらなかったはずである。しかし，不正会計をしなければ，会社がつぶれてしまう，従業員を路頭に迷わせてしまう，取引先に迷惑をかけてしまう等々の想いが，不正会計への一歩を踏み出させてしまうのである。自らの地位を守るためや，自らの利得を図るために不正に手を染める者もいるかもしれない。しかし，

そのような経営者ばかりではなく，多くの場合，真面目であるがゆえに，会社，従業員，取引先等を守るために（との正当化のもと），特効薬としての不正会計の誘惑に負け，いけないとわかっていながらも不正会計を行ってしまったのである。もちろん，不正会計は，特効薬でも何でもなく，単に一時的に痛みを忘れさせてくれるだけの麻薬でしかない。しかし，一度その麻薬に手を出してしまうと体がボロボロになりながらも止められなくなるのである。その結果，いずれは不正会計が発覚し，守っていたつもりの会社，従業員，取引先等の被害をさらに拡大しただけとなる。本来であれば，不正会計などせず，企業の実態を適正に開示することにより，従業員や取引先等の企業の利害関係者が，それぞれ適切な判断をしていたはずであるにもかかわらずである。

　このようなことは，平時においては，いうまでもなく頭では理解できていることである。しかし，実際に不正の動機が生じた場面においても冷静な判断ができるかどうかは，その時を迎えてみなければわからない。会社がつぶれてしまう可能性があっても，正しい開示を行うべきとの判断は非常に難しい判断とならざるを得ない。心の弱さが判断を歪めるのである。

　したがって，不正という麻薬に手を出してしまった場合には，内部通報制度によってしかるべく通報され，その事実が明るみに出てしまうという仕組みを，会社を，従業員を，取引先を，そして，自分自身を守るために平時において構築しておく必要がある。このような内部通報制度の存在が，経営者自身の人としての心の弱さを支え，経営者自身の不正の抑止力となる。

3 経営者不正の抑止力としての早期発見

　繰り返しになるが，経営者不正の究極的な予防は，誰を経営者に選ぶかに尽きる。しかしながら，一方で，ある時点で，適切だと思われる経営者を選任したとしても，選ばれた経営者がその後も適切な判断をし続けるかどうかはわからない。ある時点で，いかに経営者として適切だと思われたとしても，その後，彼（彼女）が常に正しい判断をし続けるかどうかは別の話である。企業を取り巻く

経営環境が変化し，社内の状況もまた変化する中で，人である経営者に不正の動機が，いつ，どのように生じるかは神のみぞ知る，なのである。

ゆえに，経営者不正を予防するためには，経営者としての資質を有する者を適切に選ぶことが，まずもって大事となるが，適切な者と判断して経営者を選んだとしても，①適切だと思っていた者が実は適切ではなかったという選任時の判断の誤り（候補者が限られていること，候補者の評価を誤ること）や，②選任時は適切であったものの，その後の環境等の変化により経営者に不正の動機が生じる「可能性」がある。このため，経営者の選任後は，経営者が正しい判断を行っているか否かを常にチェックする必要が生じる。この役割を果たすのがガバナンスであり，万が一にでも経営者が不正を行った場合には，早期に発見し得る体制の整備・運用が求められることになる。そして，このような経営者不正の早期発見に資する体制の整備・運用が，一方で，経営者に不正の実行を思い止まらせ，経営者不正の抑止力となり，経営者不正の予防に資するものとなる。

この経営者不正の早期発見に資する体制の整備・運用については，次の「4 経営者不正の早期発見」において説明する。

4 経営者不正の早期発見

1 経営者不正の早期発見とガバナンス

　不正の早期発見は，端緒の把握と事実解明により可能となる[121]。ゆえに，経営者不正の早期発見は，いかに早期に経営者不正の端緒を把握するかにかかっている。

(1) 取締役・監査役等の職業的懐疑心

　ガバナンスは，企業の持続的成長・企業価値の向上に資するための経営の統治機構である。企業価値の向上は，積極的意味としての企業価値の向上，すなわち，事業を有効かつ効率的に遂行することによる企業価値の向上だけではなく，消極的意味としての企業価値の向上，すなわち，不正の予防・早期発見による企業価値の毀損の回避をも意味するものである。

　ガバナンスの実効性は，ガバナンスを担う当事者たる取締役・社外取締役・監査役・社外監査役・会計監査人が，それぞれの職務の遂行において，それぞれの職責の自覚に基づく職業的懐疑心を保持・発揮することにより，企業の持続的成長・企業価値の向上の観点から違和感を覚える事柄を把握し，この点について真摯に対応することで確保されることとなる。これが平時における取締役・監査役等の職業的懐疑心の保持・発揮となる。

　そして，平時における取締役・監査役等の職業的懐疑心の保持・発揮により把握された端緒について，平時の観点からの対応だけでは違和感が解消されない場

121　拙著『不正会計 早期発見の視点と実務対応』（清文社，平成24年9月）62頁。

合に，不正の可能性を想定した有事における職業的懐疑心を発揮し，これを経営者不正の端緒と認識し，事実解明を適切に行うことで，経営者不正であるか否かを解明し，結果，経営者不正の発見に至ることとなる。

このように，経営者不正の端緒は，必ずしも経営者不正の端緒として現れるものではない。取締役・監査役等が，自らの職業的懐疑心の保持・発揮に基づき，企業の持続的成長・企業価値の向上の観点から違和感を抱く事柄に関して，問題点は何か，改善策は何かにつき，真剣に考えた時に，何か不合理な，不条理な，理不尽な問題があった場合に，不正の可能性が視野に入るのである。すなわち企業の持続的成長・企業価値の向上に資する観点から，取締役・監査役等が自らの職業的懐疑心を保持・発揮し，自らの職責をいかに果たすかを真剣に考え，日々の職務を遂行することが，一方で経営者不正の早期発見に資することとなる。

経営者不正の端緒は，日々の業務において存在する。端緒を把握できるか否かは，端緒に接した人次第であり，取締役・監査役等が職業的懐疑心を保持・発揮し得るかがその分水嶺となる。実効性のあるガバナンスの実態は，職業的懐疑心を保持・発揮し得る取締役・監査役等の一人ひとりなのである。

（2）経営者不正の兆候・端緒

ア　経営者不正の兆候としての権威主義的企業風土

経営者不正は，多くの場合，経営者のみで実行し得るものではなく，経営者の不正の指示に基づき不正行為の実行を担う役職員の存在がある。そして，これら役職員において，不正の指示であっても経営者の指示であれば従わざるを得ないと自らに納得させ，不正の実行に至らしめる背景的事情として，当該企業における権威主義的企業風土の醸成がある。ゆえに，企業において，権威主義的企業風土，すなわち，「逆らえぬ企業風土」「過度な上位下達を許容する企業風土」「ノーと言えない企業風土」「不正を許す企業風土」「不正に寛容な企業風土」等が醸成されている場合，この状況自体が，経営者不正の兆候となる。

当然のことながら，このような状況だからといって，経営者不正が必ず起きて

いるわけでもなく、また、将来において経営者不正が必ず起きるとも限らない。しかし、経営者不正が起きた企業は、必ずこのような状況にある。権威主義的企業風土が醸成され、ガバナンスが機能せず、このような状態が放置されたことが経営者不正の機会となり、また、経営者の不正の指示を受けた役職員が不正行為をすることの機会ともなるのである。したがって、権威主義的企業風土が醸成されている場合には、経営者不正がいつ起きてもおかしくない状況であるとの認識が必要となる。そして、取締役・監査役等が自らの職業的懐疑心を発揮し、経営者不正の有無に感度を高めるとともに、このような権威主義的企業風土を変えるための取り組みを行い、さらに、このような企業風土を醸成した経営者の適切性を再考すべきとなる。

イ　その他の経営者不正の兆候

　不正の端緒とは、不正の兆候を示す情報・状況・事実等である。そして、不正の端緒は、それ自体が不正の存在を客観的に、かつ、明確に示すものばかりではない。多くは、その端緒に接した者の職業的懐疑心の発露としての違和感によって把握し得る極めて主観的なものである。

　すでに述べたとおり、平時における取締役・監査役等の職業的懐疑心の保持・発揮により把握された端緒、すなわち、企業の持続的成長・企業価値の向上の観点から違和感を抱く事柄について、平時の観点からの対応だけでは違和感が解消されない場合に、不正の可能性を想定した有事における職業的懐疑心を発揮し、これを経営者不正の端緒の把握と認識することになる。経営者不正の端緒は、日々の業務において存在する。日々の業務における情報・状況・事実等を経営者不正の端緒として認識し得るか否かは、取締役・監査役等の職業的懐疑心の保持・発揮次第となる。

　また、経営者による不正会計が行われた場合には、経営者は、財務諸表の特定の利用者の判断を誤らせることを意図することから、経営者による不正会計は、多くの場合、財務諸表に重要な影響を与えるものとなり、ゆえに、財務諸表に不正会計の兆候があらわれる[122]。まさに、財務諸表が不正の兆候を示す情報・状

4　経営者不正の早期発見

況・事実等となり，経営者不正の端緒となり得るものとなるのである。後は，取締役・監査役等が，それぞれの職業的懐疑心を発揮することにより，財務諸表から不正会計の兆候を把握するだけとなる。

例えば，プロデュース事件[123]であれば，貸借対照表に計上された多額の仕掛品が，また，エフオーアイ事件[124]であれば，貸借対照表に計上された多額の売掛金が財務諸表にあらわれた経営者不正の兆候であった。

そして，プロデュース事件であれば，企業の持続的成長・企業価値の向上の観点からの平時における職業的懐疑心の発揮により，仕掛品が多額に計上されているということは，例えば，受注から納期までの期間が長期を要するということであり，納期までの製造期間を短縮できれば，得意先に対する満足度もあがるし，資金的な負担も軽減されるとの経営課題として認識し，当該経営課題に係る問題点の把握のための事実解明を行うことにより，結果，経営者不正の端緒とすることも可能であったと考えられる。

また，エフオーアイ事件においても同様であり，滞留期間が長期にわたる多額の売掛金の計上は，例えば，回収可能性に問題が生じるリスクが高いということであり，そうであれば，得意先との間で決済条件に係る交渉等を行う必要性を経営課題として認識し，事実解明を行うことにより，結果，経営者不正の端緒とすることも可能であったと考えられる。

このように，平時における職業的懐疑心の視点で問題提起することにより，経営改善が図れるとともに，改善が図れない経営課題に関しては，その根本原因が何であるかを解明することにより，有事における職業的懐疑心の視点に切り替えていくことで，経営者不正の端緒としての把握が可能となるのである。

なお，プロデュース事件やエフオーアイ事件のような例は，ある意味，極端な

---

122 財務諸表における不正会計の兆候については，拙著『不正会計 早期発見の視点と実務対応』（清文社，平成24年9月）を参照されたい。
123 プロデュース事件の概要及び不正会計の兆候については，拙著『不正会計 早期発見の視点と実務対応』（清文社，平成24年9月）（440頁-456頁）を参照されたい。
124 エフオーアイ事件の概要及び不正会計の兆候については，拙著『不正会計 早期発見の視点と実務対応』（清文社，平成24年9月）（456頁-484頁）を参照されたい。

事例ではある。多くの企業においては，財務諸表にあからさまにその不正の兆候があらわれるケースはそれほど多くはないであろう。しかしながら，ここで強調したいことは，このような視点で，改めて経営を見直すことにより，今まで見えていなかった点が見えてくるということである。そして，それが経営者不正の端緒となり得る可能性を有しているのである。

経営者不正が行われた場合には，日常業務に係る様々な情報・状況・事実等の中に，経営者不正の兆候を示すものが紛れている。そして，この不正の兆候に接した取締役・監査役等が，それぞれが保持する職業的懐疑心を発揮することで経営者不正の端緒の把握が可能となるのである。

(3) 適切な情報が適時に共有できる仕組みとしての内部統制の必要性

経営者不正の端緒を把握し得るか否かは，ガバナンスの観点からは，取締役・監査役等が職業的懐疑心を保持・発揮し得るか否に依拠せざるを得ない。しかしながら，取締役・監査役等が職業的懐疑心を保持していることを前提とするならば，次には，取締役・監査役等が，特に，社外取締役・社外監査役が，社内の適切な情報を適時に共有し得る仕組みとしての内部統制が必要となる。すなわち，所与の機関設計を前提に，また，それぞれの機関の役割を担う役員等が職業的懐疑心を保持していることを前提に，「仕組み」という観点から考えれば，取締役等が，経営者不正の兆候を把握する端緒となる「情報」に接する機会を提供する内部統制である。

なお，ここでいう内部統制は，経営者不正の兆候を把握すること「だけ」を目的とする内部統制ではない。あくまでも事業を有効かつ効率的に遂行することを目的に，現状における事業の実態を把握するための仕組みである。そして，平時における職業的懐疑心の保持・発揮により，当該情報に違和感を覚え，事業における経営課題の存在の「可能性」を認識したのであれば，この違和感の原因解明に係る事実解明を行うことにより，経営課題の把握に資するとともに，平時の観点からでは解決困難な問題が浮上した場合に，有事の観点から問題を見直すこと

で，不正の兆候の把握が可能となる。現状の実態を適切に把握し得る仕組みであればあるほど，すなわち，企業価値の向上に資する経営に役立つ仕組みであればあるほど，不正の兆候もあらわれるである。

ゆえに，適切な情報が適時に把握できる「仕組み」としての内部統制をいかに構築するかが重要となる。例えば，取締役会において子会社の業績報告をするという「仕組み」が海外子会社の不正会計の発見の端緒となった第五部④「②　ニチリン事案」はその一例であろう。したがって，取締役及び監査役等においては，このような社内の情報等を適切に共有し得る仕組みがなければ，その点を経営課題として問題視しなければならない。

（4）有効な内部通報制度の構築・運用

情報を吸い上げる「仕組み」という意味では，内部通報制度が有効となる。

経営者不正の予防に関しての内部通報制度の意義については，すでに述べたとおりである。経営者不正が，経営者だけで完結するものではなく，企業の役職員を巻き込んで行われることから，経営者不正を把握している役職員の存在が必ずあり，そこからの情報をいかに吸い上げるかが重要となる。ゆえに，適切な内部通報制度が整備・運用されていない場合は，取締役・監査役等が問題視すべき点となる。

また，情報を吸い上げるためには，企業の役職員のコンプライアンス意識の醸成，及び不正を許さない企業風土の醸成が不可欠となる。ゆえに，企業の役職員のコンプライアンス意識，及び企業風土の適切な把握を行い，万が一にでも，コンプライアンス意識の醸成が不十分な場合や，権威主義的企業風土が醸成されているような場合には，併せてこの点も改善しなければならない。

② 調査体制の整備・運用

不正の早期発見は，端緒の把握と事実解明により可能となる。ゆえに，経営者不正の端緒，すなわち，経営者不正の存在の可能性を示す情報・状況・事実等を

把握した場合には，実際に，経営者不正があるのか否かの適切な事実解明を行う必要がある。

(1) 初動調査

　初動調査は，経営者不正の端緒を把握した場合の初期段階での調査となる。主として社内の体制での調査となるが，経営者不正に係る事実解明に当たっては，組織的な調査妨害の可能性が思料されることから，経営者不正の可能性が思料される場合には，社外取締役・社外監査役を中心とした事実解明が適切である。

　なお，特に経営者不正の場合，この初動対応を誤るとすべての対応が後手に回り，企業の信頼の回復が困難となる。

　初動調査に関しては，平時より，万が一，経営者不正の可能性が発覚した場合に備え，経営者の関与がない形での調査が行われるように，有事を想定した場合の手続等を監査役規程，内部監査規程又はその他の規程等において整備しておくことが有用である。いざ有事において，どのような対応をすべきかの検討が始まるような状況では，有効かつ迅速な調査の実施は望めない。端緒を把握してから時間を費やすことは得策ではなく，なるべく早期に対応すべきである。なぜなら，時間の経過とともに，不正の拡大を招く原因になり，また，不正の隠蔽を図る時間を作り出すことになるからである。そして，このような規程等の整備が，また経営者不正に対する抑止力となる。規程等の内容としては，経営者不正に関する情報等を集約する窓口として社外役員である社外取締役・社外監査役等とし，また，社内調査委員会の設置の手続（監査役会における決議，社外役員による決議等）や調査補助者としての内部監査部門，当該調査に係る企業内の全情報に対するアクセス権の確保等が挙げられる。

(2) 本格調査

　しかしながら，経営者不正が行われた場合，社内調査で全容を解明することは極めて困難であり，また，外部の市場関係者をはじめとする企業の利害関係者による社内調査に対する信用も得にくい。したがって，早期に外部の専門家として

の有識者による第三者委員会等の調査機関を設置し，公平かつ中立的な立場で行われる本格調査に移行すべきとなる。

平成28年2月に日本取引所自主規制法人より公表された「上場会社における不祥事対応のプリンシプル」にもあるように，経営者不正，特に経営者による不正会計が行われた場合には，企業の信頼性が著しく毀損される他，証券市場の信用を失墜させることになる。このため，早期に事実解明を行い，原因，真因を探求し，これを開示することが，企業及び証券市場の信頼回復のための第一歩となる。

なお，いざ有事において外部の専門家を探すことは時間等の制約もあり困難である場合も多いことから，平時において外部の専門家のリストを作成し，これを定期的に見直すことにより有事における備えとすることも有用である。

5 経営者による不正会計事例

　経営者による不正会計事例には，カネボウ事件（平成17年），ライブドア事件（平成18年），プロデュース事件（平成21年），エフオーアイ事件（平成22年），オリンパス事件（平成24年），東芝事件（平成27年）等の他，過去において数多くあるが，ここでは，シニアコミュニケーション事案（平成22年）及び東芝事件（平成27年）の概要を紹介する[125]。

　なお，その他の事例についても，第三者委員会等の調査報告書，課徴金事例集（開示検査事例集），事件本，判例等を参照されたい。

1　シニアコミュニケーション事案

　本事案は，経営者による不正会計の事例である。動機は上場目的であり，不正な会計処理に関しては，売上が増えることにより解消されるとの正当化に基づき，ガバナンスの機能不全を機会として実行された事案である。また，本事案は，会社の実態及びその状況によっては，様々な不正会計の手口が行われる可能性があることを示唆する事案でもある。

　以下，株式会社シニアコミュニケーション「外部調査委員会調査報告書」（以下，「調査報告書」という。）（株式会社シニアコミュニケーション外部調査委員会，平成22年6月4日）及び有価証券報告書（平成21年3月期）等に基づくシニ

---

[125] メディア・リンクス事件（平成15年），サンビシ事件（平成17年）アイ・エックス・アイ事件（平成20年），プロデュース事件（平成21年），エフオーアイ事件（平成22年）の概要及び不正会計の兆候については，拙著『不正会計　早期発見の視点と実務対応』（清文社，平成24年9月）を参照されたい。

アコミュニケーション事案の概要である。

(1) 事案の概要

　株式会社シニアコミュニケーション（以下、「シニア」という。）（東証マザーズ）は、シニアマーケット専門のコンサルティング業務を行うために平成12年5月に設立された会社である。シニアは、平成17年12月に東京証券取引所マザーズ市場に上場し、上場直前の平成17年10月には、アントレプレナー・オブ・ザ・イヤージャパンによる「アントレプレナー・オブ・ザ・イヤー第5回日本大会ファイナリスト」を受賞している。

　シニアの創業は、中学・高校の同級生であったA氏、B氏及びC氏の3名が中心となり、それぞれの役割分担は、会社運営全般は、代表取締役社長であるA氏（以下、「A社長」という。）、営業は、事業開発グループ統括取締役副社長のB氏（以下、「B副社長」という。）、財務は、経営統括グループ統括取締役副社長のC氏（以下、「C副社長」という。）であった。

　本事案は、上場前の平成16年3月期から不正会計が発覚した平成22年3月期までの間において、①進行基準の不適切な適用による売上の前倒し計上、及び架空売上の計上、②売掛金の回収偽装等が行われた事案である。

　なお、シニアは、平成22年6月に外部調査委員会から調査報告書を受領後、同年9月に東証マザーズ上場廃止となり、その後、経営者を変えて事業を継続したものの、平成24年に倒産した。

(2) 発覚の経緯

　本事案は、平成22年3月16日に実施された監督官庁によるシニアに対する任意調査を契機に、過去において不適切な会計処理が行われていた疑いがあることが判明した。

(3) 不正行為の概要

　本事案における不正行為の概要は、以下のとおりである。

ア 不適切な収益認識基準の採用

シニアは,上場前の平成16年3月期から監査法人による監査を受けるようになり,また,監査法人との協議を経て,売上計上基準として「進行基準」を採用していた。

シニアにおける「進行基準」とは,決算期末にプロジェクトの進行程度を見積り,適正なプロジェクト収益率によってプロジェクト収益の一部を「売上高」として認識する基準である。シニアにおいては,当時の監査法人との協議の結果,進行基準を採用する要件として,①収益額が信頼性をもって測定できること,②経済的便益が企業に流入する可能性が高いこと,③進捗度が貸借対照表日において信頼性をもって測定できること,④発生した原価と取引の完了に要する原価が信頼性をもって測定できることの4要件を適用の前提条件とみなしていた。そして,要件③に関しては,各営業担当者等が日別タイムシートにおいて,案件に関与した各営業担当者等の直接作業時間を月次で記録及び報告し,これを進捗度測定の配賦基準とすることがその前提条件であった。

しかしながら,実際には,営業及び案件推進担当部署の業務運営において,各営業担当者等が,案件別直接作業時間を月次で報告する制度は存在せず,シニアにおいては,そもそも進行基準を適用するに足る前提条件が存在していなかった。このため,C副社長は,本来は,①「日別タイムシート」に記載された直接作業時間に基づき,②プロジェクト案件別の直接作業時間を「案件別人件費表」に記入し,③「案件別人件費表」で把握された人件費月額を「進行基準表」に転記し,当該プロジェクトの月間売上高を確定するところ,まず,「進行基準表」を作成し各プロジェクトに係る月間売上高を確定した後,それに合わせて,「案件別人件費表」を,そして,「日別タイムシート」を作成し,これにより進行基準の不適切な適用による売上の前倒し計上及び架空売上の計上を行い,また,監査法人に当該事実の発覚を回避していた。

このように,シニア事案は,不適切な収益認識基準の採用を機会として行われた不正会計事案であるといえる。

イ　進行基準の不適切な適用による売上の前倒し計上及び架空売上の計上

　シニアは，平成16年6月に，主幹事証券会社と主幹事契約を締結し，主幹事証券会社とともに上場準備作業を始めたが，シニアの業務の性格上，年度初めの売上は少なく，年度の後半になって売上が増加する傾向があったところ，Ｃ副社長は，上場のためには「会社が成長していかなくては」という認識のもと，平成17年3月期の期初から，先の「ア」において述べた進行基準の不適切な適用により，売上の前倒し計上を行っていた。

　また，平成17年3月期中には，前倒しによる売上計上の対象としたプロジェクトの中には，途中で契約金額が減額されたり，契約が頓挫したりして，実際に入金が見込めないものが生じることとなり，本来であれば，売上の取消処理等を行うべきであったところ，すでに監査法人による平成17年3月期の中間監査が終了しており，Ｃ副社長にとっては後に引けない状況になっていたことから，Ｃ副社長は，「上場のためには数字を減額する訳にはいかない」「監査法人に疑われる」「社内の人にも疑われる」「社外役員を出してもらっている甲社や乙社に対し，すでに営業成績の報告をしているので，いまさら虚偽でしたとは言えない」という意識から架空売上等の計上を行うこととした。

　具体的には，①発注書や契約書が存在する真正な取引について，社内規則上，売上計上に必要な進行基準表や検収書の偽造による売上の前倒し計上，及び，②社内で収集した営業情報に基づき，社内規則上，売上計上に必要な発注書，進行基準表及び検収書を偽造することにより，あたかも真正な取引が存在するかのような仮装行為による架空売上の計上等である。

　なお，②については，その後，契約が受注となり，役務の提供がなされた場合には，売上の前倒し計上と同様となるが，②の計上時点では，契約が未契約であり，役務の提供自体もないことから，架空売上と評価し得るものとなる。

ウ　売掛金の回収偽装

　シニアにおいては，平成17年3月期中に，監査法人との協議により，不良債権

化（個別貸倒引当金の計上や売上の取消）に関する基準を決定していたところ，C副社長は，実態としては，不良債権である売掛金につき，その基準に抵触しないように正常債権を装い不良債権化を先延ばしするため，例えば，通常であれば契約後1年で入金されるべきところ，特殊な事情があるとして，1年半後に入金されるかのように装って案件自体の長期化を図る等の仮装行為を行っていた。

しかしながら，平成18年2月頃から，この対応だけでは不良債権化の回避が困難な状況に至ったことから，C副社長は，まず，自らの手持ち資金（上場時の自社株式の売却により得た資金）を用いることにより，あたかも売掛金が回収されたかのように装う売掛金の回収偽装を行ったが，それでも不良債権化の回避が困難であったことから，順次A社長及びB副社長に対し資金提供を求め，A社長及びB副社長は，これらが不正な会計処理の穴埋めであることを認識しながら，これに応じ資金を提供した。

なお，これらの資金は，当初は，上場時の自社株式の売却により得られた資金を用いていたが，これだけでは足りず，その他，①A社長，B副社長及びC副社長が保有する自社株式を担保に借り入れた資金，②給与の架空計上による簿外資金，③ソフトウェアの架空計上による簿外資金を利用するに至った。

エ　不正の実行行為について

C副社長は，上場準備作業を行う部下Xに対し，「A社長やB副社長もすべて知っており，会社の意思である。会社の存続のために必要である」旨説明し，架空売上の計上を含む不正会計処理に協力するよう指示をした。

具体的には，売上の前倒し計上（進行基準表の作成），途中で頓挫・減額された案件や，売上計上後入金されない案件に係る入金偽装（ATMからの入金補填処理等），監査法人への説明のために用いる証憑書類の偽造（発注書，検収書等の偽造），残高確認書に関する処理等である。

なお，残高確認書に関する処理に関して，C副社長は，平成17年3月期決算においては，監査法人が残高確認状を取引先に直接郵送した後，架空売上の計上を行った取引先に関して，B副社長や営業担当者に「監査法人から残高確認状が届

くが，記入金額に誤謬があったため，開封せず直接シニアコミュニケーションに返送して欲しい」旨の電話連絡をすることを依頼し，その後，取引先から返送されてきた残高確認状に，会計監査上問題とならないような回答記入を行い，偽造した取引先の担当者印又は代表印を捺印して，部下X氏に命じて，消印が取引先住所地管轄郵便局となるよう，取引先の住所地近くのポストまで出向かせ，監査法人宛残高確認状の返信郵便の投函を行わせていた。また，平成18年3月期以降は，監査法人の担当公認会計士が郵便ポストに投函した残高確認状を直接的に詐取することを部下Xに命じ，X氏は，担当公認会計士が郵便ポストに残高確認状を投函する際，これを尾行し，担当公認会計士が残高確認状を郵便ポストに投函後，その場から立ち去ったことを確認し，郵便局の集配係が来るのを近くで待ち伏せ，集配係が来たところで，「郵便物投函後に，内容に誤謬があることに気付いたので，この場で郵便物を回収させて欲しい」旨伝え，投函されたすべての残高確認状を回収していた。

(4) 動機

ア 上場のため

　株式上場は，A社長の創業当初からの目標であったことから，本格的に上場準備を始めた平成17年3月期の全社的な目標は，株式を上場することであった。
　当時，上場準備作業の責任者であったC副社長は，上場に向けて売上を増加させる必要があったことから，「会社が成長していかなくてはならない」との意識のもと，不正な会計処理を行うようになった。

イ 不正会計処理の隠蔽のため

　A社長，B副社長及びC副社長は，不正な会計処理に関しては，今後，売上を増加させることによって解消できると考えていたが，実際には売上は予想したほどには伸びず，逆に不正な会計処理を隠蔽するためには，不正な会計処理を続けざるを得ない状況に至り，これが本事案における不正会計の動機の一つとなっ

た。

ウ 会社倒産回避のため

A社長，B副社長及びC副社長は，大株主の甲社及び乙社に対し，上場前の平成17年3月期の売上につき虚偽の報告を行っていたことから，不正な会計処理が発覚すれば，創業して間もない会社の信用が失墜し，倒産する恐れがあると考え，また，上場後も，上場前からの不正な会計処理が発覚すれば，会社が倒産するとの認識のもと，A社長らは，不正な会計処理を中止することができなかった。

（5）正当化

A社長，B副社長及びC副社長は，不正な会計処理に関しては，その後，売上を増加させることによって解消できる「一時的なもの」と考えていた。

（6）機会

本事案における不正な会計処理は，C副社長を中心に行われたものであるが，シニアでは，営業・人事・財務などあらゆる権限がC副社長に集中していた。職制上，唯一C副社長の不正行為をチェックすることができたのは，A社長だけであったが，A社長は，C副社長と中学・高校の同級生であり，かつ，前職では同じ金融機関で勤務していたこともあり，C副社長の経営管理能力を過信しすべて任せていたことから，不正な会計処理を防止することができず，また，不正な会計処理が行われてからも，A社長及びB副社長はこれを追認しており，ガバナンスが機能不全に陥っていたことが，本事案における最大の機会となった。

2 東芝事案

本事案は，経営者による不正会計事案と評価し得る事案である。本事案においては，必ずしも経営者による不正の指示は明示的ではないものの，権威主義的企

業風土に基づき，本来は，経営的な観点に基づく収益改善に係る「チャレンジ」が，各カンパニーに対する達成不可能な過度なプレッシャーに変容し，また，この「チャレンジ」が経営者による不正会計の実行に係る包括的な指示に変容することにより，各カンパニーに不正会計に係る不正行為の実行を強いるものとなった。また，各カンパニーにおいては，経営者による理不尽な「チャレンジ」の要求が，不正行為の実行の動機及び正当化となり，そして，経営者による不正行為の承諾が機会となり，不正行為が実行されるに至っており，まさに経営者による不正会計と評価し得る事案となる。

以下，株式会社東芝「調査報告書」(以下，「調査報告書」という。)（株式会社東芝第三者委員会，平成27年7月20日）等に基づく東芝事案の概要である。

(1) 事案の概要

株式会社東芝（以下，「東芝」という。)（東証一部）は，東芝，連結子会社584社及び持分法適用会社217社で構成する東芝グループとして，「電力・社会インフラ」「コミュニティ・ソリューション」「ヘルスケア」「電子デバイス」「ライフスタイル」及び「その他」を主たる事業内容とする（平成27年3月期末時点）。

東芝は，平成11年から各事業部門を独立した会社に見立てて運営する「社内カンパニー制」を導入しており，平成27年当時のカンパニーは，①インダストリアルＩＣＴソリューション社，②電力システム社（電力社），③社会インフラシステム社（ＳＩＳ社），④コミュニティ・ソリューション社（ＣＳ社），⑤ヘルスケア社，⑥セミコンダクター＆ストレージ社（Ｓ＆Ｓ社），及び⑦パーソナル＆クライアントソリューション社（ＰＣＳ社）の7社と，部品材料事業統括部及びＯＤＤ事業統括部の2つの事業統括部であった。

社内カンパニー制においては，各カンパニーは，自主経営責任（損益責任）を負う事業区分（組織）と位置付けられ，一定の重要事項以外のカンパニーに係る業務執行事項はＣＰに決定が委任されていた。ＣＰは，当該カンパニー内の中・長期事業戦略，重要事項等を自ら決定するとともに，経営資源を広域的に最適運用する権限を有するものとされていた。また，各事業グループを担当する執行役

がGCEOであり、GCEOは、社長の分身として、コーポレートの立場から、CP等に対し、必要な指示、統括を適宜行い、分担事業グループにつき社長に対して責任を負うものとされていた。CPは、カンパニー等の事業運営について、社長への報告に代えて原則としてGCEOに対して報告を行い、同報告をもって社長に対する報告がなされたものとみなされる。さらに、グループ本社機能を有する組織としてコーポレートがある。東芝の権限分掌規程上は、取締役会から決定権の委任を受けた社長及びスタッフ部門担当執行役がコーポレートとなる。

本事案は、東芝の経営者による、①工事損失引当金の計上の回避、②映像事業における経費計上等に係る不適切な会計処理（C/O）、③パソコン事業における部品の取引等に係る不適切な会計処理（Buy-Sell取引）、④半導体事業における在庫評価に係る不適切な会計処理が行われた事案である。

（2）発覚の経緯

本事案は、東芝が、平成27年2月12日に証券取引等監視委員会から金融商品取引法第26条に基づく報告命令を受け、工事進行基準案件等について開示検査を受けたことが端緒となる。同年3月下旬、開示検査における工事進行基準案件に係る指摘に対応するための東芝による自己調査の過程において、東芝の平成25年度における一部インフラ関連の工事進行基準案件に係る会計処理について、さらに調査を必要とする事項が判明した。

このため、東芝は、平成27年4月3日、取締役会長を委員長とし、社外の弁護士及び公認会計士も委員として参加した特別調査委員会を設置し、自ら事実関係の調査を行ったが、当該調査において、インフラ関連の工事進行基準案件における工事原価総額の過少見積もりによる工事損失（工事損失引当金を含む。）の不適切な計上等が判明し、また、その他のさらなる調査を必要とする事項が判明したことから、平成27年5月8日に、東芝は、第三者委員会による調査に移行することを決定した。

(3) 不正行為の概要

　本事案における主たる不正行為である①工事損失引当金の計上の回避，②映像事業における経費計上等に係る不適切な会計処理（C/O），③パソコン事業における部品の取引等に係る不適切な会計処理（Buy-Sell 取引）の概要は，以下のとおりである。

ア　工事損失引当金の計上回避

　東芝においては，①期末時点において2億円以上の損失が発生することが見込まれ，かつ，②当該損失額を合理的に見積もることができる案件（以下，「ロスコン案件」という。）については，翌期以降の損失見込額を「受注工事損失引当金」として計上することとされていた。ロスコン案件の処理は，営業部もしくは管理部担当者が，ある案件に関して大幅な損失の発生が見込まれた時点で，技術部又は工場から実コスト見込額に係る証憑書類等を入手し，損失が2億円以上となる場合，関係書類を営業部又は管理部上長に回付し，その後，企画部の承認を得て経理部に回付され，経理処理がなされることとなる。

　本事案は，工事損失引当金の計上に関して，電力社，ＳＩＳ社及びＣＳ社において，ロスコン案件に係る不適切な取扱いにより，本来計上すべき工事損失引当金の計上を回避したものである。なお，調査報告書においては，合計19案件に関してその事実を指摘するが，ここでは，電力社における一例を取り上げる。

　電力社は，原子力発電，火力発電をはじめとする発電システム等の提供を主な業務分野とする。電力社におけるＡ案件は，平成24年1月にＡ地方自治体からシステム装置の製造を，納期平成28年3月（当初），契約金額71億円で受注した案件である。当時，当該システム装置の製造が新規事業であり，将来における拡販が期待されていたところ，東芝は同種案件を連続して失注しており，今後の事業展開のためにはＡ案件については，なんとしてでも受注したいという思いがあった。このため，受注時より多額の損失の発生が見込まれる案件であったが，ロスコン案件に係る不適切な取扱いにより，Ａ案件においては，受注時から平成26年

度第3四半期までの間，工事損失引当金は計上されることはなかった。

電力社においては，当時のCPが，工事損失引当金の計上について，損失が確実に発生することが明らかになってはじめて計上すべきものであり，確実に発生することが明らかになる前に工事損失引当金を計上することは，事業部におけるコスト削減に向けたモチベーションを弱めるものであり，収益を悪化させるものとして，到底認められるべきものではないという考え方を持っており，そのような姿勢を従前より明らかにしていた。このため，プロジェクト部門及び原子力営業管理部の担当者らは，損失が確実に発生することが明らかになっていない以上，CPが，工事損失引当金の計上を承認することはあり得ないと考え，工事損失引当金の計上に繋がるロスコン案件抽出のための手続を開始しなかった。

なお，CPのこのような考え方は，東芝における内部統制に係る規程等とは異なる考え方であったが，電力社においては事実上のルールとなり，内部統制とは異なるルールに基づき運用されることとなった。

また，CPが，受注時より工事損失引当金を計上するよう促さなかったのは，自らの工事損失引当金に関する考え方に基づくものであったが，同CPは，その後，すでに受注時から数年間が経過しており，コスト削減の余地がないか，少なくなってきていると思われる平成25年度第4四半期に至っても損失計上に対して厳しい態度を示していた。その背景として，平成25年度の電力社の業績は悪化しており（平成25年度の電力社の営業利益は予算が731億円であったのに対し，最終的には58億円にとどまっている。），電力社に対して，社長月例報告会と呼ばれる会議（以下，「社長月例」という。）において社長から予算必達に向けた損益改善要求（これらは東芝において「チャレンジ」と呼称されていた。）のプレッシャーがかけられていたところ，同時期に社長がCPに対して電力社の業績悪化を問い質していたことなどの事情が存在しており，このため当時，CPにおいては，何とかして損失を計上することを回避したいとの意向が働いた可能性が相当程度存在する。

イ　映像事業における経費計上等に係る不適切な会計処理

　映像事業の事業部門においては，損益目標値を達成するための対策として，C/O（キャリーオーバー）と称する損益調整，すなわち，当期で引き当てるべき引当金を計上しなかったり，経費の計上を翌期以降に先延ばししたりすることによって見かけ上の当期利益を嵩上げすることを行っていた。C/O は，各四半期において，事業部門が期中から期末にかけて地域別の損益見込みを集計し，目標損益との差に対する改善施策を立案・実行していたところ，売上増や原価削減等の通常の改善施策では埋められない差を調整するため実施してきたものである。映像事業の事業部門においては，遅くとも平成23年度以降は，四半期毎に C/O 残高を収集・管理していた。

　C/O の主な内容としては，①引当金に関するものとして，販社における販売促進費やリベート等に係る発生主義に基づかない不適切な会計処理や，欧州販社におけるリベートに係る引当金の過少計上，中国販社におけるエコ政策保証金に関する未収入金の過大計上，米国販社におけるリベートに係る引当金の未計上等であり，②経費計上時期の延期に関するものとして，広告費や物流費等の経費の未計上，③在庫評価に関するものとしては，東芝から海外現地法人へ販売する製品に関して，四半期末に意図的に海外現地法人に対する製品価格を一時的に増加させた価格で販売し，東芝単体において，売上高を意図的に増加させた価格で計上することにより，本来の製品価格と増加後の価格の差額について売上高及び利益を過大に計上するとともに，海外現地法人の在庫も過大に計上し，また，併せて，連結決算手続上，簡便的な手続を採用することにより，当該未実現利益の全部もしくは一部の未消去を行なっていた。また，④ C/R（Cost Reduction: パネルメーカーもしくは ODM/ODE メーカーに対して，購入価格の引き下げを要求するもの）の前倒し計上に関するものとして，映像事業では，部品又は TV 製品の仕入先であるパネルメーカー及び ODM/ODE メーカーに対して，翌期以降の調達価格を調整・増額することを前提としながら，C/R の交渉をしていたため，当期に CR について合意が成立したとしても，翌期以降のコストアップが相当程

度見込まれる以上，実質的なCRとなっていないにもかかわらず，これに関して仕入値引の会計処理を行う等を行っていた等である。

　東芝においては，平成22年度以前から，コーポレートから映像カンパニー等のCPや事業部門長，経理部長ら幹部に対し，社長月例等の会議において，予算上求められた損益や期中での「チャレンジ」の達成が求められていたところ，とりわけ，映像事業は営業損失が続いていたため，コーポレートからの「チャレンジ」は厳しいものとなり，遅くとも平成23年度以降は，映像カンパニー等の幹部は，社長月例等の会議の場や個別のやりとりにおいて，コーポレート社長から厳しい叱責とともにチャレンジがなされることも稀ではなかった。特に平成25年に入ると，社長から，映像事業の事業撤退を示唆しながら損益改善の達成が強く求められる状況となっていた。

ウ　パソコン事業における部品取引等に係る不適切な会計処理

　東芝は，PCを製造子会社であるA社において製造している。A社への部品供給については，同じく東芝の子会社であるB社がベンダーから購入した主要部品（液晶，HDD，メモリなど）を供給する他，東芝が購入した部品をB社経由でA社に供給するルートも存在する（以下，「Buy-Sell取引」という。）。

　A社及びB社は，東芝の子会社であるため，原則として，マスキング価格での部品供給は行われていない。マスキング価格とは，東芝又は東芝の子会社が部品等を購入し，ODM先に対して部品等を有償支給する際に，東芝以外の競合他社とODM取引を行っている各ODM先に東芝の調達価格が明らかとなり競合他社に漏洩することを防止するための調達価格を上回る一定額である価格のことをいう。また，仕入先からの調達価額とODMへの供給価格の差を「マスキング値差」という。

　しかしながら，平成24年度第2四半期から第4四半期における各四半期末月の供給部品の一部については，東芝から子会社であるA社に対して調達価格の4倍から8倍のマスキング価格で供給され，これにより東芝では，当該取引におけるマスキング値差を，A社に対する未収入金として計上するとともに，製造原価を

マイナスすることで利益を計上していたものである。

　東芝において，Buy-Sell 取引は，平成16年に PC 部材の調達コストの低減を目的として始められたが，利益の水増しのための手法としては，平成20年頃から用いられることとなり，マスキング値差の利用と ODM 部品の押し込みを行うことにより，Buy-Sell 取引の本来の趣旨を逸脱し，利益の過大計上のための手法として用いられることとなった。そして，徐々に不正の手段として利用が拡大した。

　その一例として，平成24年9月27日開催の社長月例において，当時の社長が，担当カンパニー幹部に対して，平成24年度上期の営業損益に関して，残り3日での120億円の営業利益の改善を強く求めるとともに，翌日である9月28日にその検討結果を報告することを求めたことから，担当カンパニー幹部は，翌日の検討会において，当時の東芝社長に対して，9月末日までに Buy-Sell 取引39億円，その他の C/O による65億円の損益対策を含む合計119億円の損益対策を実施する旨を報告し了承を得た。しかしながら，通常の Buy-Sell 取引を利用した ODM 部品の押し込みを実施するためには，ODM 先との交渉を要するところ，平成24年9月28日時点では，すでに商談が終了しており，改めて交渉する時間的余裕がなかったことから，これを実施することは不可能であった。

　そこで，A社等の東芝の100％子会社であり，何らマスキング価格によって部品販売をする必要のない会社に対し，東芝の保有していた在庫部品をマスキング価格により販売することにより，マスキング値差分の利益（製造原価のマイナス）を計上することとなった。この際，利用されることとなった子会社においては，子会社総経理が「本件がカンパニー TOP の意思か」「当然ながら本件が abnormal な処置であると十分理解した上でのご指示か」「この取引がグループの会計処理に疑義をもたれないか懸念される」「そのリスク覚悟（覚悟と言うのは万が一時の対応を含めて）でのご指示か」等と難色を示したものの担当カンパニー幹部が，子会社総経理に対して理解を求め，実施されるに至った。

(4) 動機

ア　経営トップらにおける意図的な「当期利益の（実力以上の）嵩上げ」の目的

　本事案における不適切な会計処理に係るいくつかの案件においては，コーポレートの経営トップら又は社内カンパニーのトップらが「見かけ上の当期利益の嵩上げ」を行う目的を有していた。そして，幹部職員等の担当者らは，コーポレートの経営トップら又は社内カンパニーのトップらが有している当該目的のもとで，不適切な会計処理を実行し又は継続していた。

イ　当期利益至上主義と目標必達のプレッシャー

　東芝においては，各社内カンパニーは，毎第1四半期及び第3四半期の期首において，月次毎の予算が作成され，その達成を目指して事業が進められていた。そして，この作成された予算の達成及び見込の状況については，毎月，社内カンパニー内において報告・検討が行われた後，社長月例において，コーポレート社長に対する報告がなされていた。

　社長月例においては，社長から各カンパニーのCPに対し，「チャレンジ」と称して設定した収益改善の目標値が示され，その目標達成を強く迫っており，業績不振のカンパニーに対しては，収益が改善しなければ，当該担当カンパニーの事業からの撤退を示唆することもあった。とりわけ，不適切な会計処理が幅広く行われた平成23年度から平成24年度にかけては，東日本大震災及びそれを契機とする福島第一原子力発電所の事故の発生，タイの洪水による東芝の工場の水没，超円高の進行など，東芝の事業にとって極めて厳しい経営環境が続いていた。そのような中でも，期初に高い予算を設定したため，それを達成できないカンパニーが存在し，予算を達成するために当該カンパニーは，社長から厳しい「チャレンジ」（過大な目標設定）数値を求められていた。そのため，各カンパニーのCPらは，これらの目標を必達しなければならないというプレッシャーを強く受

けていた。

　社長が示す「チャレンジ」のほとんどは，長期的な利益目標などの視点から設定されるものではなく，当期又は当四半期における利益を最大化するという観点（当期利益至上主義）から設定される目標達成値であった。また，各四半期末が近づいて，もはや精一杯の営業努力を尽くしても多額の収益改善を図ることが困難となってからも，会社の実力以上に嵩上げして設定された予算を達成するための「チャレンジ」が示されていた。

　そのような経営方針から，各カンパニーにおいては「チャレンジ」を達成するためには，当期末の経営成績どおりの会計処理を行うのではなく，実質的に来期以降の利益の先取りや，当期の損失や費用の計上を次期以降に先送りすることなどにより，当期における見かけ上の利益を予算やチャレンジの値に近づけるという不適切な会計処理を行わざるを得ない状況に追い込まれていた。そして，ある期において見かけ上の利益を嵩上げするために，利益の先取りや費用・損失計上の先送りを行うと，その反動により次期以降において利益計上が厳しくなるところ，当該期においても過大なチャレンジが設定され，それを達成するためにさらなる多額の不適切な会計処理を行わざるを得なくなるということの繰り返しにより，不適切な会計処理が継続され，その規模も拡大していった。その途中で，このような不適切な会計処理を改善しようとの試みも見られたが，改善のためには多額の損失の計上を余儀なくされるところ，業績を悪化させてまで一挙に改善を実行するという抜本的な対応を講じるには至らず，東芝における不適切な会計処理は，平成25年度には部分的に改善されたものの，その後も今回の発覚まで継続された。

（5）正当化

ア　社長における正当化

　不適切な会計処理が長期間にわたり行われており，また，この間，社長の変遷もあったため，調査報告書においては，社長ら経営トップの正当化は必ずしも明

確にはなっていないが，基本的には，「会社のため」との正当化が思料されるところである。この点，当時の社長による「平成25年度下期で黒字化を達成すると弊職が市場に約束している事を裏切り黒字化のめどが立ったと断言をした事も裏切る事になります。市場はもう何を言っても弊職の言質を信じないでしょう。これが如何に他の事業に悪影響を及ぼすのか理解していますか？」との発言も認められることから，市場を意識した当期利益至上主義が窺われ，突き詰めて考えれば，自己の地位保全を図る目的がその背景にあったことが思料される。このため当期利益の嵩上げが動機となり，それが「会社のため」との正当化により強化されたものと考えられる。

イ 従業員における正当化

本事案においては，不正の実行は従業員によるものであった。そして，従業員においては，経営者による「当期利益至上主義と目標必達のプレッシャー」のもと，不正の実行に至ったものであり，「上司の指示だから」「上司の意向だから」という正当化理由が思料されるところである。

（6）機会

ア 経営トップらの関与を含めた組織的な関与

本事案においては，いくつかの案件に関して，経営トップらが意図的な見かけ上の当期利益の嵩上げの実行や，費用・損失計上の先送りの実行又はその継続を認識したのに，中止ないし是正を指示しなかったものがある。

特に，工事進行基準案件の中には，社内カンパニーから工事損失引当金の計上の承認を求められたのに対し，経営トップがこれを拒否したり先延ばしの方針を示した案件があり，また，PC事業においては，経営トップがODM部品の押し込みによる見かけ上の利益の嵩上げを行わざるを得ない状況になりかねないことを認識しつつ，社内カンパニーに対して厳しい「チャレンジ」を課してそのような状況に追い込み，さらには，社内カンパニー側が，ODM部品の押し込みによ

る見かけ上の利益の嵩上げを解消する意向を示したのに対して難色を示していた。

　このようにコーポレートの経営トップらの関与等に基づいて、不適切な会計処理が多くのカンパニーにおいて同時並行的かつ組織的に実行又は継続されており、不適切な会計処理については、あたかも経営判断として行われたものと言うべく、これを是正することは事実上不可能であった。

イ　カンパニートップらの関与を含めた組織的な関与

　本事案においては、いくつかの案件に関して、CP又は事業部長といった社内カンパニーのトップが不適切な会計処理の実行又は継続に関与しており、さらに、これらのうちのいくつかの案件については、社内カンパニーのトップであるCPが自ら積極的に不適切な会計処理を指示していた。そして、このように社内カンパニーのトップの関与に基づき組織的に実行され又は継続された不適切な会計処理については、社内カンパニーが自ら是正することは事実上不可能であった。

ウ　上司の意向に逆らうことができない企業風土

　東芝においては、上司の意向に逆らうことができない企業風土が存在していた。このため、経営トップから「チャレンジ」が求められた結果、経営トップの意向を受けたCP、その下の事業部長、さらにその下の従業員らは、上司の意向に沿って目標を達成するために、不適切な会計処理を継続的に実行していた。また、この企業風土の下、東芝の決算上、相当程度の影響を生じさせる事項については、経理規程等において定められた明文上のルールに基づく会計処理を行うべき事実があったとしても、まず、順次、上司の承認を求め、その承認が得られなければ実行できないという事実上のルールが存在していたため、仮に上司の承諾が途中で得られなかった場合には、明文上のルールに基づく適切な会計処理それ自体がなされないという事態に陥ることとなった。

　その典型例が工事進行基準案件であり、経理規程上、工事損失引当金の計上が

必要となる場合には，各社内カンパニーの営業部，企画部及び経理部等の担当者の判断によって，工事損失引当を計上することとされているにもかかわらず，先に述べた事実上のルールが存在したため，上司において，会計処理に関する十分な知識を有していなかった場合や，十分な知識を有してはいるものの，利益目標達成を優先して適正な会計処理を行うとの意識が希薄である場合には，実務担当者が上司に工事損失引当金の計上の承認を求めても承認が得られず，又は，消極的な意向を示されることにより，工事損失引当金の計上のための手続が行われないこととなった。

　特に，カンパニーのトップであるCPらの中には，営業部から工事損失引当金の計上について承認を求められても，工事損失引当金は，損失が確実に発生することが明らかになって初めて計上すべきものであり，その前に工事損失引当金の計上をすることは，営業部において収益改善の努力に向けてのインセンティブを失わせるものであり，かえって収益悪化を助長させるから認められるべきではないという独善的な考えのもとに，適時・適切な会計処理を拒否した者もいた。そのような者の下では，当該案件について必要な損失引当金が計上されないばかりか，当該CPのそのような考えを知った営業部は，CPらに適時・適切な会計処理の承認を求めても到底得られないだろうと考えるようになり，工事損失引当金の計上を必要とする案件があっても，その計上を断念するようになっていた。

6 経営者不正にいかに立ち向かうか

> 今，我々は，経営者不正にいかに立ち向かうかについて考えたい。

1 経営者不正への対応の困難性

　経営者不正への対応は，本来的には，経営の統治機構であるガバナンスに求められる。

　実効性のあるガバナンスは，株式会社の機関の構成員たる取締役・社外取締役・監査役・社外監査役・会計監査人が主たる当事者となり，これらの者が職業的懐疑心を保持・発揮し，自らの職責の自覚に基づく職務の遂行により確保し得るものとなる。しかしながら，過去の数多くの経営者不正事案においては，経営者不正の実行を可能とする「機会」が，このガバナンスの機能不全であった。すなわち，取締役・監査役等が，それぞれの職業倫理に支えられた職業的懐疑心を保持・発揮し得ず，あるいは，それぞれの立場での監視・監督機能を十分に発揮し得る者が取締役・監査役等ではなかったため，経営者による不正の実行を可能としたのである。それは，会計監査人においても同様である。

　近時においても経営者による不正会計は後を絶たず，多くの上場企業の取締役・監査役等が職業的懐疑心を保持・発揮しているとは言い難い状況にある。特に，不正対応に資する有事における職業的懐疑心の保持・発揮は，不正に対する無関心や当事者意識の欠如により，必ずしも十分であるとは思えない。

　また，経営者不正の動機・プレッシャーは，将来において，いつ，誰に，どのような動機・プレッシャーが生じるかわからないこと，さらに，そもそもガバナンスは本質的に不完全であるという性質を有するがゆえに，どのような上場企業

においても経営者不正が起こり得る可能性があると言わざるを得ない。

　一方，経営者不正は，多くの場合，経営者のみで実行し得るものではなく，経営者の不正の指示に基づき不正行為の実行を担う役職員の存在がある。それら役職員に，不正の指示であっても経営者の指示であれば従わざるを得ないと自らに納得させ，不正の実行に至らしめる背景的事情として，当該企業における権威主義的企業風土の醸成がある。権威主義的企業風土は，権威主義的パーソナリティを有する者が経営者となった場合に萌芽する。そして，服従，同調的な雰囲気が醸し出されることによって，徐々に権威主義的企業風土が醸成され，最悪のケースとして，経営者の意を汲む役職員，経営者の意向を忖度する役職員，すなわち，役職員が同一視の状態になった時に，盲目的に経営者不正への追従がはじまるのである。

　権威主義的企業風土を醸成しないためには，権威主義的パーソナリティを有する者を経営者にしないことが一番の方法である。この点，経営者として誰を選ぶのか，というガバナンスの究極の問題に行きつく。しかしながら，現状の多くの企業においては，本来的なガバナンス機能の発揮により経営者を選定する場合は極めて少ないと考えて良いであろう。多くは，日本的経営の特徴である終身雇用，年功序列の文化の中で，サラリーマンの昇進の延長線上にある。すなわち，社長が次の社長を選ぶ，社長が会長，相談役と相談をして次の社長を選ぶという権威主義的な背景に基づき，経営者が選任されていくのである。ゆえに，経営者不正が生じる可能性が高い土壌の中で経営者の交代が行われているのである。また，この結果，ガバナンスを担うべき取締役，監査役は，経営者の部下としての位置付けにしか過ぎなくなり，本来のガバナンス機能の発揮を期待し得る状況ではなくなる。

　このように権威主義的企業風土は，経営者不正の温床となる。ゆえに，この権威主義的企業風土の改革が必要となるが，そのためには，経営者の姿勢，すなわち，経営者の考え方を変える必要がある。しかし，経営者の考え方がすぐに改まる可能性は極めて低く，権威主義的企業風土が醸成されてしまった場合には，権威主義的企業風土を前提として経営者不正への対応を考えざるを得ない。

我々は，経営者不正が行われた場合に，経営者不正を可能としたガバナンスの機能不全，権威主義的企業風土の中で，その対応が求められることとなる。その時に，我々は，経営者不正に対してどのような対応が可能なのであろうか。我々は何をすべきであり，何ができるのであろうか。特に，従業員という立場で，経営者不正の端緒を把握した場合には，その対応は極めて困難であることは想像に難くない。

2　経営者不正に立ち向かう覚悟

　上場企業は，証券市場を利用する当事者として，公正な証券市場の確立に寄与すべき責務を有する。そして，企業活動の実態は企業の役職員の行為であるところ，その責務を有するのは，他ならぬ上場企業のすべての役職員一人ひとりとなる。

　経営者による不正会計は，公正な証券市場の確立の阻害要因であり，企業の役職員は，証券市場の公正性を担う者として，経営者不正の端緒を把握した場合には，その不正を糺すべく適切な対応を取るべきである，との理想論的な指摘は当然のこととなる。しかしながら，現実的な問題として，経営者不正に立ち向かう場合，それは厳しい状況になることは想像に難くない。考えて頂きたい。経営者の不正を知った場合，又は，経営者から不正の指示を受けた場合，どのように対応し得るのか。もし，不正の指示に従わなかったらどのようなことになるのか。もし，不正を告発したら，どのようなことになるのか。極端な話，権威主義的企業風土の中，他の役職員が経営者の不正を見て見ぬふりをする雰囲気の中で，ただ一人，自分だけが経営者の不正について問題提起しようとする時のことを。決してあってはならないことではあるが，経営者不正について問題提起した場合には，職を失うリスクさえある。有耶無耶にされ，揉み消され，結局は声を上げた自分だけが損をするリスクが。そのような時に，自らの立場，将来のこと，家族のこと，同僚のこと，部下のことを考えて，それでも一歩前に踏み出す勇気はあるであろうか。

このような状況の中，企業の役職員が経営者不正にいかに立ち向かうか。答えは一つしかない。それは，我々一人ひとりが経営者不正に立ち向かう「覚悟」を持つことしかないのである。権威主義的企業風土の中，服従の圧力，同調の圧力の中で，最後の一人になったとしても経営者不正に対して毅然として挑む態度，その覚悟が求められるのである。

　しかしながら，その覚悟は，とても厳しい覚悟を求められる。ゆえに，押し付けられるものではなく，自発的な覚悟にならざるを得ない。これは一人ひとりの価値観，人生観の問題であり，内心の問題である。また，家族や同僚，そして，各自のおかれた人間関係の中で，どのような判断を取るべきか。軽々に言える話でもない。また，すぐに答えがでるような簡単な問題でもない。ゆえに考え続けることが大事なのである。自分にはその覚悟はあると思っていたとしても，いざ，有事に直面した場合，様々な思いが生じる。想像と現実の大きな差である。現実の問題として直面した場合，立ち向かう覚悟の結果，待ち受けることとなる厳しい状況がまさに現実となるのである。その時に，本当に自らの信念を変えることなくその覚悟ができるのか。難しい問題である。ゆえに，今，我々がすべきことは，経営者不正が極めて対応が難しい問題であることの認識を前提に，常に，自社で経営者不正が行われたならば，または，行われようとしているのであれば，自分はどのような態度をとるべきかを考え続けることである。見過ごすのか，社内・社外の責任ある人々を巻き込むのか，そのまま退職してしまうのか，それとも告発するのか。どうしたらいいのか。例え，頭の中だけであったとしても自らの対応を考え続けることが大事なのである。いざ有事に直面した場合，考え続けた想いに基づき，その対応を考えられることになり，全くの無関心の状態で，災難が突然降りかかってくるよりかはだいぶましである。

　経営者不正に立ち向かう覚悟，それが，今，上場企業のすべての役職員に求められているのである。

3 経営者不正への対応

　経営者不正に立ち向かう覚悟を考え続ける中で，その覚悟を前提として，いざ有事としての経営者不正に直面した場合に，我々は何をすべきかを考えなければならない。端的にいえば，自分に何ができるかということである。

　それは各社の状況によって，また，それぞれの人の関係性によって異なるであろう。例えば，社外取締役・社外監査役等の社外役員が，思想・行動共に信頼できる者であれば，有事において，社外役員に相談できる関係性を作ることかもしれない。また，日頃，社外役員と接する機会がなければ，内部通報制度の利用方法等を確認しておくことも有用であろう。ただし，内部通報制度の通報窓口が社外役員も含まれている等，内部通報制度が有効に整備されていることが前提とはなる。この他，会計監査人が信頼できるのであれば，会計監査人との間で関係性を築いておくことも有用かもしれない。

　なお，そもそも，社外役員や会計監査人が，平時及び有事におけるガバナンスとして機能しうる者でなければ，これらの者を変えるための仕掛け作りも考えるべきことかも知れないが。

　いずれにしても，有事に遭遇した際に，自らのラストリゾート（最後の手段，頼みの綱）を考えておくことである。そして，自らの覚悟を前提として，利用可能なラストリゾートを整備することが重要である。しかし，これらは言うは易く行うは難しである。また，平時において，いつ生じるかわからない経営者不正という有事にどこまで備えるべきかという悩みもある。それでもである。それでも，少くなくとも，いざ経営者不正に直面した場合には，自らはどのような行動をとるべきかについて，日常的に報道されている企業不祥事に関する記事・ニュースに触れた際には考えていただきたいのである。

第四部

従業員不正に立ち向かう

真に有効な従業員不正への対応は，内部統制に魂を込めることである。

従業員不正の予防及び早期発見は，直接的には，いかに内部統制を有効に機能させるかが肝となる。そして，内部統制を有効に機能させるためには，企業の役職員において，内部統制が業務を有効かつ効率的に行う仕組みであり，併せて，不正の予防・早期発見に資する仕組みであることの理解が求められる。また，内部統制を有効に機能させるための前提として，企業の役職員のコンプライアンス意識の醸成が不可欠となる。そして，何よりも，内部統制が有効に機能するか否かは，経営者の姿勢次第となる。

1 従業員不正とは何か

1 従業員不正

(1) 従業員不正とは

　従業員不正とは，不正行為の主体が従業員である不正をいう。すなわち，従業員個人において不正の動機が生じ行われた不正が従業員不正である。

　経営者の指示に基づき，従業員が経営者の手足となって不正行為を実行した場合には，第三部① 「5　経営者不正のメカニズム」で述べたとおり，従業員の不正の実行に係る不正のトライアングルは成立するが，本質的には，経営者不正となる。

　なお，経営者の指示であったとしても，不正を行うことについて経営者と従業員が同じ動機を共有していた場合，又は，異なる動機であっても経営者の不正の動機に従属的ではない，別の不正の動機がある場合には，従業員不正となる場合があり得る。

(2) 従業員不正の特徴

ア　結果としての不正会計

　従業員による不正会計の特徴の一つは，「結果としての不正会計」であるということである。

　経営者による不正会計の場合，財務諸表の特定の利用者の判断を誤らせることを意図し，財務諸表全体の虚偽表示としての不正会計が行われる。これに対し，

従業員による不正会計は，当該従業員の担当業務に係る売上・利益の予算達成，許容されない赤字取引の回避等の経営者等からの過度なプレッシャーの回避や，横領等の不正の隠蔽を目的として行われるものであって，必ずしも財務諸表全体に係る特定の利用者の判断を誤らせることを意図していない。
　すなわち，従業員による不正会計は，従業員の担当する業務の範囲において，①売上予算をあたかも達成したかのように装うために架空売上を計上する，②取引があたかも黒字取引であったかのように装うために原価を他の取引に付け替える，③金銭等の資産の横領を隠蔽するために架空の売上取引や仕入取引等の仮装取引を行う等の手口により行われ，経営管理情報等に係る虚偽の会計情報を作出することにより，あたかも自らの担当業務に係る予算の達成等の外観を装うことを意図したものであり，財務諸表全体の虚偽表示を意図して行われるものではない。しかしながら，財務諸表は，企業活動としての個々の取引の積み上げで作成されるものである。従業員が，自らの業務に係る経営管理情報等に関して虚偽の会計情報の作出のみを意図したものであったとしても，個々の取引の積み上げとしての財務諸表も企業の実態を表すものではなくなる。ゆえに，結果として不正会計となるのである。

イ　不正会計による影響額

　従業員による不正会計は，多くの場合，当該従業員の担当業務の範囲内で行われるため，財務諸表全体に与える影響は限定的となる。例えば，自らの売上予算の達成のために架空売上を計上する，赤字案件であるにも関わらず原価を付け替えることにより黒字案件にする等であり，不正行為の範囲が，当該従業員が関与できる範囲に限られることから，影響額も限定的となる。しかしながら，不正会計は，一度手を染めてしまうと止められなくなるという性質も有する。「一時的なもの」と考えて行ったとしても，翌期以降も状況が変わらなければ，不正会計をし続けなければならない状況に追いやられる。さらに，自らの不正会計の発覚を避けるためという動機も加わり，不正の実行に係る不正のトライアングルが強化されてしまうのである。このように，不正会計が長期に行われた場合には，影

響額は年々増加し、財務諸表全体に重要な影響を与える不正会計になりかねない。ゆえに、早期発見が重要となる。

例えば、平成7年に発覚した大和銀行ニューヨーク支店において、現地採用された行員が約10年間にわたり、米国財務省証券の簿外取引により損失を出し、その損失を隠蔽するために顧客と大和銀行所有の財務省証券を簿外で売却して、大和銀行に約11億ドルの損害を与えたという事件があった。歴史は繰り返される。将来においてどのような不正が起きるかは誰にもわからない。ゆえに、過去の事件に学ぶ必要があるのである。

ウ 課徴金リスク・告発リスク

上記のとおり、従業員による不正会計の場合、多くは財務諸表全体に与える影響額は限定的となることから、有価証券報告書等の虚偽記載に係る課徴金リスクは低いと考えられる。しかしながら、不正会計が長期間行われていた場合等には重要な影響を与える可能性もある。

特に、企業が、証券市場を利用した資金調達、すなわち、新株の発行や社債の発行を行った直前に、財務諸表全体に重要な影響を与える不正会計が行われていた場合には、当該資金調達に係る有価証券届出書の虚偽記載に対して課徴金が課されることとなり、調達資金額が多額になればなるほど課徴金も高額になるため、課徴金リスクが高くなる場合がある。同様に、この時期に子会社における不正会計が行われていた場合も同様のリスクが生じることとなる。

エ 事業の継続性リスク

事業の継続性リスクに関しても、従業員による不正会計の場合、財務諸表全体に与える影響が限定的であることから、多くの場合、それほど高くないと思料される。しかしながら、従業員の不正会計の原因となった業務が、企業の提供する財貨又は役務に対する信用不安を招くような性質を有するものである場合には、企業の社会的信用が失墜することとなり、事業の継続が困難になるリスクが高くなる場合もある。

1 従業員不正とは何か

なお，不正会計は，不正の類型としての「財務情報の虚偽表示」であるが，企業活動の実態に係る事実の虚偽報告である「非財務情報の虚偽表示」が行われた場合には，事業の継続が困難になる事態を招く原因となる。三井住友建設・旭化成建材による杭工事施工におけるデータ不正問題（平成27年），東洋ゴムの建築用免震積層ゴムの構造方法等に係る性能評価基準の不適合問題（平成27年），三菱自動車の燃費試験データ等の不正問題（平成27年），タカタのエアバッグのリコール問題（平成27年）等である。

ここでは，不正会計をテーマとして，従業員による不正会計の予防・早期発見に資する内部統制の在り方等について考えるが，非財務情報の虚偽表示の機会もまた内部統制の機能不全によるものであり，不正の予防・早期発見に資する内部統制の在り方等についての考え方は，財務情報の虚偽表示，非財務情報の虚偽表示のいずれも同じである。

2 従業員不正の動機・プレッシャー

以下では，不正のトライアングルに基づき，従業員不正に係る動機・プレッシャー，正当化及び機会について説明する。従業員不正による不正会計の動機・プレッシャーには，①経営者等からの過度なプレッシャーの回避，②成果報酬等の獲得，③従業員の横領等の不正行為の隠蔽等がある。

なお，様々な状況におかれた従業員が，様々な不正会計の動機・プレッシャーを有する可能性があり，ここで示した動機・プレッシャーはあくまでも例示に過ぎない。

（1）経営者等からの過度なプレッシャーの回避

経営者等からの過度なプレッシャーの回避は，経営者等からの従業員の業務に係る①予算達成（売上高・利益等）又は②赤字取引回避等に係る過度なプレッシャーの回避である。

ア　予算達成（売上高・利益等）の過度なプレッシャー

　経営者等からの予算達成の過度なプレッシャーとは，経営者，経営陣，管理職等から従業員に対して，売上予算や利益予算の達成に係る過度なプレッシャーが与えられている場合に，従業員において，自らの業務範囲に係る予算達成が通常の努力では困難であると認識し，架空売上の計上・売上の前倒し計上・原価の付替え等の不適切な会計処理を行うことで，あたかも予算を達成したかのような不実の会計情報を作出し，これにより経営者等からのプレッシャーを回避したいと考えることである。

　予算達成の過度なプレッシャーについては，第一部 3 5 （1）「イ　従業員不正の場合」において述べたとおり，多くの場合，予算制度に関する経営者等の不十分な理解が，予算達成至上主義的な企業風土を醸成し，これが予算達成の過度なプレッシャーを生み出す土壌となる。

　予算は，企業の役職員において一定の業務の目標となり，従業員に対して予算達成のための努力を促す意味合いもある。実務上，予算達成に係る一定のプレッシャーは必要であり，このプレッシャーのもと，従業員においては，予算達成のための様々な知恵を生み出す。しかしながら，予算制度の本来の意義は，予実差異を把握し，この差異分析を行うことにより，経営戦略の見直しの要否も含めた事業の見直しを行うことにある。

　この予算制度に係る経営者等の理解が不十分となり，予算の達成自体が目的化した場合には，予算制度の本来の意義が失われ，予算達成が至上命題となる。予算達成至上主義的な企業風土の醸成である。この結果，予算未達が許されない状況となる。そして，設定された予算が従業員の努力で達成し得る予算であればまだしも，単に前年の実績に上積みしただけの予算や全体的な目標を各部署・各担当に割り振っただけの予算のような現実の経営環境と乖離した根拠なき達成不可能な予算であった場合には，経営者等からの予算達成に係るプレッシャーが，過度なプレッシャーへと変容する。そして，過度なプレッシャーを回避するために，従業員の担当する業務の範囲内で売上予算をあたかも達成したかのように装

うために架空売上を計上する等の従業員による不正会計が行われることとなる。特に，予算未達の場合に，始末書を書かせる，会議等の場で罵倒する，処分を与える等の制裁的措置が与えられる場合には，過度なプレッシャーを強化するものとなり，さらに，従業員に対して不正会計の動機・プレッシャーを強化することとなる。

また，過度なプレッシャーは，不正予防の観点から問題となるばかりか，予算制度の本来の意義が失われている点において，企業価値向上の観点からも問題を有するものとなる。

なお，経営者等からのプレッシャーを過度なプレッシャーと受け止めるか否かは，経営者等の予算制度に係る理解の程度に関わらず，プレッシャーを受ける従業員の主観的な面にも影響を受ける可能性もある。経営者等によるプレッシャーが適切なプレッシャーであるにも関わらず，従業員においてこれを過度なプレッシャーと受け止めてしまう理由としては，従業員における予算制度に係る理解不足や，従業員の上司である管理職等の従業員に対する接し方の問題もあることから，従業員に対する目配り，気配りとしての従業員とのコミュニケーションに留意することもまた，従業員による不正会計の予防ともなろう。

イ 赤字取引回避等の過度なプレッシャー

赤字取引回避等の過度なプレッシャーは，予算達成の過度なプレッシャーと同様に，経営者等から従業員に対し，赤字取引等の回避に係る過度なプレッシャーが与えられている場合に，従業員において，自らの業務における赤字取引等の回避が困難であると認識し，架空売上の計上・売上の水増し・原価の付替え等の不適切な会計処理を行うことで，あたかも赤字取引等を回避したかのように不実の会計情報を作出し，これにより赤字取引等を回避したいと考えることである。また，赤字取引の回避だけではなく，その他の経営管理目標の達成／回避に係る過度なプレッシャーがある場合には，同様となる。

当然のことながら，赤字取引は避けるべきであり，赤字取引とならないよう事前に業務上の対応が取られるべきである。もちろん，新規事業において取引の実

績を積み上げるために必要な場合や，継続事業においても新規顧客の開拓のための赤字取引，工場等の設備の稼働率が低い場合の固定費を回収するための赤字取引のように戦略的に赤字取引を行う場合も考えられる。このような戦略的な赤字取引は，経営全体の観点からも必要な場合があることから，これらを受注する際に，事前に決裁を受け取引を行うことになる。しかしながら，原則的には，赤字取引は赤字になるだけであることから，通常は，赤字取引は受注すべきではなく，また，赤字取引は回避すべきという経営判断となる。

したがって，赤字取引を回避するプレッシャーがあることの理解はできるが，真に問題なのは，赤字取引を行ったことが問題なのではなく，赤字取引となった原因が問題なのである。ゆえに，本来であれば，赤字取引が行われたことを端緒として，その原因分析を行い，経営上の課題・問題の把握に役立てることが何よりも重要となる。例えば，競合他社と比較して，製品自体に優位性がないことから価格を下げなければならなかったのか，そもそも，市場が参入障壁の低い市場で，競合他社が多くあることから価格競争にならざるを得なかったのか，また，原価が高く，価格で吸収できなかったのか。さらには，工事等を請け負う場合には，受注時においては利益が見込める取引であったとしても，工事の過程での天候や技術的な問題により費用が嵩み，赤字取引となったのか。もちろん，担当者である従業員の不注意や不正の意図があったのかも知れない。このように赤字取引となった原因は，様々な原因があり得る。ゆえに，赤字取引の発生を端緒として，これらの原因分析を行い，事業をより有効かつ効率的に行うための対応を検討することが重要となる。すなわち，予実差異同様，赤字取引は，経営上の課題・問題の端緒となる事実であり，赤字取引となった原因を分析することで，経営戦略の見直しの要否，業務改善等の要否の検討を必要とする業務の把握に資することとなる。

しかし，単純に「赤字取引は悪」であるとの風潮が組織内に蔓延し，赤字取引回避が業務上の至上命題となった時に，赤字取引回避のプレッシャーが過度なプレッシャーに変容する。そして，このような風潮は経営者の姿勢により醸成される。

1 従業員不正とは何か

経営管理上，赤字取引を管理事項として把握することは重要であるが，一方で，赤字取引を絶対悪とするだけで，本来行うべき経営上の対応を伴わない場合には，赤字取引の責任を担当者に押し付けるだけの過度なプレッシャーとなり，従業員による不正会計の動機・プレッシャーとなる。

（2）成果報酬等の獲得

従業員不正の動機としての成果報酬等の獲得は，従業員の業務に関して，予算達成等の程度に応じた成果報酬型の給与体系を用いていた場合に，不実の会計情報を作出することにより，成果報酬を不当に得たいと考えることである。

成果報酬型の給与体系は，基本給や賞与の支給を成果に連動させるものや，成果に応じた報酬制度を別に設ける等の様々な種類がある。特に，従業員による不正会計と連動するのは，売上等の実績を賞与の支給額に反映させる場合等，会計情報の基礎と関連する業務がその基準となる場合である。

成果報酬型の給与体系は，従業員の業務遂行に係る動機付けに資することから有用であるものの，一方，給与等の全体に占める成果報酬の割合が，著しく高いような過度な成果報酬型の給与体系は，従業員による不正会計の動機にもなり得ることに留意が必要である。

（3）従業員の横領等の不正行為の隠蔽

従業員の横領等の不正行為の隠蔽は，従業員が，会社の金銭等を横領する等の不正行為を行った場合に，不実の会計情報を作出することにより，当該不正行為の発覚を避けたいと考えることである。

例えば，会社の資金を横領し，これの発覚を避けるため，ソフトウェア等の資産を購入したかのように装い，架空資産としてのソフトウェアを計上する場合や，また，換金価値のある高額な商品，原材料等を横領し，この事実を隠すため，あたかも商品や原材料が在庫としてあるかのように装う等である。

いずれも個人的利得を目的として行われる。

3 従業員不正の正当化

　従業員による不正会計の正当化には，①一時的なものである，②そんなに悪いことではない，③正当な評価を受けていない等がある。

　なお，正当化は，不正は悪いことである，行ってはいけないことであるとの認識があるにもかかわらず，自らが不正を行うことは仕方がないことであると言い聞かせる「言い訳」である。したがって，以下に示す正当化理由は例示であり，これ以外にも，従業員の置かれた状況に応じて，どのような言い訳でも考え得ることとなる。

（1）一時的なものである

　従業員による不正会計は，売上や利益の予算達成の過度なプレッシャーの回避や，赤字取引回避の過度なプレッシャーの回避等を動機として行われる。具体的には，売上の前倒し計上や架空売上の計上によりあたかも予算を達成したかのように装うために，又は，売上原価を他の原価（棚卸資産）に付け替えて赤字取引をあたかも黒字取引であったかのように装うために，内部統制を遵守せず，不適正な業務処理を行うことにより行われる。

　会計は，企業の実態としての従業員の業務の結果を会計情報に置き換えるものであるところ，従業員による不正会計は，会計情報に置き換える機能を有する内部統制に係る業務に関して，従業員が，意図的に規程等に準拠せずに業務を行うことにより実行される。このため従業員においては，不適切な会計処理を行ったとの認識ではなく，不適切な業務処理を行ったとの認識となる。過去の不正会計事案を踏えても，不正会計を行ったとの認識がさほど強くないのが実態であると考えられる。よって，従業員において，不適切な業務処理を行うことに関して，「今期は厳しいが，来期は受注も増えそうだから，（不適切な業務処理を行うのは）今期だけである」「来期，頑張れば，（前倒し計上した分の売上は）何とかなる」「来期は，利益率の良い取引があるので，その取引に今期資産に付け替えた原価を付けるから一時的なことである」「来期，利益が出れば，付け替えた原価

も吸収できる（原価処理できる）」等の正当化を行うことになる。内部統制に準拠しない不適切な業務処理は，規程等の違反であり悪いことだと理解はしているが，ずっと続ける訳ではなく，あくまでも「一時的なもの」であって，すぐに正しい状態に戻すことができると自らに言い訳することにより，不適切な業務処理の遂行を正当化するのである。

　しかしながら，実際には，当期において業績が悪い根本的な原因を解決しない限りは，翌期においても状況は変わらず，特に売上の前倒し計上は，翌期の売上の先食いでしかないため，さらに状況は悪化する。そして，翌期以降も不適切な業務処理を行わざるを得ない状況へと自らを追い込むことになる。その結果，年々，不正会計の影響額が大きくなるのである。

（2）そんなに悪いことではない

　従業員による不正会計は，多くの場合，自らの業務の範囲内で行われる。例えば，工事原価の付替えによる赤字工事の隠蔽は，自らの担当工事のうち，赤字工事の原価を別の工事原価に付け替えることにより行われる。従業員は，赤字工事になった場合の上司からの叱責や周りの目，赤字工事になったことによりその対応として始末書等の提出を求められ，ただでさえ忙しいのにさらに「雑用」に追われること等を避けるため，「今月だけ」「今回だけ」「ちょっとのことだから」，ゆえに「そんなに悪いことではない」と自らに言い聞かせて，不適切な原価の付替え処理の実行に至る。先に述べた「一時的なものである」との正当化は，「そんなに悪いことではない」との正当化を強化するものとなる。

　また，不正の実行としての不適切な業務処理が，自らの業務範囲内に止まることからそれほど周りに迷惑をかけるようなことではないとの思いや，また，自らの業務範囲にしか考えが及んでいないため自分の行った不正行為が，その後，どのような影響を与えるかにまで考えが至らないがゆえに「そんなに悪いことではない」と考えるのである。従業員においては，不正会計が悪いことであるとの認識はある。しかしながら，多くの場合，自分の行った不適切な「業務処理」としての不適切な原価の付替え処理が，不実の会計情報を偽作し，これによって財務

諸表の虚偽表示，すなわち，不正会計になるとの認識がないのである。

したがって，このような正当化の発生可能性を低減させるためには，①企業の作成する財務諸表が，企業のすべての役職員の行為がその基礎となり，ゆえに，自分が不適切な業務処理を行った場合には，不正会計の原因となることを，また，②上場企業の役職員は，公正な証券市場の確立に寄与すべき責務を負っており，第一に適正な開示，すなわち，企業の役職員の一人ひとりが適切な業務処理を行うことがその基本であることを，組織的な教育・研修により周知徹底し，理解を得ることが大事となる。

(3) 正当な評価を受けていない

従業員が不正を行う場合の正当化として，自分は「正当な評価を受けていない」というものがある。特に，成果報酬等の獲得を動機として有する場合や，横領等の金銭的な利得を得るための不正行為を行う場合の正当化となる。従業員は，「自分は仕事を一生懸命やっている」「自分は他の人よりも成果を出している」「自分は職場では一番優秀だ」「自分は職場での営業成績が一番だ」，なのに，給与・賞与には何の反映もされておらず，「正当な評価を受けていない」。だから，「この程度の不正は許される」し，「不正により得られた利得は，当然の報酬である」と考え，不正の実行に至ることとなる。

当然のことながら，このような正当化は，身勝手な言い訳でしかなく，自らが行った不正を何ら正当化し得るものではないが，このように思うことで，不正の実行を可能とするのである。

4 従業員不正の機会

従業員不正の機会は，内部統制の機能不全，すなわち，内部統制の整備の失敗，又は内部統制の運用の失敗に尽きる。従業員による不正会計が生じた場合，その「機会」としての内部統制の機能不全が必ずある。

(1) 内部統制の不完全性

　内部統制の機能不全は，内部統制の不完全性に起因する。内部統制の不完全性については，第四部[2][2]「(6) 内部統制は常に不完全である」において詳しく述べるが，内部統制は，①本質的に「人」によって整備され，「人」によって運用されるものであり，ゆえに，完全な「人」が存在しない現実を踏まえれば，いかに内部統制を適切に整備したと思ったとしても，事業リスク・不正リスクを見誤ることがあり得ること，また，内部統制の運用が徹底できないことがあり得ること，②ある一定時点での企業の実態に基づいて整備されるものであって，常に時間の経過に伴う環境の変化による陳腐化・形骸化のリスクを有していること，また，③内部統制の整備は，費用と便益とを比較衡量して行われるものであって，ある意味，妥協の産物としての性格を有することから，内部統制は常に不完全であり，ゆえに，理論的には，完璧な内部統制はあり得るかも知れないが，現実的には存在しないという不完全性を有する。

　なお，従業員不正の機会が内部統制の機能不全であり，それが内部統制の不完全性に起因するものであったとしても，現実に，すべての企業において従業員不正が起きているわけではない。ただし，不正が起きていないのは，内部統制を構成する仕組みが，相互補完的に作用し内部統制の不備を補っていたのか，あるいは，たまたま不正の動機を有する者が現れなかっただけのことである。

　間違いないことは，従業員による不正会計が行われた場合には，必ず内部統制の機能不全がその機会となっていたということである。

(2) 内部統制の整備の失敗

　内部統制の整備の失敗は，内部統制が事業の有効性・効率性等の内部統制の目的の達成に資するものとして整備されなかったことに起因する。すなわち，内部統制が事業リスク及び不正リスクに対して適切に対応していなかったことが，内部統制の機能不全をもたらすことになる。

　例えば，収益認識基準として工事進行基準を採用している企業の場合で考え

る。この企業においては，完成工事に係る売掛金について，年齢調べや残高確認等を実施し，適切な債権管理を行っていたところ，工事進行基準の適用により計上された未完成工事に係る売掛金に関しては，未だ顧客等に請求できる確定債権でないことから，年齢調べや残高確認を行っていなかったとする。この場合，本来であれば，未完成工事に係る売掛金についても回収可能性等の観点から適切な債権管理が行われるべきであったにもかかわらず，当該債権管理に係る内部統制が整備されていなかった。このため，実際原価を他の工事原価に付替えることにより，多額の未完成工事に係る売掛金が計上されていたにもかかわらず，誰も気づくことなく，不適切な工事原価の付替えによる売上の架空計上等が行われることとなり，従業員による不正会計の実行を可能とする機会となるのである。ゆえに，売掛金として計上されるからには，本来であれば，未完成工事に係る売掛金も対象として債権管理を行うべきところ，これを行うような内部統制が整備されていなかったことが内部統制の整備の失敗となり，従業員不正の機会となるのである。

　なお，内部統制の整備の失敗をもたらす最大の原因は，業務における不正リスクの把握の失敗にある。そして，これは，内部統制の整備に関わった担当者等の職業的懐疑心の欠如に起因するものとなる。内部統制の整備に係る不正リスクの認識については，第四部３ ２「（3）リスクの認識」において述べる。

（3）内部統制の運用の失敗

　内部統制の運用の失敗は，企業の役職員が，内部統制に基づき適切に業務を行わなかったことに起因する。企業の役職員においてコンプライアンス意識及び職業的懐疑心が欠如していたこと，また，その背景的事情として，経営者の姿勢や企業風土が問題となる。

　例えば，製造業を営み，個別受注生産を行っていた企業において，ある製品の製造が完了した時点で，他の製品の製造に転用できる部材が残った際に，当該部材に係る原価を他の製品の製造原価に振り替える「原価流用」という業務があったとする。当該原価流用は，適切な費用対収益の実現に資するものであり，原価

流用自体は，適切な業務となるが，一方，原価を資産（仕掛品）に付替える業務でもあり，これが不適切に行われた場合には，「実際原価の資産への付替えによる利益の水増し」という不正会計のリスクがある業務となる。当該企業においては，原価流用に係る規程等は整備されていたが，実際に規程等に基づき，適切な業務の実施がなされていなかったことから，不適切な原価流用による不正会計が行われることとなった。

このように，従業員が内部統制を遵守して業務を行わなかったことが，内部統制の運用の失敗となり，従業員による不正会計の実行の機会となる。

5 従業員不正の兆候

内部統制の機能不全は，規程等が適切に整備されず，また，規程等に基づき適切に業務の遂行がなされていないことがその原因となる。その意味では，従業員による不正会計が生じる兆候，すなわち，従業員不正が起きやすい企業の特徴は，以下のとおりとなる。

（1）規程等を何年も見直していない会社

規程等の存在が，社内においてあまり重要視されていない企業は，形としての規程等が存在していたとしても，実質的に内部統制が整備・運用されているとはいえない。特に，企業の役職員において，規程等は入社以来見たことがないという会社や，規程等は内部統制報告制度が導入された際に見直しただけで，その後，何年も見たことがないという会社は，内部統制の意義・役割を認識していない内部統制軽視の会社となる。

このような企業においては，規程等が企業の実態に則していない場合が多く，また，規程等に準拠した業務の実施が厳格に求められていないことから，このような状況が放置されることにより，従業員不正の機会が常に存在することになる。

(2) 規程等の雛形をそのまま流用する会社

　規程等を作成する際に，公表されている雛形や市販されている雛形を流用する場合がある。規程等の作成に関して，雛形等を参考に作成すること自体には問題はないのであるが，文言等の簡単な手直しだけで，基本的な内容に関して雛形をそのまま用いることに問題がある。

　規程等は，内部統制を文書化したものであり，企業の実態に則して作成されるべきものである。しかし，規程等の意義・役割を認識していない会社においては，例えば，内部統制報告制度に対応するために，規程等の作成自体が目的化し，とりあえず雛形を参考にして規程等を作成すれば良いと考えることになる。

　このような規程等の軽視は，内部統制を形骸化させるものであり，従業員不正の温床となる。

(3) 同様の懲戒処分を繰り返している会社

　第三者委員会等の調査が行われた場合，第三者委員会等の設置の契機となった従業員不正と同様の不正が過去にも起きており，同様の懲戒処分が繰り返されている場合がある。このような企業においては，従業員不正が発覚した際に，当該従業員に対する懲戒処分等は行われるものの，その真因の解明及び根本的な対応策が取られず，結果，同様の従業員不正が繰り返し行われることとなる。ゆえに，過去に同様の従業員不正が繰り返し行われている会社は，将来においても同じことが起きる可能性が高いと考えられる。

　なお，突き詰めれば，同様の従業員不正が繰り返し行われるということは，企業風土に何らかの問題があるということである。ゆえに，経営者等の経営陣，取締役会等が真にこの状況を問題視し，適切な企業風土の醸成に取り組まない限りは，根本的な問題の解決とはならない。

(4) 当たり前のことが当たり前にできていない

　従業員による不正会計が起こるのは，規程等の遵守という当たり前のことが当

たり前にできていないためである。第三者委員会等の調査報告書においては，再発防止策として至極当たり前のことが書いてある。これは，何も第三者委員会等の再発防止策が形式的な指摘にとどまっている訳ではなく，不正会計等の問題が起きる会社は，当たり前のことが当たり前のこととしてなされていなかったことが原因としてある。この当たり前のことが当たり前にできていないのは，企業の役職員のコンプライアンス意識の欠如が根本的な原因である。当たり前のことを当たり前にやる。その上で，各自の創意工夫，試行錯誤により業務改善等が行われ，企業がより良くなるのである。応用は基本ありきである。何事も基本なくして応用はない。

　ゆえに，当たり前のことが当たり前にできていない会社は，そのこと自体が従業員不正の温床となり，ゆえに，不正の兆候であることを自覚すべきである。

2 内部統制を考える

> ここでは，不正の予防・早期発見に資する内部統制を考える前提として，そもそも内部統制とは何かについて考えてみたい。

1 内部統制の意義

　経営とは「他人を通して事をなす」[126]ことである。企業は，社会の期待に応える財貨又は役務の提供を事業として行うことにより，企業としての存在意義を有する。そして，その事業の実現は，企業理念を共有した企業のすべての役職員が，それぞれの現場で，それぞれの業務を適切に行うことにより可能となる。ゆえに，経営者による経営とは，企業の役職員を通して，企業理念に基づく事業の価値の実現を図ることであり，ゆえに「他人を通して事をなす」のである。

　しかしながら，それぞれの役職員が，それぞれの考えや方法により業務を行っていたのでは，有効かつ効率的な業務の遂行は実現し得ず，また，その結果としての企業が提供する財貨又は役務の質も社会の期待に応え得るものとはならない。したがって，経営者は，企業の持続的成長を可能とし，企業価値の向上に資する経営を可能とする仕組みとして，企業の役職員の行為規範となるべき内部統制を整備・運用することとなる[127]。すなわち，内部統制は，経営者が経営責任を果たすために自ずと必要となる仕組みであり，経営者による経営者のための仕組みなのである。したがって，内部統制に関心のない経営者は，真の意味での組

126　伊丹敬之『よき経営者の姿』（日本経済出版社，平成19年1月）55頁。

織運営に関心のない経営者であって，事業をいかに有効かつ効率的に行うかの問題意識を有していないと言わざるを得ない。ゆえに，そのような経営者は，そもそも経営者としての資質・能力が欠けているのである。

　一方で，内部統制が経営のための仕組みであったとしても，内部統制の究極的な目的は，企業理念に基づく夢の実現である。そのためには，内部統制は現場を活かすための仕組みでなければならない。内部統制に基づき現場で業務を行うのは，生身の人間である企業の役職員である。内部統制は，彼ら／彼女らが，自ら考え，自ら行動するための仕組みとなるべきであり，決して押し付けのルールとなってはいけない。そのためには，内部統制を，単なる業務遂行に係る所与の前提とするのではなく，現場の気付きに基づき，常により良いものになる可能性を内包する仕組みとしなければならない。「事業は人なり」である。内部統制は，また，企業の役職員を活かす仕組みでなければならない。

　ゆえに，規程等を何年も見直していない企業や，役職員において規程等を入社以来見たことがないという企業は，内部統制が役職員の行為規準として機能しておらず，内部統制が形骸化していると言わざるを得ない。このような状況においては，経営のための仕組みとして，また，人を活かす仕組みとしての内部統制は不在であると言っても過言ではない。

127　「当たり前のことが当たり前にできるためには，まず「当たり前」とは何かを定義することが重要だ。これを「標準」（standard）と呼ぶ。「業務遂行主体」である現場には，「標準」が不可欠である。「標準」がなければ，そもそも当たり前とは何かが人によってばらついてしまい，安定した業務を遂行することができない。仕事のやり方や手順を定める「標準作業」，目標コストを定める「標準コスト」，目標納期を定める「標準納期」など，業務遂行に必要な「標準」を明確に定めて明文化し，周知徹底させ，確実に実現できる能力を磨くことが大切だ。」（遠藤功『現場論』東洋経済新報社，平成26年11月）92頁－93頁

2 内部統制の性質

(1) 内部統制は自由である

　内部統制は，経営のための仕組みである。ゆえに，どのような内部統制を構築するかは，企業の実態に則することとなる。当然のことながら，企業の実態に則すという意味は，単に，現状の業務の流れについて，何ら問題意識を持たず，無批判に受け入れるという意味ではない。企業は，それぞれ異なる企業理念を有し，また，企業の経営環境としての経済環境，経営資源，開発力・技術力・営業力・ブランド力等の強み・弱みもまた様々である。ゆえに，企業経営も，それらの様々な条件により，その在り方は異なる。経営者は，自社の経営環境の中で，企業理念に基づく企業の夢としての経営戦略を描き，その実現のため，いかに事業を有効かつ効率的に遂行し得るかを考え，そのための仕組みとして内部統制を構築する。ゆえに，内部統制の在り方は，決して画一的なものではなく，企業の実態に則して設けられるべきものとなる[128]。

　このような内部統制の構築は，無限に考えられる組織体制の中から，どのような仕組みを選択していくかという本質的に創造的な作業となる。内部統制は，限られた経営資源という一定の制約の下，企業の役職員が事業を有効かつ効率的に行い，かつ，企業が提供する財貨又は役務の品質を一定水準に確保するための業務の仕組みとして構築されるべきものであり，その結果，企業の役職員の行為の規準となる。ゆえに，内部統制の構築は，いかに自らの仕事をより良いものにするかとの観点から，自由な発想に基づき，創意工夫，試行錯誤を重ね，考えられるべきものである。この意味において，内部統制は，組織の人の知恵の結晶であり，経営におけるノウハウとしての企業価値創造の源泉の一つとなる。

---

[128]「具体的に内部統制をどのように整備し，運用するかについては，個々の組織が置かれた環境や事業の特性等によって異なるものであり，一律に示すことはできないが，経営者をはじめとする組織内のすべての者が，ここに示した内部統制の機能と役割を効果的に達成し得るよう工夫していくべきものである。」(内部統制基準Ⅰ「1　内部統制の定義」)。

したがって、内部統制は、決して法制度等により押し付けられた他律的なルールではなく、各企業の創意工夫により、試行錯誤を重ね、日々継続して、より良い形を模索しつつ形作られるものであり、また、自らの仕事を活きた仕事として行うための自律的なルールであるところ、ゆえに、内部統制は自由なのである。

（２）経営者の思想としての内部統制

　内部統制は、経営のための仕組みであり、第一義的には、経営者が構築すべきものとなる。経営者は、企業理念に基づき、企業の経営環境を分析し企業の進むべき方向性としての経営戦略を立案し、様々な企業の利害関係者の利害を調整しつつ事業を行い、企業の持続的成長と企業価値の向上を図るための企業経営の責任者である。そして、この経営者による経営のための仕組みが内部統制であり、内部統制の整備・運用に関しての最終的な責任を有するのが経営者となる。事業をどのような体制で行うか、内部統制をどのように構築するかは経営者の判断によるものとなる[129]。

　そして、内部統制の構築に当たっては、内部統制の在り方としての内部統制のグランドデザインを描くのが、経営者の役割となる。これに対し内部統制の具体的な作り込みに関しては、現場及び内部統制担当者の役割であり、それを支援するのがまた経営者の役割ともなる。

　内部統制のグランドデザインとは、具体的には、組織図等で描かれる組織の在り方、職務分掌・職務権限や人事制度等の在り方、内部監査部門の在り方、内部

---

[129] 「戦略を実行するには、必要な施策を機能ごとに落とし込み（機能設計）、それぞれの機能を担う部門・部署（つまり現場）ごとに業務を分解し（業務設計）、現場が日々定められた業務を遂行することが必要だ。戦略実行とは「戦略作成―機能設計―業務設計―業務遂行」という一連の流れと説明することができる。（中略）同一業界の複数の企業を機能、業務という視点で比較すれば、おそらく表面的には大差はないだろう。（中略）しかし、実際の企業のパフォーマンスにはとても大きな違いが生じる。（中略）こうしたパフォーマンスの違いは機能や業務の違いではなく、組織能力の違い（組織能力格差）だと認識する必要がある。価値創造主体である現場に内包されている組織能力、それを私は「現場力」と呼んでいる。現場力という組織能力こそが、企業の競争力に直結すると私は考えている。」（遠藤功『現場論』（東洋経済新報社、平成26年11月）69頁－70頁）。本書では、この現場力の源泉が、コンプライアンス意識及び職業的懐疑心と考える。そして、「組織能力」の一つの形が、内部統制なのであり、ゆえに、内部統制は経営ノウハウとなる。

通報制度の在り方等の組織の基本的事項に係る在り方である。また，内部統制が有効に運用されているか否かを監視・監督する責任は，経営者が有するが，その責任は，個別具体的な監視・監督を経営者が行うという意味ではなく，内部監査部門の在り方等も含めた内部統制の有効な運用を保証し得るような内部統制を適切に整備するためのグランドデザインを描く責任となる。言い換えれば，内部統制のグラウンドデザインは，経営者の姿勢・組織観・戦略眼等に基づく経営者の「思想」の発露となる。

例えば，内部統制の具体的な作り込みに関しては，現場及び内部統制担当者等の役割となるが，経営者としてこの作り込みが適切に行われているか否かの監視・監督を行う必要がある。通常，この経営者による監視・監督を代替する機能を有する部署が内部監査部門となる。企業の規模にもよるが，一般的に，内部監査部門が1名しかおらず，適切な教育・訓練を受けていない者が内部監査部門の担当者であるような企業は，まさに経営者の思想が（悪い意味で）端的に表れているものと考えられる。内部通報制度の在り方も同様である。

また，内部統制が有効に機能し得るか否かは，内部統制を運用する企業のすべての役職員のコンプライアンス意識及び職業的懐疑心に依拠せざるを得ないが，この企業の役職員のコンプライアンス意識を醸成する土壌としての企業風土は，経営者の姿勢に強く影響を受ける。すなわち，内部統制を有効に機能させるためには，何よりも経営者の姿勢が重要となる。ゆえに，この意味においても内部統制は，経営者の思想に基づくものとなる。

なお，経営の統治機構としてのガバナンスの役割として，経営者が，経営者としての職務執行を適切に行い適切な内部統制を構築しているかの監視・監督があるが，取締役会・監査役会等は，特に，経営者の描く内部統制のグランドデザインに対して，企業の持続的成長・企業価値の向上の観点から批判的に検討することにより，この役割を果たすこととなる。

（3）職人技としての内部統制

具体的にどのような仕組みとして内部統制を作り込むかは，基本的には，現場

及び内部統制担当部署の役割となる。

　内部統制は，自由である。合目的である限り，自由な発想に基づき，より良い仕組みとすべきであり，また，有限な経営資源という制約の中で，最大の効果を得るためには，創意工夫・試行錯誤が求められる。すなわち，内部統制の整備は，現場及び内部統制担当者の腕の見せ所であり，職人技なのである。また，内部統制は，企業の役職員の行為の規準となるものであり，すべての役職員に対してその遵守を求めるものであるところ，内部統制に無関係な役職員は存在せず，その意味においては，内部統制の作り込みは，すべての役職員の役割ともなる。

　例えば，組織の在り方に関しては経営企画部門，人事制度の在り方に関しては人事担当部門，企画・研究開発，購買，製造，営業，管理等に関しては，それぞれの担当部署の役割であり，内部統制の整備に関しては，内部統制担当部署等が中心となって，その取りまとめを行う必要があるものの，一方で，内部統制の運用は，現場における各業務の担当者がその当事者となる。したがって，各業務の担当者は，内部統制の運用に係る当事者として，内部統制の不備や改善点等を把握した際に，適切にフィードバックすることが求められる。なぜならば，自分たちの仕事をより良くするために必要だからである。我々の仕事は，企業理念に基づき「世のため人のため」になるものであり，ゆえに，常により良いものを提供すべきであり，それがまた企業価値の向上に資するものとなる。この意味において，内部統制の作り込みは，すべての役職員の役割となるのである。

　そして，このような各業務担当者の「気付き」を内部統制に還元するための仕組みを内部統制に取り入れることも，内部統制担当者の腕の見せ所となる。内部統制は，企業の役職員の知恵の結晶である。企業の役職員が，自らの問題意識・経験・知識に基づく企業の役職員の職業的懐疑心の保持・発揮により，より良い仕事をするための仕組みとしての内部統制を作り込み，形作るのである。

（4）企業の成長に則した内部統制

　内部統制は，企業の実態に応じて構築されるものである。ゆえに，内部統制は，企業の成長に則して構築されることとなる。

企業の規模が小さい場合には，経営者又は管理職による業務全般に対する目が行き届くことから，比較的簡易な内部統制で事足りる場合もある。例えば，一般的に，物品等の購入に関しては，発注業務と検収業務を分掌すべきであるが，人的資源の制約等から発注業務と検収業務を別々の部署に分けることが困難な場合もあり，その際には，同一部門において発注業務と検収業務を担う場合も考えられる。ただし，このような場合には，発注業務と検収業務を同一部門で行うことのリスク，すなわち，架空発注や物品の横領等のリスクを想定して，このようなリスクに対応するための代替的な牽制手続を設ける必要はある。

　内部統制の構築において重要なことは，企業の実態に則して作り込むことであり，机上論的なものにすべきではないということである。机上論的な内部統制は，形だけのものとなり，内部統制の形骸化の大きな要因となる。

(5) 適切な内部統制

　内部統制は，適切な内部統制でなければならない。「適切な内部統制」とは，適切なリスク対応に資する内部統制である。

　事業活動を有効かつ効率的に行い，また，不正等のリスクに適切に対応するためには，あらゆる統制手続が考えられる。可能性の程度を抜きにすれば，多くのリスクが想定し得る。しかし，これらすべての想定し得るリスクに対応するための内部統制を構築した場合には，それは過剰な内部統制となる。過剰な内部統制は，現実的な内部統制の運用の困難性から，また，内部統制手続の意味合いの軽重のバラツキから内部統制の運用を担う役職員による内部統制の軽視につながり，結果，内部統制の形骸化の原因となる。さらに，企業活動は限られた経営資源の下に行われるという制約もある。過剰な内部統制の構築自体が，経営資源の有効活用とはなり得ず，本来の内部統制の目的の達成に資するものとはならない。費用対効果の問題である。したがって，理想とする内部統制は，経営資源の制約のもと，適切なリスク対応に資する内部統制の構築である。

　なお，リスク対応に関しては，第四部**3**「**2**　リスク対応」において詳細を述べる。

（6）内部統制は常に不完全である

　内部統制は，常に不完全である。内部統制の限界については，第四部**2**「**7**内部統制の限界」において詳細を述べるが，内部統制の限界は，この内部統制の不完全性に起因するものとなる。

　内部統制の不完全性は，内部統制の整備・運用が人たる企業の役職員に依拠するという固有の性質に起因する。世の中，完璧な人・完全な人は存在しない。ゆえに，人の不注意や問題意識・経験・知識の不足等による内部統制の整備の失敗，内部統制の運用の失敗が生じることから，完全な内部統制の整備・運用はあり得ないのである。また，時の経過も内部統制が不完全である原因となる。ある時点における企業の実態に則して，完全（と思える）内部統制を整備したとしても，時の経過とともに，企業環境は変化し，また，企業の実態も変化する。ゆえに，内部統制は整備した時点から陳腐化が始まり，不完全なものへと変容する。さらに，内部統制は，限られた経営資源という制約の下に整備されるものであって，その意味においても内部統制は不完全なものとなる。

　ゆえに，内部統制は常に不完全であり，内部統制に関わるすべての役職員においてこの認識が必要となる。なぜなら，内部統制は，企業の役職員においては，所与の前提となるべきものではなく，常に改善の対象として認識すべきものであるからである。もちろん，内部統制は企業の役職員の行為規準であり，企業の役職員が遵守すべきものである。しかしながら，内部統制は不完全であるがゆえに，常に改善の対象とならなければならない。また，常に改善し得ることで，自律的な仕組みとしての内部統制となる。内部統制は，不完全であるがゆえに，成長する内部統制でなければならないのである。

　そのためには，内部統制を常に見直すための仕組みが必要となる。内部統制が自律的な仕組みとなるための仕掛けである。具体的には，その方法は企業の実態に応じて様々な方法が考え得るが，要点としては，定期的に，又は，随時に内部統制に係る問題点や改善事項等を内部統制に関わるすべての人から吸い上げる仕組みである[130]。例えば，内部統制改善委員会等のような特定の組織を設け，ま

たは，特定の部署に内部統制の改善に係る職務を分掌し，当該部署を中心に，「現場」に意見を求めるのである。そして，この吸い上げた意見に関して，経営陣や現場等を中心にした検討委員会を開催し，検討・議論の上，内部統制の改善が必要な事項について改善を行うのである。この仕掛けが，また内部統制を構成する一部となる。ただし，内部統制の固有の性質を踏まえれば，仕掛け作りもまた内部統制であるがゆえに，仕掛け作りだけでは仕組みは機能しない。特に，企業の役職員が，内部統制に係る問題や改善すべき点を把握するのは，まさに役職員の職業的懐疑心の保持・発揮によるものである。したがって，内部統制の不完全性が，人に起因するものであることから，成長する内部統制の実現は，内部統制に関わる企業のすべての役職員のコンプライアンス意識の醸成と，すべての役職員の職業的懐疑心の保持・発揮が不可欠となる。

　内部統制の不完全性は，決してネガティブに捉えるべきことではない。内部統制の不完全性をもって内部統制が役に立たない，内部統制は無力である，内部統制が不要だという話ではない。企業が組織である限り，企業活動が人の行為である限り，内部統制は不可欠であり，また，内部統制が不完全であるがゆえに，常に内部統制の見直しを意識することで，企業が環境の変化に対応し，持続的成長・企業価値の向上が可能となるのである。

（7）内部統制の運用に係る基本的考え方

　内部統制の運用とは，企業の役職員が，内部統制を遵守して業務を行うことであり，具体的には，内部統制を文書化した規程等に基づく業務の実施である。そして，内部統制の「有効」な運用とは，単に規程等の遵守だけではなく，企業のすべての役職員が，コンプライアンス意識に基づき規程等を遵守し，かつ，職業的懐疑心を保持・発揮して業務を遂行する，これが内部統制の有効な運用となる。すなわち，内部統制が有効に機能するか否かは，企業のすべての役職員がコ

130　「現場では毎日のように問題点や改善点が発見され，マニュアルは毎月，更新されていくのです。」（松井忠三『無印良品は，仕組みが9割』（角川書店，平成25年7月）25頁）

ンプライアンス意識を有しているか否か，かつ，職業的懐疑心を保持・発揮しているか否かに依拠するものであり，「結局は人次第」となる。したがって，内部統制を有効に運用するための前提として，企業の役職員のコンプライアンス意識の醸成，及び職業的懐疑心の醸成が不可欠となる。

　繰り返しになるが，内部統制は常に不完全である。ゆえに，完全な内部統制の整備はあり得ず，企業の役職員の行為規範として存在する規程等は，企業の役職員が遵守すべき対象ではあるものの，一方で，常に，「これで良いか」「これで正しいのか」「これで業務が有効に行われるのか」「この方法よりももっと効率的な方法があるのではないか」等の視点で批判的に検討すべき対象でもある。内部統制としての規程等は，決して所与の前提ではない。規程等の「存在」自体は，遵守すべき行為規範として所与の前提であったとしても，規程等の「内容」は，決して所与の前提ではないのである。

　この批判的な視点に基づき把握された問題点や要改善事項等が適時・適切に規程等に反映されることにより，内部統制の合目的性が高まるのである。内部統制は，常に不完全であるがゆえに，常に成長し続けなければならない。そのためには，内部統制の運用に関わる企業のすべての役職員による批判的な視点，すなわち，企業の役職員としての職業的懐疑心の保持・発揮が求められることとなる。すでに述べたとおり，職業的懐疑心は決して有事対応のためだけのものではなく，平時においても業務の有効性・効率性に資するものとなる。この平時における職業的懐疑心の保持・発揮が，さらに，有事における職業的懐疑心の保持・発揮へとつながるのである。ゆえに，平時における職業的懐疑心の保持・発揮がなければ，有事における職業的懐疑心の保持・発揮はなく，不正対応においても平時における職業的懐疑心の保持・発揮がその前提となる。

　また，内部統制を有効に運用するための前提となる役職員のコンプライアンス意識の醸成及び職業的懐疑心の醸成には，経営者の姿勢が強く影響する。ゆえに，内部統制が有効に機能するか否かは，究極的には経営者次第であり，また，経営者の監視・監督，また，選任・解職を通じたガバナンスの課題ともなる。

3 内部統制の定義

　内部統制は，経営のための仕組みであるが，従業員による不正会計の予防・早期発見の観点から内部統制を考えるに当たり，以下では，「財務報告に係る内部統制の評価及び監査の基準」（以下，「内部統制基準」という。）（企業会計審議会，平成19年2月）における次の定義を前提とする。

　すなわち，内部統制とは，「基本的に，業務の有効性及び効率性，財務報告の信頼性，事業活動に関わる法令等の遵守並びに資産の保全の4つの目的が達成されているとの合理的な保証を得るために，業務に組み込まれ，組織内のすべての者によって遂行されるプロセス」となる[131]。そして，内部統制は，①統制環境，②リスクの評価と対応，③統制活動，④情報と伝達，⑤モニタリング（監視活動）及び⑥IT（情報技術）への対応の6つの基本的要素から構成されるものとなる[132]。

　経営のための仕組みとしての内部統制は，企業の持続的成長を図り，企業価値の向上に資するものであって，財務報告に限定されない企業活動に関わるすべての業務をその対象とするが，その場合であっても内部統制基準の定義における基本的な考えと矛盾するものではない。そもそも，内部統制に関して，財務報告目的だけの内部統制はあり得ない。内部統制はその全体が有機的一体となり機能するものであり，内部統制基準に係る内部統制は，財務報告目的の観点から，内部統制を説明したものにしか過ぎない。ゆえに，概念的には，財務報告目的の内部統制というものがあり得たとしても，現実の内部統制として，財務報告目的「だけ」の内部統制はあり得ないのである。

---

[131] 内部統制基準Ⅰ「1 内部統制の定義」
[132] 内部統制基準Ⅰ「1 内部統制の定義」

4 内部統制の目的

内部統制の目的は,①業務の有効性及び効率性,②財務報告の信頼性,③事業活動に関わる法令等の遵守,④資産の保全である。

(1) 内部統制の4つの目的

ア 業務の有効性及び効率性

業務の有効性及び効率性とは,事業活動の目的の達成のため,業務の有効性及び効率性を高めること[133]である。

なお,「財務報告に係る内部統制の評価及び監査に関する実施基準」(企業会計審議会,平成19年2月15日)(以下,「内部統制実施基準」という。)においては,以下のとおり定義する。

業務	組織の事業活動の目的を達成するため,すべての組織内の者が日々継続して取り組む活動をいう。
業務の有効性	事業活動や業務の目的が達成される程度をいう。
業務の効率性	組織が目的を達成しようとする際に,時間,人員,コスト等の組織内外の資源が合理的に使用される程度をいう。

内部統制は,業務が有効かつ効率的に行われることを目的とした仕組みであり,これが内部統制の基本となる。また,内部統制の対象となる業務は,組織の事業活動の目的を達成するためのすべての組織内の者が日々継続して取り組む活動であり,企画・開発,購買,製造,販売,経理,法務等の企業活動に係るすべての業務が対象となる。

イ 財務報告の信頼性

財務報告の信頼性とは,財務諸表及び財務諸表に重要な影響を及ぼす可能性の

---

[133] 内部統制基準Ⅰ「1 内部統制の定義」

ある情報の信頼性を確保することである[134]。

　内部統制基準における財務報告とは、金融商品取引法上の開示書類（有価証券報告書及び有価証券届出書等）に記載される財務諸表及び財務諸表に重要な影響を及ぼす可能性のある情報をいうが[135]、ここでは内部統制基準において限定される財務報告以外の財務報告、すなわち、その他の外部報告用の財務報告（金融機関、行政等）及び内部報告用の経営管理資料に用いられる財務報告をも含むことを前提とする。

　いずれの財務報告であっても、企業活動、すなわち、企業の役職員の業務としての行為を会計情報に置き換えたものを基礎とする。ゆえに、財務報告の信頼性の確保とは、企業の役職員の行為が、適切に会計情報に置き換えられることを意味し、そのための仕組みが内部統制となる。

ウ　事業活動に関わる法令等の遵守

　事業活動に関わる法令等の遵守とは、事業活動に関わる法令その他の規範の遵守を促進することである[136]。

　事業活動に関わる法令等は、以下のとおりである[137]。

134　内部統制基準Ⅰ「1　内部統制の定義」
135　内部統制基準Ⅰ「1　内部統制の定義」
136　内部統制基準Ⅰ「1　内部統制の定義」
137　内部統制基準Ⅰ「1　内部統制の定義」

法令	組織が事業活動を行っていく上で、遵守することが求められる国内外の法律、命令、条例、規則等。
基準等	法令以外であって、組織の外部からの強制力をもって遵守が求められる規範。例えば、取引所の規則、会計基準等。
自社内外の行動規範	上記以外の規範で組織が遵守することを求められ、又は自主的に遵守することを決定したもの。例えば、組織の定款、その他の内部規程、業界等の行動規範等。

　法令等の遵守に係る内部統制は、法令等を遵守して事業活動を営むための体制を整備し、運用することである[138]。法令等は、企業が、企業の利害関係者との利害を調整する際の社会的なルールであって、これを遵守しない場合には、企業は、法令違反等に基づく罰則や処分を受けるばかりではなく、社会的信用をも失い、事業の継続が困難になるリスクが生じる。また、自社内の内部規程、すなわち、内部統制が遵守されない場合には、内部統制の目的である事業の有効性・効率性等の達成が阻害されることとなり、企業の存在意義の自己否定にもなりかねない。

エ　資産の保全

　資産の保全とは、資産の取得、使用及び処分が、正当な手続及び承認の下に行われるように、その保全を図ることである[139]。資産には、有形の資産のほか、知的財産、顧客に関する情報など無形の資産も含まれる[140]。

　資産の取得には、事業の用に供するに当たり合目的でない資産の取得や、第三者の利得を図る目的での不正の意図による資産の取得の可能性があり得る。また、資産の使用に関しては、事業の用に供しない私的な使用の可能性がある。さらに、資産の処分に関しては、自己又は第三者の利得を図る目的での低額での譲渡の可能性や、窃盗・横領的な流用等の可能性もある。これらは、いずれも積極

138　内部統制基準Ⅰ「1　内部統制の定義」
139　内部統制基準Ⅰ「1　内部統制の定義」
140　内部統制基準Ⅰ「1　内部統制の定義」

的意味・消極的意味での企業価値の毀損の原因となる。ゆえに，内部統制は資産の保全をその目的とする。

（2）内部統制の目的の相互関係

　内部統制の目的はそれぞれに独立しているが，一方で相互に関連するものであり[141]，それぞれが相互補完関係にあるものとなる。ただし，目的間の主従関係はある。内部統制は，経営のための仕組みであり，企業の持続的成長を図り，企業価値の向上に資する事業活動を行うための仕組みであることから，内部統制目的のうち①事業の有効性・効率性が主たる目的となる。しかしながら，企業が継続的に事業活動を行うためには，②財務報告の信頼性を確保し，③法令等が遵守され，④資産の保全の確保が求められる。

　すなわち，②財務報告の信頼性が確保し得なければ，経営判断の基礎となる経営管理数値が歪められ，正しい経営判断が行えず，事業の有効性・効率性の達成が阻害され，③法令等が遵守されなければ，社会的存在としての企業の意義を否定され企業の持続的成長が図れず，また，④資産の保全が確保されなければ，経営資源の浪費となり，事業の有効性・効率性を達成し得ない。

　したがって，内部統制の目的は，いずれも相互補完関係にあるものの，基本的には，①が主たる目的となり，②・③・④の目的が①の目的を支える関係となる。何よりも企業は事業ありきである。

（3）内部統制の目的と不正対応

　内部統制の4つの目的は，不正によりその実現が阻害される。ゆえに，内部統制は，不正の予防・早期発見もその目的とする。

　不正には，①財務情報の虚偽表示，②非財務情報の虚偽表示，③資産の不正流用，④違法行為等があるが，①財務情報の虚偽表示は，不実の会計情報が作出されることにより，経営者の判断の根拠となる経営管理数値が歪められ，経営者が

141　内部統制基準Ⅰ「1　内部統制の定義」

適切な経営判断を成し得ず，業務の有効性・効率性の実現を阻害し，また，当然に，外部報告目的の財務報告の信頼性の実現も阻害する。さらに，財務情報の虚偽表示は，開示に係る法令違反であり，法令等の遵守の実現も阻害し，また，資産の不正流用等の隠蔽に財務情報の虚偽表示が用いられることから，資産の保全の実現も阻害する。

②非財務情報の虚偽表示，③資産の不正流用及び④違法行為等も同様に，これらの不正が行われれば，事業の有効性・効率性，財務報告の信頼性，法令等の遵守及び資産の保全の実現が直接的・間接的に阻害される。

このように，不正は，内部統制の目的の実現を阻害するものであって，内部統制の4つの目的が表の目的だとすれば，不正対応は，内部統制の裏の目的となり，これらは表裏一体の関係となる。また，言い換えれば，経営のための仕組みとしての内部統制のうち，企業価値の積極的な向上に資する内部統制（業務の有効性・効率性）は「攻めの内部統制」であり，企業価値の毀損を回避するための内部統制（財務報告（外部報告目的）の信頼性，法令等の遵守，資産の保全）が「守りの内部統制」といえるのであって，ゆえに，内部統制は，不正対応もその目的とするものとなる。

5 内部統制の基本的要素と原則

内部統制の基本的要素とは，内部統制の目的を達成するために必要とされる内部統制の構成部分をいい，内部統制の有効性の判断の規準となる[142]。

内部統制の基本的要素として，①統制環境，②リスクの評価と対応，③統制活動，④情報と伝達，⑤モニタリング及び⑥ITへの対応の6つの基本的要素がある。組織において内部統制の目的が達成されるためには，6つの基本的要素がすべて適切に整備及び運用されることが重要となる。

---

142 内部統制基準Ⅰ「2．内部統制の基本的要素」

（1）統制環境

統制環境とは，組織の気風を決定し，組織内のすべての者の統制に対する意識に影響を与えるとともに，他の基本的要素の基礎をなし，リスクの評価と対応，統制活動，情報と伝達，モニタリング及びITへの対応に影響を及ぼす基盤をいう[143]。

統制環境は，組織が保有する価値規準及び組織の基本的な人事，職務の制度等を総称する概念である。組織の気風とは，一般に当該組織に見られる意識やそれに基づく行動，及び当該組織に固有の強みや特徴をいい，組織の最高責任者の意向や姿勢を反映したものとなることが多い。組織が保有する価値規準や基本的な制度等は，組織独自の意識や行動を規定し，組織内の者の内部統制に対する考え方に影響を与えるものとなる[144]。統制環境は，他の基本的要素の前提となるとともに，他の基本的要素に影響を与える最も重要な基本的要素である。

内部統制実施基準においては，統制環境に含まれる一般的事項として，以下の①誠実性及び倫理観，②経営者の意向及び姿勢，③経営方針及び経営戦略，④取締役会及び監査役又は監査委員会の有する機能，⑤組織構造及び慣行，⑥権限及び職責，⑦人的資源に対する方針と管理を例示する[145]。

① 誠実性及び倫理観

組織が有する誠実性及び倫理観は，組織の気風を決定する重要な要因であり，組織内のすべての者の社会道徳上の判断に大きな影響を与える。

誠実性及び倫理観については様々な取組みが考えられるが，例えば，組織の基本的な理念やそれに沿った倫理規程，行動指針等を作成し，これらの遵守を確保するための内部統制を構築し，経営者自らが関与してその運用の有効性を確保することが挙げられる。

---

143 内部統制基準Ⅰ2「（1）統制環境」
144 内部統制実施基準Ⅰ2「（1）統制環境」
145 内部統制実施基準Ⅰ2「（1）統制環境」

2 内部統制を考える

② 経営者の意向及び姿勢

　経営者の意向や姿勢は，組織の基本方針に重要な影響を及ぼすとともに，組織の気風の決定にも大きな影響を及ぼす。また，経営者の意向や姿勢をどのように伝えるかも組織内の者の行動に影響を与える。例えば，財務報告に関して，経営者が適正な会計処理や財務報告を尊重する意向を有し，これを実現していくための方針や原則を明確化し，これを組織の内外に適切に伝え，その実現に向けて適切な体性等を整備していくことは，財務報告の信頼性を達成するための重要な基盤となる。

　経営者が組織の内外に示す声明，日常の行動，予算・人事等の方針の決定などは，組織内の者の意識を通して組織の内部統制に影響を及ぼすものである。また，経営者の意向及び姿勢は，社訓・社是，経営理念，経営計画，倫理規程，行動指針など社内の諸規程に，直接的又は間接的に反映され，組織内では，それらの諸規程の内容を達成又は遵守すべく内部統制が整備及び運用される。

③ 経営方針及び経営戦略

　組織の目的を達成するために，組織がどのような経営方針及び経営戦略を取るかは，組織内の者の価値基準に大きな影響を与え，かつ，組織内の各業務への資源配分を決定する要因となり，他の基本的要素に大きな影響を及ぼす。また，経営方針及び経営戦略に基づく組織全体の目的は，年度別，部門別等の予算，事業計画等を通して分解・具体化され，内部統制による管理の対象とされることにより，内部統制の目的の達成に資することとなる。

④ 取締役会及び監査役又は監査委員会の有する機能

　取締役会及び監査役又は監査委員会は，取締役の業務を監視する職責を負う機関で，会社法上の規定により個々の企業に設けられる制度である。例えば，取締役会及び監査役又は監査委員会が，実質的に経営者や特定の利害関係者から独立して意見を述べることができるか，モニタリングに必要な正しい情報を適時かつ

適切に得ているか，経営者，内部監査人等との間で適時かつ適切に意思疎通が図られているか，取締役会及び監査役又は監査委員会の行った報告及び指摘事項が組織において適切に取り扱われているか等，取締役会及び監査役又は監査委員会の活動の有効性は，組織全般のモニタリングが有効に機能しているかを判断する重要な要因となる。

⑤ 組織構造及び慣行

組織構造が組織の目的に適合し，事業活動を管理する上での必要な情報の流れを提供できるものとなっていることは，組織の目的を達成し，組織の情報と伝達の有効性を確保するために重要である。組織は，その規模や業務の内容，提供する製品・サービスの種類，市場の性格，地理的分散，従業員構成等に従って，組織目的に適合した組織形態，権限及び職責，人事・報酬制度などの仕組みが経営者によって適切に構築されていることが重要である。

組織の慣行は，しばしば組織内における行動の善悪についての判断指針となる。例えば，組織内に問題があっても指摘しにくい慣行が形成されている場合には，統制活動，情報と伝達，モニタリングの有効性に重大な悪影響を及ぼすことになる。組織の慣行は，組織の歴史，規模，業務の内容，従業員構成など組織内部の条件や，市場，取引先，株主，親会社，地域特性，産業固有の規制など組織外部の条件に合わせて形成されたものであることが多い。したがって，特に長年に亘る組織の慣行を変えるには大きな困難を伴うことがあるが，こうした慣行に組織の存続・発展の障害となる要因があると判断した場合，経営者は，適切な理念，計画，人事の方針等を示していくことが重要である。

⑥ 権限及び職責

権限とは組織の活動を遂行するため付与された権利をいい，職責とは遂行すべき活動を遂行する責任ないし義務をいう。事業活動の目的に適合した権限及び職責が設けられ，適切な者に割り当てられていることは，内部統制の目的の達成のために重要である。

⑦　人的資源に対する方針と管理

　人的資源とは、組織の経営資源のうち人に関するものを指す。人的資源に対する方針とは、経営上の方針の一部として設定される雇用、昇進、給与、研修等の人事に関する方針である。組織の目的を達成していくためには、組織の保有する人的資源の能力を高度に引き出していくことが重要であり、そのためには人的資源に対する方針が適切に定められていることが重要である。

（2）リスクの評価と対応

　リスクの評価と対応とは、組織目標の達成に影響を与える事象について、組織目標の達成を阻害する要因をリスクとして識別、分析及び評価するプロセスをいう[146]。リスクの評価と対応の詳細については、第四部③「②　リスク対応」において述べる。

（3）統制活動

　統制活動とは、経営者の命令及び指示が適切に実行されることを確保するために定める方針及び手続をいい、統制活動には、権限及び職責の付与、職務の分掌等の広範な方針及び手続が含まれ、このような方針及び手続は、業務のプロセスに組み込まれるべきものであり、組織内のすべての者において遂行されることにより機能するものとなる[147]。

　経営者においては、不正又は誤謬の行為が発生するリスクを減らすために、各担当者の権限及び職責を明確にし、各担当者が権限及び職責の範囲において適切に業務を遂行していく体制を整備することが重要となる。その際、職務を複数の者の間で適切に分担又は分離させることが重要である。例えば、取引の承認、取引の記録、資産の管理に関する職責をそれぞれ別の者に担当させることにより、

146　内部統制基準Ⅰ2「（2）リスクの評価と対応」
147　内部統制基準Ⅰ2「（3）統制活動」

それぞれの担当者間で適切に相互牽制を働かせることが考えられる[148]。

適切に職務を分掌させることは，業務を特定の者に一身専属的に属させることにより組織として継続的な対応が困難となる等の問題点を克服できる。また，権限及び職責の分担や職務分掌を明確に定めることは，内部統制を可視化させ，不正又は誤謬等の発生をより困難にさせる効果を持ち得るものと考えられる[149]。

なお，統制活動は，本来的には，事業を有効かつ効率的に行うことを目的とする。そもそも内部統制は，事業を有効かつ効率的に行うために定められた役職員の行為規準であり，内部統制を遵守することがその目的に資することなるところ，内部統制の運用が人に依拠するものであり人の不完全性に起因する運用の失敗の可能性があることから，統制活動を基本的要素とすることで統制活動としての牽制機能を働かせ，これにより内部統制の遵守を確保し，事業の有効かつ効率的な遂行の達成を図るものとなる。

（4）情報と伝達

情報と伝達とは，必要な情報が識別，把握及び処理され，組織内外及び関係者相互に正しく伝えられることを確保することをいう[150]。

組織内のすべての者が各々の職務の遂行に必要とする情報は，適時かつ適切に，識別，把握，処理及び伝達されなければならず，また，必要な情報が伝達されるだけでなく，それが受け手に正しく理解され，その情報を必要とする組織内のすべての者に共有されることが重要となる[151]。

（5）モニタリング（監視活動）

モニタリングとは，内部統制が有効に機能していることを継続的に評価するプロセスである[152]。

148　内部統制基準Ⅰ2「(3) 統制活動」
149　内部統制基準Ⅰ2「(3) 統制活動」
150　内部統制基準Ⅰ2「(4) 情報と伝達」
151　内部統制基準Ⅰ2「(4) 情報と伝達」

モニタリングには，①内部統制の有効性を監視するために，経営管理や業務改善等の通常の業務に組み込まれて行われる活動としての「日常的モニタリング」と，②日常的モニタリングとは別個に，通常の業務から独立した視点で，定期的又は随時に行われる内部統制の評価であり，経営者，取締役会，監査役又は監査委員会，内部監査等を通じて実施される「独立的評価」がある[153]。

ア　日常的モニタリング

　日常的モニタリングは，通常の業務に組みこまれた一連の手続を実施することで，内部統制の有効性を継続的に検討・評価することをいい，業務活動を遂行する部門内で実施される内部統制の自己点検ないし自己評価も日常的モニタリングに含まれる[154]。ここで強調すべき点は，日常的モニタリングが，経営管理や業務改善等の通常の業務に組み込まれて行われる活動であるということである。
　例えば，売掛金の管理を行うために，重要な売掛金について，定期または随時に，適切な管理者等が担当者の行った残高確認の実施過程と発見された差異の分析・修正作業を監視することがあるが，この手続は，財務情報の正確性及び資産の実在性を確認するために有効であるとともに，不一致の存在が確認された場合には，その修正にとどまらず，販売プロセスの問題点を発見してその改善を促すことにつながり得る[155]。すなわち，日常的モニタリングは，内部統制の整備において，販売に係る一連の業務の流れとしての販売プロセスの過程で，残高確認の実施というモニタリング目的の業務を組み込み，さらに，この内部統制の運用として，残高確認を実施することで，財務情報の信頼性及び資産の実在性を検証するとともに，さらに，販売プロセスに係る問題点の把握の端緒とし，これにより把握された問題点に係る業務の改善等に資するものとなる。
　なお，日常的に行われる販売に係る一連の業務の流れの中で，当該業務に係る

152　内部統制基準Ⅰ2「(5) モニタリング」
153　内部統制基準Ⅰ2「(5) モニタリング」
154　内部統制実施基準Ⅰ2「(5) モニタリング」
155　内部統制実施基準Ⅰ2「(5) モニタリング」

図表13　日常的モニタリング

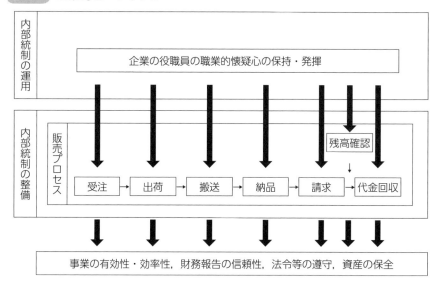

　役職員が職業的懐疑心を保持・発揮し，業務改善等を要する業務に係る端緒の把握を可能とする「姿勢」もまた日常的モニタリングとなる。そして，このような日常業務の遂行に係る日常的モニタリングの発揮が，深度ある内部統制の運用となる（図表13）。言い換えれば，日常的モニタリングは，内部統制の整備により業務に組み込まれたモニタリング機能を有する業務であるが，このモニタリングが有効に機能するか否かは，当該業務に関わる企業の役職員の職業的懐疑心次第ということになる。

イ　独立的評価

　独立的評価は，日常的モニタリングでは発見できないような経営上の問題がないかを，別の視点から評価するために定期的または随時に行われるモニタリングであり，その評価主体としては，①経営者，②取締役会，③監査役又は監査委員会，④内部監査部門等がある[156]（図表14）。
　なお，①経営者及び④内部監査部門等による独立的評価は，内部統制の観点か

図表14 独立的評価

評価主体	趣旨・留意点
経営者	経営者は，組織の代表者として内部統制の整備・運用に最終的な責任を有しており，この観点から独立的評価を実施する。ただし，経営者が直接実施できる活動には限界があることから，通常は，内部監査部門等に適切な指示を行い，その結果を監視することによって独立的評価を行うこととなる。
取締役会	取締役会は内部統制の整備・運用に係る基本方針を決定し，また，取締役の職務の執行を監督する責任を負う。こうした機能を果たすため，取締役会は，経営者が内部統制を取締役会の決定に従って適切に整備・運用しているか監視する責務を負っている。
監査役又は監査委員会	監査役又は監査委員会は，取締役等の職務の執行を監査する。監査役又は監査委員会は，有効なモニタリングを実施するため，調査を補助する者を使用することがある。この際，監査役又は監査委員会は，調査を補助する者について，調査対象となる業務活動，取締役等からの独立性を確保する
内部監査部門等	内部監査は，一般に，経営者の直属として設置された内部監査人が，業務活動の遂行に対して独立した立場から，内部統制の整備・運用の状況を調査し，その改善事項を報告するものである。

らのモニタリングとなり，②取締役会及び③監査役又は監査委員会による独立的評価は，ガバナンスの観点からのモニタリングとなる。

ウ 内部統制上の問題点の報告

日常的モニタリング及び独立的評価により明らかになった内部統制上の問題に適切に対処するため，当該問題の程度に応じて組織内の適切な者に情報を報告する仕組みを整備することが必要であり，この仕組みには経営者，取締役会及び監査役等に対する報告の手続が含まれる[157]。

---

156 内部統制実施基準Ⅰ2「(5) モニタリング」
157 内部統制実施基準Ⅰ2「(5) モニタリング」

(6) ITへの対応

ITへの対応とは，組織目標を達成するために予め適切な方針及び手続を定め，それを踏まえて，業務の実施において組織の内外のITに対し適切に対応することであり，IT環境への対応とITの利用及び統制からなる[158]。ITへの対応は，内部統制の他の基本的要素と必ずしも独立に存在するものではないが，組織の業務内容がITに大きく依存している場合や，組織の情報システムがITを高度に取り入れている場合等には，内部統制の目的を達成するために不可欠の要素として，内部統制の有効性に係る判断の規準となる[159]。組織にITが深く浸透している現状では，業務を実施する過程において組織内外のITに対し適切に対応することが，内部統制の目的を達成するために不可欠となる[160]。

(7) 内部統制の構成要素に関連する基本概念（17の原則）

以上，内部統制基準等に基づく内部統制概念について述べたが，COSO の内部統制フレームワークの改定版（COSO2013）では，COSO の内部統制フレームワークにおける構成要素（統制環境，リスク評価，統制活動，情報と伝達，モニタリング活動）に関連する基本概念を表す17の原則を示している[161]（**図表15**）。

---

158 内部統制基準Ⅰ2「(6) ITへの対応」
159 内部統制基準Ⅰ2「(6) ITへの対応」
160 内部統制基準Ⅰ2「(6) ITへの対応」
161 八田進二・箱田順哉監訳，日本内部統制研究学会・新 COSO 研究会訳『COSO 内部統制の統合的フレームワーク フレームワーク篇』（日本公認会計士協会出版局，平成26年2月）13頁－14頁。

2 内部統制を考える

図表15 内部統制のフレームワークにおける構成要素に関連する基本概念

構成要素	原則	内容
統制環境	原則1	組織は、誠実性と倫理観に対するコミットメントを表明する。
	原則2	取締役会は、経営者から独立していることを表明し、かつ、内部統制の整備および運用状況について監督を行う。
	原則3	経営者は、取締役会の監督の下、内部統制の目的を達成するに当たり、組織構造、報告経路および適切な権限と責任を確立する。
	原則4	組織は、内部統制の目的に合わせて、有能な個人を惹きつけ、育成し、かつ、維持することに対するコミットメントを表明する。
	原則5	組織は、内部統制の目的を達成するに当たり、内部統制に対する責任を個々人に持たせる。
リスク評価	原則6	組織は、内部統制の目的に関連するリスクの識別と評価ができるように、十分な明確さを備えた内部統制の目的を明示する。
	原則7	組織は、自らの目的の達成に関連する事業体全体にわたるリスクを識別し、当該リスクの管理の仕方を決定するための基礎としてリスクを分析する。
	原則8	組織は、内部統制の目的の達成に対するリスクの評価において、不正の可能性について検討する。
	原則9	組織は、内部統制システムに重大な影響を及ぼし得る変化を識別し、評価する。
統制活動	原則10	組織は、内部統制の目的に対するリスクを許容可能な水準まで低減するのに役立つ統制活動を選択し、整備する。
	原則11	組織は、内部統制の目的の達成を支援するテクノロジーに関する全般的統制活動を選択し、整備する。
	原則12	組織は、期待されていることを明確にした方針及び方針を実行するための手続を通じて、統制活動を展開する。

構成要素	原則	内容
情報と伝達	原則13	組織は,内部統制が機能することを支援する,関連性のある質の高い情報を入手または作成して使用する。
	原則14	組織は,内部統制が機能することを支援するために必要な,内部統制の目的と内部統制に対する責任を含む情報を組織内部に伝達する。
	原則15	組織は,内部統制が機能することに影響を及ぼす事項に関して,外部の関係者との間での情報伝達を行う。
モニタリング活動	原則16	組織は,内部統制の構成要素が存在し,機能してることを確かめるために,日常的評価及び/または独立的評価を選択し,整備及び運用する。
	原則17	組織は,適時に内部統制の不備を評価し,必要に応じて,それを適時に上級経営者及び取締役会を含む,是正措置を講じる責任を有する者に対して伝達する。

なお,原則8に関連して,平成28年9月に,COSOと米国公認不正検査士協会(ACFE)の共同プロジェクトとして,「COSO‐不正リスク管理指針(2016)」(COSO and ACFE Fraud Risk Management Guide)が公表されている[162]。

6 3つのディフェンスラインモデル

ここでは,内部統制の在り方としての「3つのディフェンスライン」の考え方について述べる[163]。

(1) 3つのディフェンスラインモデルとは

3つのディフェンスラインモデル(以下,「モデル」という。)とは,内部統制

---

[162] 八田進二・神林比洋雄・橋本尚監訳,日本内部統制研究学会・不正リスク研究会訳『決定版 COSO 不正リスク管理ガイド』(日本公認会計士協会出版局,平成29年10月)。
[163] 以下,八田進二・箱田順哉監訳『COSO 内部統制の総合的フレームワーク フレームワーク篇』(日本公認会計士協会出版局,平成26年2月)183頁-19項,及び,ダグラス J. アンダーソン,ジーナ・ユーバンクス(堺咲子訳)「COSO ―ガバナンスと内部統制 3つのディフェンスライン全体でのCOSO の活用」(月刊監査研究,平成27年10月号(NO.503))を参照。

図表16　3つのディフェンスラインモデル

上級経営者			統治機関・取締役会・監査委員会		
第1のディフェンスライン		第2のディフェンスライン	第3のディフェンスライン	外部監査	規制当局
経営者による コントロール	内部統制手段	財務管理	内部監査		
		セキュリティ			
		リスクマネジメント			
		品質			
		検査			
		コンプライアンス			

The Three Lines of Defense in Effective Risk Management and Control, The Institute of Internal Auditors, January, 2013
(出典：ダグラス J. アンダーソン, ジーナ・ユーバンクス（堺咲子訳）「COSO――ガバナンスと内部統制 3つのディフェンスライン全体での COSO の活用」（月刊監査研究, 平成27年10月号（NO.503）。なお, 本書では「経営者」を「現業部門の管理者」として解説している。)

の整備・運用において, リスクとコントロールに関する具体的な職務を組織内で割り当てて連携する方法の一つの考え方である。

　COSO の内部統制概念及び内部統制基準等に係る内部統制の枠組みは, リスクとコントロールが適切に管理されることを確実にするように, それらを検討するための仕組みを示すものである。モデルは, 導入する組織体制と, リスクとコントロールの有効な管理をより成功させるような役割と責任の割り当て方についての指針を示すものとなる。具体的には, ①現業部門（第1のディフェンスライン）, ②管理部門（第2のディフェンスライン）, ③内部監査部門（第3のディフェンスライン）の3つのディフェンスラインに係る役割と責任の割り当てである。

　各ディフェンスラインは, 組織の広範な内部統制の枠組みの中で, それぞれ異なる役割を担うが, それぞれが割り当てられた役割を有効に果たすことで, 組織の全般的な目的達成に成功する可能性が高まることになる。どのような組織でも, 達成すべき目的を有する。そして, 目的の追求には, 機会の活用, 成長の追

及，リスクテイク，それらのリスクの管理が関わるが，それらすべては組織の発展のためのものである。適切なリスクテイクや取ったリスクの適正な管理に失敗すると，組織の目的達成を妨げかねない。企業価値を生み出す活動と守る活動の間には，常に緊張がある。

(2) 3つのディフェンスライン

ア 第1のディフェンスライン

第1のディフェンスラインは，現業部門である。

現業部門は，現場におけるリスクを所有し，それらのリスクに対応するために組織のコントロールを設計し，遂行する。したがって，現業部門の管理者は，リスクとコントロールを所有し管理する責任を有することとなる。具体的には，現業部門の管理者は，①重大なリスクの識別と評価，②意図したとおりの業務遂行，③不適切なプロセスの検出，④コントロールの機能不全への対処，⑤業務の主な利害関係者への伝達のために整備した内部統制プロセスを含む現業部門に係る組織のコントロールとリスク・マネジメントのプロセスを整備し実施することが求められる。

ゆえに，現業部門の管理者は，自身が担当する業務分野でこれらの作業を実施するための適切なスキルを身につけていなければならない。

イ 第2のディフェンスライン

第2のディフェンスラインは，経営者が整備するリスク，コントロール，コンプライアンス機能を有する管理部門である。

管理部門は，現業部門におけるリスクとコントロールが有効に管理されることを確実にすることにより，経営者を支援するために整備されるものであり，ゆえに，管理部門は，経営者を支援して現業部門におけるリスクとコントロールをモニターする責任を有する。代表的な管理部門の機能には，①リスク・マネジメント，②情報セキュリティ，③財務管理，④物理的セキュリティ，⑤品質，⑥衛

2 内部統制を考える

生・安全，⑦検査，⑧コンプライアンス，⑨法務，⑩環境，⑪サプライチェーン，⑫その他（業界特有又は企業特有のニーズによる）等の専門的なグループがある。

　ゆえに，管理部門においては，専門知識や，現業部門と並行したマネジメントモニタリング等の提供が求められることとなる。

ウ　第3のディフェンスライン

　第3のディフェンスラインが内部監査部門である。

　内部監査部門は，リスク・マネジメントとコントロールの有効性に関して取締役会と経営者に独立的な保証を提供する。この保証は，経営者と取締役会に対して，現業部門と管理部門の両方が行った業務に関する保証の提供となる。内部監査部門は，自らの客観性と組織上の独立性を守るために，経営機能を担うことは通常許されない。さらに内部監査部門は，取締役会に対する直接的報告経路を有する。

　このように内部監査部門は，経営機能ではなく，保証機能を有するものであり，管理部門とは切り離されて設けられることとなる。内部監査部門を現業部門及び管理部門と区別するのは，その高度な組織上の独立性と客観性である。内部監査人は，通常の責任の一部としてコントロールの整備や運用はせず，組織の業務運営の責任も負っていない。多くの組織では，内部監査の独立性は内部監査部門長と取締役会の直接的報告関係によってさらに強化されている。この高度な組織上の独立性により，内部監査人はガバナンス，リスク，コントロールに関して取締役会と経営者に信頼性と客観性のある保証を提供するのに最適に位置付けられている。

　内部監査機能は，独立性と専門性を高める条件が整えば有効な組織的ガバナンスに貢献する。そのため，専門的な内部監査機能の確立はあらゆる組織にとって優先事項となる。

（3）内部統制の整備・運用と3つのディフェンスラインモデル

　内部統制は，企業価値の向上に資する経営のための仕組みである。そして，企業価値の源泉が現場である現業部門であり，企業価値の創造に係るリスクを有する場もまた現業部門となる。この企業価値の創造に係るリスクは，積極的意味としての企業価値の向上と，消極的意味としての企業価値の向上に係る両方のリスクを意味する。ゆえに，内部統制を企業価値の創造に係るリスクのコントロールを支援する仕組みであると解せば，まず，現業部門におけるリスクをコントロールするための内部統制の整備・運用が求められる。これが第1のディフェンスラインとなる。

　そして，現業部門は様々なリスク要因を有し，それらは時に高度な専門性を有するリスク要因を含むものとなる。ゆえに，現業部門におけるリスクとコントロールが有効に管理されることを確実にするために，第2のディフェンスラインとしての管理部門によるリスクのコントロールが求められることとなる。

　さらに，現業部門及び管理部門によるリスクのコントロールが適切に行われているか，すなわち，内部統制が有効に機能しているかの観点からのモニタリング機能を有するのが，第3のディフェンスラインとしての内部監査部門となる。

7　内部統制の限界

内部統制基準において，内部統制の限界として以下の点を示している[164]。

① 内部統制は，判断の誤り，不注意，複数の担当者による共謀によって有効に機能しなくなる場合がある
② 内部統制は，当初想定していなかった組織内外の環境の変化や非定型的な取引等には，必ずしも対応しない場合がある

164　内部統制基準Ⅰ・3「内部統制の限界」

③ 内部統制の整備及び運用に際しては，費用と便益との比較衡量が求められる
④ 経営者が不当な目的のために内部統制を無視ないし無効化することがある

　内部統制の限界とは，適切に整備され，運用されている内部統制であったとしても，内部統制が本来有する制約のために有効に機能しなくなることがあり，内部統制の目的を常に完全に達成するものとはならない場合があることをいう[165]。ゆえに，内部統制は，その目的の達成にとって絶対的なものではないが，各基本的要素が有機的に結びつき，一体となって機能することで，合理的な範囲で目的の達成を図るものとなる[166]。

(1) 判断の誤り等

　内部統制は，判断の誤り，不注意，複数の担当者による共謀によって有効に機能しなくなる場合がある。しかし，内部統制を整備することにより，判断の誤り，不注意によるリスクは相当程度，低減されるとともに，複数の担当者が共謀して不正を行うことは，相当程度困難なものになる[167]。

(2) 想定外の事象等

　内部統制は，当初想定していなかった組織内外の環境の変化や非定型的な取引等には，必ずしも対応しない場合がある。しかし，例えば，当初想定していなかった環境の変化や非定型的な取引の発生しやすいプロセスに重点的に知識経験を有する者を配置するなど，的確に内部統制を整備することによって，当初想定していなかった環境の変化や非定型的な取引に対する対応の範囲は相当程度，拡げることができる[168]。

165　内部統制実施基準Ⅰ・3「内部統制の限界」
166　内部統制基準Ⅰ・3「内部統制の限界」
167　内部統制実施基準Ⅰ・3「内部統制の限界」
168　内部統制実施基準Ⅰ・3「内部統制の限界」

(3) 費用と便益との比較衡量

　内部統制は、組織の経営判断において、費用と便益との比較衡量の下で整備・運用される。組織は、ある内部統制の手続を導入又は維持することの可否を決定する際に、そのための費用と、その手続によるリスクへの対応を図ることから得られる便益とを比較検討する[169]。したがって、認識したリスクすべてに対して内部統制が整備されるわけではなく、費用と便益との比較衡量の結果、リスクは認識したものの当該リスクに対する統制手続を設けない場合もあり得る。

　なお、費用と便益との比較衡量の結果、リスクに対して統制手続を設けない場合、このリスクに対して、一定のリスク発生を許容した上で、他の内部統制手続の整備・運用により当該リスクに対する統制を図ることは可能である。例えば、支店等において人員が少ないため、本来的には分掌すべき複数の業務を同一の担当者が行わざるを得ない場合には、これにより生じる可能性があるリスク（ケアレスミス、不正等）に関して、月次・半期・年次等のタイミングで、別の担当者が当該担当者の業務の結果をモニタリングすることで統制を図る等である。

(4) 経営者不正

　経営者が不当な目的のために内部統制を無視ないし無効ならしめることがある。しかし、経営者が、組織内に適切な全社的又は業務プロセスレベルに係る内部統制を構築していれば、複数の者が当該事実に関与することになるから、経営者によるこうした行為の実行は相当程度困難なものになり、結果として、経営者自らの行動にも相応の抑止的な効果をもたらすことが期待できる[170]。

　しかしながら、一方で、経営者不正は、権威主義的企業風土の醸成をその背景的事情として、企業の役職員において、経営者の不正の指示に基づく不正行為の実行を可能とすることから、内部統制に期待し得る経営者不正に対する抑止的効

---

[169] 内部統制実施基準Ⅰ・3「内部統制の限界」
[170] 内部統制実施基準Ⅰ・3「内部統制の限界」

果は限定的となる。

8 内部統制の制度化の功罪

　以上，内部統制基準等に基づき内部統制の概要につき述べたが，ここでは，内部統制が金商法及び会社法の枠組みの中に組み込まれたことの功罪について補足したい。

(1) 内部統制の法律等による制度化

ア　金商法における内部統制概念

　平成18年6月に成立した金融商品取引法（旧証券取引法）において，上場企業を対象に財務報告に係る内部統制の経営者の評価，及び，公認会計士等による監査が義務付けられた。

　これは，当時，カネボウ事件（平成16年）やライブドア事件（平成17年）等の有価証券報告書に掲載された財務諸表に係る虚偽記載事件が多く発生し，これらの事件が生じた原因の一つとして，企業におけるディスクロージャーの信頼性を確保するための内部統制が有効に機能していなかったことに起因すると考えられたためである。また，米国においても，エンロン事件等をきっかけに企業の内部統制の重要性が認識され，企業改革法（サーベインズ＝オクスリー法）において，証券取引委員会（SEC）登録企業の経営者に財務報告に係る内部統制の有効性を評価した内部統制報告書の作成が義務付けられ，さらに，これについて公認会計士等による監査を受けることとされたことと軌を一にする[171]。

　なお，金商法における内部統制報告制度の設定を受け，平成19年に内部統制基準及び内部統制実施基準が設定されている。

171　内部統制基準意見書「一　審議の背景」参照。

イ　会社法における内部統制概念

　会社法における内部統制概念は，当初，平成14年商法改正によって創設された委員会等設置会社の監査委員会の職務執行のための体制としてであったが（商法特例法21条の7第1項2号），その後，平成18年の会社法制定時に，大会社等に「取締役の職務の執行が法令及び定款に適合することを確保するための体制その他株式会社の業務の適正を確保するために必要なものとして法務省令で定める体制の整備」が定められ，いわゆる内部統制システムの構築義務が規定された。その後，平成26年改正時には，従来，会社法施行規則上に定められていた子会社等も含め，「取締役の職務の執行が法令及び定款に適合することを確保するための体制その他株式会社の業務並びに当該株式会社及びその子会社から成る企業集団の業務の適正を確保するために必要なものとして法務省令で定める体制の整備」（会社法348条3項4号，会社法362条4項6号，5項）が求められることとなった。

　大会社である取締役会設置会社・監査役会設置会社を前提とした場合，会社において決定すべき体制の内容は，①取締役の職務の執行に係る情報の保存および管理に関する体制，②損失の危険の管理に関する規程その他の体制，③取締役の職務の執行が効率的に行われることを確保するための体制，④使用人の職務の執行が法令および定款に適合することを確保するための体制，⑤当該株式会社ならびにその親会社および子会社から成る企業集団における業務の適正を確保するための体制，⑥監査役がその職務を補助すべき使用人を置くことを求めた場合における当該使用人に関する事項，⑦⑥の使用人の取締役からの独立性に関する事項，⑧使用人に対する指示の実効性の確保に関する事項，⑨監査役への報告に関する体制，⑩監査役に報告した者が不利な扱いを受けないことを確保するための体制，⑪監査に要する費用の処理に係る方針に関する事項，⑫その他監査役の監査が実効的に行われることを確保するための体制となる（会社法施行規則100条1項，3項）。

2　内部統制を考える

ウ　金商法と会社法の内部統制概念の違い

　金商法の内部統制概念は，主として適正な財務報告に資することを目的とするものである。一方，会社法の内部統制概念としての内部統制システムは「取締役の職務の執行が効率的に行われることを確保するための体制」を含み，ガバナンス的な意味合いを有すること，また，「業務の適正を確保する体制」に関しては，内部統制の目的である①業務の有効性・効率性，②適正な財務報告，③法令等の遵守及び④資産の保全を含むものと解されるが，併せて「使用人の職務の執行が法令および定款に適合することを確保するための体制」が規定されており，業務の適正を確保する体制を内部統制と解すると重複が生じ，「内部統制」の概念と必ずしも整合するものではないことから，ガバナンス及び内部統制に関して，会社法上の観点から一部を強調した規定と整理すべきと考える。

　内部統制は経営のための仕組みであり，また，内部統制が有効に機能するためには，経営の統治機構であるガバナンスの実効性が確保されなければならない。この意味においては，法制度により異なる内部統制が存在するものではなく，実態としての内部統制・ガバナンスに対して，それぞれの法制度の趣旨に基づき表現したものが，金商法及び会社法における内部統制概念であると解すべきである。ゆえに，金商法の内部統制概念に関しても，財務報告目的だけの内部統制はあり得ず，内部統制全般が有効に機能することにより，また，ガバナンスの実効性が確保されることにより，内部統制の目的の一つである財務報告の信頼性の確保が達成し得るのであり，また，会社法の内部統制概念も，趣旨は，有効な内部統制の確立，及び，実効性のあるガバナンス体制の確立にあると考えるべきであって，いずれの内部統制概念の本質は同じである。

　したがって，ここで重要なことは，内部統制につき，制度対応として，金商法，会社法のそれぞれを別のものとして考え対応するのではなく，真に経営のための仕組みとなり得る内部統制は何かを考え，また，内部統制を有効に機能させるためのガバナンスの実効性を確保することにある。これにより，自ずと金商法及び会社法における内部統制への対応が可能となるのである。

（2）内部統制の法制度化の功罪

物事には，必ずメリットとデメリットがある。内部統制概念が金商法及び会社法において規定されたことよる「内部統制の法制度化」においても同様にメリット・デメリットがある。

ア　法制度化のメリット

内部統制の法制度化のメリットには，企業の役職員その他関係者において，内部統制に関する意識が高まったことが挙げられよう。法制度化は，実質的な強制力を有することから，否が応でも対応せざるを得なくなる。ゆえに，内部統制に関する意識が高まり，また，内部統制に関心を持つことにより，内部統制の整備・運用に係る有効性の程度が高まった感はある。

特に，経営者が内部統制に関心を持つことにより，従来は手薄となっていた管理部門に対して，予算が付く，費用がかけてもらえるようになったとの声を聞くことがある。内部統制が有効に機能し得るか否かは，経営者の姿勢に強く影響を受ける。ゆえに，経営者が内部統制に関心を持つようになったことは，制度化の大きなメリットである。

イ　法制度化のデメリット

内部統制の法制度化のデメリットは，内部統制の形骸化をもたらしたことである。近年の不正会計事案の原因となる不正の機会は，そのほとんどが，内部統制の機能不全であり，内部統制の形骸化である。

内部統制への関りは，本来であれば，真に経営のための仕組みとなり得る内部統制は何かを考えることにある。しかしながら，内部統制の法制度化により，内部統制への関わりが，単に法制度対応の観点からとなり，内部統制の本来の意義が見失われ，内部統制が形式だけのものとなることにより内部統制の形骸化がもたらされることとなる。例えば，金商法対応においては，単にいわゆる3点セットさえあれば良いと考えることである。現状，不適切な会計処理に係る開示企業

が増えている状況を踏まえると，内部統制の制度化によるメリットよりもデメリットの方が大きくなっているものと考えられる。

　また，先に法制度化のメリットとして，経営者の内部統制への関心の高まりを挙げたが，しかし，本来，内部統制は経営のための仕組みであり，経営者が経営責任を果たすために自ずと必要となるものである。ゆえに，そもそも内部統制に関心のない経営者は本来的には経営者としての資質・能力に欠けると言わざるを得ない。

　このような状況を変えるためには，内部統制の本来の意義を改めて認識し，真に企業の持続的成長を図り，企業価値の向上に資する内部統制の在り方，及び，内部統制を有効に機能させるためのガバナンスの在り方を考える必要がある。

9　内部統制に対する誤解

　以上，内部統制の概要について述べたが，内部統制に対する認識・理解は，実は人それぞれであると思料される状況にある。特に，先に述べたとおり，平成18年に金商法及び会社法に内部統制概念が導入されたが，この導入以降の状況を踏まえると，上場企業の役職員も含め，必ずしも内部統制に関する正確な理解がなされていることが多くないように見受けられる。

　筆者の経験だけでも，以下のような内部統制に関する世間の誤解があるように感じることがある。

(1) 内部統制は，米国の仕組みを導入したものである

　内部統制は，米国の仕組みを導入したものであるとの誤解がある。この誤解は，平成18年に我が国において，米国の企業改革法（SOX法（サーベンス・オクスリー法））を参考に，いわゆるJ-SOX（内部統制報告制度）が導入されたことに基づくものと思料される。

　SOX法は，米国において，平成14年（2002年）7月に，エンロン，ワールドコム等の企業不祥事を契機に制定された企業改革のための法律である。SOX法

は，企業に財務情報の透明性と正確性の確保を求め，また，会計処理上の不正や誤謬を防ぐ仕組みとしての内部統制の整備・運用に係る評価を経営者に義務付けたものである。そして，SOX法における内部統制は，実務上，COSOの内部統制フレームワークが採用されている。

　COSOとは，トレッドウェイ委員会組織委員会（The Committee of Sponsoring Organizations of the Treadway Commission）の略称である。COSOは，昭和40年代から昭和50年代にかけて，米国において企業の経営破綻・企業不祥事が相次いだことから，米国公認会計士協会（AICPA）が取りまとめる形で，米国会計士学会（AAA），米国内部監査人協会（IIA）等の関係機関とともに，産官学共同の研究組織として昭和60年に「不正な財務報告に関する国家委員会（the National Commission on Fraudulent Financial Reporting）」を組織した。この時の委員長がJ.C.Treadwayであり，その名前からトレッドウェイ委員会と呼ばれるものである。

　トレッドウェイ委員会は，昭和62年に委員会としての最終報告書を提出するとともに，内部統制概念の取りまとめに関しては，トレッドウェイ委員会の財務支援組織であるCOSOが引き継ぎ，その後，平成4年（1992年）にCOSOは「内部統制の統合的枠組み」を公表し，さらに，平成25年（2013年）に「内部統制の統合的枠組み」の改訂版を公表した。

　そして，すでに述べたとおり，我が国においては，平成18年に内部統制報告制度（J-SOX）が制定され，また，同時期に会社法において，業務の適正を確保するための体制としての内部統制システムが規定され，内部統制が法律の枠組みにおいて導入されたことから，内部統制への関心が高まることとなった。

　このような状況を背景に，内部統制は，米国の仕組みを導入したものであるとの見解であると思料されるが，日本においては，例えば，昭和25年に公表された「監査基準」（経済安定本部企業会計審議会中間報告）（以下，「昭和25年監査基準」という。）の前文において，「企業の内部統制組織即ち内部牽制組織及び内部監査組織が整備改善されるにつれて」と記載されており[172]，遅くとも，昭和25年当時には，企業の実務において「内部統制組織」すなわち，内部統制が整備・

2 内部統制を考える　　317

運用されていたことがわかる。そして、以後、制度化された公認会計士による上場企業の財務諸表監査等においては、原則として、企業に内部統制が整備・運用されていることが前提となっている。

ゆえに、内部統制は、決して米国の仕組みを導入したものではない。ただし、現状、実務上は、COSOの内部統制フレームワークがスタンダードとなっており、その意味においては、COSOを参考にしているところはあるが、それは、米国の仕組みをそのまま導入したことを意味するものではない。古くから日本の実務にある内部統制をより良くするための取り組みに過ぎないのである。

(2) 内部統制は、法律によって導入された制度である

我が国においては、平成18年に金商法において内部統制報告制度 (J-SOX) が制定され、また、同時期に会社法において業務の適正を確保するための体制としての内部統制システムが規定されたことから、内部統制は法律によって導入された制度であるとの見解がある。しかし、内部統制は、経営のための仕組みであり、企業が組織として活動を行うために不可欠な仕組みであり、そもそも法律によって導入されるべき仕組みではない。先に触れたとおり、昭和25年監査基準の前文からも明らかなように、我国においても内部統制は、遅くとも昭和25年までには、実務上、企業においてその整備・運用が定着していたのである。

ゆえに、内部統制は、経営に必要な仕組みであって、本質的に法律により導入された制度ではない。

(3) 内部統制は、費用の削減になるのか

内部統制を構築すると費用の削減になるのかという指摘がある。そして、この指摘に対して、内部統制を適切に構築すると不正の予防になり、不正が発生した場合の費用（不正による損害、不正対応のための費用（人的費用、調査費用等））の削減が可能となるという答えがなされることがある。確かに、内部統制の効果

172　新井益太郎『会計士監査制度史序説』（中央経済社、平成11年10月）239頁。

として，そのような効果があることの否定はしない。しかしながら，この回答は本質ではない。

そもそも内部統制は，経営のための仕組みとして，業務の有効性及び効率性等の達成を目的とするものである。業務の有効性とは，事業活動や業務の目的が達成される程度をいい，業務の効率性とは，組織が目的を達成しようとする際に，時間，人員，コスト等の組織内外の資源が合理的に使用される程度をいう。

したがって，内部統制は，単に費用を削減するためのものではなく，限られた経営資源を用いて，費用対効果の観点から，有効かつ効率的な事業活動を行うための企業の役職員の業務に係る行為規準となるものである。費用削減の観点で言えば，内部統制に基づく業務の遂行は，最小限の費用で最大限の効果を求めるものであり，本質的に費用削減の意図を有する。しかしながら，現状を踏まえた単なる費用削減のための手段として内部統制を理解するのであれば，それは誤った理解となる。

（4）内部統制は，財務報告目的のためのものである

内部統制は，財務報告目的のためのものであり，それ以外の業務は関係が無いとの見解がある。確かに，内部統制報告制度（J-SOX）における内部統制概念は，適正な「財務報告」を目的とするものである。しかしながら，内部統制は，経営のための仕組みであって，財務報告目的「だけ」の内部統制はあり得ない。

内部統制は，事業の有効性・効率性を達成するための業務の仕組みであり，同時に，財務報告の信頼性，法令等の遵守及び資産の保全を達成するための業務の仕組みである。ゆえに，内部統制はすべての業務を対象とし，すべての役職員の行為を対象とする。そして，財務報告目的の内部統制は，内部統制の対象となるすべての業務の中で，会計事実として認識すべき業務に関して，財務報告の信頼性を確保する観点から，適切な整備・運用が求められるものとなる。

ゆえに，内部統制は，企業価値の向上に資する経営のための仕組みであり，財務報告目的もその一つとはなるが，そのすべてではない。

（5）内部統制は，不正対応が目的である。

　不正会計，特に，従業員による不正会計が起きた時，内部統制の機能不全が指摘され，再発防止策として内部統制の整備・運用が求められることから，内部統制は，不正対応が目的であると言われる場合がある。確かに，内部統制は，不正の予防・早期発見に資するものであり，本書のテーマもまさにそこにある。

　しかしながら，内部統制は，企業価値の向上に資する経営のための仕組みであり，不正対応のためだけにあるものではない。「企業価値の向上」は，積極的意味の企業価値の向上と消極的意味の企業価値の向上を意味するところ，不正の予防・早期発見としての不正対応は，不正による企業価値の毀損の回避を目的とするものであり，消極的意味での企業価値の向上に資するものとなる。

　ゆえに，内部統制は，企業価値の向上に資する経営のための仕組みであり，不正対応もその目的の一つとはなるが，そのすべてではない。

3 従業員不正の予防

1 不正会計の予防に資する内部統制の整備・運用

　従業員による不正会計の機会は、内部統制の機能不全である。ゆえに、不正会計の予防は、有効な内部統制の整備・運用に尽きる。

　有効な内部統制の整備は、内部統制が、事業リスクと不正リスクに適切に対応して整備されていることを意味し、また、有効な内部統制の運用は、企業の役職員のコンプライアンス意識に基づく規程等の遵守と、企業の役職員の職業的懐疑心の保持・発揮による業務の遂行を意味する。

(1) 有効な内部統制の整備・運用

ア　有効な内部統制の整備

　内部統制は経営のための仕組みであり、また、企業の役職員の行為規準となるべきものである。内部統制が役職員の行為規準となるためには、内部統制が合目的に整備されることがその前提となる。内部統制の目的は、①業務の有効性及び効率性、②財務報告の信頼性、③事業活動に関わる法令等の遵守並びに④資産の保全であり、そして、内部統制の達成に不可欠な不正の予防・早期発見も内部統制の実質的な目的となる。したがって、有効な内部統制の整備とは、内部統制の4つの目的及び不正の予防・早期発見に資する内部統制の整備を意味し、具体的には、企業活動を構成する各業務の流れ（以下、「業務プロセス」という。）の中で、各業務プロセスが、業務の有効性及び効率性、財務報告の信頼性、法令等の遵守並びに資産の保全の実現という要件を満たしていることである。

したがって，内部統制の整備の基本は，業務プロセスの前提となる業務である。企画・開発，購買，製造，営業，管理等の各業務がまずありきであり，各業務をいかに有効かつ効率的に遂行するか，それが内部統制の整備の基本となる。その上で，財務報告の信頼性を確保し，法令等が遵守され，資産が保全されるために，かつ，併せて不正の予防・早期発見に資するようにするためには，どのように業務の流れを規定すれば良いのか，その問題意識に基づき内部統制を整備することが有効な内部統制の整備となる。この意味においては，有効な内部統制の整備とは，業務の有効性及び効率性の観点からの「攻めの内部統制」と，法令等の遵守及び資産の保全等を含めた不正の予防・早期発見に資する「守りの内部統制」の両方の視点を併せ持つ「問題意識」に基づき整備された内部統制となる。そして，財務報告の信頼性の達成は，適正な経営管理資料等の基礎となることから，その意味では「攻めの内部統制」であり，また，外部報告目的の財務報告に係る信頼性の確保の基礎となることから，その意味では「守りの内部統制」でもある。この両方の視点を併せ持つことが，有効な内部統制の整備において重要となる。

イ　有効な内部統制の運用

　有効な内部統制の「運用」とは，有効に整備された内部統制を前提に，企業の役職員が内部統制を遵守して業務を行うことである。しかしながら，内部統制の不完全性に起因する内部統制の整備の失敗，内部統制の運用の失敗があることから，完全な内部統制はあり得ず，ゆえに，内部統制の運用に関わる企業の役職員の職業的懐疑心の保持・発揮により，内部統制の整備の失敗等を把握し，これを常に改善していくことが有効な内部統制の運用として求められることとなる。
　ゆえに，有効な内部統制の運用とは，内部統制の運用に関わる企業の役職員のコンプライアンス意識及び職業的懐疑心の保持・発揮に基づく内部統制の運用となる。

（2）不正会計の予防に資する内部統制の整備

ア　不正会計の予防と内部統制の整備

　不正会計の予防と内部統制の整備に関して，売上取引に係る業務を例に考える。売上取引に係る業務に関しては，例えば，営業担当者が営業活動を行い，顧客から注文を受け，営業担当者からの指示に基づき在庫担当者等が商品を出荷し，得意先に納品することで売上が計上されることになる。この売上取引に係る一連の業務の中で，会計事実としての「売上」の計上を認識すべき時点は，商品の出荷（又は得意先への納品・検収）時点となる。したがって，この売上計上に係る会計事実としての「出荷」（又は「納品・検収」）を売上取引に係る業務の流れの中で，適時かつ適切に把握し，会計情報に置き換える仕組みを構築することが，内部統制の整備となる。例えば，倉庫担当者が商品を出荷した時点で，当該出荷の事実が記録され，当該記録が売上取引に係る基礎情報となり，会計情報に置き換えられることとなる。

　また，売上取引に係る営業担当者の営業活動情報，受注情報，出荷情報及び納品情報等は，経営者の経営判断に係る重要な経営情報となる。したがって，通常，これら経営判断に必要となる一連の情報を管理する受注・販売システム等が構築され，このうち，出荷情報が会計情報の基礎となるデータとなる。

　従業員による不正会計は，このような売上取引に係る業務プロセスにおいて，例えば，出荷情報が，営業担当者の作成する証憑書類に係る「出荷予定日」等が基礎となり，実際の商品等の在庫の出荷（又は納品・検収）の事実が無くとも，受注・販売管理システムに入力され，これが「売上」に係る会計情報の基礎となっていた場合には，営業担当者が，内容が架空の証憑書類を作成することにより，架空売上の計上が可能となる。これは，本来，「出荷の事実」を基礎として売上計上の根拠とすべきところ，「出荷予定日」を基礎とした内部統制の整備の失敗となる。

　もちろん，このような場合であっても，商品等の実地棚卸において，商品等の

在庫の実際在り高と帳簿上の在り高との差異が生じることから，当該差異の把握及び当該差異の発生原因の適切な分析により，事後的に発見できる可能性はある。しかし，当該差異分析が適切に行われていない場合（内部統制の運用の失敗）や，在庫管理が適切に行われておらず，営業担当者が当該商品を持ち出すことが可能であった場合（内部統制の整備・運用の失敗），又は，営業担当者が作成する出荷指示書の商品の搬送先に「営業担当者搬送」等の取扱いが可能であった場合等には，在庫の数量の調整等が可能となり，売上の基礎情報が「出荷予定日」とされていたことによる内部統制の整備の失敗が起点となり，従業員不正が行われることの機会となる可能性がある。また，この他，営業担当者が，倉庫担当者又は得意先と通謀することにより不正会計の実行を可能とする場合もある。

このように，内部統制は，各業務に係る統制手続が相互補完的に機能し，有機的一体として機能するものであるが，一部の統制手続に係る整備の失敗を起点として，その他の統制手続が無効化されることにより不正会計の実行が可能となる。ゆえに，不正会計の予防に資する内部統制の整備は，単に会計事実の認識に係る内部統制だけではなく，一連の業務プロセスにおける各業務に関して，事業の有効性・効率性等の内部統制の目的の達成に資する内部統制を適切に整備することが，結果として，不正の会計の予防に資する内部統制となる。

イ　不正会計のリスクと内部統制の整備

不正会計の予防に資する内部統制の整備とは，不正会計の発生を予め防ぐための方策を講じることである。すなわち，不正会計の発生する「リスク」を想定し，当該リスクの発生を防止するための「仕組み」を設け，仕組みの適切な運用を行うことが，不正会計の予防となる。

先の例でいえば，営業担当者の作成する証憑書類に係る「出荷予定日」を売上の基礎情報とした場合，出荷の事実が無いにもかかわらず，売上が計上される可能性（不正会計のリスク）が想定される。ゆえに，この不正会計のリスクに対応するためには，「出荷予定日」ではなく，「出荷の事実」に基づく出荷日情報をもって売上計上に係る基礎情報とすべきこととなる。また，受注・販売管理シス

テム上,当初は,出荷日情報として出荷予定日が入力されるが,その後,倉庫から出荷された際に,当該システム上の出荷日情報が更新されることになっていたとしても,倉庫担当者が当該出荷日情報の更新を行わなかった場合には,この内部統制の運用の失敗が不正会計のリスクともなることから,システム設計上,出荷日情報としての出荷予定日の更新ではなく,倉庫担当者が実際の出荷日に基づき,出荷日情報を別に入力する設計にすることも不正会計の予防に資するものとなる。

　このように,従業員による不正会計の予防に資する内部統制の整備は,いかに不正会計が発生するリスクを防ぐかが重要となる。そのためには,従業員による不正会計の発生の態様を知り,不正リスクを想定することが必要となる。

(3) 不正会計の予防に資する内部統制の運用

　従業員による不正会計の機会となる内部統制の機能不全は,内部統制の運用の失敗によってももたらされる。内部統制の運用の失敗とは,内部統制が適切に運用されないことであり,企業の役職員が規程等を遵守せずに業務を行うことである。したがって,不正の予防に資する内部統制の運用は,内部統制が合目的に整備されていることを前提とすれば,企業の役職員が,内部統制を文書化した規程等を遵守して業務を行うことにより可能となる。そして,そのためには,企業の役職員において,規程等を遵守する意識としてのコンプライアンス意識が醸成されていることが求められる。

　また,内部統制は,常に不完全であり,内部統制が完全に合目的に整備されているとの前提は,実際には,非現実的な前提となる。したがって,内部統制の運用を通じて,内部統制の整備及び運用の失敗に係る事実を把握することも,内部統制の適切な運用として求められることとなる。また,当該事実の把握は,内部統制の整備・運用の失敗の兆候を示す端緒の把握により可能となることから,当該端緒の把握に資する企業の役職員の職業的懐疑心の保持・発揮が求められることとなる。

　ゆえに,不正会計の予防に資する内部統制の運用は,内部統制の運用に関わる

企業のすべての役職員のコンプライアンス意識及び職業的懐疑心の保持・発揮により可能となるのである。

2 リスク対応

　従業員による不正会計の予防に資する内部統制の整備においては，まず何よりも，業務の実態が適切に会計情報に置き換えられないリスクの把握が必要となる。リスクの把握とは，リスクの想定である。業務の実態を前提に，業務の流れの中で，会計事実として認識し会計情報に置き換えるべき業務（事実）を特定し，当該業務の結果を会計情報に置き換える際に，実態と異なる会計情報に置き換えられる可能性の想定である。

(1) リスクとは

　リスクとは，組織目標の達成を阻害する要因をいい，主に，①組織を取り巻く外部的要因に基づくリスク（天災，盗難，市場競争の激化，為替や資源相場の変動等）と②組織の中で生じる内部的要因に基づくリスク（情報システムの故障・不具合，会計処理の誤謬，不正行為の発生，個人情報及び高度な経営判断に関わる情報の流失又は漏洩等）とがある[173]。COSO（2013）では，リスクとは「ある事象が発生した場合に，目的の達成に不利な影響を及ぼす可能性」[174]と定義する。

　リスクは，不確実性を意味し，本来的には，組織に正の影響（利益）を与えるリスクと，組織に負の影響（損失）を与えるリスクとがある。経営においては，広義には，経営戦略の策定等においていずれのリスクも対象とするが，ここでは，組織に負の影響（損失）を与えるリスクのみを意味し，組織に正の影響（利益）をもたらす可能性としてのリスクは含まない。

　以下，不正会計の予防・早期発見に資する内部統制の在り方を考えるにあた

173　内部統制実施基準Ⅰ・2「(2) リスクの評価と対応」
174　八田進二・箱田順哉監訳，日本内部統制研究学会・新 COSO 研究会訳『COSO 内部統制の統合的フレームワーク フレームワーク篇』（日本公認会計士協会出版局，平成26年2月）88頁。

図表17 事業リスクと不正リスク

	事業リスク	不正リスク
事業の有効性・効率性	外部的要因リスク及び内部的要因リスクに基づく事業の有効性・効率性の達成を阻害するリスク	財務情報の虚偽表示、非財務情報の虚偽表示、資産の不正流用、違法行為等
財務報告の信頼性	適正な経営管理情報の基礎となる会計情報作成の達成を阻害するリスク	財務情報の虚偽表示
法令等の遵守	企業の存続を阻害するリスク	財務情報の虚偽表示、非財務情報の虚偽表示、資産の不正流用、違法行為等
資産の保全	経営資源の毀損による事業の有効性・効率性の達成を阻害するリスク	資産の不正流用、違法行為等

り、このリスクを「事業リスク」と「不正リスク」に区分して考える（**図表17**）。

ア 事業リスク

　事業リスクは、企業の持続的成長及び企業価値の向上に資する事業の有効性・効率性の達成を阻害する要因である。事業の遂行の過程で生じる様々な不確定要素に起因する要因である。

　また、財務報告の信頼性の達成が阻害される場合には、適切な経営判断に資する適正な経営管理情報の基礎となる会計情報作成の達成を阻害するリスクが、法令等が遵守されない場合には、企業の存続が阻害されるリスクが、そして、資産の保全が図れない場合には、経営資源の毀損によるリスクが生じることとなり、これらはいずれも事業の有効性・効率性を阻害する要因となる。

イ 不正リスク

　不正リスクとは、不正が発生する可能性である。不正が発生した場合には、企業の目的の達成に不利な影響を及ぼす可能性が生じる。

3 従業員不正の予防

不正リスクには，財務情報の虚偽表示のリスク，非財務情報の虚偽表示のリスク，資産の不正流用のリスク及び違法行為等のリスクがある。このうち，財務情報の虚偽表示のリスク，すなわち，不正会計のリスクは，具体的には，業務の結果が適切に会計情報に置き換えられないことのリスクとなる。

（2）リスクの評価と対応

　リスクの評価と対応とは，組織目標の達成に影響を与える事象について，組織目標の達成を阻害する要因をリスクとして識別，分析及び評価するプロセスをいう[175]。

ア　リスクの評価

　リスクの評価に当たっては，組織の内外で発生するリスクを，①組織全体の目標にかかわる全社的なリスクと②組織の職能や活動単位の目標に関わる業務別のリスクに分類し，その性質に応じて，識別されたリスクの大きさ，発生可能性，頻度等を分析し，当該目標への影響を評価する。

イ　リスクへの対応

　リスクへの対応とは，リスクの評価を受けて，当該リスクへの適切な対応を選択するプロセスをいう。リスクへの対応に当たっては，評価されたリスクについて，回避，低減，移転又は受容等の適切な対応を選択する（**図表18**）[176]。

175　以下，内部統制基準Ⅰ2（2）「リスクの評価と対応」参照。
176　内部統制実施基準Ⅰ2（2）「リスクの評価と対応」

図表18　リスクへの対応の種類

対応種類	内容
回避	リスクの原因となる活動を見合わせ，又は中止することをいう。リスクの発生可能性や影響が非常に大きい，又はリスクを管理することが困難な場合等において，リスクの回避が選択されることがある。
低減	リスクの発生可能性や影響を低くするため，新たな内部統制を設けるなどの対応を取ることをいう。
移転	リスクの全部又は一部を組織の外部に転嫁することで，リスクの影響を低くすることをいう。例えば，保険への加入，ヘッジ取引の締結などが挙げられる。
受容	リスクの発生可能性や影響に変化を及ぼすような対応を取らないこと，つまり，リスクを受け入れるという決定を行うことをいう。リスクへの事前の対応に掛かる費用が，その効果を上回るという判断が行われた場合，又は，リスクが顕在化した後でも対応が可能であると判断した場合，リスクが許容できる水準以下のものであれば組織はリスクをそのまま受容することが考えられる。

（3）リスクの認識

　不正会計の予防に資する内部統制の整備に当たり，まず，不正リスクの識別，すなわち，不正リスクの認識がその第一歩となる。

ア　不正リスクの想定

　有効な内部統制の整備は，事業リスク及び不正リスクの適切な認識が不可欠となる。リスクの認識とは，リスクの想定に他ならない。したがって，有効な内部統制の整備に当たっては，事業リスク及び不正リスクの想定，すなわち，各業務において，これらのリスクがどこに潜んでいるかを見極める力が求められる。そして，この見極める力とは，業務及び不正に関する知識・経験を有した問題意識としての考える力，すなわち，内部統制整備担当者等の職業的懐疑心となる。ゆえに，内部統制の整備の失敗の原因の一つが，内部統制整備担当者等の職業的懐疑心の欠如となる。

　特に，不正の予防に資する内部統制の整備は，業務における不正リスクを想定

することにより不正リスクを認識し，当該不正リスクを評価し，これに対応する統制手続を設定することにより可能となる。ゆえに，想像力が肝となる。例えば，もし，自分が不正を，悪いことをしようと思えば，どのようなことができるか。不正の実行者の立場で考えてみるのである。そして，この考える力が職業的懐疑心となる。

イ　職業的懐疑心の必要性

　上記のとおり，不正リスクを適切に想定し得るか否かは，内部統制の整備に係る担当者の職業的懐疑心，すなわち，問題意識・経験・知識に依拠する。

　「問題意識」は，内部統制の意義の理解が前提となる。自らの業務としての内部統制設計業務に係る重要性の認識である。この認識無くして事業リスク及び不正リスクの把握はできない。その上で，事業リスク・不正リスクを適切に認識するためには，事業に係る業務等や内部統制設計業務の「経験」が求められる。過去の経験から把握し得る事業リスク・不正リスクがある。そして，業務の知識及び不正の知識等の「知識」が不可欠となる。業務を理解し，不正を知ることによって，事業リスク・不正リスクの適切な認識が可能となる。

　このような内部統制の整備に係る担当者の職業的懐疑心に基づき，業務の有効性及び効率性，適正な財務報告，法令等の遵守及び資産の保全の観点から，事業リスク・不正リスクを把握し，これらのリスクに対応するための仕組みとしての内部統制が整備されることとなる。

ウ　不正リスクの認識の限界

　不正リスクの認識は，不正のリスクの想定である。しかし，人の想像力は完璧ではない。現実は想像を超える。もちろん，人の想像力は無限であり，考えることで，考えて，考えて，考えることで，知恵が生まれ，より良いものが生まれる。ただし，どんなに考えたとしても完璧はない。しかも，実務上は，時間的制約のある中で対応せざるを得ない。この限られた時間の中で精一杯考えたとしても自ずと限界がある。もちろん，ここでは「考える」ことを否定する趣旨ではな

い。より良いものを作るためには「考える」ことが必要である。しかし，それは「完璧」ではないのである。もし，考えた結果を「完璧」であると考えるならば，それは驕り，慢心，油断であり，そのこと自体が不正の「機会」となる。

3 リスクに対応した内部統制の整備

業務における不正リスクの適切な認識に基づき，当該リスクに対応するための仕組みとしての内部統制を整備することとなる。

(1) 全体システムとしての内部統制

内部統制は，経営のための仕組みである。すなわち，内部統制が対象とする業務は，企業におけるすべての業務がその対象となる。企画・開発業務，購買業務，生産業務，営業・販売業務，経理・財務業務，人事業務，総務業務等々のすべての業務である。そして，これらの業務が，相互に連携し，事業が有効かつ効率的に行われるための仕組みが内部統制である。また，内部統制は，このような業務の流れを規程等として文書化し，企業の役職員において周知徹底され，理解されることにより，有効な内部統制の整備となる。ゆえに，内部統制は，一つの業務，一つの規程等だけで完結するものではなく，全体が，有機的な一体として機能することにより合目的な内部統制となる。この意味において，内部統制全体のデザインが重要となる。例えば，与信管理の規程を設けたとしても，与信管理を実施しなくとも取引が行われてしまうような仕組みでは意味がない。

また，内部統制は，人が整備・運用するものである限り，内部統制の整備・運用の失敗のリスクを潜在的に有するという限界がある。ゆえに，この限界に起因する内部統制の整備・失敗のリスクを最小限にするためには，各業務に係る内部統制が，相互補完的に機能し，ある業務において内部統制の整備・運用の失敗が生じたとしても，別の業務に係る内部統制の運用上，当該失敗を把握し得る仕組みとして機能することが重要となる。

以下，内部統制はその全体が有機的一体となり，相互補完的に機能する仕組み

であることを前提として，不正リスクの対応に資する予防的統制手続及び発見的統制手続について述べる。

（2）予防的統制手続

予防的統制手続とは，不注意等による内部統制の運用の失敗を事前に予防し，また，不正の予防に資する内部統制手続である。内部統制は，人が運用するものである限り，人の不注意や誤解，誤認等により，適切に整備された内部統制が，適切に運用されない可能性を本質的に有する。したがって，このような人的要因に基づく内部統制の運用の失敗を防止するために，ある業務に対して，複数の人，複数の部署が関わることにより，内部統制の有効性を確保することになる。また，不正の予防の観点からも，異なる複数の人，複数の部署が関わることにより，内部統制が無視され，また，内部統制が無効化され，不正の機会となることを未然に防ぐ意味がある。

基本的には，同一の業務プロセスに係る職務を分掌し，異なる部署の複数の担当者が関わることで職務分掌による牽制効果が期待できる。例えば，小口現金等の金銭の出納に関して，入金担当者と出金担当者を分けることにより，金銭の横領等の不正の予防に資することになる。また，物品等の購入に関して，発注部署と検収部署を分けることにより，架空発注や物品の横領等の不正の予防に資することになる。また，職務権限を規定することで，同一部署における牽制効果が期待できることとなる。ゆえに，職務分掌規程及び職務権限規程の整備が，予防的統制手続の基本となる。

（3）発見的統制手続

発見的統制手続とは，内部統制の運用の失敗があった場合に，これを事後的に発見するための内部統制手続である。発見的統制手続の実施により，内部統制の運用の失敗による業務の有効性・効率性の達成を阻害する要因，及び，不正等を発見することを目的とする。例えば，売掛金の得意先に対する残高確認の実施や実地棚卸の実施等が発見的統制手続の例となる。

売掛金の残高確認は，期末や中間期末等のある一時点における得意先に対する売掛金の残高を得意先に対して確認を求め，売掛金の実在性を検証するとともに，得意先からの回答金額と帳簿計上額との差異内容を分析することにより，販売業務に関連する業務の有効性・効率性等を検証し，また，架空売掛金等の計上，すなわち，架空売上の計上等が行われていた場合に，これの発見に資する手続でもある。

　また，実地棚卸の実施は，期末，中間期末等のある一時点における在庫の実際在り高を確認し，当該実際在り高と帳簿残高との差異を把握するとともに，当該差異の発生原因を分析することにより，在庫の受払業務及び製造業務等における内部統制の遵守状況の把握に資するとともに，在庫の不正な受払，すなわち，在庫の横流し等の横領的行為や，架空在庫の有無の把握により資金循環取引等による架空売上の計上の発見に資するものとなる。

　この他，内部通報制度及び財務数値を利用した不正会計の発見のための内部統制も発見的統制手続となる。発見的統制手続の詳細については，第四部 4 「3 発見的統制手続の整備」において述べる。

（4）制限された統制手続に係る不正リスクへの対応

　以上のとおり，内部統制は，各業務等に係る予防的統制手続及び発見的統制手続を含めた全体が，有機的一体として機能することにより，不正の予防・早期発見も含めた内部統制の目的の達成に資するものとなる。

　しかしながら，内部統制の整備においては，経営資源の有限性に基づく一定の制約がある。例えば，一定の業務に関しては，理想的にはこれを分掌し，それぞれの業務に担当者を配置することが望ましいものがある。しかし，人的資源が限られている場合には，担当者を増やすことが現実的には困難であり，当該業務を同一の担当者が行わざる得ない場合がある。先の例でも挙げたが，小口現金等の金銭の出納業務に係る入金担当者と出金担当者を別にすることが基本的には望ましいが，少人数等の営業所等において，入金担当者と出金担当者を別にすることが難しい場合があり得る。

したがって，このような場合には，入金業務と出金業務を分掌せず，同一の担当者に出納業務を行わせることもあり得る。例えば，営業所で扱う現金の金額が少額であり，万が一，横領等の不正が生じたとしても不正による損失額が一定限度に収まることが想定し得るような状況においては，出納担当者を一人とする判断もあり得るということである。しかしながら，その場合においても，同一の担当者が行うことに起因して生じる不正リスクは残ることとなる。基本的には，不正リスクの対応として「受容」はない。したがって，この不正リスクの「低減」のための代替的な内部統制手続を設けることとなる。例えば，金銭の出納を行う際には上司の承認を得る，日々の金銭の残高と帳簿残高の確認を出納業務担当者以外の者が日々確認をする，出納業務に関して営業所内でのローテーションを行う，月に一度は出納業務担当者以外の者が出納業務を担当する等である。

 また，不正対応のための厳格な内部統制は，業務の工数を増やすという意味でコストはかかる。したがって，費用対効果を考え，手続きを省く場合においても，想定される不正リスクに対して，その他の内部牽制手続にて対応が可能かを検討する必要がある。すなわち，その他の業務に係る内部牽制手続によって，不正リスクの「低減」を図るのである。この意味でも内部統制は，全体のシステムとして有機的に関連することにより機能するように設計する必要がある。

 内部統制と経営資源のバランスをいかに取るか，これも内部統制の整備担当者の腕の見せ所となる。

4 規程等の整備

 内部統制の整備・運用は，適切なリスク認識を前提とした場合，その基本は，適切な規程等の整備に尽きる。

 なお，規程等の「整備」とは，業務の規準としてのルールを単に文書化するだけではなく，役職員における規程等の理解を得ること，すなわち，規程等の周知徹底までを含むものとなる。

(1) 規程等の意義

　内部統制は経営のための仕組みであり，役職員の行為規準となるべきものである。企業は組織体であり，役職員の行為が企業活動の実態となる。ゆえに，企業が，企業理念に基づき，社会に求められる財貨又は役務を，社会の期待に応えられる品質で提供するためには，財貨又は役務の提供に係る役職員の行為を一定水準に保つための「標準」[177]が必要となる。また，企業は，企業活動の過程において関わり合いを有する様々な企業の利害関係者との利害を調整する必要がある。この際，企業の役職員の行為が，企業の利害関係者との利害を無視，または，一方的に損ねることが無いよう，さらには，違法行為等により社会に対して損失を与えないようにするためにも，役職員の行為に係る行為規準が必要となる。

　内部統制が役職員の行為規準となるためには，すべての役職員に内部統制を周知徹底させ，また，すべての役職員において内部統制を理解することが必要となる。この役職員に理解させるまでをもって，内部統制の整備となる。そして，そのためには内部統制を規程やマニュアルとして文書化することが必要となる。すなわち，規程等は，企業の役職員が内部統制を理解する前提となるのである。

　なお，繰り返しになるが，内部統制の整備は，役職員の内部統制に係る理解をもって内部統制の整備となる。単に文書としての規程等があれば良いという訳ではない。例えば，「規程は入社以来見たことがない」「我が社は何年も規程の改定を行っていない」「規程やマニュアルは形式にしか過ぎず役に立たない」等の声が聞こえる会社は，仮に形としての規程等が整備されていたとしても，役職員の意識において規程等の存在が希薄であり，内部統制が真に理解されているとはいえず，実質的な意味での内部統制の整備がなされていないと考えるべきである。

177　「現場が従事している業務の大半は「定型業務」だ。あらかじめ決められた業務を手続に則って確実に遂行し，反復することが求められる。マニュアル（標準化された業務手順）やルール（あらかじめ決められた規範）に沿って，ルーチンを確実に繰り返す。とても地味なことだが，これができなければ価値創造は実現できない。」（遠藤功『現場論』（東洋経済新報社，平成26年11月）52頁）

（2）文書化

　内部統制は，企業活動の実態である企業の役職員の行為が，事業の有効性・効率性等の達成に資するように，業務の流れを定めたものであり，これを「文書化」したものが規程等となる。しかしながら，実際には，内部統制の整備とは，規程等の作成に係る内部統制の文書化という作業を通じて，内部統制が合目的に整備されるように検討を重ねながら行うこととなる。

　規程等に基づく業務の遂行が，事業の有効性・効率性等の達成に資するか否か，財務報告の信頼性の達成に資するか否か，法令等の遵守に資するか否か，資産の保全の達成に資するか否かを検討しながら，様々な場面を想定した上で規定することとなる。規定化に際しては，真に事業の有効性・効率性等の目的が達成し得るように，よくよく考えなければならない。神は細部に宿る。規定化の作業は細かい作業である。こだわりをもった規程化が求められることとなる。

　また，内部統制は，役職員における内部統制の理解をもって内部統制の整備となる。ゆえに，規程等においては，その内容を容易に理解し得るように分かり易く記述し，業務の遂行において無用な混乱を避けるため多義的な表現は用いず，また，規定間に矛盾がないようにしなければならない。

（3）内部統制の基本となる職務分掌規程・職務権限規程

　内部統制の基本は，事業をどのような組織で行うことが，事業の有効性・効率性等の内部統制の目的の達成に資するかを考え，適切な職務分掌及び職務権限に基づき，組織をデザインすることにある。すなわち，業務に係るリスクの適切な把握に基づき，「内部牽制機能」を有した「内部牽制組織」及び「内部牽制手続」を内部統制に組み込み，かつ，各業務を適切な権限に基づき実施することが内部統制の基本となる。

　ここで，内部牽制機能とは，ある部署又はある担当者が行った業務について，他の部署又は他の担当者の業務が行われることにより，その適切性の検証が可能となる機能をいう。したがって，内部牽制組織とは，ある部署の業務が，異なる

部署の業務の適切性の検証を可能とする組織体制をいい，例えば，製造部が製造した製品等を検査部が顧客に提供し得る製品になっているかを検査することや，経理部が他部署における業務遂行の結果が適切に会計情報に置き換えられていることを確認する等，各部署の業務が適切に遂行されているかにつき，他部署の業務の結果，検証し得るようにデザインされている組織体制となる。また，内部牽制手続とは，ある部署又はある担当者が行った業務について，他の部署又は他の担当者の業務が行われることにより，その適切性の検証が可能となる手続（業務）をいう。これらは，職務分掌規程がその基本となる。また，各部署の業務の適切性を確保するために，責任と権限の一致を前提とした職務権限規程に基づく，適切な職務権限に基づく業務の実施及びその承認が求められる。

以上のとおり，企業の役職員による事業の有効性・効率性等の達成に資する業務の遂行を可能とする内部統制の基本的な枠組みを定めるものが，職務分掌規程・職務権限規程となり，併せて，企業における広範な業務の適正な遂行を確保するために，その他の規程等を整備することとなる。例えば，稟議規程，経理規程，販売管理規程，与信管理規程，生産管理規程，購買管理規程，コンプライアンス規程，就業規則，安全衛生管理規程，関係会社規程，内部監査規程，規程管理規程等である。この他にも各種規程が想定し得るが，各企業の実態に応じて，規程の整備が求められる。また，業務の水準を確保するためには，マニュアルの活用が有用である。マニュアルは，業務における具体的な手順等を定めた，より現場に近いものとなる。

(4) 規程等の改定

ア 規程等の改定の必要性

規程等は，ある一定時点における企業活動の実態に基づき整備される。しかしながら，企業活動の実態は決して不変のものではなく，経営環境の変化を受け，常に変化し続けている。したがって，規程等は整備した時から陳腐化が始まる。また，そもそも内部統制は，その不完全性に起因する内部統制の整備の失敗及び

内部統制の運用の失敗の可能性を常に有している。規程等の陳腐化及び規程等の不完全性は，規程等と企業活動の実態との乖離をもたらす。この乖離を放置することは，規程等の無意味化の原因となり，結果，規程等の形式化・形骸化としての内部統制の機能不全をもたらすこととなる。また，このような状態の放置は，企業の役職員のコンプライアンス意識の醸成を阻害するものでもある。ゆえに，規程等を形式化・形骸化させず，内部統制を有効に機能させるためには，必要に応じて規程等を改定するための仕組みづくりが必要となる。

　さらに，規程等は，組織的経営の前提として，業務の質を一定の水準に確保するための「標準」を定めたものである。しかし，それは，決して「所与の前提」となるものではない。企業の役職員の行為規準としての規程等の存在自体は所与の前提だとしても，規程等の内容は所与の前提ではない。規程等は，業務の「標準」であって，より有効に，より効率的に，より効果的に業務を行うための業務の改善の指針でもある。したがって，規程等は，常に変化の対象としてとらえなければならない。そして，規程等の適宜の改定により，業務がより有効に，より効率的に行われることで，さらなる価値の創造が可能となる。ゆえに，規程等の改定は，企業価値創造の源泉として位置付けるべきものとなる。

　なお，企業によっては，規程等は実際のところ形式的なものであり意味がないとの声が聞かれることがある。しかしながら，規程等が，形式化・形骸化するのは，企業の役職員において，規程等の趣旨，重要性を理解していないからである。規程等に対する無理解が，規程等に対する無関心となり，結果，規程等の形式化・形骸化をもたらす。そして，規程等に対する無関心は，職業的懐疑心の醸成に不可欠な問題意識の欠如であり，規程等の形式化・形骸化は，内部統制を有効に機能させるための企業の役職員の職業的懐疑心が保持・発揮されていないことを意味するものでもある。

　何年も改定されていない規程等は，まさに形骸化の象徴であり，有効な内部統制が整備・運用されていないことの証左である。不正会計事案においては，不正会計が行われた企業において規程等が適宜に改定されていないことがその特徴の一つとして挙げられる。長年，規程等を見たことがない，規程等の改定をしたこ

とがない等は，不正の温床となることに留意すべきである。

イ　規程等の改定に係る仕組みづくり

　規程等の改定に係る仕組みとは，規程等の見直しを業務化することである。規程等の改定の必要性については，上記で述べたとおりであるが，必要性は理解したとしても，通常，規程等の改定は，法令等の改正や組織変更等が行われた場合に，当該変化を受けて行われる「受け身の改定」であることが多く，実際に規程等の改定を自律的に行うためには，そのための「仕掛け」としての仕組み作りが必要となる。すなわち，規程等の改定をこのような受け身の改定としてではなく，実際に業務を行う企業の役職員を主体とした自律的な規程等の改定に変えるためには，規程等の改定の業務化が求められることとなる。

　規程等の改定に係る仕組みとしては，例えば，各部署の担当者等で構成される内部統制委員会，規程改定委員会等の組織横断的な合議体を設置し，月次等で定期的に開催し，すべての役職員に対して，①業務の有効性・効率性，②財務報告の信頼性，③法令等の遵守及び④資産の保全等の観点から，業務をより改善するためのアイディアを求め，提言されたアイディアを検討し，業務改善等の程度や全社的に展開する必要性等を勘案し，必要に応じて，規程等を改定する等が考えられる。また，個別の業務に係るマニュアルに関しては，当該マニュアルに関連する部署等で構成されるマニュアル検討委員会等を設置し，上記と同様の観点からマニュアルの改定を行うことが考えられる。さらに，役職員が業務改善等のアイディアの提言を促すための動機付けを行うために，表彰制度の制定や給与等に係る評価制度と連動させることも有用である。アイディアの提出数，採用数等を総合的に勘案し，給与等に反映させるのである。また，提出されたアイディア等の内容から，昇進等のプロモーションの参考にもなる。

（5）規程等に係る研修・教育

　内部統制は，企業の役職員において，内部統制を文書化した規程等の存在・内容について周知徹底し，理解することによって，内部統制の整備となる。ゆえ

に，規程等は単に作成して終わりという話ではなく，企業の役職員に規程等の存在・内容を周知徹底させるための研修・教育が必要となる。

なお，研修・教育で何よりも重要なのは，研修・教育を企画する担当者の「想い」である。そもそも，企業活動は，企業の役職員の行為に他ならず，「企業は人なり」である。そして，「人」は，重要な企業の利害関係者であり，また，社会から預かった重要な経営資源でもある。ゆえに，社会の公器としての企業は，人を育てる責務を有するものであり，人を育てるという観点からも研修・教育が重要となる。したがって，このような研修・教育の重要性を認識し，社会の公器としての企業を担う人材をいかに育てるかという問題意識に基づき，研修・教育の内容を企画し，実行するという「想い」が必要となる。もちろん，このような研修・教育の実施には，経営者の姿勢も重要である。経営者自身が研修・教育の重要性を認識し，その想いを研修・教育の担当者に伝えることが，意味のある研修・教育を行うに当たって必要となる。ゆえに，研修・教育は，企業理念に基づく企業が求める人材を育てるという観点から実施されなければならない。

そして，規程等の周知徹底に係る研修・教育もまた，企業理念の理解，及び企業理念を実現するための仕組みとしての内部統制の意義の理解，そして，内部統制を文書化したものとしての規程等の内容の理解を主たる目的として行われることが必要となる。また，規程等の内容については，規程等の背後にある規程等の趣旨も含めて役職員の理解を促すものでなければならない。研修・教育の目的は，企業の役職員が自らの行為規準として規程等を理解し，規程等に遵守した業務を遂行することにある。

このような規程等の周知徹底に係る研修・教育は，基本的には，座学が中心となる。しかしながら，現場での実際の業務を通じて行われる研修・教育，すなわち，OJT（On the job training）もまた，活きた研修・教育となる。OJTは，規程等の行間を埋める。なぜ，このような規程等があるのか，なぜ，このような規程等を遵守しなければならないのか，それは，個別具体的な業務の実施に伴うことによって深度ある理解が得られることとなる。そのためには，現場の上長となる管理職や先輩となる役職員が，現場において規程等を意識し，規程等の意義を

真に理解していなければならない。

　規程等は，時の経過とともに，当初，規程等が定められた趣旨が薄れる。文書化された内容だけが残り，本来の趣旨が失われてしまう可能性がある。また，単に規程等を受け身で受け止めることにより，決められたことだからしないといけないという思考停止状態に陥る。この思考停止状態は，規程等の趣旨が活かされないばかりか，規程等の形骸化につながる。ゆえに，現場で常に規程等を意識し，規程等の意義について業務を通じて後輩や新入社員に伝えることで規程等が真の意味を持ち続けることになるのである。

　なお，研修・教育は，その内容は当たり前のことになるかも知れない。しかしながら，当たり前のことを何度も何度も繰り返し，規程等の遵守が，真の当たり前になるようにしなければならない。企業の役職員のコンプライアンス意識は，このような当たり前化によって醸成されることとなる。ゆえに，規程等の周知徹底に係る研修は，定期的に，継続して行わなければならない。

5 業務プロセスと不正会計の予防に資する内部統制

　内部統制の整備は，業務の流れ，すなわち，業務プロセス単位で行われる。そして，業務プロセス単位で把握した業務の流れにおいて，事業リスク及び不正リスクを認識し，これらのリスクに対応するための仕組みを構築することとなる。

　業務プロセスには，企画・開発業務プロセス，販売業務プロセス，購買業務プロセス，生産・製造業務プロセス，人事業務プロセス，総務業務プロセス，財務業務プロセス，経理業務プロセス等々の企業活動としてのすべての業務に係るプロセスが存在するが，以下では，不正会計の予防の観点から，①販売業務プロセス，②購買業務プロセス，及び③生産・製造業務プロセスについて述べる。

　なお，不正会計の予防の視点でいえば，すべての業務において，役職員の業務の結果を会計情報に置き換える仕組みとしての内部統制手続に関していかに実態との関連性を強化するかが重要となる。

(1) 販売業務プロセス

販売業務プロセスとは，販売業務に係る受注から代金回収までの①受注，②出荷，③売上計上，④請求，⑤債権管理，⑥回収の一連の業務の流れである。

販売業務プロセスに関連する不正会計の手口には，売上の前倒し計上，架空売上の計上，売掛金の回収偽装（貸倒引当金の計上回避）等がある。

ア 収益認識基準の適切性の確保

売上に係る不正会計の予防の第一歩は，適切な収益認識基準の採用である。

不適切な収益認識基準の採用の例としては，製品等の「検収」をもって得意先等が債務認識を行う取引において，出荷基準や設置完了基準等を採用する場合や，また，財貨又は役務の提供が完了していないにもかかわらず，得意先等からの入金を受けた時点で売上計上する等である。

特に，過去の不正会計事案で多いのが，本来は，検収基準を採用すべきところ，出荷基準，設置完了基準等を採用している場合である。このような場合には，得意先の検収を待たずとも，出荷等の事実に基づき売上計上が可能となることから，当初は，実際の受注に基づく売上の前倒し計上であったところ，徐々にこの売上の前倒し計上が増えていくことにより，次第に実際の受注に基づかない架空売上の計上も行われることとなる。

また，財貨又は役務の提供が完了していない時点での得意先からの入金は，前受金にしか過ぎず，収益の実現要件を未だ満たしていないのであるが，実際の入金をもって売上計上を可能とした場合には，徐々に入金時期を前倒しすることにより，売上の計上が，本来の収益認識時点よりも前倒しになり，その結果，入金の事実を仮装することにより，実際の受注に基づかない架空売上の計上に至ることとなる。

このように，不適切な収益認識基準が採用された場合には，売上の前倒し計上を可能とする「機会」になるとともに，売上の前倒し計上から架空売上の計上へその手口も変化する「機会」ともなり，金額的にも多額，かつ，質的にも悪質な

不正会計が行われる機会となる。ゆえに，不正会計の予防の観点からは，売上取引の実態に則した適切な収益認識基準の採用が重要となる。

イ　販売業務プロセスと不正会計の予防

　販売業務プロセスに係る不正会計の予防の観点からの留意点は，財貨又は役務の提供に係る実態と会計情報との関連性の強化が重要であるということである。財貨又は役務の提供に係る企業の役職員の行為の結果としての事実を，適切に把握し，また，これを適切に会計情報に置き換え，かつ，当該置き換えが適切に行われているかのモニタリングが重要となる。

　また，販売業務プロセス全体の整合性も重要となる。例えば，仮に架空売上が計上されたとしても，債権管理が適切に行われていた場合には，架空売掛金が端緒となり，架空売上の早期発見に資するとともに，適切な債権管理が不正実行の抑止力となる場合もある。また，架空売上が多額にならないためには，適切な与信管理も重要となる。

ウ　売上の前倒し計上

　売上の前倒し計上は，売上取引としての実態はあるものの，出荷・検収等の売上を認識すべき事実がないにもかかわらず売上を計上する手口である。ゆえに，売上の前倒し計上が行われる場合には，主に，①出荷・検収等の事実に基づき売上が計上される手続になっていないか，または，②出荷・検収等の事実を仮装するための証憑書類等の改竄・偽造等が行われることとなる。

　したがって，①に関しては，売上計上が，出荷・検収等の事実に基づき行われる体制になっているかを見直し，かつ，売上計上に係る内部統制が適切に運用されているかをモニタリングすることでその予防が可能となる。

　②に関しては，証憑書類等の改竄・偽造等が行われていることから，まずは，当該証憑書類等に接する機会のある役職員において職業的懐疑心の保持・発揮がその予防に資することになるが，併せて，売上の前倒しの場合には，売上債権の回収が通常の売上取引の場合と異なる可能性（通常の決済条件よりも遅れる）が

あることから，適切な債権管理が不正実行の抑止力となり，その予防に資するとともに早期発見に資することになる。

エ　架空売上の計上

　架空売上は，売上取引としての実態がない架空の取引である。ゆえに，架空売上の計上は，出荷・検収等の事実がないにもかかわらず，売上計上が可能となる内部統制の整備に問題がある場合が多い。又は，内部統制の整備は適切に行われていたとしても，内部統制の運用が適切に行われていないことが架空売上の計上を可能とする。

　したがって，架空売上の計上の予防に関しては，売上計上が出荷・検収等の事実に基づき行われるようになっているかの観点から改めて内部統制を見直すとともに，内部統制の整備が適切になされている場合には，運用が適切に行われているかの観点でモニタリングすることが重要となる。さらに，架空売上の場合には，売上取引としての実態がないことから，関連する証憑書類等が改竄・偽造されることとなる。この点，先の売上の前倒し計上と同様に当該証憑書類等に接する機会のある役職員において職業的懐疑心の保持・発揮がその予防・早期発見に資することになる。

　また，内部牽制機能の観点からは，販売業務と在庫管理（受払等）業務を整合させる仕組みを構築することも架空売上の計上の予防・早期発見に資するものとなる。物が出荷されていないにもかかわらず，売上が計上されているのである。ただし，実際には，名目として直送品の利用や，外部倉庫の利用等の虚偽説明をすることにより，その実態把握を困難にしようとすることから，売上計上の基礎となる「事実」の確認は慎重に行う必要がある。

　さらに，架空売上の計上が行われた場合には，架空売掛金の計上がなされることから，債権管理を適切に行うことで，滞留債権等が架空売上の発見の端緒となり，また，架空売掛金の回収に係る仮装取引が行われている場合には，当該仮装取引の原資を捻出する際に，資産の取得名目等で資金が支出されている可能性があり，その場合には，架空資産の計上を伴うことから，購買業務プロセス等の内

部統制の適切な整備・運用がその予防に資するものとなる。また，資産の実在性に係る発見的統制手続が適切に行われることにより，架空売上の端緒の把握が可能となる。

オ　売掛金の回収偽装

売掛金の回収偽装は，架空売上の発覚の回避，又は貸倒引当金の計上の回避等を目的とする不正会計の手口であり，売掛金の回収を装うための仮装取引が行われる。

当該仮装取引に係る原資を捻出するために，架空の原材料，商品等の仕入，架空の貸付金の貸し出し，架空のソフトウェアの購入等の架空取引が行われる可能性が高いことから，後で述べる購買業務プロセス等の内部統制の適切な整備・運用がその予防のためには重要となる。

カ　工事進行基準の不適切な適用

工事進行基準が収益認識基準として採用されている場合，売上の前倒し計上，売上の架空計上は，工事進行基準の不適切な適用により行われる。具体的には，工事の進捗度を示す実際の工事原価等の発生状況につき，虚偽の作業報告書等の作成により行われることとなる。

したがって，当該工事原価等の発生に係る業務（作業報告書等の作成業務等）に関する統制手続の適切な整備・運用が重要となる。工事進行基準の不適切な適用がなされる場合には，例えば，工事の進捗状況等を勘案し，後日に内容虚偽の作業報告書等が作成されることがあることから，作業報告書を日々作成し，これを上司が承認をする体制の整備・運用が重要となる。

なお，この観点は事業の有効性・効率性の観点からも必要となる体制である。

（2）購買業務プロセス

購買業務プロセスとは，購買業務に係る発注から代金支払いまでの①発注，②検収，③仕入計上，④債務管理，⑤支払いの一連の業務の流れである。

購買業務プロセスに関連する不正会計の手口には，架空売上の計上に係る仮装取引の原資を捻出するための仮装取引に基づく架空資産の計上等がある。

ア　購買業務プロセスと不正会計の予防

　不正会計の予防の観点からの購買業務プロセスに係る留意点は，購買した物の実在性の確認である。

　購買した物の実在性の確認は，事業の有効性・効率性等の観点からも重要であるが，不正会計の予防の観点からも重要となる。購買業務に係る内部統制は，適切な手続を経て，適切に発注した物が，適切に納品・検収され，発注した内容の物を購入したことが確認された上で，当該購買に係る支払代金としての債務の決済が適切に行われるための仕組みとなる。

イ　仮装取引に係る架空資産の計上

　資金循環取引等の仮装取引を伴う架空売上の計上は，架空売上に係る架空売掛金の回収を装うために，自社の資金を原材料，外注費，商品等の購入名目で支払い，これを自社に還流させることにより架空売掛金の回収を装うこととなる。

　この際，購買取引は，あくまでも仮装取引の原資を捻出するための仮装取引であることから，架空取引であり，実際に物の仕入が行われない場合が多い。そして，その場合には，この仕入れたとする原材料等の現物の確認が困難な状況を作り出し，架空仕入が実行される。例えば，現物は，直送品である，外部倉庫に保管している，得意先の現場に置いてある，金額的評価が困難な仕掛品の状態である，実体の確認が困難なソフトウェア等の無形物である等である。

　したがって，不正会計の予防に資するためには，当該購買業務が関連する商流全体を把握し，実際の購買品等がどのような実態にあり，そして，どのような方法でその現物を確認することができるのかを検討し，実質的な「検収」としての現物を確認できる方法を検討すべきである。

　なお，現物の確認が困難な購買品の場合には，代替的に現物の存在を確認し得る方法を検討し，間接的であっても効果的にその現物の存在を確認する方法を考

えることが大事となる。

（3）生産・製造業務プロセス

　生産・製造業務プロセスとは，生産・製造業務に係る①生産・製造，②払出，③検収，④在庫管理に係る一連の業務の流れである。

　生産・製造業務プロセスに関連する不正会計の手口には，実際原価／架空原価の資産への付替えによる利益の水増し，工事進行基準の不適切な運用，売上の前倒し計上，仮装取引を伴う架空売上の計上等がある。

ア　生産・製造業務プロセスと不正会計の予防

　不正会計の予防の観点からの生産・製造業務プロセスに係る留意点は，生産・製造業務の実態としての従業員等の行為，生産・製造に費消される原材料等の物の動き，及び生産・製造された仕掛品・製品等の物の動きと，原価計算の「関連性」を保つことである。

　生産・製造業務プロセスに関連する不正会計の手口は，いずれも実際の製造活動の実態と乖離した会計処理により行われる。したがって，不正会計の予防のためには，製造活動の実態と関連した原価計算が行われることが何よりも肝要となる。個別受注生産の企業において総合原価計算を採用した場合等には，収益認識基準の場合と同様に，不適切な原価計算方法の採用が不正会計の機会となる。なぜなら，原価計算が企業活動の実態と乖離することにより，この「実態との乖離」を機会として不正会計の実行を可能するからである。

　また，同時に，製造活動の実態と原価計算の関連を検証し得るように内部統制を構築することが重要である。原価計算をブラックボックス化することにより，会計情報と製造活動の実態との乖離が生じ，これを機会として不正会計の実行が可能となる場合があることに留意すべきである。

イ　実際原価の資産への付替えによる利益の水増し

　実際原価の資産への付替えによる利益の水増しは，実際に発生した製造原価等

の原価を原材料，仕掛品，製品等の在庫に付替えることにより，売上原価を減らし，利益を水増しする不正会計の手口である。

　この実際原価の資産への付替えは，製造原価を仕掛品等の在庫に振り替える際に，架空の仕掛品等に付替える，又は，実際の仕掛品等への振替額を水増しして付替える等により行われる。当該手口は，各企業の実態に応じて，様々な方法が考えられ，また，比較的簡単に実行可能な手口であることから，実際に，多くの不正会計事案で用いられている手口である。

　例えば，過去の不正会計事例では，個別受注生産を行っている企業において，ある製品の製造が終了した時点で，他の製品等に使用できる部材が残った際に，当該部材を他の製品の製造に使用するため，当該部材に係る原価を実際に使用する製品に振り替える業務として「原価流用」という業務があったところ，当該業務を悪用し，実際には，事実として振り替えるべき部材がないにもかかわらず，売上原価を過少計上するために，出荷済みの製品に係る原価の一部を「原価流用」により仕掛品に振り替えていた。この結果，利益が水増しされ，また，仕掛品の計上額が過大になっていた。原価流用自体は，本来あるべき業務であったところ，一方で，原価の資産への付替えという不正会計のリスクを有する業務であることから，原価流用に関しては，適切な牽制機能が働く内部統制の整備がその予防となる。

　なお，この事例でいえば，内部統制は適切に整備されていたものの，その運用において瑕疵があり，それが不正の機会となっていたが，まずは，不正リスクを適切に認識し，内部統制を適切に整備することが不正予防の第一歩となる。

　したがって，不正会計の手口である実際原価の資産への付替えによる利益の水増しの予防のためには，仕掛品等の在庫の計上額の根拠を明確にするとともに，原価計算プロセスの適切性を確保し，製造活動の実態との整合性を図ることが重要となる。特に，通常の在庫計上プロセスと異なる手続きによって在庫が計上される場合には，当該手続きが適切に行われるための内部統制の整備が重要である。

　なお，標準原価計算や予定単価を用いた原価計算においては，原価差額の調整

等を利用した実際原価の資産への付替えによる利益の水増し等が行われる可能性があることにも留意すべきである。

ウ　架空原価の資産への付替えによる利益の水増し

架空原価の資産への付替えによる利益の水増しは，仮装取引に係る原資を捻出するために行われた架空取引が，原材料，外注加工費等の原価費目を利用して行われた場合に，当該架空原価を原材料，仕掛品，製品等の在庫（棚卸資産）に付替えることにより，売上原価（架空）を減らし，利益を水増しする不正会計の手口である。

当該手口は，そもそも，購買業務プロセスにおいて予防すべきものとなるが，併せて，生産・製造業務プロセスに係る原価計算，在庫管理等を適切に行うことにより，その予防・早期発見が可能となる。

特に，架空原価は，実態のない原価である。ゆえに，原価計算や在庫管理が，実際の原材料等の受払に係る事実に基づき適切に整備・運用され，従業員等の製造作業や，原材料，仕掛品及び製品等の現物との関連性が保たれることにより，当該手口に係る不正会計の予防・早期発見が可能となる。

エ　工事進行基準の不適切な適用

工事進行基準の不適切な適用は，実際の工事等の原価の発生額を調整することにより行われる。従業員による不正会計の場合，多くは，赤字工事の隠蔽や利益率の水増し等を目的として，ある工事で発生した原価を他の工事に付替える等により行われるが，一方，原価を付替えられた工事においては，原価の発生により収益が計上されることとなり，売上の前倒し計上や架空売上の計上にもなる。

工事進行基準の不適切な適用は，多くの場合，工事原価の集計に係る業務を利用して実行される。

過去の例においては，本来，日々作成すべき工事日報を，月次での作成も業務上許容されていたことから，月次での原価の発生状況を踏まえ，日々の工事日報の内容を虚偽の内容にすることにより行われた。工事管理は，工事現場の状況を

迅速に把握することにより，適切な対応が可能となる。しかしながら，当該事例においては，工事日報の作成が後日となっても許容されていた現場管理の在り方に本質的な問題があり，また，それが不正実行の機会ともなった。ゆえに，適切な現場管理を行うための仕組みを適切に構築することが，事業の有効性・効率性の確保に資するとともに，不正会計の予防にも資することとなる。

オ　売上の前倒し計上・仮装取引を伴う架空売上の計上

　すでに，売上の前倒し計上等において述べたが，売上に関連する不正会計の予防のためには，生産・製造業務プロセスと販売業務プロセスの適切な整合を図る必要がある。この整合性が，牽制機能となり，各業務プロセスにおける業務の適切性を確保することとなる。その結果，売上に関連する不正会計の予防に資することとなる。

（4）商流管理の必要性

　内部統制の整備における基本の一つが商流管理である。商流とは取引の流れであり，何をどこから仕入，どこを経由して，最終的には，企業が提供する財貨又は役務はどこに，どのように提供されるかという取引の流れである。商流は，同一の事業であったとしても，得意先等によって商流が異なる場合もある。商流管理は，自社の事業としての取引がどのような商流となっているかを把握することであり，適切な商流管理は，事業の有効性・効率性の達成に資するとともに，内部統制おいて統制が必要となる点を明確にすることが可能となる。逆に，商流管理が適切に行われなかったことが，事業の有効性・効率性の達成を阻害する要因になるとともに，不正の機会となる。

　例えば，人事ローテーションが固定化され，ある営業担当者しか特定の取引先との取引内容を把握していない場合，当該得意先との商流が，この営業担当者以外にはブラックボックスとなり，これが不正の機会となる。なぜなら，当該得意先との取引内容がブラックボックス化することにより，当該営業担当者の上司や，他の営業担当者が当該特定の取引先との取引内容を把握し得ず，適切な与信

管理等の管理が行えないことになる。そして，当該取引先との取引において何か異常点があったとしても，営業担当者以外には，取引の内容がわからないことから，上司等は思考停止となり，当該異常点を把握できず，又は，異常点を把握したとしても適切な事実解明が行えず，与信を超えた過度な売上計上や，架空売上等の不正会計が行われる機会となる。同様に，例えば，極めて営業成績が良いとされている営業担当者等の場合，彼／彼女に任せておけば大丈夫という思考停止状態が，商流のブラックボックス化の原因となり，不正の機会となる。例えば，循環取引による架空売上の計上は，適切な商流管理が行えていなかったことを奇貨として行われる不正会計の手口の一つとなる。そして，この思考停止状態は，職業的懐疑心の欠如であり，本来，職業的懐疑心を有していれば，商流のブラックボックス化自体が違和感を覚える端緒となる。

　商流管理を適切に行うためには，商流を適切に把握しなければならず，そのためには，商流をブラックボックス化しないことが重要となる。そして，商流を適切に把握することで当該取引に係る統制の要点が明確となり，当該要点に係る牽制機能を内部統制に組み込むことにより，不適切な商流管理を機会とする不正会計の予防となる。

6　人事ローテーション制度の構築

　従業員による不正会計の機会の一つに，固定化された人事ローテーションがある。人事ローテーションは，人材育成の観点から有用であるが，不正の予防に資する制度でもある。

(1) 不正の機会としての固定化された人事ローテーション

　人事ローテーションが長期間にわたり固定化された場合，特定の者が，特定の部署での特定の業務に固定化されることとなる。このため，特定の業務に関して，特定の者にしかわからない，できないという業務のブラックボックス化が生じる。そして，業務がブラックボックス化することにより，当該業務の担当者以

外の上位の管理者も含めた第三者において，当該業務の内容が不明となり，当該業務の是非及び可否等の判断ができない状態となる。この状況は不正の温床となり，当該業務に係る不正が行われる可能性が高くなる。

　また，人事ローテーションが固定化された場合，その部署だけの特有の風土を醸成することがある。当該部署の所属長（支店長，営業所長，工場長）等の姿勢が色濃く反映されてしまうのである。その結果，当該所属長の姿勢が誤ったものであった場合，当該部署全体の業務がブラックボックス化し，同じく不正の温床となる。

　なお，特に避けるべきは，ある業務が「一人業務」であり，かつ，当該業務の担当が長期化している場合である。このような状況においては，当該業務が真にブラックボックス化しており，何が起きてもおかしくはない状況であるとの認識が必要となる。

（2）人事ローテーションの必要性

　固定化された人事ローテーションは，不正の温床となり，不正実行者が不正の動機を有した際に，不正実行に係る「機会」となる。このため，不正の機会の発生可能性を低減させるためには人事ローテーションが必要となるが，他，人事ローテーションの有用性は，以下の点にもある。

ア　人材育成のための人事ローテーション

　人事ローテーションの重要な意義の一つに人材育成がある。企業理念の実現に資する人材育成の観点から，人事ローテーションが有用となる。企業としてどのような人材を求め，どのように人材を育成するのか，将来の経営者の育成に係る後継者計画（サクセッションプラン）を核とし，事業部門，支店，営業所，製造部門，工場，研究開発及び子会社等の企業における各組織をどのように経験し，どのような役職を担わし，どのように育成するのか。このような観点から人事ローテーションが人材育成に有用な仕組みとなる。この意味において，人事戦略は，経営戦略の一環となる。

イ　継続的な業務を可能とする人事ローテーション

　人事ローテーションが必要な理由の一つとして，業務の継続性の確保がある。人事ローテーションが固定化した場合，特定の業務が特定の担当者にしか分からない，できないという状態を招く。この場合，特定の担当者が病気，事故等により業務ができない状態となった場合に，事業の継続に支障を与えることがある。

　したがって，人事ローテーション等により特定の担当者にしかわからないという状況を作らないようにすることで，万が一，当該担当者が業務を行えない状態になった場合であっても，業務の継続性を確保することが重要となる。

ウ　企業風土醸成のための人事ローテーション

　特定の部署，支店，営業所等における人事ローテーションが固定化した場合，特定の部署等における独特の組織風土が醸成される可能性が生じる。この場合，特定の部署等における長である者の姿勢が，当該部署等における組織風土に強い影響を与えることとなる。そして，このような特定の部署等における組織風土が，企業全体の企業風土と異なる場合には，特定の部署等において不正が行われる温床となる可能性がある。

　ゆえに，人事ローテーションを行うことで，様々な役職員の交流を図り，特定の部署等における独特の組織風土の醸成を防ぎ，企業全体の本来の企業風土の醸成に資することとなる。

エ　不正発覚の端緒としての人事ローテーション

　ある業務において，前任の担当者が不正を行っていた場合，人事ローテーションにより担当者が変わることで，当該不正が発覚する機会となる。新しい担当者が新しい視点で当該業務を行った場合の素朴な疑問が，不正発覚の端緒となるのである。

　また，このように，人事ローテーションが行われることにより，不正が発覚する可能性があることから，人事ローテーションが行われることが前提となってい

る場合には，人事ローテーションが不正の抑止力となる可能性もある。

（3）人事ローテーションの困難性

　以上のとおり，人事ローテーションは，単に不正の予防に資するだけではなく，そもそも，攻めのガバナンス，攻めの内部統制の観点から必要な仕組みであるが，一方で，人材の不足，専門性等を理由に人事ローテーションが困難であるといわれる場合がある。

ア　人材不足

　人事ローテーションが困難な理由として，社内における人材不足を理由に挙げる場合がある。人材不足には，そもそも社内の人員数が不足している「数」の不足の場合と，ある業務に係る担当者として適切な人材がいないという「質」の不足の場合がある。いずれにしても，社内における人材が不足しているため当該業務に係る適切な人材が他になく，人事ローテーションが行えないのは仕方がないことであるとの説明である。

　しかしながら，人材が不足している状態は，人事戦略の失敗であり，ゆえに経営戦略の失敗である。もちろん，経営状態が悪いため従業員の採用を制限している，経営が悪化したためリストラ等を実施して従業員を減らしている等の事情もあるかも知れないが，基本的には，人材不足は，人事戦略の失敗の裏返しである。したがって，企業価値の向上に資する経営を実現するための経営戦略の一環として，人事ローテーションを含めた人材育成の観点から人事戦略を再検討する必要がある。人事ローテーションが困難な理由として人材不足を挙げるような企業は，そのような表面的な理由のみで思考停止に陥るのではなく，人材不足を招いた原因を適切に分析し，根本的な改善策を図る必要があろう。

　人事ローテーションは，不正の予防に資するものであるが，その本質は，企業価値向上の源泉である人材の育成の問題であり，攻めのガバナンスの観点からも考えるべきことである。人事ローテーションが困難な理由として，安易に人材不足として結論付けて終わりにできるような類の問題ではない。

イ　専門性

　人事ローテーションが困難な理由として，業務の専門性を挙げる場合がある。ある業務の専門性が極めて高いため，すぐに他の人が代替できるものではないという理由である。

　確かに，そのような業務があること自体は否定しないが，そのような業務が企業活動において必要であればこそ，業務の継続性の観点からも，そのような状態を解消する方策を検討しなければならない。また，いかに専門性が高いといっても，長期間，同一人物が同じ業務を行うことは，専門性の高さと相反することとなる。専門性が高く，当該業務に関わる者が長期間同一人物であるということは，第三者からの批判的視点に基づく業務の有効性・効率性に係る検証が行えないということであり，専門性が高ければ高いほど，本来であれば，属人的な業務とすべきではない。

ウ　顧客との関係

　支店長・営業所長等の人事ローテーションに関して，特に支店・営業所が地方にある場合に，地場の顧客との関係性を理由に人事ローテーションが困難であるとする場合がある。特定の支店長・営業所長が，地場の顧客と良好な関係を築いており，彼（彼女）でないとその顧客との取引が無くなる可能性があるというものである。確かに，特定の支店長・営業所長が地場の顧客との付き合いが長くなり，一歩踏み込んだ関係を築いている場合，取引が行い易いということは現実にあり得る話ではある。また，支店長・営業所長を変えた場合には，他社に取引を取られてしまうというリスクもあるであろう。

　しかしながら，人的関係の強さは一方で不正の温床となる。また，人的関係のみでの取引関係は，人的であるがゆえに，トラブルの原因ともなり得るものである。人と人との関係はある日突然変わるものである。さらに，事業の継続性の観点からも，仮に特定の支店長等が事故や病気になった時には，当該支店等における取引先を失う可能性もあるということであり，そうであれば，日頃から，取引

先との関係において，人的関係の強さのみでなく，組織力・製品力／商品力等の組織的な関係をも構築することが大事であるともいえる。人事ローテーションはそのための取組みでもある。

（4）不正の予防に資する人事ローテーション

　以上を踏まえて，不正の予防に資する人事ローテーションの在り方を考えてみたい。

ア　チーム制の導入

　人事ローテーションは，事業の有効性・効率性，及び不正の予防に資するものとなる。しかしながら，人的資源の状況や業務の専門性等から人事ローテーションが困難な場合があり得る。このような場合の人事ローテーションに係る対応として，チーム制の導入が考えられる。

　チーム制は，一定の業務を複数の者で構成されるチームで対応することにより，当該業務に係る複数の従業員のうち，順次，人事ローテーションの対象とし，当該業務に係る従業員の固定化を避けるものである。チーム制を導入した場合，当該チームの従業員の在職期間は，通常の人事ローテーションを想定した場合よりも長期化するが，これにより人材不足を補完し，また，専門性を維持しつつ，業務の継続性を確保することとなる。

イ　固定化せざるを得ない人事に対する手当

　本来であれば，一人業務・人事ローテーションの固定化は，業務の継続性や，業務の有効性・効率性及び不正対応の観点から避けるべきであるが，人的資源等の観点から，短期的には，一人業務・人事ローテーションの固定化が避けられない場合には，一人業務・人事ローテーションの固定化に係るリスクを認識し，当該リスクに適切に対応する手当てを仕組みとして考えなければならない。

　例えば，出納業務であれば，営業所等において限られた人員しかいないため，入金業務と出金業務を同一の担当者が行う場合があるが，その場合には，入金業

務と出金業務を同一の担当者が行うことのリスク（金銭の横領等）を認識した上で，①金銭の入出金を行う場合には，上司が承認・確認等を行い，記録に残す，②定期的に上司が金銭の帳簿残高と実際在り高を確認する，③出納業務の担当を営業所内で定期的に業務ローテーションを行う，④定期的に出納業務担当者の有休消化を行い，出納業務担当者の欠勤日に他の従業員が出納業務を行う等の手当てをすることが不正の予防に有用となる。

7 内部通報制度の整備

　内部通報制度は，基本的には，不正の端緒を把握するための不正の早期発見に資する仕組みである。内部通報制度の詳細については，「第四部 4 7 内部通報制度の整備・運用」において述べる。

　不正予防の観点からは，有効な内部通報制度の整備・運用は，経営者のコンプライアンスに対する考え方を従業員に知らしめ，これにより従業員のコンプライアンス意識を高めるとともに，従業員不正に対する抑止力となり，また，経営者不正に対する抑止力にもなる。

8 不正会計の予防に資する内部統制の運用

　従業員による不正会計の実行となる「機会」は，内部統制の機能不全，すなわち，内部統制の整備の失敗及び内部統制の運用の失敗である。ゆえに，不正会計の多くは，内部統制が適切に整備・運用されることにより，その予防は可能となる。内部統制が有効に機能することで，不正会計の機会が失われ，また，内部統制が有効に機能している環境自体が，不正会計の抑止効果をもたらす。

　内部統制が有効に機能し不正会計の予防に資するためには，内部統制の運用に関わる企業のすべての役職員のコンプライアンス意識の醸成，職業的懐疑心の保持・発揮，及び，経営者の姿勢が重要となる。

(1) コンプライアンス意識の重要性

　内部統制が有効に機能するか否かは，内部統制が適切に運用されるか否かに依拠する。そして，内部統制の適切な運用とは，企業の役職員が規程等を遵守して業務を遂行することであり，ゆえに，企業の役職員のコンプライアンス意識が不可欠となる。ただし，このコンプライアンス意識とは，単に形式的に規程等を遵守することだけを意味するものではない。業務を有効かつ効率的に行うための行為規準として，また，適正な財務報告，法令等の遵守及び資産の保全を確保するための行為規準として法令，基準等，規程等，企業理念及び社会規範を理解した上で，実質的に行動することを担保する意識の在り方を意味するものである。

　企業活動としての企業の役職員の業務の遂行は，不確実性の連続であり，必ずしも規程等のみによって対応可能な業務ばかりではなく，また，企業の役職員において，その権限と責任に応じた判断を常に求められることとなる。このような状況において，企業の役職員は，法令，基準等，規程等，企業理念及び社会規範等に照らし，自らの職業倫理に基づく行動が求められることとなる。そして，このような行動を可能とする意識の在り方としてのコンプライアンス意識が求められるのである。

　多くの不正は，内部統制が有効に機能することにより未然に防止が可能となる。また，仮に，一部の内部統制の機能不全を機会として不正が行われた場合であっても，その他の内部統制が有効に機能することにより，不正の早期発見は可能となる。ゆえに，不正対応の観点からは，内部統制を有効に機能させるための役職員のコンプライアンス意識が極めて重要となる。

(2) 職業的懐疑心の重要性

　内部統制は，企業の役職員のコンプライアンス意識に基づき規程等に準拠して業務が行われることにより有効に機能する。しかしながら，内部統制は，人が整備するものであり，また，ある一定時点の状態に基づき整備されることから，その後の経営環境の変化，企業活動の変化を受けて，内部統制の整備が不十分とな

る可能性を有することから、常に不完全であり、それゆえ内部統制の整備の失敗の可能性を常に有することとなる。また、内部統制の運用も人が行うがゆえの内部統制の運用の失敗の可能性を常に有するものとなる。

このため、内部統制の運用に際しては、内部統制の不完全性に基づく潜在的な内部統制の整備・運用の失敗の把握に資する企業の役職員の職業的懐疑心の保持・発揮が求められる。

すなわち、内部統制の整備・運用の失敗は、企業活動としての業務の遂行に係る問題点であり、業務の有効性・効率性の観点からの、より良く業務を遂行するための改善を要する業務等の把握、また、財務報告の信頼性、法令等の遵守及び資産の保全の観点からの業務上の問題点等となる。そして、不正は、このような内部統制の整備・運用の失敗を機会として実行される。

したがって、内部統制の運用に係る企業のすべての役職員においては、このような内部統制の整備・運用の失敗を把握し、内部統制の改善に資するとともに、不正の機会の発生可能性の低減、すなわち、不正の予防に資することが求められることとなる。しかし、これら内部統制の整備・運用の失敗は、必ずしも明示的な現象としてあらわれるものばかりではなく、日常業務の中のささいな出来事としてあらわれるものもある。ゆえに、事業の有効性・効率性等や不正予防の観点から、このような内部統制の整備・運用の失敗の端緒を把握する「力」としての企業の役職員の職業的懐疑心の保持・発揮が重要となる。

(3) 経営者の姿勢の重要性

内部統制を有効に機能させ、不正の予防に資するものとするためには、企業の役職員のコンプライアンス意識及び職業的懐疑心の保持・発揮がその前提となる。

特に、企業の役職員のコンプライアンス意識の醸成のためには、何よりも経営者自身が、コンプライアンスを理解し、その重要性をすべての役職員に伝え、自らが行動することが必要となる。経営者の姿勢が、役職員のコンプライアンス意識を醸成するのである。企業の役職員は、経営者を見ている。経営者が口先だけ

でコンプライアンスを唱えているのか，それとも真にコンプライアンスの重要性を訴えているのかを見極める。もちろん，すべての役職員が，経営者の姿勢に基づき自らの行動を変えるわけではなく，芯がしっかりしていて経営者の姿勢に左右されずとも自らの行動の可否を判断できる人もいるであろう。しかし，企業が組織である限り，組織全体としての風土が内部統制の有効性に影響を与えるのも事実である。

　内部統制が有効に機能し，不正の予防に資するためには，不正を許さない企業風土の醸成が不可欠である。そのためには，内部統制の統制環境として経営者の姿勢が極めて重要となる。そして，その経営者の姿勢を見守るのがガバナンスの役割となる。

4 従業員不正の早期発見

> 不正会計の発見とは，「端緒の把握」と「事実解明」である。
> 従業員による不正会計の発見は，端緒の把握が不可欠となる。ゆえに，不正会計を発見するためには，不正会計の「端緒」をいかに把握するかが肝となる。この端緒を把握するための「仕組み」としての内部統制には，①発見的統制手続の整備，②予算制度，③不正会計発見のための内部統制，④内部監査，⑤内部通報制度等がある。そして，内部統制が有効に機能し，不正会計の端緒を早期に把握するためには，内部統制を運用する「人」たる企業の役職員の職業的懐疑心が重要となる。

1 不正会計の端緒

　不正会計の発見とは，「端緒の把握」と「事実解明」の2つのプロセスからなる。ここでは，不正会計の早期発見に資する内部統制の整備・運用を考える前提として，不正会計の端緒とは何かについて考える。

　不正会計の端緒とは，第一部 3 「3」(2)「ア　端緒の把握」において述べたとおり，不正会計の存在の可能性を示す情報・状況・事実等，すなわち，不正会計の兆候を示す事実等である。会計は，企業活動の写像であるところ，不正会計は，企業活動としての業務の実態を，適切に会計数値に置き換えずに，実態と異なる会計数値を作出することにより行われる。このため，不正会計が行われた場合には，①業務の実態を会計数値に置き換える機能を有する内部統制が適切に運用されず，また，②不正会計が行われた結果，架空の資産等が計上されることと

なる。

　不正会計の端緒は，当該事実等に接した者の職業的懐疑心の発揮，すなわち，企業の役職員が違和感を覚えた情報・状況・事実等のすべてが不正会計の端緒となり得るが，特に，①内部統制に準拠しない業務の存在，及び②架空資産の存在が，不正会計発見の端緒となる。

（1）内部統制に準拠しない業務の存在

　従業員による不正会計は，従業員の行為の結果である。従業員が自らの業務の結果を適切に会計情報に置き換えないことにより，虚偽の会計情報が作出され，不正会計となる。すなわち，従業員による不正会計は，従業員の業務の結果を会計情報に置き換える機能を有する内部統制としての業務・手続に関して，従業員が内部統制に準拠せずに実施することにより実行される。

　具体的には，不正会計に係る従業員の行為には，企業活動としての業務のうち，①会計の対象となる会計事実がないにもかかわらず，あたかも会計事実があるかのように偽作して会計情報に置き換える場合と，②会計事実はあるが，実態とは異なる会計事実を偽作して会計情報に置き換える場合がある。

　そして，このような会計事実の偽作は，③本来行うべき業務・手続を無視することにより，会計事実・会計情報を作出する方法と，④偽造・改竄等により作成された虚偽の証憑書類等に基づき会計事実・会計情報を作出する方法とがある。例えば，③に関しては，売上計上に際しては，顧客からの注文書が必要であるにもかかわらず，顧客からの注文書がないまま売上計上することである。この場合には，内部統制が本来有すべき売上計上に係る牽制機能が働いておらず，内部統制の整備・運用の失敗に基づくものとなる。また，④に関しては，売上計上に関して，顧客からの注文書は入手していないが，顧客からの注文書の改竄・偽造等を行い，あたかも注文書を入手したかのような外観を作出して売上計上が行われる。この場合には，内部統制が整備・運用されていたとしても証憑書類等の改竄・偽造等がされることにより売上計上が可能となるものであり，内部統制の限界に基づくものとなる。ただし，本来であれば，債権管理や在庫管理等のその他

の内部統制の運用により予防又は早期発見すべきであり，その意味では，やはり，内部統制の整備・運用の失敗に基づくものとなる。また，この場合であっても，改竄・偽造等がされた証憑書類等が存在することから，不正の兆候を示す事実が存在することになる。

なお，①ないし④の関係は，**図表19**のとおりである。

図表19 従業員による不正会計のための行為等

	行為		手段
①	会計事実がないにもかかわらず，あたかも会計事実があるかのように偽作して会計情報に置き換える場合	③	本来行うべき業務・手続を無視することにより，会計事実・会計情報を作出する方法
		④	偽造・改竄等により作成された虚偽の証憑書類等に基づき会計事実・会計情報を作出する方法
②	会計事実はあるが，実態とは異なる会計事実を偽作して会計情報に置き換える場合	③	本来行うべき業務・手続を無視することにより，会計事実・会計情報を作出する方法
		④	偽造・改竄等により作成された虚偽の証憑書類等に基づき会計事実・会計情報を作出する方法

このように，従業員による不正会計が行われる場合には，①内部統制に準拠しない業務・手続が実施され，又は，②改竄・偽造等により作成された証憑書類等が存在し，これらは，まさに不正会計の存在の可能性を示す事実・状況・情報等となり，不正会計発見の端緒となり得るものとなる。

ここで，先の架空売上の計上の例を詳しく考えてみたい。

例えば，売上取引に関して，得意先から入手した「注文書」に基づき，製品又は商品等の出荷指示が行われる旨，社内規程に規定されていたところ，社内においては，得意先からの「注文書」の入手を待って出荷指示を行うと，納期に間に合わない可能性がある等の理由から，営業担当者の「出荷指示書」だけをもって出荷を行うことが実務上の慣行となっていた。当該実務慣行は，社内規程に違反

4 従業員不正の早期発見

しているものの，社内的に営業サイドの力が強い等の企業風土のもと，この規程違反が問題視されず，注文書の入手が無くても営業担当者からの指示があれば出荷をすることが実質的にルール化していた。

　このような場合，「注文書」が無くても「出荷指示書」だけで売上計上ができることから，ある営業担当者が，予算達成のプレッシャーの中，顧客からの注文書がないまま，出荷指示を行い，架空の売上を計上することが可能となる。そして，当該出荷指示に基づき，製品等が営業担当者の指示する場所に実際に納品され，さらには，当該製品等が換金価値を有するものであれば，営業担当者が製品等を横流しして換金し，当該資金をもって架空の売掛金の回収に充てる場合も考え得るのである。この場合，売掛金の回収が一部でもあることから，不正が長期にわたり隠蔽されてしまう可能性もある。

　このように，規程等に準拠しない業務の実施が，不正の機会となるがゆえに，規程等に準拠しない業務の実施の把握が，不正会計の発見の端緒の把握となるのである。

　また，営業担当者が，「架空の注文書」を作成する場合も考えられる。この場合，注文書がない場合と比較するとその発見は困難になる可能性はあるが，一方で，「架空の注文書」はあくまでも「架空の注文書」であって，改竄・偽造された注文書にしか過ぎない。従業員不正の場合，不正を行うのは従業員であり，決して不正の，偽造のプロではない。ゆえに，改竄・偽造が行われたとしても，素人のやることであり，どこかにおかしな点はあるはずである。また，仮に，玄人的な精緻な改竄・偽造を行ったとしても[178]，通常業務を行いつつの改竄・偽造である。人は常に不完全なものであり，忙しい場合など，ケアレス的な間違いを犯す可能性もある。ゆえに，完璧な改竄・偽造はあり得ず，偽造・改竄された証

---

[178] 技術の進歩により，本物と見間違うようなカラーコピーや，スキャナー等を利用した画像処理等により精緻な改竄・偽造が可能となっている。しかしながら，贋札を専門に行う犯罪者であったとしても本物と同じ偽札は作れない。必ずどこかに本物との違いがある。したがって，犯罪のプロではない企業の役職員が行う改竄・偽造は，精緻になったとはいえ必ずどこかに違いが生じることとなる。

憑書類に接した人が，どこかに違和感を覚える本物と差異があるのである。ゆえに，この場合，本来は，得意先から「注文書」を入手してから製品又は商品等の出荷指示を行わなければならないところ，「架空の注文書」を偽造することにより行われた場合には，「架空の注文書」の存在自体が不正会計の端緒となり得るのである。

なお，これらの端緒は，表面的には，従業員の業務が内部統制に準拠していない事実等として，また，証憑書類の改竄・偽造も本来入手すべき証憑書類と差異のある証憑書類の存在としてあらわれる。そして，これらは，本来的には，内部統制の目的である事業の有効性・効率性を阻害するものであり，端的にいえば，「仕事がきちんとされていない」状態を示す。その意味においては，日常において，このような状況を認識したのであれば，まずは，適切な業務の遂行を求め，これを是正する必要がある。また，この結果，万が一にでも不正が行われていた場合には，当該端緒に係る適切な事実解明を行うことにより，不正の発見に資するものとなる。そして，このような状況を認識し得るのは，「仕事をきちんとする」という問題意識であり，すなわち，平時における職業的懐疑心の保持・発揮に他ならない。

（2）架空資産が計上されること

上記の架空売上の例でいえば，得意先からの注文書がないまま売上を計上することにより，同時に，架空の売掛金が資産として計上される。この架空の売掛金は，架空であるがゆえに，そのまま放置した場合には，売掛金の回収が行われず，滞留売掛金となる。そして，この売掛金が滞留するという事実が，不正会計発見の端緒なる。

さらには，例えば，経理部等において売掛金を管理している場合，経理部等の担当者が，営業担当者等に当該売掛金に係る滞留状況について確認を行った際に，営業担当者が虚偽の理由を説明した場合，当該虚偽説明が不正会計発見の端緒となる。なぜなら，営業担当者は，架空売上の発覚を避けるため，売掛金の滞留理由について，何やらもっともらしい，しかしながら，虚偽の説明をせざるを

得なくなるところ，当該説明は，虚偽であり事実に基づくものではないことから，当該説明に係る根拠等の提示を求めた場合，当該説明が不合理なものとなり，経理部等の担当者の職業的懐疑心の保持・発揮により，この不合理な説明が不正会計発見の端緒となるのである。さらには，営業担当者が虚偽の根拠資料等を作成した場合には，当該虚偽の根拠資料等がまた，不正会計発見の端緒となる。

　嘘は必ずばれる。もちろん，もっともらしい嘘をついて，その場をやり過ごすことも可能であり，実際にそのような場合もあるであろう。しかしながら，経理部等の担当者が，健全な職業的懐疑心を保持・発揮した場合には，すぐに違和感を覚えるであろうし，また，その場はやり過ごせたとしても，嘘をついたことで，後日，全体の辻褄や整合性が取れなくなり，結局，虚偽であることが発覚し，不正会計の発見に至るのである。

　基本的には，虚偽の説明，虚偽の根拠資料等による対応を行った場合には，虚偽である限り，事実とは異なり，その虚偽と事実との差異が不正実行者以外の第三者における違和感のきっかけとなるのである。ゆえに，虚偽の証憑書類に基づき実行された不正会計は，違和感の源泉となる端緒の宝庫であり，完全犯罪となる不正会計はないのである。

　また，架空売掛金を回収するために，会社の資金を流用し，架空売掛金回収の原資を作り出した場合であっても，会社の資金を簿外化する際の資金の支出時に何らかの名目で資金を出さざるを得ず，この際，資産の取得名目で資金を支出した場合には，架空資産が計上されることとなり，当該架空資産が不正会計発見の端緒となる。資産計上されている架空資産は，原則として，定期的に当該資産の実在性につき確認が行われる。発見的統制手続としての実査，現物確認，実地棚卸等である。また，架空売上の計上以外の例として，原価の資産への付替えによる利益の水増しの手口においては，原価を過少に計上し，利益を水増しするために，原価を在庫として計上する。この場合には，架空の在庫が資産として計上されることになる。ゆえに，この場合も架空資産の計上が不正会計発見の端緒となる。

2　不正会計の早期発見に資する内部統制の整備・運用

　ここでは，不正会計の早期発見に資する内部統制の整備・運用を考える。
　不正会計の早期発見に資する内部統制の整備・運用とは，不正会計の「端緒」の把握に資する内部統制の整備・運用となる。

（1）不正会計の早期発見に資する内部統制の整備

ア　内部統制と不正会計の発見

　内部統制は，合目的に整備され，適切に運用される限りにおいて，本来的には不正会計の早期発見に資するものとなる。

　従業員による不正会計の実行は，内部統制に準拠しない業務の実施による。内部統制に準拠しない業務が実施されていることは，外形的には，その原因として，何らかの業務上の問題（担当者のコンプライアンス意識の欠如，規程等の不備，規程等と業務の実態との乖離等）や不正会計の問題の存在が思料されることとなる。ゆえに，不正会計の実行者以外の役職員において内部統制が適切に運用されている場合には，内部統制に準拠しない業務が実施されていることが問題視され，これが業務上の問題の把握のための端緒となり，当該端緒に係る問題点の事実解明が適切に行われることにより，仮に不正会計が行われていた場合には，その発覚に至ることとなる。

　すなわち，適切に整備・運用されている内部統制には，本質的に，不正会計発見の機能が内在されているのである。ただし，内部統制の運用を行う「人」の職業的懐疑心の保持・発揮がその前提となる。企業の役職員が，職業的懐疑心を保持・発揮し，日常業務における事実等に接した際に，違和感を覚え，当該事実等に係る違和感の源泉となる問題点等の解明を行う過程で，業務の改善を要する事実等を把握し，又は内部統制の改善を要する事実等を把握し，そして，実際に不正会計が行われていた場合には，不正会計の発見に至るのである。

　実際，先の架空売上の計上の例に限らず，過去の従業員による不正会計事案に

おいては，不正会計が発覚し，蓋を開けてみれば，内部統制に準拠しない杜撰な運用が露呈する。当たり前のことが当たり前にできていないのである。そして，そのことが，従業員による不正会計の実行の「機会」となる。ゆえに，もっと早くにこのような状況に気付き，問題意識により指摘・是正していれば，不正会計の予防・早期発見に至っていたはずなのである。その意味においては，企業のすべての役職員のコンプライアンス意識の欠如，職業的懐疑心の欠如が，従業員による不正会計の真の原因であるともいえる。

したがって，内部統制は，内部統制の運用を担う者の職業的懐疑心の保持・発揮による適切な運用が行われることにより，不正会計の早期発見に資するものとなる。その上で，不正会計発見のための内部統制の整備・運用を意識的に考えるというのが，ここでの問題意識になる。

イ 不正会計の早期発見に資する内部統制

不正会計の早期発見は，何より不正会計の「端緒」の把握が重要となる。ゆえに，不正会計の早期発見に資する内部統制の整備とは，不正会計の端緒の把握に資する内部統制の整備，すなわち，不正会計の兆候を認識するきっかけとなる情報等を作り出す「仕組み」作りを意味する。その詳細については後に述べるが，具体的には，①発見的統制手続，②予算制度，③財務数値を利用した不正会計発見のための内部統制，④内部監査，⑤内部通報制度等がある。

なお，この仕組みによって作り出された情報等に基づき，不正の兆候をどのように認識するかは，「運用」の問題となる。

（2）不正会計の早期発見に資する内部統制の運用

不正会計の早期発見に資する内部統制の運用とは，企業の役職員が，内部統制の運用，すなわち，業務の遂行に際して，職業的懐疑心を保持・発揮し，不正会計の端緒を適切に把握することである。

ア　職業的懐疑心と内部統制の運用

　内部統制は，本質的に不正会計の早期発見に資するものとなる。ただし，内部統制の運用にかかわる企業のすべての役職員が，職業的懐疑心を保持・発揮し得ることが，その前提となる。

　不正の端緒は，その端緒自体が，不正の存在又は不正の存在の可能性を明確に示す客観的なものばかりではなく，端緒に接した人が，その人の職業的懐疑心の発露としての違和感を覚えることにより把握される極めて主観的なものである。したがって，従業員による不正会計を早期に発見し得るか否か，すなわち，不正会計の端緒を把握できるかどうかは，やはり人次第ということになる。

　また，不正の端緒は，①内部統制に準拠しない業務の実施及び②架空資産の計上としてあらわれる。これらは，外観的には，業務の有効性・効率性の達成を阻害する要因となる業務上の問題点としてあらわれるものである。①に関しては，決められた手続きどおりに業務が実施されていないことであり，②に関しては，あるべきものがないということであり，すなわち，誰かが「仕事をきちんとしていない」ことを意味するものである。ゆえに，不正対応の観点からだけではなく，本来の仕事をきちんとするという観点からの平時における職業的懐疑心の保持・発揮により把握し得るものとなる。

　したがって，不正会計の早期発見のための内部統制として，①発見的統制手続，②予算制度，③財務数値を利用した不正会計発見のための内部統制，④内部監査，⑤内部通報制度等の不正の端緒を把握するための仕組みとして整備したとしても，これを運用する人の職業的懐疑心が欠如していた場合には，適切な運用は期待し得ず，内部統制が有効に機能することはない。

イ　日常業務としての内部統制の運用と不正対応

　従業員による不正会計が行われた場合，その他の役職員は，業務遂行の過程において日常的に不正会計の端緒に接することとなる。

　従業員による不正会計は，不正会計を行った従業員の担当業務に関連して行わ

れる。そして、その手口は、当該従業員の業務の実態を会計数値に置き換える際に、実態とは異なる会計数値に置き換えることにより行われる。例えば、①架空の注文書を偽造・変造して架空売上を計上する（この結果、架空の売掛金が計上される）、②工事日報に虚偽の内容を記載して他の工事原価に付替えることで赤字工事を隠蔽する（この結果、工事進行基準を採用している場合には、付替えられた工事で架空の売上が計上される）等により行われ、従業員不正による不正会計が行われた場合には、あたかも通常の業務を装うため、業務上の証憑書類の偽造・変造・改竄等が行われることになる。

　そして、これらの業務上の証憑書類や業務の結果は、上司や管理部門等の他部署の関連する役職員の目に触れることになる。例えば、架空売上に伴い計上された架空売掛金は、経理部等における債権管理業務の過程において滞留債権として把握され、また、内容虚偽の工事日報は、当該担当者の上司が、当該担当者から日常的に得ている現場の工事の進捗状況とは異なる内容となる。このように、不正会計が行われた場合、その結果として売掛金の滞留や、管理数値と現場の状況との乖離等の不正会計の兆候を示す「端緒」が日常的に存在するのである。

　なお、ここでは、不正会計を前提とするため「不正会計の兆候を示す端緒」としたが、日常業務においては、業務の有効性・効率性の達成を阻害する「問題点」の端緒として、平時における職業的懐疑心の保持・発揮により、まずは把握されるべきものとなる。そして、当該端緒を把握した後、端緒を把握した役職員の職業的懐疑心の発露としての「違和感」の原因を探るべく事実解明を行い、その結果、業務上の問題として解明できない場合には、有事における職業的懐疑心の保持・発揮により、業務上の問題とは別の問題、すなわち、不正の可能性を視野に入れて事実解明を行うことになる。

　不正会計は、業務の実態が適切に会計数値に置き換えられないことにより行われる。当然のことながら、内部統制を遵守し、適切に業務が行われた場合には、不正会計は生じない。内部統制を遵守せず、規程等に準拠せずに業務・手続が行われ、業務の実態に関して、虚偽の報告がされることにより不正会計となる。この結果、業務の実態と会計数値に乖離が生じる。この乖離が、職業的懐疑心の発

露としての違和感を覚える原因となる「歪み」である。この「歪み」は、様々な形で、我々の前にあらわれるのである。

したがって、不正会計の端緒は、日常業務における様々な情報、状況、事実等として存在する。そして、職業的懐疑心を保持・発揮する者が、当該端緒に接することにより不正会計の端緒として把握するのである。

ウ　3つのディフェンスラインモデル

内部統制の有効性とは、内部統制の目的である事業の有効性・効率性等の達成、及び、不正の予防・早期発見の達成に資するように内部統制が整備・運用される程度をいう。

3つのディフェンスラインモデルについては、すでに、第四部2「3つのディフェンスラインモデル」において述べたが、このモデルに基づけば、内部統制が有効に機能するためには、第1のディフェンスラインである「現業部門」において牽制機能が有効に機能し、第2のディフェンスラインである「管理部門」において、現業部門に対する牽制機能が有効に機能し、そして、第3のディフェンスラインである「内部監査部門」が、現業部門及び管理部門の業務の遂行状態に係る監査機能が有効に機能することにより、内部統制の有効性が確保されることとなる。

不正会計の早期発見の観点から重要なことは、現業部門において、いかに不正会計の端緒を把握し、不正会計の芽を早い時期に摘み取るかということである。従業員による不正会計は、不正実行者たる従業員が、自らが担当する業務を内部統制に依拠せず実施し、業務の実態と異なる会計数値に置き換えることにより行われる。ゆえに、不正会計は現場で行われるのである。

また、不正会計は、早期に発見されず放置されることにより肥大化する。不正会計の実行者は、当初は金額も僅かであり、「この程度であれば、何の問題もない」と考え不正の実行に至る。しかしながら、不正の発見が遅くなればなるほど、不正の金額は徐々に増え続ける。長期にわたり発見されなければ、企業全体の財務諸表に与える影響も多額となり、財務諸表の虚偽記載に係る課徴金が課さ

れる等の行政処分を受け、また、企業の信用及び証券市場の信用に悪影響を与えるリスクが高まることになる。

　したがって、従業員による不正会計は、何よりもその予防が大事となるが、万が一にも行われた場合には、早期に発見することが次善の策となる。ゆえに、現場で行われた従業員による不正会計は、まずは現場で早期に発見しなければならない。そのためには、第1のディフェンスラインである現業部門の管理者の職業的懐疑心の保持・発揮が極めて重要となる。また、現場は、企業価値の源泉であり、企業価値の向上の観点からも現場が重要であるからこそ、現場管理者の役割もまた重要なのである。有事における職業的懐疑心の保持・発揮は、平時における職業的懐疑心の保持・発揮と表裏一体である。平時における職業的懐疑心の保持・発揮が期待できない現場管理者には、有事における職業的懐疑心の保持・発揮もまた期待し得ない。

　なお、内部統制は、その全体が有機的一体として機能することにより、有効に機能する。したがって、第2のディフェンスラインである管理部門及び第3のディフェンスラインである内部監査部門の役割も重要であり、内部統制が合目的に機能するためには、第2のディフェンスライン及び第3のディフェンスラインの機能を担う者の職業的懐疑心の保持・発揮もまた重要となる。

3　発見的統制手続の整備

(1) 発見的統制手続の意義・目的

　発見的統制手続とは、当該手続の実施により、①業務の適正な遂行の確認及び②不正の発見に資する手続をいう。発見的統制手続は、内部統制の運用の失敗があった場合に、これを事後的に発見するための内部統制であり、内部統制の運用の失敗による業務の有効性・効率性の達成を阻害する要因、及び、不正等の発見を目的とする。

　業務の有効性・効率性の達成を阻害する問題点の存在の可能性を示す端緒や、

不正の存在の可能性を示す端緒の把握は，本来は，日々の業務の遂行過程において，内部統制の運用にかかわる企業のすべての役職員の職業的懐疑心の保持・発揮により日常的に行われるべきものである。しかしながら，これら端緒の把握を属人的な職業的懐疑心に全面的に依拠することは，端緒を見逃すリスクが高くなる。したがって，発見的統制手続は，当該手続を内部統制に組込み，業務として規定化することにより，定期的に当該業務の実施を求め，仕組みとして端緒の把握を意図するものとなる。

（2）発見的統制手続の例示

発見的統制手続の例としては，**図表20**のとおりである。

発見的統制手続は，異なる業務が，同一の情報・状況・事実等を対象として重なる場合に，異なる業務の結果を比較・対比することにより，差異を把握し，当該差異の内容分析を行うことによって，業務改善の要否又は不正の可能性の検討を行うための端緒とする業務である。

例えば，現金実査の場合であれば，実際に出納業務を行う担当者の業務の結果としての現金在り高と，経理担当者が伝票処理業務を行った結果としての現金の帳簿残高を比較することで現金在り高と帳簿残高との差異を把握し，当該差異の内容分析を行い，その結果，業務改善の要否を検討し，不合理な差異が生じていた場合には，不正の可能性を検討することとなる。

したがって，上記の例以外でも，業務の性質上，異なる業務が，同一の情報・状況・事実等を対象として重なる場合であって，それぞれの業務の結果が比較可能である場合には，発見的統制手続としての業務化が可能となる。

図表20 発見的統制手続

発見的統制手続	内容
現金実査	小口現金等の現金を取り扱う部署において，現金の在り高について，実際の現金在り高と現金出納帳等の帳簿上の現金残高とを突合する手続きである。現金の実際在り高と帳簿残高に差異がある場合には，当該差異の内容につき原因分析を行い，業務改善の可能性又は不正の可能性につき検討を行う。 現金実査は，現金の残高の確定を行うとともに，業務の有効性・効率性等を検証し，業務改善の要否を判断する端緒となるとともに，不合理な差異が生じていた場合には，不正の可能性を検討するための端緒となる。
債権・債務の残高確認	ある時点の債権・債務につき，債務者又は債権者に確認状を送付し回答を求めることにより，債務者又は債権者が認識している債権・債務の額について確認を行う手続きである。残高確認の結果，債権・債務の計上額と債権者又は債務者の認識額とに差異がある場合，又は債権・債務の発生に係る取引の性質上，通常差異が生じるにもかかわらず，差異がない場合には，当該差異又は一致の内容につき原因分析を行い，業務改善の可能性又は不正の可能性につき検討を行う。 残高確認は，債権・債務の残高の確定を行うとともに，業務の有効性・効率性等を検証し，業務改善の要否を判断する端緒となるとともに，不合理な差異が生じていた場合には，不正の可能性を検討するための端緒となる。
棚卸資産の実地棚卸	ある時点の棚卸資産について実際在り高を確認し，帳簿残高との差異を把握する手続である。棚卸資産の実際在り高と帳簿残高に差異がある場合には，当該差異の内容につき原因分析を行い，業務改善の可能性又は不正の可能性につき検討を行う。 棚卸資産の実地棚卸は，在庫等の残高の確定を行うとともに，業務の有効性・効率性等を検証し，業務改善の要否を判断する端緒となるとともに，不合理な差異が生じていた場合には，不正の可能性を検討するための端緒となる。
固定資産等の現物確認	ある時点の固定資産等の資産について現物を確認し，帳簿計上資産との差異を把握する手続である。固定資産等の現物と帳簿計上資産に差異がある場合には，当該差異の内容につき原因分析を行い，業務改善の可能性又は不正の可能性につき検討を行う。 固定資産等の現物確認は，固定資産等の実在性の確認を行うとともに，業務の有効性・効率性等を検証し，業務改善の要否を判断する端緒となるとともに，不合理な差異が生じていた場合には，不正の可能性を検討するための端緒となる。

4 予算制度の整備・運用

(1) 予算制度の意義

　予算制度（予算統制）は，経営管理のための手法である。予算制度は，単に売上達成の目標としてのみあるのではなく，経済環境や顧客市場，その他の経営環境等に係る分析等に基づき策定された中長期経営計画等に基づく単年度の企業活動の見込みとしての予算を策定し，その上で，月次等において，企業活動の実績と予算との対比による予実差異を把握し，当該差異の発生原因を分析することにより，予算策定時に想定していた環境等の変化を把握し，経営戦略を見直す必要があるのか，それとも，現在の企業活動に何か構造的な問題や事業の有効性・効率性等に係る業務上の問題があるのか等の経営改善を要する課題を把握するための内部統制となる。この意味において，予算制度は，経営のPDCAサイクルのための仕組みであり，予実差異は，企業活動における企画，開発，購買，製造，営業，管理等の業務に係る経営課題の把握のための端緒とすべきものとなる。

(2) 発見的統制手続としての予算制度

　予算制度（統制）もまた発見的統制手続と位置付けることが可能である。予実差異分析は，予算と実績との対比を行い，予実差異を把握し，当該差異の原因分析を行うことで，経営計画の見直しの要否，業務改善の要否等を検討することとなる。その上で，不合理な差異が発生している場合には，不正の存在の可能性につき検討を行うこととなる。

　予算制度が不正会計の発見の端緒となった過去の不正会計事案として，工事進行基準の不適切な適用による不正会計事案であるＩＨＩ事案がある[179]。

　株式会社ＩＨＩ（以下，「ＩＨＩ」という。）では，平成19年9月に開催された

---

[179] 以下，株式会社ＩＨＩ「調査報告書の概要」（株式会社ＩＨＩ社内調査委員会，平成19年12月12日）参照。

ＩＨＩの経営会議において平成19年度利益計画の総点検が付議されたが，その審議上，エネルギー事業本部を所管する取締役兼執行役員と環境・プラントセクターを所管する常務執行役員から平成19年度営業損益が大幅に悪化する見通しである旨が報告された。その上で，財務部を所管する取締役兼執行役員から，これら事業の損益悪化を主因として，ＩＨＩの平成19年度損益見通しが連結・単独共に期首計画から大幅に悪化するため，平成19年5月に発表した決算短信において公表した平成20年3月期業績予想について，同年8月に発表した第1四半期決算短信においても維持してきたが，今回その修正が避けられない情勢に至っている旨が報告された。これらの報告を受け，ＩＨＩの代表取締役社長は，損益悪化が突然かつ巨額で，当社の経営に重大な影響を及ぼす事態であることから，平成19年度業績予想の大幅修正については，その原因となったエネルギー事業本部と環境・プラントセクターについて，下方修正の原因，内部統制システムの現状並びに問題点を調査するため，最高経営執行責任者直轄の社内調査委員会を設置し，社内調査が行われたことによって，下方修正の原因等に係る事実解明が行われ，併せて，工事進行基準の不適切な適用による不正会計が発覚した事案である。このようにＩＨＩ事案は，不正会計の発覚が，経営者の職業的懐疑心の保持・発揮により，予算制度に係る実績と計画との乖離がその端緒となった事例である。

　したがって，予算制度は，予実差異に係る原因分析に関して，合理的な分析が行い得ない場合には，有事における職業的懐疑心の保持・発揮により，当該差異を不正の可能性と認識し，さらなる原因分析としての事実解明を行うことにより，不正会計の発見を可能とするものとなる。

　なお，予実差異の把握という観点からは，標準原価計算制度や予定単価を用いた原価計算を採用している企業においては，実際原価と標準（予定）原価の差異としての原価差額の把握，及び，原価差額の原因分析も，予実差異に係る原因分析と同様に，業務改善の要否の端緒となるとともに，不正会計の発見の端緒ともなる。

5 財務数値を利用した不正会計の発見のための内部統制の整備・運用

(1) 財務数値を利用した不正会計の発見のための内部統制

すでに述べたとおり、不正会計の端緒の一つに「架空資産の計上」がある。すなわち、不正会計、特に財務数値に重要な影響を及ぼす不正会計が行われた場合には、その兆候は、財務諸表及び経営管理資料等の財務数値にあらわれる[180]。

財務数値を利用した不正会計の発見のための内部統制とは、この不正の兆候を把握することを目的として財務数値を分析する業務・手続をいう。

(2) 財務数値を利用した内部統制の意義・目的

ア 内部統制の限界と不正会計の早期発見

不正会計の予防、すなわち、財務報告の信頼性の確保は、内部統制の目的の一つであり、ゆえに、内部統制は不正会計の予防機能を果たすことが期待されるものとなる。

この財務報告の信頼性を確保するための内部統制は、職務分掌規程及び職務権限規程等に基づく権限と職責を中心に、組織が適切に構築され、かつ、各部署等における業務の手続きを定めた諸規程に基づく内部牽制組織の整備、及び内部牽制手続の実施に依拠することとなる。すなわち、この内部牽制組織の整備及び内部牽制手続の実施により、不正の予防として、不正の「発生」の可能性を低下させるとともに、規程等に準拠しない手続きの実施を不正の端緒として把握し、これにより不正の「発見」の可能性を高め、全体的な財務報告の信頼性を確保することにより、不正会計の予防及び早期発見に資することになる。

---

[180] 財務数値にあらわれた不正の兆候の把握については、筆者『不正会計 早期発見の視点と実務対応』(清文社、平成24年9月) を参照されたい。

4 従業員不正の早期発見

しかし，内部統制は，「人」が整備し運用するものであるという性質に起因する固有の限界を有しており，人的な要因での内部統制の機能不全が，不正会計の主な発生原因となる。すなわち，内部統制の整備・運用の失敗が不正の機会となるのである。このため，第1のディフェンスライン（現業部門），第2のディフェンスライン（管理部門），第3のディフェンスライン（内部監査）の3つのディフェンスラインにより，これらの内部統制の運用状況につきモニタリングを行うのであるが，意図的な不正行為は，証憑書類の改竄，偽造，隠蔽，内部関係者及び外部関係者との共謀等によりその発覚が困難となる。では，内部統制は，不正会計の原因となる不正行為に対しては無力なのであろうか。

結論としては，内部統制が適切に整備・運用されている場合には，意図的な不正会計に対しても一定の予防効果は有しており，内部統制は不正会計の予防に関して決して無力ではない。内部統制が整備・運用されていなければ，不正はやり放題である。しかしながら，内部統制が不正会計に対して一定の予防効果を有しているといっても，証憑書類の偽造・変造・改竄や共謀等を伴う，意図的，かつ，悪質な不正に対しては，内部統制の効果は限定的にならざるを得ない。

ゆえに，万が一，従業員による不正会計が行われた場合を想定した，早期発見のための内部統制の構築が求められることになる。

イ 不正会計の早期発見のための内部統制

不正会計の原因となる不正行為の動機・態様は様々である。しかしながら，不正会計は，財務諸表等の虚偽表示（経営者による不正会計），又は財務数値の虚偽表示（従業員による不正会計）を意図して行われる。ゆえに，不正会計が行われた場合には，その不正行為の結果は，必ず財務諸表等の財務数値に反映される。不正行為の結果が，財務諸表等の財務数値に反映されるのであれば，これを利用して不正会計の早期発見を行う仕組みを，内部統制に業務として，手続として組み込むことができないかというのが，ここでの問題意識である。

企業においては，様々な財務数値が経営管理資料として作成され，集約されている。それは，会社の規模によって異なるが，例えば，大規模の会社であれば，

事業部別の月次の財務数値や子会社の月次ないしは四半期の財務数値が，制度開示及び内部管理に対応するために集められている。また，規模の小さい会社では，子会社はなく，事業部別の財務数値だけであるかもしれないし，又は事業の数が少なければ，全社の月次の財務数値だけかもしれない。しかしながら，いずれにしても，企業においては，経営管理目的で作成される事業部門や子会社等に係る月次の試算表や管理資料等の何かしらの財務数値が存在する。この財務数値を不正会計の把握のための端緒とするのである。

ウ　子会社不正への対応

子会社における不正会計に関しては，「第五部　子会社不正に立ち向かう」において詳細を述べるが，子会社における不正会計は，親会社の作成する連結財務諸表に係る不正会計の原因となる。現状，多くの場合，親会社は，子会社管理目的や連結財務諸表作成目的等のために子会社の財務諸表を入手するが，必ずしも子会社における不正会計の発見を目的とするものではない。もちろん，子会社においては，監査法人等による会計監査を受けているから問題がないことを前提にしている場合もあろう。しかし，連結財務諸表の作成責任は親会社にある。虚偽表示のない連結財務諸表を作成すべきは，まずは親会社なのである。したがって，親会社として連結子会社等に係る不正会計の有無を検討するための内部統制を構築する必要がある。

具体的には，不正会計の兆候の有無を検討する目的で，子会社等から集めた財務諸表等に対して財務分析等を行う作業を特定の部署（内部監査室，経営企画室，経理部等）の業務として定め，当該業務（不正会計の有無を検討する）を行える能力（問題意識・知識・経験）を有する者を配置する等である。これにより不正会計の端緒を把握する機能を内部統制の一部として設けるのである。

（3）財務数値を利用した不正会計の早期発見

財務数値を利用した不正会計の早期発見に係る「業務」の内容としては，ＢＳアプローチによる分析が有用である。

4　従業員不正の早期発見

ア　BSアプローチ

　BSアプローチとは，財務数値のうち，特に貸借対照表（BS）項目に係る財務数値を利用して，財務数値にあらわれた不正会計の兆候を把握する方法である。

イ　BSアプローチの基本的な考え方

　財務数値に重要な影響を与える不正会計が行われた場合には，その兆候は貸借対照表項目に係る財務数値にあらわれる。例えば，多額の「売上の前倒し計上」や「架空売上の計上」による不正会計が行われた場合には，「売掛金」が多額に計上されることとなり，また，多額の「実際原価の資産への付替えによる利益の水増し」や「架空原価の資産への付替えによる利益の水増し」による不正会計が行われた場合には，「仕掛品」等の在庫関連の勘定科目が多額に計上されることとなる。

　このように，不正会計，特に財務数値に重要な影響を与える不正会計が行われた場合には貸借対照表項目に係る財務数値にその兆候があらわれるという特徴に着目して，財務諸表に重要な影響を与える不正会計が行われているか否かについて検証する方法がBSアプローチである。

　貸借対照表項目に係る財務数値にあらわれる不正会計の兆候とは，売掛金，仕掛品，その他の資産等の資産に係る特定の勘定科目が，多額に計上されていることである。もちろん，特定の資産が多額に計上されているということは，まずは通常の事業活動の結果である可能性が当然にあるが，一方で，売上の前倒し計上，架空売上の計上，実際原価等の資産への付替えによる利益の水増し等の不正会計が行われた場合にも，当該不正会計による「膿」が資産（架空資産）として計上されることとなり，このことは，過去の不正会計事案の多くが物語るところである[181]。ゆえに，特定の資産科目の多額の計上という事実が，不正会計の存在の可能性を示すこととなり，これを不正会計の兆候として認識すべきとなる。

　なお，この「多額」の基準は相対的な基準にならざるを得ず，各社，各事業部

門等の総資産の規模等に依拠することとなる。考え方の参考として提示するならば、例えば、①構成比で大きい資産から加算していき、総資産の6割を占める資産、②構成比で上位3つの資産等が、多額に計上された資産科目となる。

　ＢＳアプローチとは、自社、各事業門、各子会社等において、このような「主な資産は何か」という点に着目し、この主な資産の存在を不正会計の兆候と認識し、実際に不正が行われているか否かについて確認を行う考え方となる。ただし、主な資産を対象とするということは、それ以外の資産は対象外となる。従業員不正においては、横領的な支出等の不正もあるが、当該不正が行われた結果、財務諸表に重要な影響を与える場合は、相対的に少ない。もちろん、長年、当該不正が行われた結果、財務諸表に重要な影響を与える場合もあり得るが、その場合には、特定の資産が多額に計上されることとなり、ＢＳアプローチの対象となり得る。しかし、計上額が軽微な資産は、万が一、当該資産が不正の膿としての架空資産であったとしても、計上額が軽微であるがゆえに、財務諸表全体に与える影響もまた軽微となる。ゆえに、ＢＳアプローチは、主な資産をその対象として、財務諸表に重要な影響を与える不正会計の早期発見を主たる目的する方法となる。

（4）ＢＳアプローチの3つの視点

　主な資産の存在、すなわち、特定の資産科目が多額に計上されている場合、①不正会計が行われた結果、不正会計の「膿」としての架空資産が計上され、当該資産科目が多額に計上されている可能性が考えられるが、一方で、②通常の事業活動の結果、当該資産科目が多額に計上されている可能性も当然にあり得る。しかし、不正会計の早期発見の観点からは、特定の資産科目が多額に計上されているという事実が、不正会計の兆候、すなわち、不正会計の存在の可能性を示す限りにおいては、財務数値を端緒とした不正会計の兆候の認識となることから、当

181　過去の不正会計事案における財務数値にあらわれた不正の兆候の把握については、筆者『不正会計 早期発見の視点と実務対応』（清文社、平成24年9月）を参照されたい。

該可能性の真偽の見極めとしての事実確認が必要となる。

また，通常の事業活動の結果である可能性に関しては，多額の資産の計上は，事業活動の有効性・効率性という観点から業務上の問題点の存在の可能性を示す事実として認識すべきものとなる。

したがって，ＢＳアプローチにおいては，事業活動の有効性・効率性，及び不正会計の発見の観点に基づき，以下，３つの視点で事実確認を行うこととなる。

ア　資産の実在性

財務数値に重要な影響を与える不正会計が行われた場合には，多額の資産が計上されることが多い。ゆえに，多額の資産の計上は，不正会計の兆候として認識し得ることになる。そして，実際に不正会計が行われている場合には，当該資産には「架空資産」が含まれていることとなる。例えば，架空売上の場合には，架空売上計上時に，架空資産である架空の売掛金も同時に計上される。また，実際原価の資産への付替えによる利益の水増しの場合には，事実に基づかない会計処理により，売上原価等から仕掛品や製品等の在庫勘定に原価が振り替えられるだけであり，当該振替によって計上された在庫勘定もまた架空資産となる。

このように，不正会計が行われた結果，当該不正会計の「膿」としての架空資産が貸借対照表上に計上されることになる。そして，不正会計の規模が大きくなり，財務諸表に重要な影響を与える程度に悪質となった場合には，その不正会計の兆候が如実に貸借対照表に，多額の特定の資産の計上という形であらわれることになる。したがって，特定の資産が多額に計上されている場合には，当該事実をもって不正会計の存在の可能性，すなわち，不正会計の兆候として認識し，実際に不正会計が行われているか否かを見極めるための事実確認として，資産の実在性を確認することとなる。

イ　資産計上に係る内部統制の整備・運用状況

不正会計が行われる場合，業務の結果を会計数値に置き換える内部統制に関して，規程等に準拠せずに業務が実施され，この結果，実態とは異なる会計数値の

作出が行われることとなる。例えば，架空売上であれば，顧客の注文書に基づかない出荷指示による製品等の出荷に基づく売上計上や，工事進行基準を採用している場合の内容虚偽の工事日報等の作成等である。また，実際原価の資産への付替えによる利益の水増しであれば，期末等のある時点における仕掛品等の在庫金額の集計表の作成時に，当該集計表の金額を水増しして作成する等である。したがって，特定の資産が多額に計上されている場合には，当該資産の資産計上に係る内部統制の整備・運用状況を業務フロー等にて確認し，実際に，当該業務フロー等に係る証憑書類の内容について，業務フローに係る前後の業務との整合性を確認し，資産計上に関する内部統制の整備・運用状況につき確認を行い，この結果，例えば，資産計上に係る内部統制の整備・運用上の問題点や，通常想定されていない資産計上に係る業務が確認された場合には，不正な資産計上に用いられている可能性が思料されることから，さらなる事実解明が必要となる。

　また，資産計上に係る内部統制の整備・運用状況の把握に関しては，併せて，T勘定分析が有用である。T勘定分析は，特定の資産勘定に係る借方及び貸方の相手勘定を分析する方法である。例えば，売掛金であれば，通常は，売掛金の借方勘定の相手勘定は，「売上高」となるが，T勘定分析の結果，相手勘定が「売掛金」である場合には，「（借方）売掛金／（貸方）売掛金」という通常業務において想定されていない仕訳により，新たな売掛金が増加していることになる。この場合，売掛金残高自体の増減はないものの，架空売上に係る売掛金の滞留を隠蔽するための仕訳である可能性もあり，「（借方）売掛金／（貸方）売掛金」という仕訳が行われる元になる「業務」の内容を確認し，業務の適否及び仕訳の妥当性を検証することにより，不正会計の存否を確認することとなる。

　東芝事案（平成27年）においては，有償支給材に係る購入価格と有償支給時の価格差を利用した利益の水増しが行われていたが，この際，「（借方）未収入金／（貸方）製造原価」という仕訳（会計処理）が行われていた。このため，当該仕訳の元になる「業務」の内容を確認することにより，不正会計の存否を確認し得た可能性が思料される。

4 従業員不正の早期発見

ウ　資産の効率性

　資産の実在性及び資産計上に係る内部統制の整備・運用状況に関して，特に問題点が認められなかった場合には，最終的には，当該資産に係る効率性に関して検討することになる。
　特定の資産が多額に計上されているということは，当該資産の保有に係る資金負担が生じていることを意味する。したがって，資産計上に係る内部統制の整備・運用状況の検討を踏まえ，当該資産に関連する業務の流れを検討し，資産効率の観点から，資産保有の必要性や業務の見直し等の要否を検討することになる。この際，当該資産に係る商流自体の見直しも含めて検討する必要がある。
　資産の効率性に関しては，端的にいえば，「なぜ，この資産をこれだけ多額に保有する必要があるのか？」という素朴な疑問の投げかけである。多額な特定資産の保有という事実を端緒として，資産保有の有効性・効率性の観点から，業務改善の要否を検討する機会とするのである。

エ　ＢＳアプローチの全体像

　特定の資産が多額に計上されている場合に，当該事実を不正会計の兆候として認識し，実際に不正会計が行われているか否かを見極めるための事実確認として，①資産の実在性，②資産計上に係る内部統制の整備・運用状況，及び③資産の効率性について確認をすることとなる（図表21）。
　不正会計の兆候は，不正会計の存在の「可能性」であり，実際に不正会計が行われている可能性もあれば，不正会計が行われていない場合もあり得る。これは，不正会計の兆候を示す端緒を把握し，当該端緒に基づき事実解明を適切に行った上で明らかになることである。しかしながら，財務数値にあらわれる不正会計の兆候，すなわち，特定の資産の多額の計上は，不正会計が行われていた場合に多く見られる兆候であり，当該兆候を把握した場合に適切な対応が行われなければ，不正会計の早期発見は成し得ない。
　ゆえに，財務数値を端緒として，財務数値にあらわれる不正の兆候を把握した

場合には，ＢＳアプローチに基づき，不正会計が行われているか否かを見極めるとともに，併せて，事業の有効性・効率性の観点からも検証を行うことが，企業価値の向上に資する経営を行うに当たって有用となる。

図表21 ＢＳアプローチ

B/S 上の主な資産	想定される不正の手口	調査要点
現預金	架空取引のための原資の支出による架空資産の計上	実在性
		内部統制
		資産の効率性
売掛金	売上高の前倒し計上 架空売上の計上 貸倒れ引当金の計上の回避	実在性
		内部統制
		資産の効率性
棚卸資産	実原価の資産への付替えによる利益の水増し 架空原価の資産への付替えによる利益の水増し 棚卸評価損の回避	実在性
		内部統制
		資産の効率性
貸付金	架空取引のための原資の支出による架空資産の計上 貸倒れ引当金の計上の回避	実在性
		内部統制
		資産の効率性
建設仮勘定	架空取引のための原資の支出による架空資産の計上 評価損等の計上の回避	実在性
ソフトウェア		内部統制
その他資産		資産の効率性

実　在　性…貸借対照表に計上されている資産の実在性について「現物確認」「現場確認」の視点から確認する
内 部 統 制…資産計上されるプロセス（業務フロー）を「業務の有効性・効率性」及び「不正リスク」の観点から再検証する
資産の効率性…当該資産が多額に計上されていることに関して，ROA 的な観点で保有することのメリット・デメリットを確認する

（5）ＢＳアプローチの活用

　ＢＳアプローチは，様々な部署での業務に有用である。

　内部監査及び監査役監査の視点では，子会社，事業部門等を対象とする監査を実施する際に，事前に，監査対象組織の貸借対照表の状況を過年度から含めて把握することにより，ＢＳアプローチの観点から，（内部）監査重点項目を事前に検討することが可能となる。

　また，経理部，経営企画部等における事業部管理・子会社管理においても，ＢＳアプローチの考え方に基づき，事業部管理・子会社管理を行うことは，事業の有効性・効率性及び不正会計の発見に有用である。ただし，経理部，経営企画部等で事業部管理・子会社管理を行う場合には，ＢＳアプローチによる事実確認等が必要となることから，当該事実確認等を行い得る権限の付与，及び人的資源の配置が必要となる。

　その他，子会社管理を含めた不正会計の発見を目的とする専任部署の設置等も考えられる。

（6）ＢＳアプローチの留意事項

ア　組織構成単位に係る貸借対照表項目の把握

　ＢＳアプローチは，組織構成単位，すなわち，親会社，子会社，事業部，支店，営業所等の単位での貸借対照表項目における資産勘定のうち，多額に計上されている資産を対象に行う方法である。親会社及び子会社は，会社法又は金商法に基づき貸借対照表を作成しているため問題はないが，事業部，支店，営業所等の単位で貸借対照表を作成している企業はそれほど多くはない。

　昨今，ガバナンス・コードにおいてもＲＯＥを意識した「収益力・資本効率等に関する目標」の提示が求められており（ＣＧコード原則５―２），企業価値の向上に資する経営資源の配分等も重要な経営課題となる。そして，このためには，各組織構成単位の損益状況の把握のみならず，資産・負債等の財政状態の把

握も求められることになる。この点，本来，事業部等に係る資産効率の観点からの経営判断の前提として，事業部等の貸借対照表は必要であろう。

したがって，まずは経営の観点から組織構成単位における財政状態の把握を可能とする環境を整備し，その上で，ＢＳアプローチを活用することにより，事業の効率性・有効性及び不正対応の観点からの対応が可能となる。

イ　繰り返しによるノウハウの蓄積

業務としてのＢＳアプローチ，すなわち，財務数値にあらわれた不正会計の兆候を把握し，事実解明を行うことにより，不正会計の存否を見極めるという業務を有効に行い得るかは，当該業務の担当者の職業的懐疑心に依拠せざるを得ない。不正会計の存否を見極めるという業務は，不正会計の兆候は財務数値にあらわれるという問題意識，経験及び知識を必要とする業務となる。しかしながら，このような業務に関する経験，知識を有している担当者は，それほど多くはない。したがって，まずは，ＢＳアプローチを活用した業務に取り組んでみることである。問題意識に基づき，試行錯誤を重ね，創意工夫をしながらＢＳアプローチを活用した業務を繰り返し行うことで，経験を積み，知識を増やし，ノウハウを蓄積するのである。

そのためには，当該業務を単に内部監査担当者，経理担当者又は監査役等の個人の問題意識のみに基づく単発的な業務とするのではなく，規程等に基づき，明確な職務分掌として定め，権限を付し，人的資源等の経営資源を割り当て，組織的な「業務」として位置付けることが有用である。ＢＳアプローチを内部統制に組み入れることにより，業務が繰り返され，ノウハウが蓄積され，ＢＳアプローチの深度のある実施が可能となる。

6　内部監査の整備・運用

次に不正会計の早期発見に資する内部監査の在り方について考えてみたい。

(1) 内部監査とは

　昭和25年に設定された公認会計士による財務諸表監査に係る監査基準では、内部統制とは、「企業の内部統制組織即ち内部牽制組織及び内部監査組織」[182]と定義され、内部監査が内部統制組織の重要な構成要素として示されている。

　また、内部監査の定義には様々なものがあるが、内部監査人による内部監査の指針である「内部監査基準」（一般社団法人日本内部監査協会、昭和35年制定・平成26年改定）においては、内部監査とは、「組織体の経営目標の効果的な達成に役立つことを目的として、合法性と合理性の観点から公正かつ独立の立場で、ガバナンス・プロセス、リスク・マネジメントおよびコントロールに関連する経営諸活動の遂行状況を、内部監査人としての規律遵守の態度をもって評価し、これに基づいて客観的意見を述べ、助言・勧告を行うアシュアランス業務、および特定の経営諸活動の支援を行うアドバイザリー業務である。」と定義されている。

　また、3つディフェンスラインモデルの考え方では、内部監査は、「リスクマネジメントとコントロールの有効性に関して、取締役会と上級経営者に独立的なアシュアランスを提供する」ものとして位置付けられている。

　そして、内部統制基準においては、「内部監査人は、内部統制の目的をより効果的に達成するために、内部統制の基本的要素の一つであるモニタリングの一環として、内部統制の整備及び運用状況を検討、評価し、必要に応じて、その改善を促す職務を担っている」とされている。

　以上のことから、内部監査は、組織内における独立の立場から、事業の有効性及び効率性、財務報告の信頼性、法令等の遵守及び資産の保全を目的として整備した内部統制が有効に機能しているかをモニタリングするための内部統制の一部として行われるものであり、取締役会及び経営者を直接的な報告対象とする内部統制組織となる。

182　新井益太郎『会計士監査制度史序説』（中央経済社、平成11年10月）239頁。

（2）内部監査の意義

　上記のとおり，内部統制基準においては，内部監査は，「内部統制の目的をより効果的に達成するために，内部統制の基本的要素の一つであるモニタリングの一環として，内部統制の整備及び運用状況を検討，評価し，必要に応じて，その改善を促す」ことを目的として行われる。

　内部統制は，事業活動が，有効かつ効率的に行われ，適正な財務報告が行われ，法令等が遵守され，かつ，資産が保全されるための仕組みとして整備・運用されるが，その整備・運用は，人たる企業の役職員が行うものであり，必ずしも内部統制が合目的に整備・運用されるとは限らない。したがって，内部監査は，企業活動としての企業の役職員の業務が，内部統制に準拠して，合目的に遂行されているか否かを確認するものであって，それは，経営の最高責任者である経営者のためとなる。

　なお，近年，経営者不正が発覚する都度，経営者不正への対応として，監査役会等に内部監査の指揮命令権限を持たせれば良いとする見解も見受けられる。しかし，経営者不正への対応は，基本的には，ガバナンスで対応すべきものである。監査役会等に内部監査の指揮命令権限を持たせた場合には，内部監査は内部統制の枠外にあるものとなり，経営者において内部統制の実効性をモニタリングする機能が失われ，事業活動の有効かつ効率的な事業活動の遂行を阻害しかねない。そして，監査役会等において，適法性監査だけではなく，広範な妥当性監査の権限を委ねることになりかねず，機関設計上，様々なその他の問題を惹起しかねない。監査役会等は業務執行に係る責任も権限も有しない。ゆえに，内部統制の有効性を評価する機能を有する内部監査を，監査役会等の指揮命令系統下におくことは，内部監査の機能を損なうものでしかなく，仮に，監査役会等における経営者不正への対応を強化する意味として考えるのであれば，それは，監査役会スタッフの充実・強化の観点から考えるべきであり，内部監査の問題ではない。

4 従業員不正の早期発見

(3) 不正会計の早期発見と内部監査

　従業員による不正会計は，内部統制の機能不全，すなわち，内部統制の整備・運用の失敗に起因する。したがって，内部監査は，特に準拠性監査の観点から実施されることにより，従業員不正の機会となる内部統制の整備・運用の失敗に係る事実を把握し，当該事実が起きた原因の分析を行い，準拠性違反が行われた理由が，何らかの業務上の問題があるのか，内部統制の整備の問題なのか，従業員のコンプライアンス意識の欠如なのか，ケアレスミスなのか，それとも内部統制が形骸化しているのか，又は，不正会計が行われた結果なのか等を解明し，これら原因に対する助言を行うことになる。

　内部監査が適切に行われることで，万が一従業員による不正会計が行われていた場合には，準拠性違反に係る事実を端緒として，適切な事実解明を行うことにより，不正会計の早期発見に資するものとなる。不正会計の端緒は，「内部統制に準拠しない業務の実施」にあることは，すでに述べたとおりである。この意味において，内部監査が，不正会計の早期発見に資するためには，内部監査担当者の職業的懐疑心の保持・発揮が期待されるところとなる。

　また，その他，内部監査の結果，内部統制の整備の不備等を把握した場合には，当該不備に関して経営者に報告することにより，経営者による内部統制の改善を促し，不正会計の機会となる内部統制の整備の失敗を解消することで，結果，不正会計の予防に資することとなる。

(4) 内部監査の充実・強化

　不正会計の早期発見を可能とする内部監査を実施するためには，内部監査部門の充実・強化が必要となる。

ア　人員

　内部監査部門の人員数は，企業の規模・業種・業態によって異なる。企業によっては，内部監査部門に1名しかいない企業や，何十名ものスタッフを擁して

いる企業もある。

　内部監査部門の体制は，ある意味，経営者の経営に対する思想を示す指標でもある。例えば，内部監査部門の人員が1名だけであった場合に，事業が，①有効かつ効率的に行われているかどうか，②財務の信頼性は確保されているかどうか，③法令等が遵守されているかどうか，④資産が保全されているかどうか，これらを監査するのに，1名の内部監査人だけで足りると判断した合理的な根拠が問われる。真剣に内部統制を機能させようとしているか，本気で内部統制の実効性について確保しようとしているのか，この姿勢が問われることになる。

　もちろん，企業の実態に照らして，内部監査人が1名で足りるとの判断もあり得るかもしれない。しかし，経営者の判断として，合理的な理由なく，単に内部監査部門の設置を求められているから，世間的に内部監査が必要といわれているから，とりあえず誰かを配置して置くかという程度の認識では，経営者としての資質・能力に欠けると言わざるを得ない。現実的には，このような極端な経営者は少ないかもしれない。しかし，従業員による不正会計が生じた場合，形だけの内部監査部門しかない場合が多いのも，また現実である。ゆえに，内部統制を機能させ，その実効性を担保するためには，適切な人員を配置した内部監査部門を構築する必要がある。

　なお，筆者の過去の経験に基づけば，経営者不正等の発覚の端緒を作ったのが，少人数しか配置されていない内部監査部門であった例も少なからずある。ゆえに，実効性ある内部監査を行うためには，必ずしも人員数だけではなく，次に述べる人材の観点からも検討が必要となる。

イ　人材

　人員同様，実効性ある内部監査を行うためには，人材が重要となる。実効性ある内部監査を行うための人材とは，どのような資質・能力を備えた者であるかというのは，極めて難しい問題であるが，端的には，内部監査担当者としての職業的懐疑心を保持・発揮し得る者といえよう。すなわち，内部監査担当者としての問題意識・経験・知識を有する者ということになる。

4 従業員不正の早期発見

問題意識は，内部監査担当者としての職業倫理及び上場企業の役職員としての職業倫理に支えられた問題意識である。内部監査担当者の資質として，何よりもこの問題意識を有していることが必要となる。また，経験・知識は，内部監査担当者の様々な経験・知識が内部監査には有用となる。内部監査担当者の営業・購買・製造・経理等の様々な業務の経験が，また，それぞれの業務経験に基づく知識が活きることとなる。

なお，不正対応の観点からは，不正の知識は不可欠となるが，この点は，内部監査担当者となった後に，自らの問題意識の発露として，不正に関する知識の習得等を行うことにより補完し得るものとなる。

ウ 権限等

内部監査を有効に機能させるためには，何よりも人たる内部監査担当者の適性に依拠せざるを得ないが，いくら有能な人を得たとしても権限が付与されていなければ，内部監査は機能しない。実務的には，内部監査部門に適切な予算や社内の情報へのアクセス等の権限が付与されていることが必要となる。

7 内部通報制度の整備・運用

不正会計の早期発見に資する内部統制として，内部通報制度の整備・運用が有用である。

(1) 内部通報制度とは

内部通報制度は，企業の役職員等に対して，社内において，法令・基準等・規程等・企業倫理等に反する行為の事実及びその可能性を把握した場合に，通報窓口に当該事実の通報を求める制度である。

不正会計の発見は，端緒の把握と事実解明により可能となる。そして，不正会計の発見のためには，何よりも端緒の把握が必要である。内部通報制度は，不正会計が行われている事実・可能性に関して，役職員に対して通報を求め，当該通

報を不正会計の発見の端緒とするものである。したがって，有効な内部通報制度は，不正会計の端緒を把握するための仕組みとしても有用となる。

（2）内部通報制度の性質

内部通報制度は，不正会計の端緒を把握する仕組みとして有用であるが，併せて，以下の性質を有する制度となる。

ア　内部統制の有効性を担保する制度

内部通報制度は，内部統制の有効性を担保するための制度である。

内部統制は，常に不完全であり，また，内部統制の整備・運用は「人」によって行われることから，人の判断の誤り，不注意，複数の担当者による共謀等によって内部統制が有効に機能しないという固有の限界を有する。したがって，この内部統制の固有の限界を補完するために，企業の役職員等が，社内において法令等に反する行為の事実及びその可能性を把握した場合に，通報窓口に通報を求め，当該不正等を是正する機会を確保するための制度となる。

なお，内部通報制度は，経営のための仕組みである内部統制の有効性を担保するための制度であることから，本来的には，経営者の強い意志のもと，整備・運用されるべき制度となる。

イ　企業の自浄能力を示す制度

内部通報制度は，企業の役職員に対して，法令等に違反した事実等を把握した場合に，通報窓口への通報を求める制度である。ゆえに，役職員に通報を求める前提として，役職員において内部統制を含めた法令等を遵守すべきであるというコンプライアンス意識が醸成されていることが求められる。すなわち，内部通報制度が機能するということは，役職員のコンプライアンス意識の醸成を意味することとなる。もちろん，不正を行った者も役職員であって，不正が行われた限りにおいては，必ずしもすべての役職員のコンプライアンス意識が醸成されていたわけではない。しかし，不正が，社内の内部通報制度によって把握されたという

事実が，その他の役職員においてコンプライアンス意識が醸成されていることを示唆するものとなる。

　したがって，万が一，不正会計等が行われた場合であっても，その発覚が，内部通報制度が有効に機能した結果である場合には，企業の自浄能力を示す事柄となる。そもそも，内部通報制度を設けたという事実が，企業の自浄作用を期待させる取り組みでもあるが，それが，有効に機能することは，より企業の自浄能力を示すことになる。

　なお，自浄作用という意味では，本来，企業の役職員が社内における不正等の法令違反，規程等違反の事実・可能性を把握した場合には，上司，同僚，他部署等に当該事実等に関して相談し，対応すべきであり，これが第一義的な自浄作用となる。しかしながら，職場等の状況によっては，当該対応が難しい場合があり得る。したがって，内部通報制度は，このような状況を想定し，第一義的な自浄作用を補完するものとなる。

ウ　従業員不正の抑止力としての制度

　内部通報制度の整備は，従業員不正に対する抑止力としての効果が期待できる。

　経営者にしても従業員にしても「人」である限りにおいては，「魔が差して」不正に手を染めてしまう可能性を有する。しかしながら，有効な内部通報制度の整備・運用は，企業の役職員において，もし自らが不正を行った場合には，内部通報制度により発覚してしまうという可能性を認識させる。そして，この可能性の認識が，従業員が不正の動機を有した際に，不正を行うと内部通報制度によって誰かに通報され発覚してしまうのではないかという思いを生じさせ，従業員に不正を行うことを躊躇させるという効果が期待でき，この意味において，従業員を守るための制度であるといえよう。

エ　経営者の姿勢を伝えるための制度

　有効な内部通報制度の整備は，経営者が，経営者自身も含めて不正を許さない

という姿勢を従業員に知らしめる効果を有する。また，これにより従業員のコンプライアンス意識の醸成に資することになる[183]。

オ　経営者不正の抑止力としての制度

有効な内部通報制度の整備・運用は，経営者による不正の抑止力ともなる。

この点については，第三部 4 1 「（4）有効な内部通報制度の構築」において述べたとおりである。

（3）有効な内部通報制度とは

有効な内部通報制度とはどのようなものか。内部通報制度もその運用は「人」が行うことであることから，当然に制度としての固有の限界を有する。したがって，仕組みとして完全な内部通報制度があるわけではない。もちろん，有効な運用が期待できる内部通報制度の在り方を考えるのであれば，内部通報制度の窓口をどこにするか，実名通報に限るか，匿名通報を認めるか，通報手段としてどこまで認めるか等々様々な検討すべき点はあるが[184]，有効な内部通報制度が構築できるか否かは，結局のところ，経営者がどれだけ真剣に有効な内部通報制度の構築に取り組んだかによるものと考える。

ゆえに有効な内部通報制度の在り方としては，各社の状況に応じて，それぞれ最も有効に機能するであろう方法を真剣に考え，整備・運用する他はない。内部統制制度や内部通報制度等の仕組みとしての「制度」が有効に機能するかどうかは，その制度の構築に当たって，また，その制度の運用に当たって，いかに当該制度の趣旨を実現できるように真剣に，かつ，徹底的に考えたかによって決まる。そして，実際に運用することによって想定しきれなかった問題点を把握し，

---

[183] 「内部通報制度の運用は，経営トップのコンプライアンス経営に対する姿勢を社内に浸透させるものである」（山口利昭『内部告発・内部通報－その「光」と「影」－』（財団法人経済産業調査会，平成22年7月）14頁）
[184] 内部通報制度の在り方については，山口利昭『企業の価値を向上させる実効的な内部通報制度』（一般財団法人経済産業調査会，平成29年11月）が参考となる。

これを改善する。この繰り返しが大事となる。

ア　通報し得る者

　通報し得る者は，原則的には，従業員である。なぜならば，取締役及び監査役等の役員は，会社法上の機関として，企業のガバナンスを担う者としての責務があり，内部通報制度を利用して対処すべきものではない。しかしながら，現状のガバナンスの状況を踏まえて，役員が本来の責務を果たすことが困難な場合には，内部通報制度を利用する可能性も現実的には想定し得るものと考える。

　また，従業員不正の発覚の端緒として，取引業者からの問い合わせ等がある。したがって，取引業者等に対しても通報窓口の存在を周知することにより，活用することも一つ方法として考えられるものとなる。

イ　通報窓口

　通報窓口に関しては，内部窓口（法務部，総務部，コンプライアンス室，内部監査室，社外取締役，監査役等）と外部窓口（顧問弁護士，専門業者等）が考えられる。基本的には，通報窓口は，内部窓口と外部窓口の両方を設けることが有用である[185]。実効性のある内部通報制度の整備に当たっては，内部通報制度の利用者の立場，視点で考えるべきである。内部通報をしようとする者が，利用するに当たって，通報が無意味と考えてしまうような制度を構築すべきではない。

　内部通報制度の整備に当たっては，究極的には，経営者不正の抑止力となり得る実効性のある内部通報制度を設計しなければならない。極端な例として，通報窓口が経営者のみであった場合には，仮に内部通報をしたとしても，もみ消されるのが明らかであって，これでは誰も通報しようという気にはならない。また，

---

[185] オリンパス事件を例にすれば，オリンパスにおいては，従来，コンプライアンス室を通報窓口とするヘルプラインを導入していたところ，内部通報制度設計の担当者（コンプライアンス室）及び監査役会から外部通報窓口の設置が提起されたが，これにオリンパス事件に係る不正実行者でもある監査役が強く反対したことから，外部通報窓口の設置が実現されなかった（「調査報告書」（オリンパス株式会社第三者委員会，平成23年12月6日）128頁参照）。

通報窓口が社外取締役であったとしても，この社外取締役が経営者と旧知の中であり，社外取締役が経営者に対して過度な配慮を示す態度が明らかであれば，これもまた誰も通報しようという気にはならないであろう。同様に，外部窓口を外部の弁護士としたとしても，この弁護士が，経営者と旧知の中で日頃から過度に懇意にしている場合，経営者不正を糺す力となるとは誰も考えない。このように，内部通報制度の整備に当たっては，通報者の信頼をいかに得られる制度にするかが肝要となる。

なお，通報窓口として社外取締役又は監査役が，従業員の信用を得られない場合には，根本的にガバナンスに問題があると言わざるを得ない状況ではある。

ウ　周知徹底

内部通報制度は，単に仕組みとして設けることのみをもって「整備」とはならない。内部通報制度の運用を促すべく，内部通報制度の趣旨及び概要等を企業の役職員の隅々にまで周知させることも含めて「整備」となる。しかも，この周知は，内部通報制度を設けた際に一度行えば良いのではなく，定期的に繰り返し周知する必要がある。繰り返し周知することにより，企業としての，経営者としてのコンプライアンス遵守にこだわる想いが役職員に伝わり，不正を許さない企業風土の醸成に資することになる。

8　不正会計の早期発見のための事実解明

ここまで不正会計の端緒の把握に資する内部統制の整備・運用について述べた。しかし，不正会計の早期発見は，①端緒の把握と②事実解明の2つのプロセスからなる。不正会計の端緒を把握したとしても，事実解明を適切に行わなければ，不正会計の発見に至らない。したがって，事実解明を適切に行う体制の整備・運用が必要となる。

(1) 事実解明のための内部統制の整備・運用

　事実解明のための内部統制の整備とは，不正会計を含む従業員による不正の端緒を把握した場合に，どのような対応を行うかを予め規程等において定めておくことである。また，事実解明のための内部統制の運用とは，不正の端緒を把握した場合に，当該端緒情報の真偽を見極めるための調査を行うことをいう。

　不正の端緒は，日常業務，内部監査，監査役監査，内部通報，取引先からの問い合わせ，会計監査人による会計監査等の場面で把握される。この際，当該端緒情報をどのような部署に集約し，どのような対応を行うかを定めておくことが，いざ有事に直面した際には有用となる。

ア　担当部署

　担当部署としては，内部監査部門，法務部門，総務部門等が考えられる。
　また，他部署における業務知識が必要な場合もあり得ることから，必要に応じて他部署の従業員等を担当者に加えることも検討すべきである。

イ　調査段階

　調査段階には，初動調査，本格調査がある。
　初動調査は，端緒情報を把握した段階で，端緒情報の真偽を見極めるために行う調査である。当該調査は，基本的に調査担当部署にて行う。情報の不必要な共有は，社内における不確実な噂等の形で拡散する場合もあり得るし，また，不正実行者に調査に関する情報が早い段階で伝わることにより，証憑書類の破棄等の証拠の隠滅の可能性や，不正実行者の想定外の行動を惹起する原因ともなりかねないため，できる限り情報の共有者を限定する為にも調査担当部署のみにて行うことが望ましい。
　初動調査は，把握した端緒情報の内容に関して，不正の可能性が全く無いと判断し得る場合を除き，原則として実施しなければならない。初動調査の内容は，基本的には，ヒアリングを除いた証憑書類等に基づく確認となるが，必要に応じ

て，ヒアリングの実施も検討する。

　本格調査は，初動調査の結果，不正が行われた可能性が高いと判断した場合に，当該不正の事実の有無，不正の発生原因，関与者の有無，その他の類似の不正の有無（件外調査），再発防止策の検討等に係る調査を行う。

ウ　調査体制

　初動調査の調査体制としては，上記のとおり，基本的には，調査担当部署で行う。また，本格調査の調査体制としては，社内調査，外部調査がある。

　社内調査には，様々な体制が考えられ，①内部監査部門等，②経営陣を委員長として，その他各部署からの調査委員で構成，③社外役員を委員長として，その他各部署からの調査委員で構成，④外部の調査専門家（弁護士，公認会計士，不正調査専門業者等）を委員長として，その他各部署からの調査委員で構成，⑤外部の調査専門家を委員長として，社外役員を委員として構成等の様々な体制が考え得る。大事なことは，どれだけしっかりした調査ができるかである。

　外部調査には，企業とは独立の第三者である調査専門家としての弁護士，公認会計士，その他の専門家により構成される調査体制となる。

　なお，調査専門家の選定に当たっては，不正事案の内容に応じて適切な者を選定することが重要となる。

（2）適切な事実解明のための留意事項

ア　不正の端緒の性格の理解

　端緒を把握した場合，調査の実施は，それが実際に不正かどうかを確かめるのが目的であって，結果，不正でなくともよい。不正でなければならないと考えると初動が遅れる。不正会計の端緒は，不正会計の存在の「可能性」を示すものに過ぎない。ゆえに，実際には，不正会計が行われていない場合も当然にあり得る。しかし，だからといって，端緒を把握したにもかかわらず，これをないがしろにすることは，決して許されることではなく，特に上場企業においては，あっ

てはならないことである。

　基本的な考え方としては，端緒は何らかの問題の可能性を示す情報，状況，事実等である。ゆえに，端緒を把握した場合には，端緒の把握に係る違和感が解消されるまで事実解明を行い，不正が行われていれば，当該不正が生じた原因・問題点を解明し，再発防止に係る対応策を講じ，もし，不正が行われていなければ，不正がないことの事実確認をもって端緒把握の意義とすべきとなる。端緒に基づき事実解明を行った結果，特に問題がなかったことに関して，責めを受けるべき云われはない。逆に，把握した端緒に対して適切な対応を行ったことが評価されるべきであり，また，問題点がなかったことに関しては，自社の内部統制が有効に機能していることの確認と解すべきである。ただし，調査の結果，問題がなかったという点に関して「事実」として受け入れるためには，調査が適切に行われたことが当然の前提となる。

イ　大きく広げて，小さくまとめる

　調査の基本は，「大きく広げて，小さくまとめる」である。

　把握した端緒情報から想定し得る不正の可能性を広く考え，あらゆる角度から検討する必要がある。特に，初動調査の段階から端緒情報に係る不正の可能性を限定的にとらえ，ある事実のみを確認したことをもって調査の結論とすることは論外である。

　特に，結論として「問題なし」とする場合においては，この点を留意すべきである。不正は育つ。早期に発見できれば，不正の芽が小さいうちに摘むことができ，その結果は，不正による被害を最小限に止めることが可能となる。しかしながら，せっかく端緒を把握したにもかかわらず，おざなりの調査で幕を引いた結果，不正による被害が拡大してしまう。不正は，また，必ず発覚する。不正による被害が大きくなり，不正の隠蔽ができなくなった時に，不正が発覚し，その時に，最初に端緒を把握した時に適切な対応を行っておけば良かったと後悔するのである。後悔先に立たず，である。

　したがって，不正会計の端緒を把握した場合には，せっかく把握した端緒であ

るとの認識の下，可能な限り考え得る不正の可能性を想定し，様々な角度から事実確認を行い，不正の有無を判断すべきである。結果としては，事実は一つである。当然に，複数の不正を行っている場合もあり得るが，想定した可能性に比べれば，事実は可能性よりも狭い範囲で限定される。把握した端緒情報に基づき，可能性を大きく広げ，事実に基づき小さくまとめるのが調査の基本となる。

　なお，誤解を避けるためにあえて付言するが，「小さくまとめる」というのは決して事実を矮小化するという意味ではない。大きく広げた可能性を，事実に基づきまとめた結果，小さくなるだけである。事実は事実である。すべての判断は事実に基づくものとなる。

ウ　初動の重要性

　初動調査は，極めて重要な調査となる。把握した端緒が，万が一，実際に不正会計が行われていた場合の端緒であった時には，最終的に不正会計による被害を最小限度に止められるかどうかは，初動調査の如何に左右されるといっても過言ではない。特に，上場企業の場合，開示制度の関係から時間的な制約がある。初動調査に失敗し，いたずらに時間を費やした場合には，有価証券報告書の提出期限の延長を行わなければならず，上場企業としての開示体制に疑義を呈されることにもなりかねない。

　初動調査に際しては，経営者の思惑，すなわち，影響を限定的にしたい，できる限り開示したくはない，調査費用を最小限度に止めたい等の思いが生じる。このことは当然のこととして理解できるものの，一方で，「調査」という観点から見れば，百害あって一利なしである。多くの企業においては，不正事案が発覚することは初めて経験となり，経営者としての思惑が生じることは仕方がないことだと理解し得るものの，不正事案の発覚による被害を最小限にすることが可能となるのは，結果的には，調査を尽くすことによってのみである。このことは，調査が終了し，調査後の対応をしている時にわかることになるが，中途半端な調査は，最終的には，いたずらに時間を費やし，余計な調査費用をかけるだけであって，さらに，証券市場からの信頼も失い，何も良いことはない。

したがって，初動調査に当たって考えるべきことは，いかに真実を明らかにできるか，その一点のみである。そのために，どのような調査をすべきかを考え，次の調査段階である本格調査に，いつ，どのようにつなげるかを考えるのである。初動調査にかける時間は可能な限り短い時間にすべきである。端緒を把握し，端緒に基づく疑義に関して，最低限の調査を行ったのであれば，すぐに，本格調査に移行するための手立てを考えるべきである。

エ　有事に備えた研修・教育の必要性

調査は，専門的な業務である。ゆえに，事実解明のための調査を適切に行うためには，一定水準の調査スキルが必要となる。特に，不正に関しての知識，調査体系に係る知識等は不可欠である。

また，有事はある日，突然に起きるものである。人生の3つの坂のうち，有事という「まさか」は，「まさか」ゆえに，唐突に訪れる。ゆえに，有事に備えて，少なくとも調査担当部署の担当者には，不正調査に関する研修・教育を行っておくことが有用である。当該研修・教育は，基本的には外部の専門家の利用を検討すべきであり，また，すでに述べたとおり，不正に関連する資格として，一般社団法人日本公認不正検査士協会による公認不正検査士（ＣＦＥ：Certified Fraud Examiner）がある。ＣＦＥの資格取得を不正に関する研修・教育の一環として取り入れることも検討すべきである。

オ　社内調査・外部調査のメリット・デメリット

本格調査に移行する際に，本格調査の体制として社内調査によるのか，外部調査によるのかが問題となる。

経営者不正の場合には，調査結果に係る信用性を担保するためにも，第三者委員会等の外部調査によることが必須となるが，従業員不正の場合には，社内調査による場合も考え得る。

社内調査のメリットとしては，基本的には，社内の役職員による調査となるため，事業に関しての知識等があり，調査期間を短くすることが可能であること

と，外部の専門家を利用する場合と比較して，直接的な調査費用が抑えられるという点にある。

しかしながら，デメリットとしては，調査ノウハウに乏しいため，適切な調査が行なわれなかった場合には，結果として調査が長期化し，また，社内の人的資源の調査への投入に係る費用及び本来であれば行い得た業務等に係る機会損失が生じることから，総合的な調査費用が高くなる可能性がある。また，調査期間が長引いた場合には，制度開示に係る期限の延長や，証券市場等からの信用の失墜等のデメリットもあり，さらには，結局，社内調査で結論を出せずに，外部調査に委ねざるを得なくなるという可能性もある。調査担当者の資質・能力も含め，適切な社内調査体制が設けられない場合には，デメリットが大きくなる場合が多い。そして，何よりも社内調査による場合には，調査担当者が，社内の企業風土に馴染んでいるため，不正の原因の特定が困難な場合もあり得る。このため，再発防止策を含めた今後の企業の在り方を考える場合には，社内調査には一定の限界がある。

なお，社内調査に外部の有識者を含めた体制で行うことも考えられる。この場合には，社内の人的資源に係る調査ノウハウの不足を補うことが可能であるため社内の担当者のみで調査を行う場合に比較してデメリットは少なくなる。しかしながら，あくまでも社内調査のバリエーションの一つであり，基本的なメリット・デメリットに違いはない。

一方，外部調査の場合，メリットとしては，調査ノウハウを有している専門家を利用するため，深度ある調査が可能となり，調査結果に対する市場関係者からの信用も一定の確保が可能となる。しかしながら，調査費用が社内調査に比較して高くなるため，この点がデメリットとなろう。

結論としては，初動調査は，社内調査で行い，本格調査は，外部調査に委ねることが，全体としては，費用対効果が最も高いと考える。

5 従業員による不正会計事例

　従業員による不正会計には，数多くの事案がある。ここでは，クラボウ事案（平成27年），及び東亜道路工業事案（平成28年）を紹介するが，その他，第三者委員会等の調査報告書，課徴金事例集（開示検査事例集），事件本，判例等を参照されたい。

1 クラボウ事案

　本事案は，従業員による不正会計の事例である。その動機は，売上予算の達成及び長期滞留在庫に係る18カ月ルール，すなわち，「各四半期末の時点で滞留期間が18カ月以上の長期滞留在庫は，帳簿価格の50％に相当する評価損については，当該在庫を担当する者又は課が負担するというルール」の回避であった。また，不正実行者であるＡ氏が，不正会計の手口としての買い戻し条件付取引等を行い得た「機会」は，商流管理に係る内部統制が整備されていたにも関わらず，これが適切に運用されていなかったことにある。本事案は，従業員不正の典型的な事例であるといえる。

　以下，倉敷紡績株式会社「報告書（要約版）」（以下，「調査報告書」という。）（倉敷紡績株式会社特別調査委員会，平成27年11月24日）等に基づくクラボウ事案の概要である。

（1）事案の概要

　倉敷紡績株式会社（以下，「クラボウ」という。）（東証一部）は，クラボウ，

子会社31社及び関連会社7社で構成するクラボウグループとして，繊維事業，化成品事業，食品・サービス事業及び不動産事業を主たる事業内容とする。

本事案は，クラボウの従業員が，①買戻し条件付取引等（循環取引）による架空売上の計上及び②仕入単価の調整による売上原価の過少計上等を行った事案である。

（2）発覚の経緯

本事案は，クラボウにおいて，平成27年6月，a課の課員であったA氏とクラボウの中国子会社であるP社との取引に関し，①P社が立替払いをしていた検品代等の費用の未払い，②P社からの仕入商品に係る不適切な単価調整，③P社への預け在庫に係る実地棚卸の不備及び架空生地在庫の存在が明らかとなった。

クラボウにおいて，これに関する社内調査を実施し，併せてA氏の退職（平成27年6月末日退職）に伴う取引内容の確認作業を実施したところ，A氏が取引先との間で，買戻し条件付取引を行っていたのではないかと疑われるメール等が発見されたことから，さらに取引先を訪問する等して事実確認を行った結果，平成27年8月下旬，A氏による買戻し条件付取引の存在が確定的であることが認められた。また，A氏による上記各不適切行為は，少なくとも複数年度にわたり，かつ，その影響額も営業利益にして累計約4億円に及ぶ可能性が見込まれたため，さらなる調査が必要となり，外部の専門家を含む特別調査委員会の設置及び調査がなされることとなった。

（3）不正行為の概要

本事案における各案件のうち主たる不正行為である①買戻し条件付取引等，及び，②仕入単価の調整の概要は，以下のとおりである。

ア　買戻し条件付取引等（循環取引）

A氏は，遅くとも平成21年3月から平成27年5月までの間，少なくとも4社以上の取引先（商社）との間で，一定期間後に買い戻すことを約束した上で，商社

に対して製品や生地を販売する買戻し条件付取引を行っていた。A氏が行った買戻し条件付取引の中には，例えば，生地や生機を単純に販売して買い戻すのではなく，一旦クラボウにおいて商品を見本反として処理した上で商社に販売し，その1ヶ月後に同じ商社から同一の商品を購入するという取引や，ある商社に対して買戻しの約束をして販売した商品の一部について，後日，当該商社において処分してもらい，当該商社が負担した処分費用や損失を他の商品（クラボウが当該商社から仕入れる商品）の単価に上乗せすることによりクラボウが負担するという取引（処分費上乗せ処理）等も行われていた。

　これら買戻し条件付取引及び処分費上乗せ処理（以下，「買戻し条件付取引等」という。）は，①2社間取引，②複数の会社を介した取引，③Q社を介した取引，④2周以上の買戻し条件付取引の方法により行われていた。

　①「2社間取引」は，クラボウがある商社（甲）に対して商品を販売し，その後，クラボウが甲から商品を買い戻すという取引である。②「複数の会社を介した取引」は，クラボウが，まず，甲に対して商品を販売し，その後，甲が別の商社（乙）を介してさらに別の商社（丙）に販売し，クラボウが丙から商品を買い戻すという取引である。③「Q社を介した取引」は，②「複数の会社を介した取引」の一類型となり，クラボウが，クラボウグループ会社であるQ社に対して商品を販売し，その後，Q社が甲に販売し，クラボウが甲から商品を買い戻すという取引である。④「2周以上の買戻し条件付取引」とは，一旦販売した商品を買い戻すのみならず，さらにその買い戻した商品を買戻し条件付で販売し，その後に買い戻すという2周以上の買戻し条件付取引も認められた。

　買戻し条件付取引に用いられた商品は，在庫としての滞留期間が概ね18カ月を経過しようとしている長期滞留在庫であり，かつ，数量の多いものであった。クラボウにおいては，各四半期末時点での滞留期間が18カ月以上の長期滞留在庫は，50％に相当する評価損を当該在庫の担当者又は担当課が負担するというルール（以下，「18カ月ルール」という。）があった。このため，A氏は，買戻し条件付取引に基づく商社への販売の多くは，第2四半期の最終月（9月）や決算期の最終月（3月）に行っていた。また，次に述べる「Q社との間の仕入単価の調

整」により仕入単価が通常の単価よりも高くなった在庫も買い戻し条件付取引に用いられていた。

　この結果、買戻し条件付取引が行われた期間のうち、平成23年3月期から平成28年3月期第1四半期までの架空売上計上額は累計で約6億2,566万円、税引き前利益で約1億9,292万円の過大計上となっていた。

イ　Q社との間の仕入単価の調整

　A氏は、グループ会社であるQ社の営業担当者であるD氏の協力のもと、平成24年9月から平成25年3月までにクラボウがQ社に対して有償支給する生地の販売単価を上げることにより、クラボウにおいて利益を水増し計上していた。

　また、A氏は、クラボウが平成25年3月までにQ社から仕入れる縫製品について、同年3月末までにクラボウが販売を見込んでいた商品の仕入単価を減額する一方、同月末までには、販売される見込みがない商品の仕入単価を増額する方法により単価調整を行っていた。これにより、クラボウにおいては、平成25年3月末までに売上計上する取引の利益率が大きくなり、A氏担当取引の平成24年度の利益が過大に計上される一方で、単価の増額により通常の商品単価の4～5倍の単価で購入した商品を在庫として抱えることとなった。その後、この在庫が、先に述べたA氏による買戻し条件付取引に使われることとなった。

　この結果、平成24年度は、売上単価の水増しにより売上高が4,455万円、税引前利益が7,523万円の過大計上となった。

ウ　P社との間の仕入単価の調整

　A氏は、平成26年9月以降、P社との間で、①クラボウがP社に対し生地を預けて縫製品等の2次製品（以下、「2次製品」という。）の縫製を委託する取引、及び②クラボウからの2次製品の発注に基づきP社がクラボウ以外から生地を調達し、P社が中国の外注工場にて縫製した2次製品をクラボウが買い取る取引を行っていた。

　A氏は、P社との2次製品の取引において、P社の協力のもと、平成27年3月

末までに販売を見込んでいた2次製品の一部の仕入単価を契約単価より減額した上で、本来の契約単価との差額を①平成27年4月以降にDEBIT NOTEの発行を受けて清算する方法、②平成27年4月以降に販売を見込んでいた2次製品の仕入単価を増額する方法で調整することで、平成26年度中にクラボウが顧客に対して2次製品を販売した取引の利益を約3,206万円過大に計上していた。

(4) 動機

ア 買戻し条件付取引等

A氏によれば、買戻し条件付取引という手法については、過去に誰からか聞いたことがあり、A氏自身は、主に、売上・利益の予算達成のために行ったということであった。A氏は、過去に売上・利益の予算を大きく狂わせた際、厳しく叱咤された経験から、長期的に見ると買戻しによってクラボウに損失が生じることは分かりつつも、目の前の売上・利益のために買戻し条件付取引等を行ったということであった。

また、一部については、在庫数量を削減するため行ったこともあるということである。これは、先に触れたとおり、A氏による買戻し条件付取引等が行われた当時、クラボウでは、18カ月ルールにより、各四半期末の時点で滞留期間が18カ月以上の長期滞留在庫は、帳簿価格の50％に相当する評価損については、当該在庫を担当する者又は課が負担するというルールがあり、これを避けるために行ったということであった。

なお、特別調査委員会の調査の結果、A氏以外にも、6名の従業員により買戻し条件付取引が行われていた事実が判明しているが、これらの者の動機もまた、いずれも18カ月ルール抵触の回避又は売上予算達成のためであった。

イ 仕入単価の調整

本事案におけるA氏の動機は、自らの営業成績を良く見せるためであった。すなわち、利益の予算達成のためである。

(5) 正当化

ア　買戻し条件付取引等

　A氏によれば，平成21年度にクラボウ社内で別の従業員による買戻し条件付取引が発覚した際に，実行行為者が始末書を書いた程度であったことを聞き，それほど重大なことではないと認識したということであった。

　なお，実際に，平成19年にA氏とは別のB氏が，e課所属時に，羊毛商品の長期滞留在庫を用いた買戻し条件付取引を行い，これが発覚したため，始末書を提出していた。

イ　仕入単価の調整

　調査報告書においては，A氏の正当化理由については，特にその詳細を述べていないが，一方で，調査報告書によれば，A氏は，「単価調整による会社及び個人に対する重大な弊害について問題意識を十分に有していなかった」と認定しており，仕入単価の調整が「悪いこと」との認識を有していなかったため，「それほど悪いことではない」との正当化理由により不正の実行に至ったものと思料される。

(6) 機会

ア　買戻し条件付取引等

　A氏による買戻し条件付取引の実行を可能にした最も大きな要因は，内部統制の運用の失敗による商流管理の不徹底である。

　A氏は，仕入業務及び販売業務の両方を担当し，その両方において，商社との取引を行っていたが，そうした仕入及び販売の際には，直接の販売先である商社のみならず，商社からの販売予定先が決まっているのが原則であった。このため，クラボウの営業マニュアルにおいては，当時，他社品購入については，金額

によって，技術部長（東京支社は支社長）又は担当部長（不在の場合は営業統括部長）の事前決裁を得ることとされていた（商流管理に係る内部統制の整備）。

しかし，A氏は，自らが行う買戻し条件付取引等においては，循環取引であり，最終的にはクラボウが買い取ることから，当然に，クラボウからの販売予定先や商社からの最終販売予定先は明らかにできず，A氏は，売り台帳の「バイヤー」欄に，etcetera（エトセトラ）を意味する「ETC」と記載したり，買い台帳の「販売予定先」欄に「契約残引取」と記載したり，あるいは空欄としていた。そして，A氏の上司である部長や課長は，1週間や1カ月程度まとめて買い台帳の内容を事後的に確認し決済印を押印するだけで，当該部長等においては，商流管理に係るこのような内部統制手続の重要性に関する意識が希薄であったことから，A氏による内部統制の運用の不徹底を看過することとなり，A氏による不正行為実行の機会となったものである。

なお，A氏の上司となるa課長であったE氏は，自身が過去に買戻し条件付取引を行っていた上，A氏による買戻し条件付取引等についても，これを認識しながら制止しなかった可能性が高いこともあり，A氏及びE氏のコンプライアンス意識の欠如もまた内部統制の運用の失敗の原因となった。

イ　仕入単価の調整

調査報告書においては，A氏が仕入単価の調整を可能とした原因として，①A氏の単価調整に対する問題意識が希薄であったこと，②クラボウにおけるA氏に対する監督機能が十分に機能していなかったこと等を指摘する。

2　東亜道路工業事案

本事案は，従業員による不正会計の事例である。その動機は，不採算工事の不当な回避等であり，経営者による過度なプレッシャーの回避等が思料されるところである。また，ある営業所における不正行為に端を発し，別の営業所における異なる不正行為が発覚していることから，企業風土等の問題を含めて，全社的な

内部統制の問題が思料される事案であり，本事案は，従業員による不正会計の典型的な事案となる。

以下，東亜道路工業株式会社「調査委員会の調査報告書受領に関するお知らせ」（以下，「適時開示」という。）（東亜道路工業株式会社，平成28年12月12日）等に基づく，東亜道路工業事案の概要である。

（1）事案の概要

東亜道路工業株式会社（以下，「東亜道路工業」という。）（東証一部）は，東亜道路工業グループとして，東亜道路工業，子会社23社及び関連会社2社で構成されており，建設事業を中核に，関連する建設資材の製造販売事業，環境事業等を主たる事業内容とする。

本事案は，東亜道路工業の営業所において，①従業員による実際原価の付替えによる利益の水増し及び②従業員による業者からのキックバックが行われた事案である。

（2）発覚の経緯

本事案は，平成28年7月，東亜道路工業の甲営業所における受注工事に係る不適切な経理処理（以下，「甲案件」という。）について申告があったことから，東亜道路工業において，同年11月6日まで社内調査を実施し，その一環として，全営業所を対象として，不適切な取引の有無等についてアンケート調査を実施したところ，乙営業所においても不正行為（以下，「乙案件」という。）が存在する旨の申告がなされたものである。

（3）不正行為の概要

本事案における各案件の不正行為の概要は，以下のとおりである。

ア　甲案件

甲営業所の従業員が，平成24年1月から平成28年3月までの間，不採算工事を

隠蔽するため，①取引業者3社を利用し，原価付替及び請求の繰延（32百万円）を行い，②自ら管理する工事の変更請負金額の架空計上（16百万円）を行うとともに，③発覚を逃れるために自らの金銭で代金の支払を行っていた。

イ　乙案件

乙営業所の従業員が，特定の外注先2社（警備員派遣会社及び運送会社）（以下，「外注先2社」という。）に対し，当該従業員自身に対する利益提供を行うよう持ちかけていた。利益提供の方法は，外注先2社において，数量（警備員の人数・ダンプトラックの台数）を実際の稼働よりも多く記載して金額を水増しした請求書を東亜道路工業宛に提出させることにより，東亜道路工業に水増し後の代金を外注先2社に支払わせ，この金額の一部を外注先2社より提供を受けていた（以下，「キックバック」という。）ものである。

これらの水増し請求及びキックバック（最大約22百万円（試算累計））は，約3年にわたり行われていた。

（4）動機

調査委員会による調査報告書の全文が開示されていないため，甲案件及び乙案件ともその詳細な動機は不明であるが，事案の概要から，甲案件の動機は，不採算工事に係る過度なプレッシャーの回避，乙案件の動機は，個人的な利得を得るためと思料される。

（5）正当化

調査委員会による調査報告書の全文が開示されていないため，甲案件及び乙案件とも正当化理由は不明であるが，甲案件に関しては，「一時的なものである」等の正当化が思料され，また，乙案件に関しては，「正当な評価が得られていない」等の正当化が思料されるところである。

(6) 機会

ア 甲案件

　甲案件における不正実行者の不正行為の実行に係る「機会」として，①人事制度上の問題，②内部管理体制の問題，③内部監査上の問題が指摘されている。

① 人事制度上の問題としては，不正実行者が，長年にわたり甲営業所に勤務しており，異動がなく，閉鎖的な組織が作られていたことが，不正行為の実行に係る機会となった。

② 内部管理体制の問題としては，工事の受注金額の変更計上が，不正実行者の報告のみで実施され，本来顧客から受領すべき「注文書」や顧客への確認等による取引金額の検証がなされていなかったこと，及び，工事管理について，不正実行者に仕事が集中し，内部統制の原則である複数のチェックが実施されなかったことが，不正行為の実行に係る機会となった。

③ 内部監査上の問題としては，過去に甲営業所に対して実施された社内監査の際に不正実行者の不正行為が検出されなかった理由として，社内監査が事前通知の上で実施されていたため，監査着手前に関連書類を整備する猶予を与えてしまっていた可能性がある。

イ 乙案件

　乙案件の発生原因については，不正実行者が，外部業者との共謀に基づき，故意に不正行為を実行したものであり，直接的な発生原因は，不正実行者のコンプライアンス意識の欠如であるとする。

　また，以下の内部管理体制上の問題点が，間接的な発生原因であるとする。

① 水増しされた請求書に基づいて支払いがなされたこと
・ 工事日報と請求書の内容に差異があるにもかかわらず，その調整がなされぬままに支払いがなされたこと（上長による管理水準が低いこと，外注先業者の高速代等の費用の補填について実稼働人数とは異なる人数で処理

することで対応している問題があること）
　　・　工事日報の改竄がなされたこと
②　モニタリングが不十分であったこと
　　・　事業所における上長のモニタリングが不十分であったこと（納品伝票類の不存在等を看過し，噂段階の疑義について曖昧な監視指示に止まっていたこと）
　　・　内部監査によるモニタリングの認知度が不十分であったこと
　　・　職場内モニタリングが不十分であったこと
③　外部との共謀防止体制の不備
　　・　実質的な発注権限を有している者が，現場管理も行っているという関係にあり，キックバックをなしやすい環境にあったと考えられること
　　・　長期固定化した従業員に係る対策が不十分であったこと（長期固定化従業員が生じない人事制度や，固定化した従業員に対する権限分配の在り方に係る対応が不十分であったこと）

6 従業員不正にいかに立ち向かうか

> 今，我々は，従業員不正にいかに立ち向かうかについて考えたい。

1 従業員不正の弊害

　従業員による不正会計は，自らの業務に係る経営者からの過度なプレッシャーを回避するために行われたものであり，財務諸表全体の虚偽記載を意図したものではないとしても，結果的には，財務諸表に企業の実態が適切に反映されず，財務諸表を利用する株主，投資者等の第三者の判断を誤らせる恐れが生じる。

　また，財務諸表作成の基礎となる会計数値は，経営管理目的で作成される種々の経営管理資料の基礎でもある。ゆえに，不正会計が行われた場合，経営管理資料における会計情報も，当然のことながら，実態を反映しないことになる。そして，不正実行者たる従業員の狙い（動機）はまさにここにある。

　この結果，企業が営む事業における解決すべき問題点，すなわち，売上の減少，利益率の低下，赤字取引等の経営上の課題が，本来はその課題を把握するための端緒となるべき経営管理資料にあらわれず，経営者の経営判断を誤らせることになる。経営判断の誤りは，事業において生じている問題に対して，適時かつ適切に対応できず，徒に時間を浪費し，損失を拡大させる原因となる。また，問題点の改善を適時に行えないということは，問題点から生じる損失を拡大させ，経営資源の効率な配分の実現を阻害する。

　このように，従業員不正は単なる個人の問題にとどまらず，企業の利害関係者の判断をも誤らせ，また，経営者の経営判断を誤らせることにより，企業価値を

毀損する可能性を有する悪質な行為となる。

　しかし，問題はそれだけではない。従業員不正が発覚した場合には，当該従業員に対してしかるべき処分を行わなければならない。不正を実行した従業員に対して適切な処分を下さなければ，不正を許す企業風土を醸成してしまう。しかし，その結果，一人の従業員の人生が，そして，彼／彼女の家族が不幸になる。もちろん，不正を実行した本人が悪いのであって，本人に責任があることには間違いはない。ただ，人は弱いものである。人が本当に窮地に追いやられた時，その状況を変えるためには，不正を厭わないという気持ちが生じるのも無理がない。しかも，不正実行者が不正の動機を持ち，自らを正当化したとしても不正の実行の機会を与えなければ，不正は行われなかったかも知れないのである。

　この意味において，従業員不正の機会となる内部統制の機能不全をもたらしたのは，内部統制に関わる企業のすべての役職員一人ひとりであり，ゆえに，不正に手を染め不幸になる者を一人でも少なくできるのもまた，我々一人ひとりなのである。

2 従業員不正への対応とガバナンス

　従業員不正の機会となるのは，内部統制の機能不全である。ゆえに，従業員不正の予防は，第一義的には，有効な内部統制の整備・運用によることになる。

　有効な内部統制の整備に関して，内部統制のグランドデザインの担い手は経営者である。どのような組織体制を設け，どのような業務運営を行うかの全体方針に基づき，どのような内部統制を構築するかは，経営者の「思想」の問題である。一方，具体的に内部統制をどのように整備するかは，内部統制担当者の「技」の見せ所となる。また，内部統制の有効な運用は，企業の役職員のコンプライアンス意識の醸成及び職業的懐疑心の醸成が不可欠となる。企業の役職員のコンプライアンス意識及び職業的懐疑心の醸成は，統制環境としての企業風土の在り方に強く影響を受け，そして，企業風土の醸成は，経営者の姿勢がその源泉となる。

したがって、ガバナンスの観点から従業員不正の予防を考えた場合、特に、①経営者の姿勢及び②経営者の内部統制の整備・運用に対する考え方に関しての監視・監督が求められることとなる。その上で、企業の役職員において、上場企業の役職員としてのコンプライアンス意識の醸成がされているかどうか、不正を許さない企業風土が醸成されているかどうかについて留意しなければならない。

　また、従業員による不正会計の主たる動機・プレッシャーは、経営者による過度なプレッシャーである。経営者による過度なプレッシャーは、権威主義的企業風土の醸成に基づくものである。さらに、権威主義的企業風土は、経営者不正の温床ともなる。ゆえに、ガバナンスにおいては、特に企業において醸成される企業風土には注意を払い、万が一にでも権威主義的企業風土の醸成の兆候を把握したのであれば、これを是正するための取り組みが求められることとなる。

3　何を考えるべきか

　従業員不正にいかに立ち向かうか。

　従業員不正の実行の機会となるのは、内部統制の整備・運用の失敗である。そして、不正の予防に資する内部統制の整備・運用に責任を持つのは、経営者である。特に、内部統制の実効性は、統制環境である企業風土、そして、企業風土醸成の源泉となる経営者の姿勢により担保される。ゆえに、経営者が率先して、姿勢を示し、不正を許さない企業風土の醸成、不正に不寛容な企業風土の醸成に取り組まなければならない。その意味で、従業員不正が行われたということは、行き着くところ、経営者にも問題があったのである。もし、経営者が、「従業員不正は、不正を行う従業員が悪いのであって、それは経営の問題ではなく、個人の資質の問題である」と考えるならば、それは、経営者が、「経営が上手くいかないのは、現場がダメだから、うちの従業員がダメだから」と言うのと同じことである。経営が上手くいかない理由を現場や従業員のせいにする経営者は、経営者自身がダメなのである。見直すべきは、まずは自分自身の考え方からであろう。従業員は経営者の鏡なのである。

したがって，経営者が，従業員による不正を無くしたいと本気で考えるのであれば，経営者自身が，不正は許されるべきものではないと真剣に考え，その想いを従業員に伝え続ける努力をしなければならない。経営者が，自らの姿勢を正し，その姿を従業員に見せるしかない。内部統制環境に重要な影響を与える経営者の姿勢とは，まさにこのことである。経営者の想いが，現場を変え，企業を変えるのである。

　また，内部統制の機能不全は，企業の役職員のコンプライアンス意識の欠如に起因する。このコンプライアンス意識の欠如は，決して不正実行者のコンプライアンス意識が欠如していたことのみを意味するものではない。不正実行者と直接的・間接的に業務上の関りを持つすべての役職員のコンプライアンス意識の欠如である。ゆえに，企業のすべての役職員のコンプライアンス意識の醸成が，内部統制を有効に機能させ，従業員不正への対応が可能となる。そして，それを実現するのは，すべての企業の役職員一人ひとりなのである。

　また，従業員による不正会計は，「結果として不正会計」である。従業員による不正会計の動機・プレッシャーの主たるものは，経営者による過度なプレッシャーの回避にあり，財務諸表全体の虚偽表示を意図したものではない。しかしながら，財務諸表が，企業の役職員の行為の結果を会計情報に置き換えたものであるがゆえに，財務諸表にもその影響を与えることとなる。

　この点，上場企業は，証券市場を利用する当事者として，公正な証券市場の確立に寄与すべき責務を負う。公正な証券市場の確立のための適正な開示は，まさに企業のすべての役職員の業務が適正であり，また，業務の結果が適正に会計情報に置き換わることにより担保されるものであり，ゆえに，企業のすべての役職員の一人ひとりが，上場企業の役職員としての責務を負う者となるのである。上場企業の役職員としてのコンプライアンス意識は，このようなコンプライアンス意識の意義の理解，及び，上場企業の役職員としての証券市場に対する責務の自覚に基づき醸成される。

　ゆえに，今後，従業員による不正会計を１件でも少なくするためには，上場企業のすべての役職員の一人ひとりが，公正な証券市場の確立に寄与すべき自らの

責務を自覚し，職業倫理に支えられたコンプライアンス意識を醸成する他はない。そのためにも，今，我々は，改めてコンプライアンスとは何かを考え続けなければならない。考え続けることで，「コンプライアンス」が自らの行動に影響を与える真の思想へと深化するのである。

　繰り返しになるが，コンプライアンス意識は，単に不正対応のためだけではなく，企業価値の向上に資するためのものである。ゆえに，企業の役職員においては，コンプライアンスの意義を理解し，真のコンプライアンス意識を醸成することにより，仕事として世のため人のためになる財貨又は役務を社会に提供し，企業の持続的成長を図り，そして，中長期的な企業価値の向上に資するとともに，併せて実効性のある不正対応を行うことで，我が国経済の健全な発展，及び世界の人類の幸せへとつなげていかなければならない。

第五部

子会社不正に立ち向かう

子会社をブラックボックス化しないこと，それが子会社不正への対応の肝となる。

子会社不正は，経営の問題であり，ガバナンスの問題である。
　　子会社不正は，親会社による子会社の管理・監督・監視が行き届かなったがゆえに起きる。子会社不正は，守りのガバナンスの問題であるが，また，攻めのガバナンスの問題でもある。

1 子会社不正とは何か

1 子会社不正

　子会社不正とは，子会社における不正をいい，子会社不正の主体は，子会社の経営者又は従業員である。

　子会社不正も①財務情報の虚偽表示，②非財務情報の虚偽表示，③資産の不正流用及び④違法行為に区分できるが，以下，①財務情報の虚偽表示としての不正会計を中心に考える。

　なお，以下，子会社不正に関して述べるが，関連会社における不正に関しても同様の考え方となる。

2 子会社における不正会計の現状

　東京商工リサーチの調べによれば，平成28年までの子会社における不正会計の状況は，**図表22**のとおりである[186]。

---

[186]「2016年全上場企業「不適切な会計・経理の開示企業」調査」（株式会社東京商工リサーチ，平成29年3月15日）（http://www.tsr-net.co.jp/news/analysis/20170315_01.html）

図表22 子会社における不正会計の現状

(単位：社数)

	平成20年	平成21年	平成22年	平成23年	平成24年	平成25年	平成26年	平成27年	平成28年
全体※1	25	24	24	31	28	35	37	52	57
子会社等※2	5	8	10	8	11	11	9	28	24
(割合)	20%	33%	41%	25%	39%	31%	24%	53%	42%

※1：不適切な会計・経理を行ったと開示した企業の総数
※2：不適切な会計・経理を行った主体が子会社又は関連会社であった社数

　図表22のとおり，不適切な会計・経理を行ったとして適時開示を行った社数は，平成28年は57社と過去最多となった。このうち，不適切な会計・経理を行った主体が子会社・関連会社の社数は，24社であり，前年の平成27年の28社より減ったものの過去からの推移をみると高い水準となっている。

3 子会社不正における不正のトライアングル

　子会社における不正会計に係る不正のトライアングルは，子会社不正の主体が，①子会社の経営者の場合と，②子会社の従業員の場合について考えられる。

(1) 子会社の「経営者」が不正の実行者である場合

ア　動機・プレッシャー

　子会社の経営者による子会社の不正会計に関する動機・プレッシャーは，基本的には，従業員不正の動機・プレッシャーに同じである（第四部 1 「2 従業員不正の動機・プレッシャー」参照）。

　例えば，親会社からの業績に係る過度なプレッシャーの回避は，親会社から子会社に対して，売上や利益等の業績に係る子会社の予算の達成について過度なプレッシャーがある場合に，子会社の経営者が，このプレッシャーを不当に回避するために架空売上の計上や原価の在庫等への付替えを行う場合である。

また，この他，子会社の財政状態及び経営成績（以下，「財政状態等」という。）の実態が，親会社の財政状態等に影響を与える場合に，親会社の経営者等からの指示（プレッシャー）により子会社において不正会計を行う場合がある。例えば，親会社が子会社を取得した際に，親会社の貸借対照表に多額の「のれん」が計上されており，子会社の財政状態等によっては，「のれん」の減損処理を求められるような場合である。この際，子会社の経営者が，子会社の財政状態等を実態よりも良く見せかけるために不正会計を行うことになる。

　なお，この場合の動機・プレッシャーは，経営者不正における経営者の指示により不正行為を行う従業員の動機・プレッシャーと同じ性質となる。

イ　正当化

　子会社の経営者による子会社の不正会計に関する正当化もまた，基本的には，従業員不正の正当化に近い性質を有する（第四部 1 [3] 従業員不正の正当化」参照）。

　経営者不正の場合，「会社を守るため」が主たる正当化理由となるが，子会社の経営者の場合，会社のためというより，親会社からのプレッシャーを回避するために「一時的なものである」「そんなに悪いことではない」「正当な評価を受けていない」「親会社の指示だから」等の正当化である。

　親会社の経営者が不正会計を行う場合には，会社が存続の危機に置かれている状況が多く，そのような状況に置かれた経営者が，会社が倒産をしたら従業員や取引先に迷惑をかけるので，「会社を守るため」に不正会計を行わざるを得ないと自らに言い聞かせるのに対して，子会社の経営者の場合には，それよりもプレッシャーの回避等に係る正当化理由が多くなる。

ウ　機会

　子会社の経営者による子会社の不正会計に関する機会は，基本的には，経営者不正の機会に同じである（第三部 1 [4] 経営者不正の機会」参照）。

　子会社の経営者は，子会社における業務執行の最高責任者である。ゆえに，親

[1] 子会社不正とは何か

会社による子会社に対するガバナンスの機能不全や，又は，子会社の経営者による子会社の内部統制の無効化が，子会社の経営者による不正会計の機会となる。

特に，親会社の観点からみた場合，親会社による子会社に対するガバナンスの機能不全，及び，親会社の子会社管理に係る内部統制の機能不全により，子会社がブラックボックス化することで，子会社の経営者による不正会計が行われる機会が生じることとなる。子会社のブラックボックス化の詳細に関しては，次の「4　子会社のブラックボックス化」において述べる。

（2）子会社の「従業員」が不正の実行者である場合

子会社の従業員が不正会計の実行者である場合の不正のトライアングルに関しては，基本的には，従業員不正に同じである（第四部 [1]「[2]　従業員不正の動機・プレッシャー」「[3]　従業員不正の正当化」「[4]　従業員不正の機会」参照）。

[4] 子会社のブラックボックス化

（1）子会社不正の機会となる子会社のブラックボックス化

子会社における不正会計の最大の「機会」となるのが，子会社のブラックボックス化である。親会社にとって子会社の実態がみえないことが，子会社の経営者又は従業員による不正会計を可能とする土壌を作る。

子会社のブラックボックス化は，親会社による子会社に対するガバナンスの機能不全，及び，親会社の子会社管理に係る内部統制の機能不全により，親会社による子会社の監督・監視が不十分となり，子会社の実態を十分に把握し得ない状況が作り出されることが原因となる。

（2）子会社のブラックボックス化の背景的事情

子会社のブラックボックス化の背景的事情として，統制効果の間接性があげられる。親会社本体であれば，同一の法人格，同一の組織内で，役職員の行為であ

る業務活動に対するガバナンス及び内部統制の統制機能は，直接的に機能する。しかしながら，子会社における業務活動に対しては，親会社のガバナンス及び内部統制の統制機能は，間接的な機能に止まる。この要因として，①組織的間接性，②事業的間接性及び③地理的間接性が考えられる。

ア　組織的間接

　組織的間接性は，子会社が，親会社とは別の法人格を有することに起因する間接性である。

　子会社は，親会社とは別の法人格を有する組織体であり，親会社の役職員は，子会社の役職員に対して，直接的な指揮命令権限を有しておらず，子会社の役職員に対する指示命令権限は，あくまでも子会社の経営者にある。このため，子会社における業務活動に対する親会社のガバナンス及び内部統制の統制機能は，間接的な機能に止まることとなる。

　なお，組織的間接性は，子会社の沿革にも影響を受ける。既存子会社なのか，買収子会社なのか，又は，新規設立子会社なのか，子会社がどのような経緯で子会社となったかによっても組織的間接性の程度は異なる。長期間，子会社であるような場合には，親会社による統制機能は相対的に高まるが，買収して間もない子会社の場合には，親会社による統制機能は相対的に低くなる。

　また，子会社が，子会社なのか，孫会社なのかという親会社との組織的距離も影響する。この点，関連会社においても同様である。

イ　事業的間接性

　事業的間接性は，親会社の事業と子会社の事業の関係性に起因する間接性である。

　子会社が営む事業が，親会社の事業と相対的に強い関係性を有している場合，例えば，親会社が製品等の製造を行い，子会社が製品等の販売を行う場合のように，企業グループ全体で同一の事業を営んでいるような場合には，親会社と子会社における事業の質的な関係性を有するため，子会社における事業の実態が親会

社においても把握が比較的容易となる。しかしながら，子会社の事業が，親会社の事業とは異業種である場合には，質的な関係性は低くなり，また，子会社が企業グループ全体の中でノンコア事業を営む場合にも，質的な関係性とともに，金額的な重要性もまた低くなることから，親会社において子会社における事業の実態の把握が比較的困難となる。

このため，親会社と子会社の事業の関係性が低い場合には，親会社において，子会社における事業の実態の把握が困難となり，子会社における業務活動に対する親会社のガバナンス及び内部統制の統制機能は，間接的な効果に止まることとなる。

ウ　地理的間接性

地理的間接性は，親会社と子会社の地理的距離の関係性に起因する間接性である。

子会社の所在地や事業活動の拠点が海外の場合や，また，国内の場合であっても，親会社の事業活動拠点から遠隔地の場合には，親会社において，子会社における事業の実態の把握が比較的困難となる。

エ　親会社の子会社管理能力の欠如による子会社のブラックボックス化

以上のとおり，親会社における子会社管理は，子会社に対する親会社のガバナンス及び内部統制による統制機能が，間接的な効果に止まるという性質を本質的に有する。このため，有効な子会社管理を行うためには，子会社の実態を適切に把握し，子会社の組織実態，業務実態及び管理実態等を踏まえて，管理要点を明確にすることが必要となる。親会社において，子会社の実態を適切に把握していなかった場合には，子会社管理に係る適切な管理要点の設定が行えず，結果，親会社による適切な子会社管理が実施し得ず，子会社がブラックボックス化することになる。親会社の子会社管理能力の欠如が子会社のブラックボックス化の原因となるのである。

なお，子会社管理能力の欠如は，親会社において，不適切な子会社管理が行わ

れていることを意味することから，当該状況の放置は，親会社におけるガバナンスの問題ともなる。

（3）子会社における不正会計リスク要因

　以上のとおり，親会社における子会社管理は，本質的に統制機能の間接性を有することから，子会社がブラックボックス化する可能性が高く，親会社の観点から子会社における不正リスクについて考えた場合，子会社における不正会計が発生するリスクは，親会社において不正会計が発生するリスクよりも高いと考えるべきである。

　子会社において不正会計が生じるリスクを，子会社がブラックボックス化する要因に基づき区分すると，主として，①組織的間接性（既存子会社，買収子会社，新規子会社），②事業的間接性（ノンコア事業，異業種），③地理的間接性（遠隔地（国内），海外）となる。これらの要因の相互作用により子会社における不正会計が生じるリスクが高まる（図表23）。

ア　組織的間接性

　親会社による子会社管理においては，本質的に統制機能の間接性に起因して，親会社において子会社がブラックボックス化する可能性が高いことから，既存子会社における不正会計のリスクも高くなる。さらに，孫会社等が存在する場合に

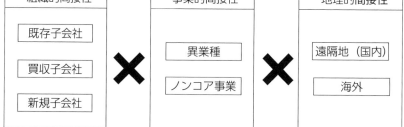

図表23　子会社における不正会計リスク

は，重層的な組織的間接性を有することから，不正会計のリスクはより高まることとなる[187]。

　また，買収子会社の場合，買収時には，被買収会社において，親会社と異なる企業風土が醸成されており，また，被買収会社の組織実態，業務実態及び管理実態等に関しては，親会社においては十分に把握しきれていないことから，不正会計のリスクは高くなる。実際，過去の不正会計事案においても，買収後にその買収子会社において不正会計が行われていた事実が発覚した例も多い[188]。このため，買収時における法務デューデリジェンスや財務デューデリジェンスは，被買収会社における不正会計リスクを低減させるためにも極めて重要となる。

　買収子会社に関しては，買収時においては，買収子会社の企業実態を把握しきれておらず，ブラックボックス化する可能性が高いことから，買収後の統合プロセス（ＰＭＩ：Post Merger Integration）が極めて重要となる。ＰＭＩが適切に行われなかった場合には，買収後の買収子会社における不正会計のリスクが高まることとなるが，そもそも，子会社を買収する目的が買収後の親会社との事業のシナジー効果等であるのならば，ＰＭＩも含め子会社管理が適切に行われなければ，当然のことながら，シナジー効果も期待できない。事業の有効性・効率性の観点と不正対応の関係は表裏一体である。

　新規子会社における不正会計リスクは，既存子会社や買収子会社と比較した場合，子会社設立時点での不正会計リスクは，当然のことながら低い。しかし，新

---

187 過去の不正会計事案として，沖電気事案（沖電気工業株式会社「調査報告書（要約版）」（沖電気工業株式会社外部調査委員会，平成24年9月11日））や，富士フィルムホールディングス事案（富士フィルムホールディングス株式会社「調査報告書」（富士フィルムホールディングス株式会社第三者委員会，平成29年6月10日））等がある。
188 過去の不正会計事案として，メビックス事案（拙著『不正会計 早期発見の視点と実務対応』（清文社，平成24年9月）492頁－522頁）参照）がある。メビックス事案においては，メビックス株式会社を買収したエムスリー株式会社が，買収後，メビックスにおける不正会計が発覚したことから証券取引等監視委員会より課徴金勧告を受けている。また，IXI事件（拙著『不正会計 早期発見の視点と実務対応』（清文社，平成24年9月）418頁－440頁）参照）においては，株式会社インターネット総合研究所（IRI）が買収した株式会社アイ・エックス・アイの不正会計が買収後に発覚し，このため上場企業であったIRIの有価証券報告書が提出できないこととなり，IRIが上場廃止となっている。この他，ゴンゾ事案（株式会社アサツーディ・ケイ「調査報告書（公表版）」（株式会社アサツーディ・ケイ特別調査委員会，平成29年1月6日）等がある。

規子会社の場合には，子会社設立の目的達成に係る親会社からのプレッシャーのもと，新規子会社の経営者による不正会計や，内部統制が成熟していない状況での内部統制の機能不全による従業員による不正会計のリスクがあることに留意が必要となる。

イ　事業的間接性

親会社と子会社の事業上の関係性が低い場合には，子会社おける不正会計リスクは高くなる。これは，子会社が親会社と異なる事業を行っている場合，異業種等であるがゆえに，親会社による子会社の実態把握が不十分となり，子会社がブラックボックス化するためである。また，子会社が企業グループ全体として重要性の乏しいノンコア事業を行っている場合には，親会社における子会社管理が手薄となり子会社がブラックボックス化する可能性が高い。

このように，親会社と事業上の関係性が低い事業を行っている子会社やノンコア事業を行っている子会社に関しては，親会社においてブラックボックス化する可能性が高く，ゆえに，子会社における不正会計のリスクも高くなる。

ウ　地理的間接性

親会社と子会社の地理的距離が遠い場合も子会社における不正会計リスクは高くなる。

企業活動の実態は，企業の役職員たる人の行為であり，管理もまた人の行為となる。そして，子会社管理の対象もまた人の行為となる。ゆえに，子会社が海外子会社である場合や，子会社の事業活動の拠点たる所在地が国内の場合であっても，親会社の事業活動の拠点たる所在地とは遠隔地にある場合には，地理的距離が離れていることから，「人」の接点が乏しくなり，結果，統制効果は限定的にならざるを得ない。このため，子会社における不正会計のリスクが高くなることとなる。

[1]　子会社不正とは何か

(4) 内部統制報告制度の弊害・形骸化

　子会社のブラックボックス化は，内部統制報告制度への対応もその一因であると考えられる。内部統制報告制度は，外部報告目的の財務報告に係る内部統制の評価に関する「制度」であるが，この内部統制報告制度に係る制度対応自体が目的化することにより，本来経営上の課題である子会社管理の形骸化が憂慮されるところである。

　内部統制報告制度においては，経営者による財務報告に係る内部統制の有効性の評価を求めているところ，当該有効性の評価は，連結子会社もその対象に含めているが，一方，「「財務報告に対する影響の重要性が僅少である事業拠点」の判断については，例えば，売上高で全体の95％に入らないような連結子会社は僅少なものとして，評価の対象からはずすといった取扱いが考えられる」（内部統制実施基準2（1）①ロ（注1））とされている。しかしながら，内部統制報告制度は，企業における企業活動の実態を踏まえて，制度として必要な側面を対象に制度化したものであり，あくまでもその前提は，本来あるべき企業経営の実態である。ゆえに，子会社の内部統制の有効性の評価は，経営判断として適切に行われなければならず，経営判断として，当該子会社を，子会社とすることが企業価値の向上に資すると判断したのであれば，当該子会社において適切な経営が行われているかに関して，内部統制の有効性を評価すべきであって，内部統制報告制度において評価対象から除外可能であるから経営上も当該子会社に係る内部統制の有効性を評価しないとの経営判断は，本末転倒である。

　このように，内部統制報告制度に係る対応自体が目的化した場合には，当該子会社に対する親会社のガバナンス及び親会社の内部統制による統制意識が希薄化することとなり，この結果，子会社のブラックボックス化の要因となる。過去の子会社における不正会計事案においても，このような重要性の判断基準に基づき，評価対象外となった子会社が不正会計を行っていた場合が少なからずあることが，それを物語る。

　内部統制報告制度への対応それ自体が目的化した場合における，実質的な判断

を要する経営判断の形式的対応への変容は，内部統制を制度の対象としたことが問題と考えれば，内部統制報告制度の「弊害」であり，制度の見直しが必要となるが，一方で，内部統制報告制度の問題ではなく，制度対応の問題と考えれば，内部統制報告制度の「形骸化」であり，運用側の企業の対応の見直しが求められることとなる。いずれの場合であっても，必要なことは，本質から考え，本質に基づき判断することであり，制度に安易に依拠することによる思考停止は，そもそも，経営者としての能力に欠けると言わざるを得ない。

5 子会社不正への対応の必要性

(1) 企業グループ全体の問題としての子会社不正

子会社が不正会計を行った場合には，親会社が作成する連結財務諸表にも影響が生じる。特に，子会社における不正会計の影響の程度が重要であればあるほど，親会社の連結財務諸表に与える影響もまた大きくなる。

過去の子会社における不正会計事案においても，JVC・ケンウッド・ホールディングス株式会社事案（平成22年）（課徴金額7億760万円）のように証券取引等監視委員会より有価証券報告書の虚偽記載として課徴金勧告が行われ，当該企業に対して多額の課徴金が課せられた事案もある。

このような課徴金リスクのみならず，本来的には，証券市場の公正性を担う上場企業として適正な開示を行う責務が上場企業にはある。ゆえに，親会社としては，子会社も含めて適正な開示を確保するための体制を整備する必要がある。

(2) 経営課題としての子会社不正対応

近年，海外も含めた子会社の新設及び買収等による事業展開が行われることが多くなり，その一方で，不正会計事案も含めた子会社における不祥事が後を絶たない。このような状況を踏まえて考えるべきことは，子会社不正への対応で重要な点は，子会社不正の問題を単なる不正対応としてとらえるべきではなく，経営

課題としてとらえるべきであるということである。

　すでに述べたとおり，子会社における不正会計リスクは，本質的に親会社における不正会計リスクよりも高くなるとともに，買収子会社や，海外を含めた遠隔地に所在する子会社，親会社の本業とは異なる事業やノンコア事業を行っている子会社で不正が生じることが多い。この点，子会社において不正会計が行われた親会社の弁としては，親会社の目が行き届いていなかった，ゆえに，その対応が難しかったとする。しかしながら，経営の観点で考えた場合，目の行き届かない子会社の存在は，経営の放棄（リスクの放置）と同義である。すなわち，目の行き届かない子会社とは，親会社によるコントロールができていないということである。この原因が，ガバナンスの問題であるのか，親会社における子会社管理に係る内部統制の整備・運用の問題であるのかを問わず，結果として，親会社の子会社管理ができていないことを意味する。

　したがって，本来的には，ある事業に関して子会社化する必要性をガバナンスの観点から検討するとともに，内部統制としての子会社管理の在り方を人的資源を中心とした経営資源の有無も含めて検討し，また，子会社化した後においても，親会社のガバナンス及び内部統制の運用も含めた適切な子会社管理を行うことにより，子会社とのシナジー効果を含めた企業グループ全体の企業価値の向上に資するものとなり，併せて，子会社における不正会計への対応が可能となるのである。

2 子会社不正の予防

1 親会社のガバナンスの観点から

(1) 経営課題としての子会社管理

　親会社による子会社に対するガバナンスの機能不全，及び，親会社の子会社管理に係る内部統制の機能不全が，子会社をブラックボックス化し，子会社における不正会計の機会となる。子会社不正の予防の観点からは，この子会社のブラックボックス化をいかに回避するかが重要となる。

　子会社のブラックボックス化は，親会社の子会社管理の問題である。そして，それは，単に不正対応のためだけの子会社管理の問題ではなく，本質的には，企業価値の向上に資する経営を行うための経営課題としての子会社管理の問題である。子会社における不正対応のための子会社管理は，この経営課題としての子会社管理に付随するものである。そもそも，ある事業を子会社化するか否かは，経営判断である。経営者は，企業理念に基づいた中長期の経営戦略を策定し，事業を進めていく。そのために，どのような組織体制で事業を進めていくのが，有効かつ効率的であるかを考える。単体の企業として事業を行うのか。それとも一部の事業は子会社化するのか。又は，今後の事業展開を考え，当該事業を行っている他の企業を買収し子会社化して事業を行うのか。事業毎に分社化して持株会社として事業を行うのか。その選択肢は，企業の経営環境，経営資源等の条件により様々であり，どのような形にするかは，経営判断である。そして，仮に，ある事業を子会社化してグループ全体として事業を行うとの経営判断を行ったのであれば，当然に子会社の事業も含めて，親会社における経営の対象となる。した

がって，子会社がブラックボックス化した状態は，経営の放棄であり，また，経営の失敗に他ならない。子会社管理は，単に子会社における不正会計の予防・早期発見のためにあるのではなく，あくまでも経営者が，企業グループ全体の経営に関する最高責任者として，企業グループ全体をコントロールするための経営手法なのである。

　なお，先にも述べたが，子会社における不正会計が発覚した際に，親会社の経営者から「目が行き届かなった」との弁明がなされることがある。子会社の事業が，親会社の本業以外の会社であったから，親会社とは異業種であったから，グループ全体ではノンコア事業であったから，だから，「目が行き届かなかった」との反省の弁である。しかし，「目が行き届かなった」のではなく，実は「目を行き届かせていなかった」のである。子会社化する必要性，子会社の事業の必要性等を十分に認識していなかったから目を行き届かせていなかったのかもしれない。そもそも，子会社化する必要性も，子会社で行っている事業の必要性も乏しかったのかもしれない。ただ，何となく子会社として存在していただけなのかもしれない。いずれにせよ，子会社の状況について目を行き届かせていなかったのは，経営者としての「問題意識」の欠如に他ならず，経営者としての職業的懐疑心の欠如に他ならない。また，ガバナンスの観点からは，子会社管理に対するガバナンスの機能不全であり，経営者以外の取締役等の職業的懐疑心の欠如にも起因するものである。

　したがって，子会社における不正会計の予防に当たっては，まず，企業価値の向上に資する経営課題としての子会社化の要否等の経営判断も含めた子会社管理を適切に行うことが，何よりも肝要となる。

（2）企業グループ全体のコンプライアンス意識の醸成

　不正会計の予防は，健全なガバナンス機能が発揮され，内部統制が有効に機能することが何よりも大事である。そして，内部統制が有効に機能するためには，内部統制を運用する役職員のコンプライアンス意識の醸成が不可欠となる。これは，子会社における不正会計の予防に関しても同じである。

コンプライアンス意識の醸成は，企業価値の向上に資する経営を行うためにも不可欠であり，企業グループ全体の企業価値の向上に資する経営を行うためには，子会社も含めた企業グループ全体のコンプライアンス意識を醸成するための取り組みがなされなければならない。

2 親会社の内部統制の観点から

(1) 子会社管理の体制の整備

　親会社の内部統制の観点から子会社管理を考える場合，それは，結局のところ，親会社として子会社の事業に何を期待し，どのような成果を求めているのか，その点を明確にすることから始まる。そして，それは経営者の役割であり，経営者がその役割を適切に果たしているかの監視・監督を行うのが，ガバナンスの役割となる。

　その上で，内部統制の観点から，子会社における不正会計の予防に資する子会社管理の在り方を考える。

　内部統制は，経営のための仕組みであり，ある事業を子会社化して進めていくと経営者が判断したのであれば，経営者にとって，子会社の事業が有効かつ効率的に進められているかどうかを把握するための仕組み，すなわち，子会社管理のための内部統制が必要となる。内部統制の在り方は，企業の実態に応じて様々である。ゆえに，内部統制を意味のあるものにするためには，目的を正しく理解し，その上で，会社の実態に応じて合目的かつ有意な仕組みを創意工夫で考えるしかない。そして，そのような内部統制を作り上げるためには，経営者の意識が重要となる。子会社管理が有効に行えるかどうかは，他の内部統制と同様に，経営者の子会社管理の意識が強く影響を与えるのである。経営者の子会社を管理する意識が希薄だからこそ，担当部署の従業員の意識も希薄となり，結果として子会社管理が機能不全となるのである。

　そして，そもそも，経営者の子会社管理の意識が希薄であるということは，事

業における子会社の必要性が乏しいことの裏返しでもある。子会社を利用して当該事業を行う必要性が乏しいのであれば，極論をすれば，経営資源の無駄遣いに他ならない。子会社における人・物・金の経営資源を別の事業に振り替えれば，より企業価値の向上に資する成果が出せるかもしれないのである。したがって，子会社管理のための内部統制は，子会社化に係る適切な経営判断を前提に有効に機能するのであって，この前提を欠く場合には，内部統制の問題ではなく，ガバナンスの問題となる。

　なお，子会社管理における子会社の「管理」とは，当然のことながら，子会社に予算必達等のプレッシャーをかけて，単に締め付けることではない。子会社における事業をいかに有効かつ効率的に行うかという視点での管理である。すなわち，予算が達成できなければ，何が問題で，何を改善する必要があるのかを把握するための管理である。予算が達成するかどうか，それ自体も重要ではあるが，より重要なのは，子会社における業務の実態を適切に把握し，今後の事業の遂行に係る検討課題を洗い出すことにある。

（2）内部通報制度の整備・運用

　すでに述べたとおり，内部通報制度は，内部統制の不完全性を補完するものとして，法令違反や規程等違反に係る事実またはその可能性について，企業の役職員に対して，通報窓口への通報を求める制度であり，企業の役職員のコンプライアンス意識の醸成を前提に，その適切な運用を期待するものである。そして，適切に整備・運用されている内部通報制度の存在が，経営者不正及び従業員不正の抑止力ともなる。

　したがって，子会社不正の予防の観点からも，子会社における経営者及び従業員による不正に対する抑止力として，企業グループ全体の役職員を対象とした内部通報制度の適切な整備・運用が有用となる。

3 子会社の内部統制の観点から

　子会社における従業員による不正会計を予防するためには，何よりもまず子会社において有効な内部統制を整備・運用することに尽きる。この点，「第四部 従業員不正に立ち向かう」における内部統制の整備・運用と同様である。

　なお，子会社における有効な内部統制の整備・運用に関しては，子会社の経営者の姿勢が重要であり，また，子会社に対する親会社のガバナンスの在り方が大きく影響する。そして，それは親会社のガバナンスの在り方の問題でもある。

3 子会社不正の早期発見

1 職業的懐疑心の保持・発揮

　子会社において不正会計が行われた場合，これを早期に発見するためには，子会社における不正会計の「端緒」をいかに早期に把握し得るかがポイントとなる。

　不正会計の端緒の把握のための視点は，子会社管理の視点と表裏一体である。企業の経営戦略に基づき子会社化した事業をいかに管理するか。この問題意識が大前提となる。この問題意識が欠如した時に，親会社において子会社がブラックボックス化し，子会社における不正の機会となる。

　例えば，子会社が販売子会社であれば，子会社における売掛金の滞留状況は，一つの管理要点となる。この売掛金の滞留状況について，漫然と毎月報告を受けるだけなのか，それとも，子会社の事業の状況を踏まえて，売掛金の滞留期間が長期化した場合に，違和感を覚え，その理由等について質問をするかの違いである。子会社管理の一環として，売掛金の滞留期間の報告を受ける第一義的な趣旨は，子会社における事業の有効性及び効率性を把握するためのものである。したがって，当該情報を受け取る側が何ら問題意識を持たず，ただ漫然と情報を受け取っていた場合には，毎月の報告もただの儀式，セレモニーに成り下がる。しかし，問題意識をもってその報告を受けていた場合には，何かひっかかりがあれば，違和感を覚え，理由を尋ね，事実を確認するという行動につながる。すなわち，平時における職業的懐疑心の保持・発揮である。その上で，子会社からの回答が曖昧であり，具体性・合理性に欠け，納得のいくものでなかった時に，不正の可能性を考えることになる。すなわち，有事の職業的懐疑心の保持・発揮であ

り，不正の端緒の把握へとつながるのである。

　このように，不正の端緒の把握は，経営の過程で把握される。そして，その把握のためには，平時における職業的懐疑心を保持・発揮し，それでも納得感が得られなかった時に，有事における職業的懐疑心へとシフトさせることが必要となるのである。

2 子会社不正の早期発見――ガバナンスの観点から

　子会社不正の早期発見は，ガバナンスの観点からは，適切な取締役会等の運用においても可能である。例えば，取締役会においてなされた海外子会社からの月次の業務報告の中で，売上と利益の関係が従来と異なることに違和感を覚えた取締役会が，経営企画室，内部監査部門に指示をして事実解明を行った結果，子会社における不正会計が判明した例もある（第五部 4「 2 　ニチリン事案」参照）。

　当然のことながら，子会社の不正会計の端緒を取締役会等の議論において把握できない場合もあり得るが，把握できる場合もあるのである。取締役が，監査役がそれぞれの職業的懐疑心を保持・発揮し，ガバナンスを担う者としての役割を適切に果たす過程において，不正の端緒の把握は可能となる。しかしながら，取締役や監査役等が，「子会社における不正会計などわかるわけがない」と考えるならば，それは思考停止の状態であり，問題意識が欠如した状態となる。問題意識が欠如している者に職業的懐疑心は醸成されない。その時点で，ガバナンスを担う取締役，監査役等としての資質を欠くと言わざるを得ない。

　ゆえに，不正の端緒の把握ができる可能性がある限りにおいては，職業的懐疑心を保持し取締役，監査役等としての職務を遂行することで，まずは平時における職業的懐疑心に基づき，企業価値の向上に資する経営の一環としての子会社管理及びそれに対するガバナンスを効かせるべきとなる。その結果，子会社不正の発見に至るのである。

3 子会社不正の早期発見──内部統制の観点から

　子会社不正の早期発見に資する内部統制としては、端緒の把握という観点から、①適切な子会社管理の整備・運用、②有効な子会社監査の実施、③子会社の財務数値を利用した不正会計発見のための内部統制、④内部通報制度、⑤買収子会社に係る適切な財務デューデリジェンスの実施等がある。

(1) 適切な子会社管理の整備・運用

　子会社不正の予防は、子会社管理に係る内部統制の適切な整備・運用が重要となる。そして、子会社不正の早期発見は、子会社管理に係る内部統制の適切な整備を前提に、当該内部統制の適切な運用により可能となる。

　適切に整備された子会社管理に係る内部統制における管理要点（経営管理指標等）は、子会社における業務の実態を把握するための管理要点であるとともに、子会社において不正が行われた場合に、その兆候を示す端緒ともなり得るものである。例えば、毎月の子会社の月次決算に係る報告の中で、過年度と比較して、売上原価率が上昇した理由を突き詰めた場合に、過年度において、不正会計が行われており、その手口が「実際原価の資産への付替えによる利益の水増し」であったところ、在庫等に計上された架空資産が多額となったことから、当該架空資産の存在が端緒となり不正会計の発覚を避けるため、当該架空資産を原価に少しずつ戻していたことから、売上原価率が上昇する原因となっていたことが判明し、不正会計が発覚することになる。

　このように、本来の子会社管理の目的である子会社における事業が有効かつ効率的に行われているか否かの観点で、子会社からの月次の業績報告を検討していたところ、売上原価率の上昇という業務上の問題点の兆候を把握したことから、当該問題点に係る原因分析を行った結果、不正会計が発覚するということもあり得るのである。

　ゆえに、子会社の不正の早期発見の観点からは、適切な子会社管理の運用が重要となるのである。その際に重要なことは、子会社管理の運用に係る担当者の職

業的懐疑心の保持・発揮となる。

(2) 有効な子会社監査の実施

　親会社における内部監査部門による子会社監査も，子会社不正の端緒を把握するための内部統制の一つとして有用である。子会社監査も通常の内部監査同様，基本的には，準拠性監査，すなわち，子会社における規程等に基づき，業務が適切に行われているかの監査となる。そして，子会社における業務が規程等に準拠して行われていない事実を把握したのであれば，まずは，当該事実を業務上の問題点の端緒として認識し，当該事実に係る原因等を解明し，その上で，必要に応じて，不正が行われていることに起因する問題点なのかを見極めるのである。

　子会社監査が不正の早期発見に資するか否かも，やはり，子会社監査の運用に係る担当者の職業的懐疑心の保持・発揮が重要となる。

(3) 子会社の財務数値を利用した不正会計の早期発見のための内部統制の整備・運用

　財務数値を利用した不正会計の早期発見のための内部統制に関しては，第四部 ④「⑤　財務数値を利用した不正会計の発見のための内部統制の整備・運用」において説明した。

　子会社において不正会計が行われていた場合，当該事実を発見するためには，子会社の財務諸表における不正の兆候を把握することが有用となる。特に，子会社の数が多い場合には，財務諸表から不正の兆候を読み取ることが，子会社における不正会計の早期発見に資するものとなる。

　このため，子会社の財務諸表から不正の兆候を把握する職務を行う担当部署を職務分掌において規定し，これを業務として行う体制を整備し，継続して行うことにより，財務諸表から不正の兆候を把握するというノウハウを蓄積することが必要である。また，当該業務を行うことにより，子会社においても，親会社から見られているという意識を持たせることにより，不正の実行に際しての一定の抑止力となることが期待し得るものとなる。

3　子会社不正の早期発見

（4）有効な内部通報制度の整備・運用

　内部通報制度に関しては，第四部④「⑦　内部通報制度の整備・運用」において述べたとおりである。

　子会社不正の予防に関しても有効な内部通報制度の整備・運用は有用である。企業グループ全体において，共通の内部通報制度を整備し，これを企業グループ全体の役職員に対して周知徹底することにより，子会社における不正の端緒の把握に資するとともに，子会社における不正の抑止力ともなる。

　なお，内部通報制度を機能させるためには，企業グループ全体の役職員のコンプライアンス意識の醸成が前提となる。この点も併せた取り組みが必要となる。

（5）買収子会社に係る適切な財務デューデリジェンスの実施

　特に重要な子会社における不正会計リスクの一つが，買収子会社における不正会計リスクである。買収子会社における不正会計の早期発見としては，何よりも買収子会社に係る適切な財務デューデリジェンスの実施が有用である。

　過去の子会社における不正会計事案において，買収後に，買収した子会社における不正会計が発覚した事案が多くある。これは，買収時に被買収会社に係る財務デューデリジェンスが適切に実施されていなかったことがその原因の一つにある。そして，買収時における財務デューデリジェンスを適切に行うかどうかは，ガバナンスの観点からの問題となる。

　したがって，子会社を買収する際には，当該子会社の買収の要否を含めた子会社管理に係るガバナンスの観点から，ガバナンスを担う取締役，監査役等がそれぞれの職業的懐疑心を保持・発揮することにより検討しなければならず，その際には，当該検討に係る前提として適切な財務デューデリジェンスの実施が不可欠となる。そして，適切な財務デューデリジェンスの実施が被買収会社における不正会計の早期発見に資することとなる。

4 子会社における不正会計事例

　子会社における不正会計もまた，数多くの事案がある。ここでは，沖電気事案（平成24年），及びニチリン事案（平成24年）を紹介するが，その他，第三者委員会等の調査報告書，課徴金事例集（開示検査事例集），事件本，判例等を参照されたい。

1 沖電気事案

　本事案は，海外子会社の経営者による不正会計事案であり，親会社等における子会社管理の機能不全をその機会とする。また，本事案は，周囲から優秀と評価される者の業務がブラックボックス化することにより不正が生じる事例ともなる。

　本事案の発覚に至る経緯は，当初は，海外子会社における「売上債権の早期回収及び滞留在庫の改善等」の経営課題の把握であり，親会社における子会社管理に係る平時における職業的懐疑心の保持・発揮が，不正発見に至る可能性を示す事案となる。ただし，その過程において親会社の副社長及び常務取締役が，不正の存在可能性を示す情報の報告を受けており，不正の端緒に接しながら有事における職業的懐疑心の保持・発揮がなされなかったことが，不正発覚の遅れにつながっている。また，本事案の動機が，「欧州経済状態等を無視した販売計画を実現するためのもの」等であり，予算統制が適切に運用されていなかったことが本事案の背景的事情の一つとなろう。

　以下，沖電気工業株式会社「調査報告書（要約版）」（以下，「調査報告書」という。）（沖電気工業株式会社外部調査委員会，平成24年9月11日）に基づく，沖

電気事案の概要である。

（1）事案の概要

　沖電気工業株式会社（以下，「沖電気」という。）（東証・大証1部）は，OKIグループとして，情報通信・メカトロシステム・プリンター・EMSの4事業及びその他について，製品の製造・販売，システムの構築・ソリューションの提供，工事・保守及びその他サービスを行い，沖電気，連結子会社94社，持分法適用会社4社及びその他の関連会社1社からなる。

　本事案は，沖電気の曾孫会社である OKI SYSTEMS IBERICA,S.A.U（所在国：スペイン）（以下，「OSIB」という。）において押し込み販売等の不正会計が行われた事案である。OSIB は，プリンタ事業を担当する株式会社沖データ（以下，「ODC」という。）（沖電気の連結子会社）の関係会社で，欧州市場販売を統括している OKI EUROPE LTD.（以下，「OEL」という。）傘下でスペイン，ポルトガルを担当する販売子会社である。

　OSIB における不正会計の沖電気の連結業績に与えた影響は，平成19年3月期の期首から平成25年3月期第1四半期までの6年3か月間の累計で，売上高が75億円の減少，営業利益が216億円の損失，当期純利益が308億円の損失，純資産が244億円の減少となった。

（2）発覚の経緯

　沖電気は，ODC を通じ，平成23年4月以降，スペイン所在の海外連結子会社である OSIB における売上債権の早期回収及び滞留在庫の改善等を目的として，OSIB に対する調査及び改善計画の進捗のモニタリングを行っていたところ，平成24年6月初旬に至って，OSIB 社長が OSIB の会計システムに記録されている数値自体が不正確なものであることを告白した。

　なお，本事案は，平成23年4月以降の経営課題の改善に係る調査において，最終的に OSIB 社の告白によりその発覚に至ったが，しかし，発覚の約1年前の平成23年6月には，沖電気の取締役副社長及び常務取締役は，調査を担当していた

ODC常務理事より，OSIBの問題が，売掛金や流通在庫の増大といった問題のみならず，売掛金として計上されているものが貸付金として認識すべきものであること，及び，重複ファイナンスの存在等の不正の存在の可能性を示す問題についての指摘も受けていたにもかかわらず，これを放置したため，本事案の発覚が遅れたとの経緯がある。

（3）不正行為の概要

本事案における不正行為の概要は，以下のとおりである。

ア　プリンタ及び消耗品事業における押し込み販売等

OSIBでは，収益目標の達成を目的としてディストリビューターの販売能力を超える数量の商品販売を行った結果，当該ディストリビューターが過剰な在庫を抱え，支払いが停滞しそうになると実質的な支払期限を延長することを目的に，OSIBが一旦売上請求を取り消し，新しい日付で実体を伴わない売上請求書を発行していた（架空売上の計上）。当該処理を繰り返すことにより，回収不能な売上債権をあたかも正常債権かの如く仮装していたものである。

また，当該仮装行為に加え，実体を伴わない売上債権の架空計上も行い，当該架空債権をファクタリングすることにより確保した資金を，ディストリビューターに提供し，当該資金をOSIBに送金させ，OSIBの売上債権を回収したかの如く偽装し，資金循環による回収不能な売上債権の隠蔽を行っていた。

イ　テレビ販売活動における債務の未計上及び売掛金の過少計上

OSIBは，平成18年より自主事業として，仲介業者（Q社）を通じてテレビ販売を行っていたところ，近年の液晶テレビの価格競争の激化により，Q社の資金繰りが悪化したため，Q社に対する資金支援を目的に不正会計が行われていた。資金支援を行った背景には，OSIBにおいて大きなビジネスに成長してしまったテレビ販売活動を止めるわけにはいかなかったこと，Q社との密接な関係を維持することにあった。

Q社に係る不正会計は，Q社に対する売上債権を隠蔽するために行われた処理と，テレビ製造会社（R社）に対するQ社の仕入債務を肩代わりするために行われた処理であった。売上債権の隠蔽においては，実在しない未着品と在庫，及び，預金，借入金，他社からの入金等を流用したQ社売上債権の減額偽装が行われていた。また，仕入債務の肩代わりにおいては，実質連帯保証となっていた債務は計上されていなかった。

ウ　同一売掛金を利用したファクタリングと手形割引の重複ファイナンス

　OSIBは，長期化した売上債権を流動化し，運転資金を調達するため，ファクタリングを実施する一方，これと同時に当該売上債権を手形で回収し，金融機関に割引依頼して換金することにより，同一の売掛金から二重に資金調達を行う不正処理を行っていた。

エ　その他不適切な会計処理

　その他，ディストリビューターに対するリベート負担額の未計上，OSIBからOSIB社長個人に対する貸付，取引先からの前受金を計上せず当該取引先以外の売掛金消し込みに充当する会計処理，借入を売掛金の減少と偽った会計処理が行われていた。

（4）動機

　調査報告書によれば，OSIBによる過度の押し込み販売は，欧州経済状態等を無視したODCの販売計画を実現するためのものであり，本事案に係るOSIB社長の動機としては，OSIB，ひいてはOEL及びODCの予算達成を企図していた可能性がある旨指摘する。

　また，調査報告書においては，OSIB社長の報酬が，年度毎の業績に連動するボーナスも支払われることになっており，また，実際に平成21年度のボーナスが目立って高額となっていることから，その可能性があることは指摘するが，一方でそれを裏付ける事情はなかったとする。さらに，OSIB社長が，ODC及び

OELにおける高い評価を維持するため，プリンタ事業が縮小する中でも無理して予算達成を図ろうと考えた可能性も指摘するが，同様に可能性の指摘に止めている。

(5) 正当化

OSIB 社長は，押し込み販売に関して，それが不適切なものであることを否定した上で，販売機会の喪失を回避する必要があること，OSIB の売上拡大及びそれに伴い資金的に行き詰まったディストリビューターの救済を図ることが，OEL 及び ODC の利益に繋がったと説明する。

(6) 機会

本事案の機会は，以下に挙げる「機会」を作り出すことを可能にしたという意味において，ODC 及び OEL が OSIB を管理する手段を手放したことにある。

ア　OSIB 特有の会計システムの仕様及び設定

OSIB が利用する会計システムは，OEL 傘下にある他の販売子会社も利用しているものと同じで，多くの販売子会社においては，売上・売掛金の計上と，売上原価の計上及び在庫の移動に関する処理を同時に行う仕様となっている。しかし，OSIB は，他国の販売会社の多くとは異なり国内に外部倉庫を有していることから，売上・売掛金と売上原価・棚卸資産（在庫）の連動性を解除して OSIB でこれを管理する仕様となっていた。このため，OSIB では売上・売掛金と売上原価・棚卸資産（在庫）が連動しない処理を行ったとしても，それらの整合性に関してシステム上エラーとして検知されないような状態となっていた。

このような状況が，実体を伴わない売上の計上を可能にし，かつ，発覚を遅らせる重要な要因となった。

イ　独自の資金調達

OSIB を除く OEL の下にある欧州販売子会社は，自主的な資金調達を行って

おらず，資金を要する場合には，OELないしはODCから調達していた。これに対し，OSIBは，売掛金のファクタリング及び手形割引による資金調達を行っており，OELやODCにその詳細を知られることなく，必要な資金を調達することができた。

ウ　OSIB社長に対する遠慮

OSIB社長は，OSIBの設立以降一貫してOSIBの実務をすべて掌握していたこと，さらに，スペインにおけるプリンタのシェアを急伸させるといった実績があり，ODCやOELの中でも，経営者として高い評価が固定化しており，同氏に対し疑問をぶつけることや，同氏の方針と異なる提案をすることは，容易ではなく，実際，同氏の反対を排して計画を実践することは，ほとんどなかった。

2 ニチリン事案

本事案は，海外子会社の経営者による不正会計事案であり，子会社におけるガバナンスの機能不全をその機会とする。

本事案は，親会社による子会社管理に係るガバナンスの観点からは，不正の予防に資するものとはならなかったものの，子会社からの月次業績報告を端緒として問題点の存在の可能性を把握し，かつ，適切な事実解明に係る指示を行っており，その意味では，親会社によるガバナンスが，子会社における不正会計の早期発見に資するものとなった事例となる。また，親会社によるガバナンスが早期に機能したことから，海外子会社社長らに対する不正の抑止効果が生じたことも認められ，不正な在庫の水増し処理は早期に解消されることとなった。この点，親会社による対応が遅れた場合には，海外子会社のその後の状況次第では，さらなる不適切な会計処理の可能性が考えられ，その場合には，影響額の増加等による被害の拡大の可能性も思料されるところであった。

以下，株式会社ニチリン「調査報告書」（株式会社ニチリン調査委員会，平成24年11月16日）に基づく，ニチリン事案の概要である。

（1）事案の概要

　株式会社ニチリン（以下，「ニチリン」という。）（大証2部）は，自動車用ホース類を主とするゴム製品の製造・販売を主たる事業とする企業であり，企業グループは，ニチリン，連結子会社13社，持分法適用会社5社及びその他の関連会社1社からなる。

　本事案は，ニチリンの海外子会社であるニチリンテネシーインク（以下，「NNT社」という。）（米国テネシー州）において，平成23年12月期から平成24年6月までの間に，主に，①不正な操作による棚卸資産の過大計上，②未払材料費として計上されていた買掛金の取り崩しによる利益計上等が行われたものである。

　なお，NNT社は，自動車用ホース類の製造・販売を主な事業としており，平成14年に，同じくニチリンの子会社で，自動車用ホース類の販売等を主な事業とするニチリンインク（以下，「NNI社」という。）（カナダオンタリオ州）とニチリンの合弁会社として設立された（ニチリン30％，NNI社70％）。NNT社では，その後，平成17年及び平成19年に増資を行い，その株主構成は，ニチリン70％，NNI社15％，その他（ニチリン子会社）15％となっている。

（2）発覚の経緯

　ニチリンでは，子会社に対して月次業績報告を義務付けていたところ，NNT社の月次業績報告に関して，平成24年5月頃から，売上の増減と利益の増減が連動しない傾向を示していたため，ニチリンの取締役会は，子会社管理部門である経営企画部に調査を指示し，各種のケースを想定し原因調査を行わせたが，究明には至らなかった。しかしながら，その後，NNT社社長への聞き取り調査等から，NNT社の棚卸資産残高に問題があると思われたため，ニチリン内部監査室による定期的な内部統制監査実施時（平成24年8月27日から同月31日）にNNT社の棚卸資産について重点監査するよう指示を行った。

　ニチリン内部監査室は，当該指示に基づき，現地での実地棚卸集計表と経理在庫品集計表との抜き取り照合を行った結果，NNT社が平成24年6月末日（第2

四半期決算日）現在の在庫金額を過大に計上している疑念が高まった。この時点で，ＮＮＴ社社長からニチリン社長に対し，不適切な会計処理を行っていた旨の報告があった。

（3）不正行為の概要

　本事案における不正行為の概要は，以下のとおりである。

ア　不正な操作による棚卸資産の過大計上

　平成24年１月13日頃，ＮＮＴ社の平成23年12月決算監査の準備手続として，同社内部で実地棚卸集計表に基づき在庫金額を計算したところ，社内速報値として平成23年12月度の単月で約2,300千ドルの営業損失が発生することが判明した。

　この事実を知ったＮＮＴ社社長は，同日，ＮＮＴ社の経理部長，製造部長，及び購買・生産管理課長らと対策会議を開き，会議参加者に対して，営業損失を回避する方法として，未払材料費として計上していた買掛金の取崩し等により手当可能な金額を除く1,300千ドルについて在庫の過大計上を行うことを指示した。

　この指示に基づき，経理部長らは，会計帳簿のデータを改竄することにより，部品等の在庫の過大計上等の不適切な会計処理を行い，これにより製造原価を引き下げ，727千ドルの利益の過大計上を行った。

　なお，当初予定の在庫水増し金額（1,300千ドル）と実際の水増し金額（727千ドル）が異なるのは，経理部長から実際の在庫データの入力作業を行う経理課長に対する指示が徹底されていなかったためである。

　ＮＴＴ社社長は，さらに，平成24年第１四半期及び同年第２四半期末においても，経理部長等に対して在庫の積み増しを指示し，在庫全般について追加の過大計上を行った。

イ　未払材料費として計上されていた買掛金の取崩しによる利益計上

　ＮＮＴ社においては，平成19年以降請求がなく，未払材料費として計上していた仕入先向け買掛金を平成23年12月期において取り崩すことにより608千ドルの

利益とする処理を行った。

（4）動機

ア　親会社への報告値に関するプレッシャー

　ＮＮＴ社においては，平成23年10月度までは月次ベースで営業利益を計上していたところ，平成23年10月度の在庫計算においては，タイの洪水等の影響を受けた社内業務の混乱等から，簡便的に，材料費率（売上に対する材料費の割合）を使用して計算した材料使用高に基づき在庫金額を算出したが，実態と乖離した低い材料費率を用いて計算してしまったため，材料の使用量が少なく算定され，そのため月次の在庫金額が実際よりも多く計上されることとなった。この実態と乖離した材料費率は，翌月の平成23年11月度においても在庫金額の算定の際に使用され，この結果，平成23年10月度及び11月度は利益が過大に計上されることとなった。しかしながら，同年12月末に実施した実地棚卸による在庫金額の確定の結果，同年12月度の月次決算において，同年10月度及び11月度の営業利益の過大計上が修正されることとなり，結果，平成23年12月期における約2,300千ドルの営業損失が判明した。

　ところが，ＮＮＴ社長は，平成23年12月にニチリンで開催された子会社及び関連会社の各社長が出席するトップマネージメントカンファレンス（以下，「ＴＭＣ」という。）において，平成23年12月期の見込みとして営業利益が417千ドルである旨報告していたため，ＮＮＴ社社長は，平成24年1月13日頃に，部下から営業損失となる旨の報告を受けたものの，その時点では営業損失の原因が不明であったこともあり，ＮＮＴ社社長は，自らが「正しいと考える金額」とするため，約2,300千ドルの営業損失の回避を経理部長等に指示したものである。

イ　自己の地位保全

　ＮＮＴ社社長は，ニチリン入社以前の総合商社勤務時代に，ニチリンの米国子会社への出向を経て，平成15年4月にニチリンに入社し，平成19年3月にニチリ

ン取締役（北米地域担当）に就任し，その後，平成23年３月に北南米地域総括取締役となり，同年４月にＮＮＴ社社長に就任した。

　調査報告書においては，ＮＮＴ社社長に対するヒアリング等の結果から，ＮＮＴ社社長においては，平成23年12月期の営業損失が明るみとなれば，ＮＮＴ社の社長として，また，ニチリンの取締役としての自らの地位や社内的評価が脅かされると危惧した個人的な心情があったものと認定している。

（５）正当化

　ＮＮＴ社社長は，平成23年12月期の営業損失が明らかになるまでは，部下より同期は営業利益となる見込みである旨報告を受けており，「見込値が正しい」と思い込むことにより自らを正当化したものと思料される。

　また，ＮＮＴ社社長は，平成23年12月期は，東日本大震災やタイ洪水が原因で業績の悪化したものの，平成24年12月期は主要顧客である各自動車メーカーの挽回生産が期待でき，業績の急回復が見込まれていたことから，1,300千ドルの在庫の過大計上に関しては，平成24年度12月期の各月次の営業利益から毎月約100千ドルを１年間かけて取り崩せると考えることにより正当化した。

　なお，実際には，平成24年に入ってからは，平成24年１月度及び２月度は，営業利益（月次）を計上したことから，予定通り在庫の過大計上の取崩しにより営業利益を100千ドル少なく計上したものの，同年３月度では営業損失（月次）となり，追加で479千ドルの在庫の過大計上を行うこととなった。

　さらに，同年４月度及び５月度では，ニチリンの取締役会の指摘に基づく経営企画部等の調査があったため，在庫の水増し計上の発覚を恐れ，また，平成24年度下期においては，新製品の売上増加による利益計上も見込まれたことから，月次の営業損益の状況を見ながら，在庫の過大計上と取崩しを繰り返し，同年６月度では，見込以上の営業利益となったため，634千ドルの在庫の過大計上の取崩しを行い，同月末時点での在庫の過大計上は，946千ドルとなった。

　そして，平成24年８月からの流動品番の変更（モデルチェンジによる受注品番の変更）が利益をもたらす見込みであったことから，一連の在庫操作を早期に止

める必要があると考え，平成24年7月度において946千ドルの在庫の過大計上の取崩しを行い，この時点で在庫の過大計上を解消した。

（6）機会

　ＮＮＴ社の取締役会は，ＮＮＴ社社長の他，取締役会長1名，その他取締役2名（非常勤）であり，実務権限がＮＮＴ社社長に集中していたと思料され，また，ＮＮＴ社においては，ＮＮＴ社社長が就任した平成23年4月以降，正式な取締役会は開催されておらず，非常勤取締役との電話会議が2～3ヶ月に一度開催されただけであり，ＮＮＴ社の取締役会のガバナンスは機能不全の状態であった。

　なお，ＮＮＴ社社長からの不正の指示に対しては，当初，経理部長らは，赤字の事実を親会社に正直に伝えるべきだとの意見を述べていたほか，平成24年3月頃からも不正操作の実行を思い止まるように諫言し，その後も数回にわたり同様の発言を行ったものの，結果的に不正の指示に基づき，在庫の過大計上を実行し，さらに，同年6月においては，購買・生産管理課長は，在庫水増し操作の指示を明確に拒絶したものの，ＮＮＴ社社長から経理部長を通じて水増し操作の指示を受けた経理課長が困惑をしている様子を見て，やむなく不正操作の実行を行った。

　また，経理部長らにおいても在庫の水増し操作を行ったとしても1年程度の期間があれば，その間の営業利益を用いて少しずつ水増し分を修正することが可能であると考えていた。

4 子会社における不正会計事例

5 子会社不正にいかに立ち向かうか

> 以上を踏まえて，今，我々は，子会社不正にいかに立ち向かうかについて考えたい。

1 子会社不正の機会としてのブラックボックス化

　子会社不正の予防・早期発見は，第一義的には，子会社におけるガバナンス及び内部統制によるものとなる。しかしながら，子会社不正の最大の機会となるのは，親会社における子会社のブラックボックス化である。

　親会社において子会社の経営実態及び事業活動の実態を適切に把握しようとしていないことから，子会社の経営実態及び事業活動の実態がみえなくなり，親会社において子会社がブラックボックス化してしまうのである。この結果，子会社において，子会社の経営者が不正を行うことを可能とし，また，子会社の経営者が有効な内部統制の整備・運用を行っていないことが放置されることにより，子会社の従業員が不正を行うことを可能とするのである。

2 経営問題としての子会社不正対応

　しかしながら，子会社のブラックボックス化の問題は，単に子会社における不正会計の問題だけではない。そもそも，企業グループ全体における事業の有効性・効率性の観点からの子会社管理に係るガバナンス及び親会社の内部統制の問題でもある。すなわち，子会社において不正会計が行われる機会となる子会社の

ブラックボックス化は，親会社において，形としての子会社管理は行っていたとしても，企業価値の向上に資する経営の観点からの，子会社における経営実態及び事業活動の実態を把握するための真の子会社管理が行われていないことの結果でもある。

ゆえに，子会社不正は，親会社の経営者の経営責任の問題である。子会社における不正会計が発覚した際に，親会社の経営者の弁明として，「子会社が親会社の業態と異なっていたので実態を把握しきれていなかった」「子会社が，海外子会社であったため実態を把握しきれていなかった」「子会社が，地方にあったため本社の目が行き届かなった」等の言い訳が良く聞かれる。これらは，ある意味，経営者自身の経営責任の放棄に他ならない。そして，その状態を放置していた取締役会等のガバナンスの問題でもある。

確かに，最も責めを受けるべきは，実際に不正を行った子会社の役職員である。しかしながら，一方で，そのような子会社の役職員が不正を行い得る「機会」を作ってしまったのは，親会社の経営者である。大きな企業になればなるほど，子会社が多くなればなるほど，目を行き届かせるのは難しい。しかし，そのような状況にしたのは，親会社の経営者自身の経営判断でもある。また，そもそも，子会社で不正が生じるような子会社管理を行っていたのでは，子会社を通じて行っていた事業の経営もどの程度実効性をもって行えていたのであろう。当然のことながら，多忙な経営者自身に対して，多くの子会社の隅々にまで目を配れという話ではない。子会社の経営実態・事業実態を把握し管理する「仕組み」を作るという方針を出すこと，そして，その方針に基づいて子会社管理の仕組みを有効に機能させることが，経営者の責任である。

子会社は，その数が多くなればなるほど，経営は難しくなる。だからこそ，である。だからこそ，経営者は，子会社化して事業を展開するのであれば，子会社を管理する適切かつ有効な仕組みを整備・運用しなければならない。そして，それが内部統制なのである。

3 何を考えるべきか

　内部統制が有効に機能するためには，内部統制の整備・運用に関わる企業の役職員のコンプライアンス意識の醸成と職業的懐疑心の醸成が，その前提となる。

　子会社不正への対応の悩みとして，子会社の役職員の意識の在り方が問題であるとの声を聞くことがある。うちの子会社の役職員は，上場企業のグループ会社としての意識が低いと。確かに，上場企業のグループ会社であったとしても，実際に働いている会社が非上場企業であれば，上場企業としての意識は薄く，その問題は確かにあるかもしれない。しかし，グループ会社でありながら，上場企業としての意識が低いのは，上場企業である親会社からの子会社の役職員に対する働きかけが不十分であることも原因の一つである。むしろ，子会社の役職員の意識が低いとの問題点を認識しているのであれば，それに対する対応を取らねばならない。この点，親会社の経営者の意識の問題でもある。

　子会社で不正会計が行われれば，しかも，企業グループ全体に与える影響が大きな不正会計が行われていたのであれば，それが例え，子会社で行われていたことであったとしても，企業グループ全体の信用を損なう。また，子会社で不正会計が行われていたということは，親会社が子会社を適切に管理できていなかったことの証左であり，企業価値の毀損による影響もある。そして，上場企業のグループ会社で不正会計が行われていたということは，日本の証券市場の信用の失墜も惹起する。

　このような状況に至らしめたのは，まさに親会社の経営者の責任である。経営者の責任は重い。経営者は企業グループ全体の最高経営責任者としての権限を有しており，その権限を適切に行使しなかったゆえの結果については，経営者の責任なのである。

　したがって，このような事態を招かないためには，子会社の役職員においても，上場企業である親会社のグループ会社の一員であることの重要性を改めて認識する必要がある。子会社だからコンプライアンスは関係ない，非上場の会社だからいいや，というのは認識が間違っている。親会社のグループの一員だからこ

そ，親会社の役職員と同じ上場企業としての責務があるのである。グループ企業を含めた上場企業のすべての役職員，それは，非上場の子会社の役職員であっても，同様に，日本の証券市場の信用を背負っているのである。そして，親会社の経営者には，グループ全体の役職員にこのような認識をさせる責任がある。

　子会社における不正会計の機会は，子会社のブラックボックス化である。このような事態を招くのは，結局のところ，企業グループ全体の役職員のコンプライアンス意識の欠如，職業的懐疑心の欠如に他ならない。

■著者略歴

宇澤 亜弓（うざわ・あゆみ）

公認会計士宇澤事務所代表，公認会計士・公認不正検査士

平成 2年 3月	関西学院大学法学部法律学科卒業。
平成 2年10月	公認会計士第二次試験合格後，大手監査法人にて法定監査（商法・証取法）及び株式公開支援業務等に従事。
平成 7年 3月	関西学院大学大学院商学研究科会計学専攻修了。
平成11年 4月	警視庁刑事部捜査第二課にて，財務捜査官（警部）として，企業犯罪（特別背任，業務上横領，詐欺等）捜査に従事。
平成16年11月	証券取引等監視委員会事務局特別調査課にて，証券取引特別調査官，主任証券取引特別調査官，開示特別調査統括官として，主に虚偽記載事案の基礎調査（事案の掘り起こし）・本格調査等の犯則調査に従事。
平成23年 3月	公認会計士宇澤事務所を開設し，市場規律の強化に取り組む市場関係者等への講演，セミナー等を行うとともに，不正会計の予防・早期発見に係るコンサルティング業務及び不正調査，訴訟関連調査等を主たる業務とする。
平成23年 7月	最高検察庁金融証券専門委員会参与（現任）。
平成24年 6月	一般社団法人日本公認不正検査士協会（ACFE JAPAN）理事（現任）。

不正会計リスクにどう立ち向かうか！　内部統制の視点と実務対応

2018年3月15日　初版発行

著　者　　宇澤　亜弓　Ⓒ

発行者　　小泉　定裕

発行所　　株式会社　清文社　　東京都千代田区内神田1-6-6（MIFビル）
〒101-0047　電話　03(6273)7946　FAX　03(3518)0299
大阪市北区天神橋2丁目北2-6（大和南森町ビル）
〒530-0041　電話　06(6135)4050　FAX　06(6135)4059
URL　http://www.skattsei.co.jp/

印刷：亜細亜印刷㈱

■著作権法により無断複写複製は禁止されています。落丁本・乱丁本はお取り替えします。
■本書の内容に関するお問い合わせは編集部までFAX（03-3518-8864）でお願いします。
■本書の追録情報等は，当社ホームページ（http://www.skattsei.co.jp/）をご覧ください。

ISBN978-4-433-66098-7